权力与正统：
五代政治史论稿

Power and Legitimacy:
The Research on Political History of Five Dynasties

罗 亮 著

中国社会科学出版社

图书在版编目（CIP）数据

权力与正统：五代政治史论稿／罗亮著 .—北京：中国社会科学出版社，2022.8 （2024.11 重印）

ISBN 978 – 7 – 5227 – 0225 – 4

Ⅰ.①权… Ⅱ.①罗… Ⅲ.①政治制度史—研究—中国—五代（907 – 960） Ⅳ.①D691.21

中国版本图书馆 CIP 数据核字（2022）第 089140 号

出 版 人	赵剑英
选题策划	宋燕鹏
责任编辑	金　燕
责任校对	李　硕
责任印制	李寡寡
出　　版	中国社会科学出版社
社　　址	北京鼓楼西大街甲 158 号
邮　　编	100720
网　　址	http://www.csspw.cn
发 行 部	010 – 84083685
门 市 部	010 – 84029450
经　　销	新华书店及其他书店
印　　刷	北京君升印刷有限公司
装　　订	廊坊市广阳区广增装订厂
版　　次	2022 年 8 月第 1 版
印　　次	2024 年 11 月第 5 次印刷
开　　本	710×1000　1/16
印　　张	19
插　　页	2
字　　数	331 千字
定　　价	98.00 元

凡购买中国社会科学出版社图书，如有质量问题请与本社营销中心联系调换
电话：010 – 84083683
版权所有　侵权必究

国家社科基金后期资助项目

出 版 说 明

  后期资助项目是国家社科基金设立的一类重要项目，旨在鼓励广大社科研究者潜心治学，支持基础研究多出优秀成果。它是经过严格评审，从接近完成的科研成果中遴选立项的。为扩大后期资助项目的影响，更好地推动学术发展，促进成果转化，全国哲学社会科学工作办公室按照"统一设计、统一标识、统一版式、形成系列"的总体要求，组织出版国家社科基金后期资助项目成果。

全国哲学社会科学工作办公室

目 录

绪 论 …………………………………………………………… (1)

第一章 建国创号：五代国号诸问题研究 …………………… (23)
 第一节 后梁国号与魏王爵 ………………………………… (24)
 第二节 后唐国号与政权认同 ……………………………… (29)
 第三节 后晋国号与历史渊源 ……………………………… (36)
 第四节 后汉国号与庙制改革 ……………………………… (40)
 第五节 后周国号与星象诠释 ……………………………… (45)
 本章小结 ……………………………………………………… (53)

第二章 五代正统性与司空图形象的重塑 …………………… (56)
 第一节 《司空图传》的归属 ……………………………… (57)
 第二节 司空图的形象转变 ………………………………… (66)
 第三节 《司空图传》与正统性的塑造 …………………… (75)
 本章小结 ……………………………………………………… (81)

第三章 五代张全义家族与政权更替 ………………………… (83)
 第一节 张全义家族出土墓志概况 ………………………… (83)
 第二节 张氏家族的籍贯与谱系 …………………………… (85)
 第三节 张全义改名之背景 ………………………………… (91)
 第四节 张氏子弟仕宦及其衰弱 …………………………… (98)
 本章小结 ……………………………………………………… (108)

第四章　旧部与新臣：后唐义儿政治研究 （110）
第一节　问题的提出与李克用养子的再考察 （111）
第二节　李存孝、李存信兄弟之争背后的河东政局 （115）
第三节　李存勖时代的义儿政治 （123）
第四节　唐庄宗时代的义儿 （132）
本章小结 （138）

第五章　姓甚名谁：后唐"同姓集团"考论 （140）
第一节　唐庄宗赐姓考 （140）
第二节　赐姓背后的政治博弈 （147）
第三节　争夺正统：诸将姓名的回改 （154）
本章小结 （159）

第六章　以谁为父：后晋与契丹关系新解 （161）
第一节　石敬瑭起兵时的形势 （162）
第二节　石敬瑭称儿的政治意义 （170）
第三节　石敬瑭对唐明宗政策的继承 （177）
第四节　石敬瑭父事契丹对辽太宗的意义 （185）
本章小结 （190）

第七章　威望的力量：后周建国史探微 （192）
第一节　英雄祖先？——郭威家世考 （193）
第二节　释郭威"事功未著" （201）
第三节　郭威与后汉中枢政局 （213）
第四节　后周建国前夜的时局 （225）
第五节　所谓郭威改革 （234）
本章小结 （245）

余论　乱世的秩序——五代正统性的意义 （248）

附录　草妖或祥瑞："枯树再生"与前蜀建国 （255）
第一节　前蜀邛州"枯树再生"考 （256）

第二节　前蜀建国与符瑞谣谶 ………………………………（261）
第三节　中古时期"枯树再生"的两种解读 …………………（266）
第四节　"枯树再生"内涵演变的原因 ………………………（273）
本章小结 …………………………………………………………（278）

参考文献 …………………………………………………………（280）

后　记 ……………………………………………………………（295）

绪　　论

一　选题缘起及意义

　　天宝十四载（755）爆发的安史之乱，给唐王朝一记重创，不仅使得盛极一时的大唐帝国由盛转衰，更引发了政治、经济、军事、文化诸方面的社会变革。而懿宗朝的庞勋之乱，僖宗朝的黄巢、王仙芝之乱，更是为这个勉力支撑的王朝敲响了丧钟。大唐权威在战乱动荡中丧失殆尽，本来还在中央控制下的藩镇，也相继为李克用、朱全忠、李茂贞、杨行密、钱镠等人所侵夺，全国陷入四分五裂之中。天祐四年（907），哀帝禅位于魏王朱全忠，朱建号大梁，定都开封，正式宣告了唐帝国的覆灭。

　　然而旧时代的逝去，并不意味着一个新时代的到来。相反，关于帝位的争夺却愈演愈烈。河东李存勖与后梁交战不休，终于在923年攻入开封，灭亡了后梁。李存勖以唐室中兴者自居，依旧沿用唐之国号。然后世史家对此似乎并不认可，依旧称其为后唐。李存勖建国不过四年，其义兄李嗣源发动政变，推翻其统治，登基为帝，是为明宗。唐明宗执政十余年后去世，其子李从厚即位，是为闵帝。明宗养子李从珂不服，起兵造反，又诛杀了从厚，占据帝位，是为末帝。之后河东节度使石敬瑭向契丹割地称儿，借助其力量与唐末帝对抗取得胜利，建立了后晋。石敬瑭死后，其子石重贵与契丹交恶，为其所灭，后晋至此而亡，契丹辽太宗也班师回朝。敬瑭部将刘知远乘势而起，占据中原，建立后汉。刘知远建国不到一年便因病去世，其子承祐即位，是为隐帝。隐帝年幼，与朝中权臣斗争激烈，最终被郭威发动政变，兵败身死。郭威也因此建立了后周，三传至恭帝宗训，为大将赵匡胤所篡，后周至此而亡。赵匡胤建立宋朝，成为中国历史上又一长期稳定之帝国，这种帝位递嬗频繁的局面才为之一变。史家将此前北方中原地区建立的后梁、后唐、后晋、后汉、后周等政权，统称为"五代",又将南方建立的杨吴、南唐、吴越、前蜀、后蜀、王闽、马楚、荆南、南汉以及后周时割据河东的北汉等较小政权称之为"十国"。五代自天祐四年朱全忠建国,至显德七年(960)赵匡胤政变篡位,不过五十余年,却有五朝十三帝,十国帝位异动也毫不逊色。这一时期政权更迭之频繁,可谓史上罕见。这种"黑暗"的乱世,受到宋人广泛批判。欧阳修在其《新五代史》中多次表达了这样的观点。在本纪最后一篇史论中,他称:"呜呼,五代本纪备矣!君臣之际,可胜道哉。梁之友珪反,唐戕克宁而杀存义、从璨,则父子骨肉之恩几何其不绝矣。太妃薨而辍朝,立刘氏、冯氏为皇后,则夫妇之义几何其不乖而不至于禽兽矣。寒食野祭而焚纸钱,居丧改元而用乐,杀马延及任圜,则礼乐刑政几何其不坏矣。至于赛雷山、传箭而扑马,则中国几何其不夷狄矣。可谓乱世也欤!"① 司马光也称:"肃、代以降,方镇跋扈,号令不从,朝贡不至,名为君臣,实为雠敌。陵夷衰微至于五代,三纲颓绝,五常殄灭;怀玺未煖,处宫未安,朝成夕败,有如逆旅;祸乱相寻,战争不息,血流成川泽,聚骸成邱陵,生民之类,其不尽者无几矣。"② 类似批评尚有不少,兹不一一列举。可见在宋人看来,五代是一个不折不扣的"乱世"。

正因此,五代自然也就受到当时士大夫的轻视。欧阳修在《新五代史·司天考》中直称:"五代礼乐文章,吾无取焉。"③ 南宋太常博士倪思提及当时论史风气,也称:"举人轻视史学,今之论史者独取汉、唐混一之事,三国、六朝、五代为非盛世而耻谈之。"④ 这种风气甚至影响到了今天。从已发表成果来看,五代史的研究不仅远较汉唐史为少,就连宋人所"耻谈之"的三国、六朝史的研究,也比五代史多得多,宋元明清等朝就更不用说了。

然而今日的历史研究,自然不能如宋人一样囿于"盛世""乱世"之别。无论治乱,都是中国历史的一部分,有必要加深对每一个历史时期的认识。前人积累相对薄弱,这为今天我们的研究带来了一定困难,许多问题还需要重新进行细致梳理,才能揭示出历史的脉络与内涵。同时也说明

---

① 《新五代史》卷12《周恭帝纪》史论,中华书局1974年标点本,第125页。
② (宋)李焘:《续资治通鉴长编》卷194,宋仁宗嘉祐六年八月条,中华书局1995年标点本,第4703页。
③ 《新五代史》卷58《司天考一》,第669页。
④ 《宋史》卷156《选举志二》,中华书局1977年标点本,第3633页。

这一时期还存在不少研究空间，值得进一步深入探讨。若能将其他时段惯用的视野、思路、方法运用到五代史研究之中，或许会收获不少新知。如有关历史书写的讨论，是当下中古史研究的热点话题，然而以往五代史研究较少运用这种视角。陆扬先生近年发表《论冯道的生涯——兼谈中古晚期政治文化中的边缘与核心》一文，其中多次强调传统史料背后的政治背景及文化竞争，导致冯道形象的改变，从而揭示出冯道并非当时士大夫的特例，而是其共性的体现。① 这正是将历史书写这一视角运用到五代史研究中的典范。此例或可说明，即使如"冯道"这样一个五代史研究的老问题，若换一种视角、思路和方法进行思考，也能获得不少新知。五代史中类似这样的问题还有不少，都值得进行深入探讨。

如上所言，五代国祚短促，政权更迭频繁，这是人所共知的事实。然而正因如此，五代诸帝相比汉唐承平天子而言，反而对自身正统性有更为迫切的诉求。汉唐乃至宋元明清诸朝，在天下大抵安定之时，多数情况下还是能保持皇位父子相传，交接之时较为平稳，也就无须过于强调自己法统的正当性。五代诸帝则有两个特点，一是即位者往往并非先皇所生，而是养子身份，如唐明宗、唐末帝、晋少帝、周世宗是也。二是皇位往往通过武力政变获得，交接相对较为和平的只有晋少帝、汉隐帝、周世宗三人。尽管安重荣喊出了"天子，兵疆马壮者当为之，宁有种耶"② 的口号；尽管五代诸帝也在很大程度上践行这句口号，但登上帝位者绝不能公开宣扬此点。他们更愿意强调自身政权的合法性或来源于前朝先帝，或得之于天命，绝非依靠自身武力所侵夺。于是，有关政权正统性的诉求就凸显出来，成为这个时代需要时刻渲染的问题。这也是本书选取这样一个主题，从而展开对整个五代政治史考察的原因。

另一个需要强调的问题是，五代夹在唐宋两座历史高峰之中，很容易让人视为过渡阶段，甚至连禅位给宋朝的后周，也被宋人视为"无统"之朝。欧阳修在其《正统论》中称："五代之得国者，皆贼乱之君也。……夫梁固不得为正统，而唐、晋、汉、周何以得之？今皆黜之。"③

---

① 陆扬：《论冯道的生涯——兼谈中古晚期政治文化中的边缘与核心》，《唐研究》第19卷，北京大学出版社2013年版，第287—330页。
② 《旧五代史》卷98《安重荣传》，中华书局1976年标点本，第1302页。
③ （宋）欧阳修撰，李逸安点校：《欧阳修全集》卷16《正统论下》，中华书局2001年版，第273页。

朱熹在《资治通鉴纲目·凡例》中称："无统，谓周秦之间、秦汉之间、汉晋之间、晋隋之间、隋唐之间、五代。"① 近代学者也视其为唐宋变革的过渡期。② 这种观点是对中国中世、近世进行长时段观察而得出的，极富学术价值。然而，如果我们将历史镜头拉近至五代各个帝王之上，则会发现他们之中绝无一人是抱着"过渡者"的心态来开展政治活动的。他们和历史上其他的帝王一样，都希望王朝长治久安，皇位江山永固。"五代"一词，虽是对该时段的精确总结，但当时帝王却并不希望自身王朝沦为五代之一。故而，将其从唐宋附庸中抽离出来，加强对五代自身具体政治问题的考察，就显得十分必要。

总而言之，五代在时段上处于唐宋之交的变革期，在具体政局上又有许多自身的特点，以往研究又相对薄弱。从正统性出发思考，将是一个不错的切入点。这不仅能使我们更为清晰地观察到五代本身的政治生态，而且对加深中国历史由中古而近古演进历程的理解与认识也不乏助益。

二　国内外研究回顾

虽然上文提到五代史研究相对薄弱，但那是与唐宋研究相较而言，其本身绝对数量依旧可谓蔚然大观。本文不可能尽数介绍，下面主要分五代以前正统性研究、五代基础性研究以及与本文密切相关的学术史三部分作扼要回顾，以彰前辈学人之功绩。

（一）历代正统性研究

研究五代正统性，则需对之前历朝正统性问题有一个通盘之把握。对这一问题做出全盘细致考察的，当推饶宗颐先生的名著《中国史学上之正统论》。③ 饶先生在对中国历代正统性问题进行深入分析后，得出了一

---

① （宋）朱熹撰，朱杰人、严佐之、刘永翔主编：《朱子全书·资治通鉴纲目》附录一，上海古籍出版社、安徽教育出版2002年版，第11册，第3476—3477页。《通鉴纲目》成书于朱子门人赵师渊，而《凡例》则出自朱子之手。参刘浦江《"五德始终"说之终结——宋代以降传统政治文化之嬗变》，收入陈苏镇主编《中国古代政治文化研究》，北京大学出版社2009年版，第381页。
② 夏应元先生在《中国史通论——内藤湖南博士中国史学著作选译》的《编者前言》中总结内藤湖南的观点，即将唐末五代视为中国历史上的第二个过渡期。[日] 内藤湖南：《中国史通论——内藤湖南博士中国史学著作选译》，夏应元等译，社会科学文献出版社2004年版，第4页。
③ 饶宗颐：《中国史学上之正统论》，上海远东出版社1996年版。

个结论:"中国史学上的正统说,其理论依据具体有二:一为采用邹衍之五德运转说,计其年次,以定正闰……另一为依据《公羊传》加以推衍……由是统之意义,由时间转向空间,渐离公羊之本旨。然对后来影响至大。"① 其所揭示的中国史学正统论由"时间转向空间"之变化,对本文写作极具启发意义。该书另一特点就是前为通论,后为资料,将史论研究与史料汇编结合起来,为我们搜罗相关材料提供了极大的便利。

具体到某一朝代正统性的研究还有很多,如汉代正统性研究,即有田延峰《汉王朝的正统地位与炎帝传说》②、李培健《西汉五德实行论考》③、陈坤《论〈汉书·刑法志〉所见之正统史观》④ 等。这些研究主要涉及五德始终说在汉代正统性问题上的体现。此外值得重视的,还有田余庆先生的名篇《说"张楚"——关于"亡秦必楚"问题的讨论》。⑤ 文章虽并不直接涉及正统性问题,却谈到了刘邦、项羽都继承张楚而来。相较于义帝,汉初更注重张楚的法统。这种将正统性与其他的政治、军事史结合起来思考的方法,正是本文所努力效仿运用的。

三国是秦汉帝国建立之后的第一个分裂时期。魏蜀吴三方都对正统性进行了激烈的争夺。其相关研究主要有:范家伟《受禅与中兴:魏蜀正统之争与天象事验》⑥、邓锐《魏明帝诏书中的正统观念初探》⑦、魏斌《孙吴年号与符瑞问题》⑧、王瑰《"中原正统"与"刘氏正统"——蜀汉为正统进行的北伐和北伐对正统观的影响》⑨ 等。

两晋南北朝由于北族入侵,民族矛盾成为当时的主要矛盾。占据文化正统的南朝与占据中原的北朝,都在强调自身是汉魏政权的继承者。谁能继承汉魏法统成为天下之主,成为争论的主题。何德章《北魏国号与正

---

① 饶宗颐:《中国史学上之正统论》,第74—75页。
② 田延峰:《汉王朝的正统地位与炎帝传说》,《宝鸡社会科学》1998年第4期。
③ 李培健:《西汉五德实行论考》,博士学位论文,南开大学,2013年。
④ 陈坤:《论〈汉书·刑法志〉所见之正统史观》,《宁夏社会科学》2014年第6期。
⑤ 田余庆:《说"张楚"——关于"亡秦必楚"问题的讨论》,《历史研究》1989年第2期,收入氏著《秦汉魏晋史探微(重订本)》,中华书局2011年版。
⑥ 范家伟:《受禅与中兴:魏蜀正统之争与天象事验》,《自然辩证法通讯》1996年第6期。
⑦ 邓锐:《魏明帝诏书中的正统观念初探》,《历史文献研究》2008年第27辑。
⑧ 魏斌:《孙吴年号与符瑞问题》,《汉学研究》2009年第27卷第1期。
⑨ 王瑰:《"中原正统"与"刘氏正统"——蜀汉为正统进行的北伐和北伐对正统观的影响》,《史学月刊》2013年第10期。

统问题》即认为北魏之"魏"实际上就是曹魏之"魏",国号由大代改为大魏,其实质就是北魏对曹魏以及汉家制度的继承。① 又何氏《北魏末帝位异动与东西魏的政治走向》一文,则认为无论是北魏末的政局动荡还是东西魏的分裂,当权者都会打出孝文帝的旗号,主张自己是孝文帝的继承者,体现了其对法统的争夺。② 川本芳昭《关于五胡十六国北朝时代的"正统"王朝》,讨论了所谓"五胡"的诸政权是如何在历史线索中寻求自身正统性的。③ 罗新《十六国北朝的五德历运问题》一文,则认为北魏最初是以十六国的继承者身份而出现在德运次序中的。孝文帝改革,超越十六国,直接把北魏的历史与西晋接续起来,总结和结束了十六国历史,使北朝历史呈现出继承华夏正统的强劲态势。④ 王铭《"正统"与"政统":拓跋魏"庙号"改易及其历史书写》认为北魏庙制改易的背后是政治权力的运作,作为王朝开国之君象征的"太祖"庙号的追尊,体现了北魏的中原正统心态以及对拓跋王朝政统谱系的建构努力。⑤

隋唐结束了魏晋南北朝长达三百年的分裂,使天下重归一统。然而南北长期分裂的矛盾不可能迅速消弭,统治者仍需对自身政权合法性做出解释。如王文学《"唐承汉统"说的理论意义和实践意义》,强调"唐承汉统"说有着重要的理论意义和实践意义。其理论意义在于,它为唐朝政权提供了超越合法性;其实践意义在于,它为唐代盛行的唐人慕学汉人风范的文化心态提供了理论依据。⑥ 吕博《唐代德运之争与正统问题——以"二王三恪"为线索》即从唐代二王三恪人选的争论入手,认为有关"二王三恪"的改设,以及关于李唐历运及正统问题的讨论,实际与各种政治集团势力消长密切相关。关陇集团式微的过程,也是朝野内外不断提出改辙唐代历运与"二王三恪",并转而承袭周、汉与南朝不

---

① 何德章:《北魏国号与正统问题》,《历史研究》1992 年第 3 期。
② 何德章:《北魏末帝位异动及东西魏的政治走向》,《魏晋南北朝隋唐史资料》第 18 辑,武汉大学人文社会科学学报编辑部 2001 年。
③ [日]川本芳昭:《关于五胡十六国北朝时代的"正统"王朝》,邓红、牟发松译,《北朝研究》第 2 辑,北京燕山出版社 2001 年版。
④ 罗新:《十六国北朝的五德历运问题》,《中国史研究》2004 年第 3 期。
⑤ 王铭:《"正统"与"政统":拓跋魏"庙号"改易及其历史书写》,《中华文史论丛》2011 年第 2 期。
⑥ 王文学:《"唐承汉统"说的理论意义和实践意义》,《西南民族大学学报》2004 年第 2 期。

同主张的过程。① 李丹婕《继承还是革命——唐朝政权建立及其历史叙事》通过相关史料的排比与释读，试图呈现高祖、太宗两代帝王在位三十余年间历史发展中具体而微的政治情境转折，及其引发的官方舆论策略、历史叙事风格的调整与变化，即由强调天命与出身，到颂扬革命与勋功，再到编织祥瑞与正统的三个阶段。②

安史之乱的爆发极大地冲击了唐王朝的统治，学术界也从各个角度讨论其缘起、过程及影响，其中不乏有关正统性的研究。如冻国栋《墓志所见唐安史乱间的"伪号"行用及吏民心态——附说"伪号"的模仿问题》，在分析了多方带有安史"伪号"的墓志后，指出之后的割据政权多有沿袭、模仿安史"伪号"的情况，其目的就是用"天"的观念来标示其政权的合法性，期盼其政权能在"天"的庇护下获得延续。③ 孙英刚《无年号与改正朔：安史之乱中肃宗重塑正统的努力——兼论历法与中古政治之关系》，认为唐肃宗使用高宗时使用过的"上元"年号，是在现实政治下的选择，有着驱除玄宗势力的意味，而其无年号纪年，则体现了其宗周的复古思想。这些举动都是为其自身政权的合法性而服务。④

刘浦江先生对于正统性问题关注颇多，撰写了多篇相关论文，如《正统论下的五代史观》⑤、《"五德始终"说之终结——宋代以降传统政治文化之嬗变》⑥、《南北朝的历史遗产与隋唐时代的正统论》⑦ 等。这些文章组合起来，就形成了从魏晋南北朝到宋长时段的对正统观念转变的考察。无论是南北正闰之争，还是五德始终说的兴盛与衰弱，其背后都充斥政治势力之消长与思想风潮之变换，人们已经习惯借助这些正统性的争论

---

① 吕博：《唐代德运之争与正统问题——以"二王三恪"为线索》，《中国史研究》2012年第4期。
② 李丹婕：《继承还是革命——唐朝政权建立及其历史叙事》，《中华文史论丛》2013年第3期。
③ 冻国栋：《墓志所见唐安史乱间的"伪号"行用及吏民心态——附说"伪号"的模仿问题》，《魏晋南北朝隋唐史资料》第20辑，武汉大学人文社会科学学报编辑部2003年。后收入氏著《中国中古经济与社会史论稿》，湖北教育出版社2005年版。
④ 孙英刚：《无年号与改正朔：安史之乱中肃宗重塑正统的努力——兼论历法与中古政治之关系》，《人文杂志》2013年第2期。
⑤ 刘浦江：《正统论下的五代史观》，《唐研究》第11卷，北京大学出版社2005年版。
⑥ 刘浦江：《"五德始终"说之终结——宋代以降传统政治文化之嬗变》，收入陈苏镇主编：《中国古代政治文化研究》，北京大学出版社2009年版。
⑦ 刘浦江：《南北朝的历史遗产与隋唐时代的正统论》，《文史》2013年第2期。

来表达某种价值主张和文化立场了。

(二) 五代基础性研究

除上述正统性问题的研究成果之外,关于五代政治、制度、经济、军事、文化诸方面的基础性研究,亦是我们了解五代历史的基石。唯有弄清当时整个中国的基本情况,才谈得上进一步的研究。故而对其进行简要回顾是十分必要的。

此类研究中,最早较为系统介绍五代权力结构的,当属王赓武发表于1963年的《五代时期北方中国的权力结构》①。该书主要讨论了唐末五代中央和地方藩镇的关系,向我们展示了五代诸帝是如何逐步瓦解藩镇权力,重新构建起中央权威和文官官僚体系的。这也就解释了五代是如何从分裂迈向统一,从战乱趋于稳定的。

日本学者的研究起步较早,相关成果也较丰厚,而用力最多的则属日野开三郎。其主要成果包括1980年出版的《唐代藩鎮の支配体制》②、《五代史の基調》③、1982年出版的《唐·五代の貨幣と金融》④、1996年出版的《唐末混乱史考》⑤ 四本专著。而其中最为重要的当属《五代史の基調》。

全书分为两个部分。第一部分是五代史概说,除对五代列国兴亡做基本介绍之外,更多的是对五代各项制度和武人政治的深入剖析。他指出:"为了使天子王朝的地位趋于安定,就必须从这个军阀实体上脱离出来,回归到本来天子的位置不可。但这并不是仅靠把与他们对立的军阀镇压下去、强化中央武装就能做到的事。每一个五代天子都想要使帝位、王朝稳定下来,却无一成功,一大原因就是因为他们把努力的焦点集中于强化自身武装、抑制军阀之上,被当面之急缚住手脚,而无法致

---

① [澳] 王赓武:《五代时期北方中国的权力结构》,胡耀飞、尹承译,中西书局2014年版。
② [日] 日野开三郎:《唐代藩鎮の支配体制》,《日野開三郎東洋史学論集》第1卷,三一书房1980年版。
③ [日] 日野开三郎:《五代史の基調》,《日野開三郎東洋史学論集》第2卷,三一书房1980年版。
④ [日] 日野开三郎:《唐·五代の貨幣と金融》,《日野開三郎東洋史学論集》第5卷,三一书房1982年版。
⑤ [日] 日野开三郎:《唐末混乱史考》,《日野開三郎東洋史学論集》第19卷,三一书房1996年版。

力于确立并执行将自身从军阀实体上脱离开来这一根本方针的缘故。"①这一判断对本选题的研究极具启发性，也在某种程度上说明了正统性（天子的角色）对当时帝王的重要性。然而诸帝"无法致力于确立并执行将自身从军阀实体上脱离开来"，也并非是他们认识不到天子角色的重要性，更多的还是实力使然。尽管其努力或许未能成功，但亦不断冲击着军阀势大的政治格局，为宋初"杯酒释兵权"积蓄力量。第二部分则探讨五代的权力构造，详细考察了五代厅直军和镇将两大军事问题，揭示出藩镇是如何控制地方的，为我们展示了五代从中央到藩镇再到地方的权力构造。

此外日本学者的相关重要研究成果，还有砺波护《唐末五代の变革と官僚制》②、栗原益男《五代宋初藩镇年表》③、堀敏一《唐末五代变革期の政治と经济》④、山崎觉士《中国五代国家论》⑤ 等。

国内学者对五代史研究起步较晚。较早系统研究五代史的专著，当属郑学檬先生的《五代十国史研究》⑥，该书分为五代政治、制度、经济、文化四章。第一章为五代十国的背景资料，第四章只谈了文化意识和思想风潮，第二、三章才是该书的重点讨论内容。五代的制度、经济在唐宋变革的大背景下呈现出何种形态，又如何转变？弄清这些问题，有助于我们理解中国是如何由中古迈向近古的。杜文玉《五代十国制度研究》⑦，从贡举、选官、考课、职官、殿阁、起居、史馆、俸禄、军事、司法、助礼钱等角度探讨了五代制度的特点和转变，而且该书并非泛泛而论，而是对每个问题的研究都能做到穷究渊源，考订翔实，在许多问题的研究深度和广度上都较前人有所突破，使得我们能对五代十国制度有一较为清晰的了解。任爽先生所编《五代典制考》，则从礼仪、法律、中央官学、科举、宰相、兵制、赋役、货币等八个方面，对五代典制进行了全面而具体的考

---

① [日] 日野开三郎：《五代史の基调》，第309—310页。
② [日] 砺波护：《唐末五代の变革と官僚制》，《历史教育》第12卷第5号，1964年5月；收入氏著《唐代政治社会史研究》，同朋舍1986年版。
③ [日] 栗原益男：《五代宋初藩镇年表》，东京堂出版1988年版。
④ [日] 堀敏一：《唐末五代变革期の政治と经济》，汲古书院2002年版。
⑤ [日] 山崎觉士：《中国五代国家论》，思文阁2010年版。
⑥ 郑学檬：《五代十国史研究》，上海人民出版社1991年版。
⑦ 杜文玉：《五代十国制度研究》，人民出版社2006年版。

察。① 此外，五代毕竟还是一个乱世，军事力量在政治演进中起到了重要作用，而禁军则是军队中最为重要的代表，张其凡先生的《五代禁军初探》，虽不是对五代历史整体性的考察，但其对禁军的论述和认识，对我们研究五代历史亦有重要作用。②

（三）与本书相关的具体问题研究回顾

本书旨在以正统性为主轴来窥视五代政治史的若干侧面，故而在正统性之外，还对许多具体的政治史问题进行了细致考察。现将相关问题的研究成果简要介绍如下：

1. 关于五代国号研究

国号作为国家的名字，是帝国权威的一种象征。那么选择一个合适的国号，对国家的重要性也就不言而喻。这也使得国号问题成为学界研究中的重要一环。对中国历代国号进行专题探讨的主要有胡阿祥先生和徐俊先生。③ 而在中古政治史研究中，又尤以北魏最为引人关注。如北魏国号即有代、魏之别，以此展开讨论的除上揭何德章《北魏国号与正统问题》、罗新《十六国北朝的五德历运问题》之外，还有楼劲先生《谶纬与北魏建国》一文，则从谶纬的角度讨论北魏的国号制定过程。④ 又如契丹与辽，刘浦江先生在仔细梳理两个国号的使用过程与范围的基础上，认为这是辽朝二元政治体制的一种反映。⑤ 姜维公、姜维东先生则认为辽朝国号屡次更易，最终定为大辽，反映了辽朝的文化自信，表示自身已能与宋分庭抗礼。⑥ 陈晓伟先生则继承了刘浦江先生的看法，认为改易国号是辽朝根据不同族群和不同地域的社会政治文化传统而采取的治国策略，算作北族王朝特殊的政治文化现象，正是二元政治的具体实践。⑦

然以五代而论，学界关注则较少。就笔者目力所及，仅靳润成《五

---

① 任爽：《五代典制考》，中华书局2007年版。
② 张其凡：《五代禁军初探》，暨南大学出版社1993年版。
③ 胡阿祥：《吾国与吾民：中国历代国号与古今名称研究》，江苏人民出版社2018年版；徐俊：《中国古代王朝和政权名号探源》，华中师范大学出版社2000年版。
④ 楼劲：《谶纬与北魏建国》，《历史研究》2016年第1期。
⑤ 刘浦江：《辽朝国号考释》，《历史研究》2001年第6期。
⑥ 姜维公、姜维东：《"辽"国号新解》，《吉林大学社会科学学报》2014年第1期。
⑦ 陈晓伟：《辽朝国号再考释》，《文史》2016年第4期。

代十国国号与地域的关系》一文讨论了这一问题。① 其实五代制定国号时既要考虑如何承接前朝，以构建政权的合法性，又要顾及现实的政治博弈，需以国号来加强集团内部的凝聚力。特别是对后唐、晋、汉三朝而言，在"胡汉语境消解"的背景下，攀附汉氏高门，成为制定国号的重要依据；另一方面，这种行为又促进了以沙陀为首的各民族与汉人相融合。故而这一问题还有较大的讨论空间。

2. 关于五代史书编撰、司空图研究

研究五代史，最重要的史料，当属新、旧《五代史》。故而在对五代问题研究时，有必要对此二书的编撰、体例、立场等问题作一考察。日本学者对《新五代史》的研究较多，成果有丰田穰的《〈新五代史〉の文章》②；石田肇的《〈新五代史〉の体例について》③、《〈新五代史〉撰述の经纬》④；东英寿的《欧阳修〈五代史记〉の徐无党注について》⑤、《欧阳修散文の特色——『五代史记』と『旧五代史』の文章表现の比较を通して》⑥、《虚词の使用から见た欧阳修『五代史记』の文体の特色》⑦；后藤基史的《欧阳修史学再考：『新五代史』本纪を中心にして》⑧ 等，但对《旧五代史》的研究则较少。而国内学者则因为《旧五代史》为清人辑本的原因，将不少精力投入到了辑补该书的工作之中，亦有丰硕的成果。早在20世纪30年代，陈垣出版了《〈旧五代史〉辑本发覆》一书，对如何重新整理《旧五代史》制定了许多科学可行的计划和条例，受到学术界高度重视。⑨ 2006年，陈尚君完成了《旧五代史新辑

---

① 靳润成：《五代十国国号与地域的关系》，《历史教学》1988年第5期。
② ［日］丰田穰：《〈新五代史〉の文章》，《史学杂志》第54编第9号，1943年9月。
③ ［日］石田肇：《〈新五代史〉の体例について》，《东方学》第54辑，1977年7月。
④ ［日］石田肇：《〈新五代史〉撰述の经纬》，《东洋文化》复刊第41·42号，1977年。
⑤ ［日］东英寿：《欧阳修〈五代史记〉の徐无党注について》，《文学研究》第87号，1990年3月。
⑥ ［日］东英寿：《欧阳修散文の特色——『五代史记』と『旧五代史』の文章表现の比较を通して》，《鹿大史学》第48号，2000年。
⑦ ［日］东英寿：《虚词の使用から见た欧阳修『五代史记』の文体の特色》，《中国文学论集》第36号，2007年12月。
⑧ ［日］后藤基史：《欧阳修史学再考：『新五代史』本纪を中心にして》，《纪尾井史学》第24辑，2004年12月。
⑨ 陈垣：《〈旧五代史〉辑本发覆》，《陈垣史学论文集》第2集，中华书局1982年版。此外陈垣先生还有《旧五代史引书卷数多误例》《以〈册府〉校薛史计划》等文，亦收入该书。

会证》这一著作，虽然在具体条目上还存在一些争议，但不可否认，这是目前最为完备的《旧五代史》辑本。① 2021年，陈智超先生撰述的《辑补旧五代史》正式出版，则是此类研究的最新成果。② 此外还有冯家昇③、张凡④、郭武雄⑤等先生分别撰文，希望能尽量辑补《旧五代史》。其中又以陈智超先生呼吁最为强烈，他连续四年（2011—2014）在《隋唐辽宋金元史论丛》上发表论文，讨论如何重新辑补的问题，⑥ 并对增辑的工作提出了许多宝贵的意见，尤其是提出了判断某人在《旧五代史》是否有传的四组密码，值得重视。⑦ 陈先生以此判断唐末著名文人司空图在《旧五代史》中有传。此说是否成立，构成了第二章思路的起点。虽然笔者最终认为陈说不能成立，但其启示之功，不容忽视。

司空图作为唐末著名文人，其相关研究亦有不少。如日本学者多田晋早在20世纪40年代就出版了《司空图》的专著。⑧ 这当是笔者所见最早关于司空图的系统研究。此后中国学者的相关研究，则有吕兴昌《司空图诗论研究》⑨、王润华《司空图新论》⑩、陶礼天《司空图年表汇考》⑪、王步高《司空图评传》⑫ 等。这些专著主要考订了司空图的生平事迹、诗

---

① 陈尚君：《旧五代史新辑会证》，复旦大学出版社2005年版。此外陈尚君先生还有《〈旧五代史〉补传十六篇》（《文献》1995年第3期）、《清辑〈旧五代史〉评议》（《学术月刊》1999年第9期）等多篇论文讨论该问题。
② 陈智超撰述：《辑补旧五代史》，巴蜀书社2021年版。
③ 冯家昇：《〈辽史〉与〈金史〉、新旧〈五代史〉互证举例》，《冯家昇论著辑萃》，中华书局1987年版。
④ 张凡：《〈旧五代史〉辑补——辑自〈永乐大典〉》，《历史研究》1983年第4期。
⑤ 郭武雄：《五代史辑本证补》，台湾商务印书馆1976年版。
⑥ 陈智超：《辑补〈旧五代史梁太祖本纪〉导言》，《隋唐辽宋金元史论丛》第1辑，上海古籍出版社2011年版；《辑补〈旧五代史〉列传导言（上）》，《隋唐辽宋金元史论丛》第2辑，上海古籍出版社2012年版；《辑补〈旧五代史〉列传导言（中）》，《隋唐辽宋金元史论丛》第3辑，上海古籍出版社2013年版；《辑补〈旧五代史〉列传导言（下）》，《隋唐辽宋金元史论丛》第4辑，上海古籍出版社2014年版。
⑦ 四组"密码"即：1. 如果《通鉴》中称"某某，某地人也"，则其在《旧五代史》中有传；2. 如果《通鉴》中称"某地某人"，则其有传；3. 如果《通鉴》指出某人家世，如"某某，某某子也"，则其有传；4. 如果今辑本《旧五代史》本纪中记载了某人的卒时及死因，则其有传。
⑧ ［日］多田晋：《司空图》，弘文堂1948年版。
⑨ 吕兴昌：《司空图诗论研究》，学生书局1989年版。
⑩ 王润华：《司空图新论》，东大图书股份有限公司1989年版。
⑪ 陶礼天：《司空图年表汇考》，华文出版社2002年版。
⑫ 王步高：《司空图评传》，南京大学出版社2006年版。

歌风格以及思想取向，但对《司空图传》的编撰过程、书写形象以及其背后表达的政治立场则关注较少。而这恰是一个饶有兴味的问题，它展示了后梁、后晋和北宋等朝对正统性的争夺。

3. 关于张全义家族研究

五代诸政权大都国祚短促，这使得朝中名臣大都有着历事多朝的经历。张全义及其家族便是其中的代表，从唐末到北宋，缨冕不绝，是五代史上的重要家族。那么他们是如何面对更迭频繁的政权，在动荡时代中又做出了何种策略以保全家族，便成为一个值得探讨的问题。由于张氏一族在五代中期逐渐衰弱，子孙中除张继祚在《旧五代史》中有简要传记外，其余人都近乎湮没无闻。前人研究也就大多围绕张全义而展开，但多集中在张全义的施政方略上，然略显粗疏，① 在其个人命运及其反映的时代背景问题上仍有探讨的空间。如其屡次改名一事，虽有人撰有《张全义：三改其名的乱世名臣》一文，② 但对改名时间的考订、改名的范围乃至改名的意义都未能详细述及，对张全义本人的评价则多是轻率批判，少了一份对历史人物的"同情之理解"，也就很难从中窥见唐—后梁—后唐间易代的复杂性。

值得一提的是，近年来北京大学闫建飞在其博士论文《唐末五代宋初北方藩镇州郡化研究（874—997）》第四章第一节专门讨论了张全义及其家族对洛阳的治理以及其关系网络的构建，也主要是利用墓志材料对张氏家族进行了考察。③ 在家世考证梳理上，与本章自然难免有所重叠，但其文主旨在于讨论藩镇的州郡化的问题，主要讨论了张全义对洛阳的控制与治理，与我所探讨的其家族随政治局势变化而发生的动荡则有较大区别。故而本章依旧具有较大的研究意义。

4. 关于后唐的义儿与同姓集团

五代时期一大突出的社会现象，便是收养义儿风气的盛行，此点在后

---

① 如诸葛计：《张全义略论》，《史学月刊》1983年第6期，第39—43页；刘连香：《张全义与五代洛阳城》，《洛阳工学院学报》（社会科学版）2002年第2期，第9—12页；胡安徽：《张全义农业思想初探》，《农业考古》2013年第1期，第113—115页。[日]山根植生：《五代洛阳の张全义について："沙陀系王朝"论への応答として》，中国文史哲研究会：《集刊东洋学》第114期，2016年，第48—66页。
② 沈淦：《张全义：三改其名的乱世名臣》，《文史天地》2013年第7期，第46—49页。
③ 闫建飞：《唐末五代宋初北方藩镇州郡化研究（874—997）》，博士学位论文，北京大学，2017年。

唐表现得尤为明显，号为"唐一号而三姓"①。故而欧阳修撰《新五代史》，后唐后妃宗室分为三传，意在"别其家者，昭穆亲疏之不可乱也。号可同，家不可以不别，所以别嫌而明微也。"② 如此重大问题自然早已引起学界关注，日本学者的主要成果，有谷川道雄《北朝末～五代の义兄弟结合について》③、栗原益男《唐五代の仮父子的结合の性格——主として藩帅的支配权力との关连において》④、《唐末五代の仮父子的结合における姓名と年龄》⑤。栗原氏将义子以人数多少，分为以一个集团与义父构成父子关系的集团型义子，和一对一与义父建立父子关系的个人型义子，并对义儿的姓名、年龄等做了详细的考察，最终得出结论："义父子的结合是与国家支配权力微弱化时期出现的地方支配权力的主体密切相关的。……唐末由于中央支配力下降、贵族官僚制没落等原因，加之黄巢之乱波及全国。地方上的权力支配主体如藩帅、宦官等，不能再依靠旧有的支配体制，而通过父子结合的方式形成了恩宠·专制/报恩·隶属这种极限的合作形态。这样不仅保持了权力支配的范围，还扩大了支配主体的核心层。"⑥ 正是由于父子关系结成的目的在于扩大支配范围，故而出现了很多年龄相近的义父子。

中国学界对此问题亦是颇为关注。⑦ 不少文章系对义儿问题的概说，其主要焦点集中于对义儿制度的历史渊源的考察。大多数学者都认为，义儿制度来源于胡族风尚，但杜文玉先生则认为这种行为中国早已有之，是

---

① 《新五代史》卷16《唐废帝家人传》，第173页。
② 《新五代史》卷16《唐废帝家人传》，第173页。
③ ［日］谷川道雄：《北朝末～五代の义兄弟结合について》，《东洋史研究》第39卷第2号，1980年9月。
④ ［日］栗原益男：《唐五代の仮父子的结合の性格——主として藩帅的支配权力との关连において》，《史学杂志》第62卷第6号，1953年。
⑤ ［日］栗原益男：《唐末五代の仮父子的结合における姓名と年龄》，《东洋学报》第38卷第4号，1956年3月。
⑥ ［日］栗原益男：《唐末五代の仮父子的结合における姓名と年龄》，《东洋学报》第38卷第4号，1956年3月。
⑦ 戴显群：《唐五代假子制度的历史渊源》，《人文杂志》1989年第6期。魏良弢：《义儿·儿皇帝》，《历史研究》1991年第1期。戴显群：《唐五代假子制度的类型及其相关的问题》，《福建师范大学学报》（哲学社会科学版）2000年第3期。赵荣织：《五代义儿与社会政治》，《新疆师范大学学报》（哲学社会科学版）2004年第2期。

"上古社会现象的延续，与胡人风俗根本无涉"①。有些文章则从兵制的角度探讨了义儿与晚唐五代藩镇、牙兵的关系，②如谷霁光先生《泛论唐末五代的私兵和亲兵、义儿》即指出："亲军和牙兵、义儿和义儿军，这是唐末五代时期，在私兵募佣制的基础上孳生出来的两种特异的军事组织形式。其时皇帝自有其亲军，其他割据势力自有其牙军，这是他们在各自军队中选拔出来组成的，是作为他们各自的心腹劲旅，是私兵中的私兵。……这时象南北朝时那样的宗族乡里的血缘和地缘关系，在军队中，特别是在军将与部属的关系中，大为削弱。军阀势力企图利用义儿制来弥补这种不足，但由于这种义父、义子的关系是建立在'以利合而相资'的'不义'的基础上的，所以，不但不能达到目的，反而使离心离德的义子更加容易利用这种身份扩大势力，成为实现'帅强则叛上，兵强则逐帅'的资本。"③ 这启发我们不仅要看到义父子结合对支配体制的正面作用，还需考虑其负面影响。此外还有一些个案的考订，比如田玉英对前蜀义儿的探讨即较为细致。④ 又如王凤翔、李翔分别考察了李茂贞和李克用的义子情况。⑤ 以上研究为我们勾勒出了唐末五代义儿的基本面貌。

然而以上文章较少的将义儿与河东后唐的政局结合起来分析。樊文礼先生《唐末五代的代北集团》一书虽对此问题略有提及，⑥ 但缺乏更为深入的分析。其实我们应当注意到这些义儿的双重性，一方面他们具有义儿的身份（主要是李克用的义儿），另一方面他们也都是河东后唐集团的重臣宿将，在整个集团发展轨迹上占有重要的位置。将此二者结合起来考

---

① 杜文玉、马维斌：《论五代十国收养假子风气的社会环境与历史根源》，《陕西师范大学学报》（哲学社会科学版）2010 年第 3 期。
② 毛阳光：《唐代藩镇养子述论》，《商丘师范学院学报》2001 年第 5 期。穆静：《论五代军阀的养子之风——从军政与时局角度谈起》，《华南理工大学学报》（社会科学版）2010 年第 4 期。
③ 谷霁光：《泛论唐末五代的私兵和亲兵、义儿》，《历史研究》1984 年第 2 期。
④ 田玉英：《论王建的假子在前蜀建立中的军事作用》，《重庆工商大学学报》（社会科学版）2009 年第 2 期；田玉英：《再论王建假子在前蜀政权（907—925）中的作用》，《重庆工商大学学报》（社会科学版）2009 年第 4 期；田玉英：《关于王建假子的情况及王建与假子的关系蠡测——兼论前蜀宦官干政的缘起》，《学术探索》2009 年第 5 期。
⑤ 王凤翔：《晚唐五代李茂贞假子考论》，《唐史论丛》第 11 辑，三秦出版社 2009 年版。李翔：《李克用义子问题考述》，《西南大学学报》（社会科学版）2014 年第 3 期。
⑥ 樊文礼：《唐末五代的代北集团》，中国文联出版社 2000 年版。

察，或许会得出一些新认识。

此外，后唐还存在一批与义儿身份类似的被赐姓的将领，暂可称为"同姓集团"。日本学者宇野春夫在《後唐の同姓集団》一文中对其有较为详尽的讨论。① 然该文对唐庄宗赐姓以及明宗回改姓名的讨论不够充分，加之一些观点亦不无可商之处。故对此群体的研究尚有进一步研究的空间。

5. 关于后晋与契丹关系研究

晋高祖石敬瑭为了获取契丹的支持，不惜割让燕云十六州，输岁币，并认比自己小十岁的耶律德光为父，成为中国历史上著名的"儿皇帝"。其后后晋又为契丹所灭，两国关系的研究便成为该时段最引人注目的焦点，如邢义田《契丹与五代政权更迭之关系》②、王吉林《辽太宗之中原经略与石晋兴亡》③、许学义：《浅析后晋割燕云十六州予契丹对双方的影响》④、魏良弢：《义儿·儿皇帝》⑤、张国庆《辽代契丹皇帝与五代北宋诸帝的结义》⑥、蒋武雄《辽太祖与五代前期政权转移的关系》⑦、《辽与后晋兴亡关系始末》⑧、《辽与后晋外交几个问题的探讨》⑨、洪铭聪《后晋的外交关系网络初探》⑩、曹流《契丹与五代十国政治关系诸问题》⑪ 等。

以上研究主要关心两个问题：其一是如何评价石敬瑭的历史地位。石敬瑭在传统史家眼中是以"无耻""卖国贼"的形象出现的，但今人已能更加平和细致分析其功过，肯定了其在内政上宽仁的一面。其二是具体探讨丢失燕云十六州对中原帝国的影响。许学义认为燕云十六州的割让，不仅在现实上导致了双方实力出现明显的消长，更促进了契丹进入封建社

---

① ［日］宇野春夫：《後唐の同姓集団》，《藤女子大学文学部紀要》第3號，1964年。
② 邢义田：《契丹与五代政权更迭之关系》，《食货月刊》1971年第1卷。
③ 王吉林：《辽太宗之中原经略与石晋兴亡》，《中国历史学会史学集刊》第6辑，1974年。
④ 许学义：《浅析后晋割燕云十六州予契丹对双方的影响》，《昭乌达蒙族师专学报》1988年第1期。
⑤ 魏良弢：《义儿·儿皇帝》，《历史研究》1991年第1期。
⑥ 张国庆：《辽代契丹皇帝与五代北宋诸帝的结义》，《史学月刊》1992年第6期。
⑦ 蒋武雄：《辽太祖与五代前期政权转移的关系》，《东吴历史学报》1995年第1期。
⑧ 蒋武雄：《辽与后晋兴亡关系始末》，《东吴历史学报》1998年第4期。
⑨ 蒋武雄：《辽与后晋外交几个问题的探讨》，《人文学报》2000年第9期。
⑩ 洪铭聪：《后晋的外交关系网络初探》，《中华人文社会学报》2009年第10期。
⑪ 曹流：《契丹与五代十国政治关系诸问题》，博士学位论文，北京大学，2010年。

会。而郑学檬、张建宇认为，北方藩篱之失并非始于石敬瑭，而宋人的历史书写也夸大了燕云地区的屏障作用。①

值得注意的是，郑学檬、范恩实都认为晋高祖石敬瑭"父事契丹"，受到北方胡族氏族社会的遗习影响。②然而并没有太多的史料证明这一观点。其实晋高祖父事契丹，可与辽太宗和唐明宗的关系结合起来思考，其目的是确认自己拥有唐明宗继承人身份，该行为对后晋政权的合法性具有重要意义。另一方面，占据中原的天朝上国向其称臣，对辽太宗树立自身威望、推动改革亦有重大意义。而这些内容，学界较少留意。

6. 关于后周建国的研究

以往史家皆视五代为征战连绵的乱世，却较少认识到其争夺帝位的战斗烈度其实在逐渐缓和。郭威起兵篡权，汉隐帝率禁军迎击，仅损失百余人便无力抵抗，最终兵败被杀。郭威看似轻而易举地夺取了政权，但这背后却蕴含着复杂的政治背景。然学界对后周研究较少，又主要集中在郭威、柴荣的改革之上。在二帝之中，又更多地强调周世宗柴荣的作用，仅专著即有韩国磐《柴荣》③、栗原益男《乱世の皇帝——后周の世宗とその时代》④、李小树与黄崇岳《周世宗柴荣》⑤、文晓璋《乱世明君周世宗》⑥ 等四部评传。此外成果还有日本学者菊池英夫《五代后周に于ける禁军改革の背景——世宗军制改革前史》⑦、牧田谛亮《后周世宗的佛教政策》⑧、久保田量远《后周世宗の废佛事件に就いて》⑨ 等。

---

① 郑学檬：《关于石敬瑭评价的几个问题》，《厦门大学学报》（哲学社会科学版）1983年第1期；张建宇：《石敬瑭刍议》，《北方文物》2010年第4期。
② 郑学檬：《关于石敬瑭评价的几个问题》，《厦门大学学报》（哲学社会科学版）1983年第1期；范恩实：《石敬瑭割让燕云的历史背景》，收入王小甫主编《盛唐时代与东北亚政局》，上海辞书出版社2003年版，第306—323页。
③ 韩国磐：《柴荣》，上海人民出版社1960年版。
④ ［日］栗原益男：《乱世の皇帝——后周の世宗とその时代》，桃源社1979年版。
⑤ 李小树、黄崇岳：《周世宗柴荣》，上海人民出版社1987年版。
⑥ 文晓璋：《乱世明君周世宗》，巴蜀书社2006年版。
⑦ ［日］菊池英夫：《五代后周に于ける禁军改革の背景——世宗军制改革前史》，《东方学》第16辑，1958年6月。
⑧ ［日］牧田谛亮著，如真译：《后周世宗的佛教政策》，收入张曼涛编《中国佛教史论集·隋唐五代篇》，大乘文化出版社1977年版。
⑨ ［日］久保田量远：《后周世宗の废佛事件に就いて》，收入氏著《中国儒佛道三教史论》，国书刊行会1986年版。

聚焦郭威的论文则有唐启淮《郭威建周刍议》①、《郭威改革简论》②、刘永平《郭威改革述论》③、王永平《后周政治改革述论》④、曾育荣《后周太祖郭威内政改革琐论》⑤ 等。这些研究主要探讨了郭威的种种改革措施，如整顿吏治、将兖州降为防御州、制造器甲权力收归中央、频繁更易节帅等，对改革效果有时估计得过高，未能充分体会郭威在压力之下往往只能采取妥协、折中之法，改革并不彻底，而这又与其权威密切相关。纵观郭威一生，便是其不断树立权威，以求从低位迈向高位的奋斗过程。这期间似乎未见正统性对郭威的影响，但他所不断追求的威望，其实就是令众人共同认可、信服、尊崇的价值体系。而这恰与正统性在本质上是殊途同归的。学界对此所做的探讨，还颇为不足。

总的来说，关于五代史的研究，成果还是不少，但问题多集中在几个热点问题之上，如后唐义儿、晋契丹关系、郭威改革等，与本书关注的某些问题高度重合，是我们进一步前进的基础。然而还有不少问题学界关注较少，如司空图传的成立过程、义儿政治背后的权力演进、石敬瑭父事契丹的正统性因素、郭威家庭背景与起家经历等，都还存在不小的探讨空间，本书正是基于此而作。

三　研究思路与旨趣

本书所探讨的主题是五代的正统性问题。此问题贯穿于五代始终，五代诸帝无论贤愚，都或多或少参与过正统性的争夺与巩固。该问题本身就极具历史研究价值，惜乎学界以往对此重视不够，这也是撰写本书的意义所在。然而正统性问题并非一个孤立存在的话题，而与当时的政治、军事、文化等紧密结合，不容简单分离。我们也不必将眼光仅仅聚焦在正统性这一个词汇上，而应当以其为纲，将其他诸问题串联起来。既要发掘五代诸多事件、政策背后所蕴含对正统性的争夺，从而揭示出正统性的重要意义；又要以正统性为主线，去分析当时所遇到的诸问题，从而提供一个

---

① 唐启淮：《郭威建周刍议》，《湘潭大学社会科学学报》1987 年第 2 期。
② 唐启淮：《郭威改革简论》，《湘潭大学学报》1988 年第 3 期。
③ 刘永平：《郭威改革述论》，《徐州师范学院学报》1992 年第 1 期。
④ 王永平：《后周政治改革述论》，《扬州师院学报》（社会科学版）1994 年第 1 期。
⑤ 曾育荣：《后周太祖郭威内政改革琐论》，《湖北大学学报》（哲学社会科学版）2003 年第 3 期。

新的视角，以加深我们对当时的政治、军事、社会的理解。两种思路相辅相成，力争做到既不枝蔓杂芜，又不片面狭隘。

顺此思路，本书的总体研究设计如下：

孔子曰："必也正名乎。"名号无论是对国家、政治集团、个人而言都有着毋庸置疑的重要意义。一个政权甫一创立，以何为国号就成了首要考虑的问题。这也是正统性在政治生活中最为直接的反映。因而本书第一章《建国创号：五代国号诸问题研究》即围绕五代国号进行讨论，仔细分析了五代各政权在制定国号时所面临的复杂局面，认为其制定过程牵扯了政治、历史、文化等众多因素。国号所表现出的意义，不仅在空间上表示一个正确的地理起源，更可在时间上与此前王朝建立联系。有时可上应天命传统，有时则可下合群臣期待，甚至是政策风向之标志。后梁为了避免引发魏博罗绍威等人猜忌，抛弃了"魏"而选择以"梁"为国号。后唐李克用李存勖父子一直以大唐复兴者自居，希望能继承大唐的统治，但并不能将后梁存在的历史从人们脑中抹去。明宗初年爆发改易国号的讨论，以及多方带有"后唐"字样的墓志，都反映出已有不少人认识到后唐与大唐并非一体，而是两个不同的政权。石敬瑭以晋为国号，除族姓渊源以及结好契丹之外，更重要的是团结河东旧部，加强内部凝聚力。后汉因契丹灭晋，趁势而起。其时民族矛盾甚为尖锐，以汉为国号更能争取中原士人之心。故而后汉高祖突破传统庙制，将西汉高祖、光武帝纳入亲庙之中，以此来加强自身政权的合法性。周太祖郭威认为自己出自虢氏，是姬周之苗裔，故定周为国号。为凸显此点，他选择对天文异象进行诠释。一方面用星象证明自己"符于文武"；另一方面则又曲解后汉高祖、汉隐帝的行为，为"当有王者兴于周"这一过时星占赋予新的活力，以此证明自己有着"天人之契"。

通过对历史进行刻画书写，达到某种意识形态的再造与共识，从而巩固自身政权的合法性，是正统性与政治权力相结合的又一侧面。在五代史料极为稀少的情况下，厘清各个史料的具体来源，以及背后所蕴含的政治意图，对五代史的研究是颇具意义的。本书第二章《五代正统性与司空图形象的重塑——〈旧五代史〉原文有无〈司空图传〉问题再探讨》即从《旧五代史》有无《司空图传》这一问题入手，通过仔细论证说明《司空图传》只存在于两《唐书》和后梁实录之中，而与《旧五代史》无涉。在此基础上围绕后梁实录和两《唐书》记载，勾勒出两个迥异的司空图形象，并藉此揭示出五代、宋史官对正统性的不同诉求。而这种形象的塑造与维持又依赖于政治军事实力的延续。由于河东集团取得了最终胜利，后梁的话语权几乎消失，呈现给后世的司空图形象也就主要是两《唐书》所描绘的样子了。

政权交替频繁是五代时期的一大特征。看似此起彼落的丛林竞争下，其实也孕育着中央权威不断加强的历史脉络。朝廷重臣们如何在朝代更迭中努力维持家门权力不坠，中央政府如何处理掌握权力的降将们，则是这一时期政治矛盾的一个突出议题。本书第三章《五代张全义家族与政权更替——以张氏家族墓志为中心的考察》利用近年洛阳出土的多方张全义家族墓志，结合传统史籍，对张氏家族的籍贯、谱系做出了梳理。在此基础上，详细地讨论了张氏家族的兴衰成败与当时政治环境变动之间的关系。张全义能从一介农夫，成长为洛阳、河阳黄河两岸的控制者，得益于唐末动荡分裂的大环境。而当军阀兼并逐渐完成之时，张全义闪转腾挪的余地也就愈发狭小。他一生的经历背后反映的是藩镇不断衰弱，权力由分散转为集中的历史重大转折。张全义子孙的仕途命运则更易受到政局变动的影响。每一次政权更迭，往往都对张氏家族产生了重大打击。这其中既有命运不幸的偶然成分，也是晚唐藩镇军阀逐渐退场的必然趋势。在乱世以军功、门荫走入仕途的张氏家族，随着时代的发展，逐渐成为兄弟父子相继进士及第的诗书之家。这也是五代到宋初由战乱走向稳定的历史发展脉络。

义儿问题是后唐政治史研究中最令人关注的问题，相关成果可谓汗牛充栋，但许多细节还有待进一步的厘清。尤其是将其与代北内部之间、代北集团与后梁降将之间、李克用、李存勖、李嗣源父子兄弟之间的矛盾结合起来思考，则更能体现政治权力演进的动态过程。本书在第四章、第五章对此进行了细致考察。第四章《旧部与新臣：五代河东政权的权力演进——以义儿为中心的考察》首先对李克用的义儿进行了考订，认为李嗣昭、李存矩是李克用的亲子，而王建及则是李罕之的养子。在此基础上，梳理了李克用诸儿在不同时代的际遇，从而反映出李克用、李存勖时代政治权力演进的轨迹。"义儿政治"的产生与消解以及义儿本身的沉浮升降，其实是后唐集团一步步扩张的结果。然而这种短期内的急速扩张，不可避免带来旧部与新臣的激烈碰撞。新臣在战胜旧部之后，发现又有新的新臣不期而至，自己已然完成了由新到旧的角色转换。这种更迭随着后唐疆域的固化而渐趋稳定，统治者的身份在由节帅变为皇帝后，也更倾向于以君臣大义而非父子关系来控制部下了。

第五章《姓甚名谁：后唐"同姓集团"考论》对后唐的"同姓集团"进行了细致的考察。其大致分为三类：有宗属身份的义儿、以降将为主的武将、异族外藩的首领。其中第二类人掌握了相当数量的藩镇和军队，成为庄宗时代的核心力量。这样一个团体的兴起与活跃，其背后展现的是唐庄宗扩大亲军，排挤李克用时代元从旧部的意图。这也是李嗣源发动政变的直接原因。唐明宗即位之后，对诸将姓名进行了改动。调整范围不仅包括庄宗时代的降将，就连李克用的义儿义孙们也改回了原本姓名。这宣告着他们丧失了对帝位法统的继承权。而对于尚有半独立性质的李茂贞诸子，唐明宗将其姓名中象征庄宗的"继"改为象征自己的"从"字。名字的改动宣告着他们效忠对象的变更。李嗣源之子李从珂更进一步，在其篡夺义兄李从厚的皇位之后，以避讳的名义下诏人臣诸王需要去除名字中的"从"字，暗示只有自己才有资格继承明宗的法统。姓名的变动并非简单的赏赐或惩罚，其背后体现着新旧势力的不断博弈的过程。

以往通常认为后晋的建立完全依靠契丹的扶持，对石敬瑭认辽太宗为父也多持批判态度，而对后晋与后唐之间承接的关系则未能充分重视，而这其实是石敬瑭能坐稳帝位的重要原因。本书第六章《以谁为父：后晋与契丹关系新探》通过仔细分析辽太宗册立石敬瑭为帝的册文，认为石敬瑭父事契丹，实际上是在强调自己"实系本枝"的身份，对唐明宗遗留下来的帝国具有继承的权力。而唐末帝李从珂是养子身份，反而"本非公族"，没有资格坐上帝位。石敬瑭对自身正统性的渲染，不仅是停留在册文这种政治宣传之中，而是渗入帝国日常行政之中。他多次颁布诏令要求恢复明宗旧制，其实是在强调自己继承明宗法统的同时，也从制度上抹杀唐末帝带来的影响。另一方面，中原大国的称臣，也极大提升了辽太宗的政治威望，使得其政治改革得以顺利推行。

后周的建立虽然承续后唐、后晋、后汉一脉而来，但无论是郭威的族属、起家经过乃至权力基本盘都与沙陀三王朝有所区别。在此背景下，郭威对正统的确立格外留心，采取了多种手段来树立自身权威。本书第七章《威望的力量：后周建国史探微》即通过对郭威家世、起家至建国艰辛历程的分析，发现当时中枢政局十分复杂，中书门下与枢密院的机构博弈、文臣与武将的彼此敌视、皇帝与重臣的权力争夺，各种矛盾交织其间。郭威取得最终胜利，从一介军士变为开国皇帝，威望起到了重大的作用。纵观郭威一生发展历程，往往是在低位受到轻视，通过种种手段树立威望，迈向更高层次，发现自身威望依旧不足，继续努力奋进，到达下一高层。如此循环反复，才使得其完成了由士卒到皇帝的跨越。这期间似乎未见正统性对郭威的影响，但他所不断追求的威望，其实就是令众人共同认可、信服、尊崇的价值体系。而这恰与正统性在本质上是殊途同归的。

最后本书附录部分收录了一篇讨论十国中前蜀王建建国与"枯树再生"这一异象之间关系的论文，旨在展现政治家通过异象来实现自己的政治意图，而不惜扭曲经典中关于异象意义的阐释。只是此文以王建之事件为引，主要还是探讨一个较长时段内（中古时期），"枯树复生"这一异象内涵的转变过程，而非专门针对五代十国某一政权的具体政治事件，故仅列在附录之中，以供师友批评探讨。

本书探讨五代正统性的问题，主要还是属于传统的政治史研究的范畴。故爬梳史料，考订史实，坚持实证史学依旧是我们开展研究工作的基础。然在恪守此原则的同时，我们还需要从不同视角看待历史，在正统性这一主线串联之下，力争看到更多的历史侧面。研究时所采用的材料除传统的正史之外，还要广泛搜罗诸如典制文献、类书、笔记小说，以期能充分了解当时社会背景，使得研究更为深入。同时亦重视地下材料，采取二重证据法，将传世文献与出土墓志相互结合，尽可能使相关论证更为全面扎实。

第一章　建国创号：五代国号诸问题研究

国号作为国家的名字，深入到国家的方方面面。大到朝仪祭祀、交通外国；中到日常行政文书运作；小到百姓墓志、造像等，都涉及使用国号，这是帝国权威的一种象征。《白虎通》卷二《号》云："帝王者何？号也。号者，功之表也，所以表功明德，号令臣下者也。"① 那么选择一个合适的国号，对国家的重要性也就不言而喻。以五代而论，制定国号时既要考虑如何承接前朝，以构建政权的合法性，又要顾及现实的政治博弈，需以国号来加强集团内部的凝聚力。特别是对后唐、晋、汉三朝而言，在"胡汉语境消解"的背景下，攀附汉氏高门，成为制定国号的重要依据；另一方面，这种行为又促进了以沙陀为首的各民族与汉人相融合。相较于其他朝代的国号问题，② 五代时期的研究无论是数量上还是深度上都有所欠缺。③ 故本章拟从各朝建国时的具体背景出发，来阐释诸帝选择国号的原因及其意义。

---

① （东汉）班固撰，（清）陈立疏证，吴则虞点校：《白虎通疏证》卷2《号》，中华书局1994年标点本，第43页。
② 关于"国号"问题的研究用力最深的学者为胡阿祥，其陆续发表多篇相关文章，最终集中收入于氏著《吾国与吾民：中国历代国号与古今名称研究》，江苏人民出版社2018年版。徐俊所著《中国古代王朝和政权名号探源》亦系统探讨了中国古代的国号问题，《中国古代王朝和政权名号探源》，华中师范大学出版社2000年版。此外学界还有许多相关重要论文，如何德章《北魏国号与正统问题》，《历史研究》1992年第3期；刘浦江《辽朝国号考释》，《历史研究》2001年第6期；陈得芝《关于元朝的国号、年代以及疆域问题》，《北方民族大学学报》（哲学社会科学版）2009年第3期；杜洪涛《明代的国号出典与正统意涵》，《史林》2014年第2期；张雅晶《"大清"国号词源研究》，《清史研究》2014年第3期。
③ 就笔者目力所及，仅靳润成《五代十国国号与地域的关系》（《历史教学》1988年第5期）探讨了此问题。

第一节　后梁国号与魏王爵

关于后梁国号之由来，胡三省有简要的解释：

> 朱氏本砀山人。砀山，战国时属梁地。太祖以宣武节度使创业，宣武军治汴州，古大梁也；寖益强盛，进封梁王，国遂号曰梁。《通鉴》以前纪已有萧梁，故此称曰后梁。①

此说认为，后梁国号依据朱全忠梁王而来。以王爵而定国号，也确实符合中古以来的传统。但朱全忠最后的爵位究竟为何，史书上的记载却有分歧。《五代会要》卷一《帝号》载：

> 天祐二年十一月，加（朱全忠）相国，总百揆，改封魏王，备九锡。②

按此说，朱全忠的王爵为魏王，并非梁王，与胡三省以王爵为国号的认识相抵牾。若此说为真，则需讨论为何朱全忠背离了中古以来的传统；若此说不确，也需分析朱全忠未能当上魏王的理由。

其实关于此点，诸书都有详尽记载。《旧唐书》卷二十下《哀帝纪》云：

> （天祐二年十一月）辛巳，制：……（梁王）朱全忠可授相国，总百揆，其以宣武、宣义、天平、护国、天雄、武顺、忠武、佑国、河阳、义武、昭义、保义、戎昭、武定、泰宁、平卢、匡国、镇国、武宁、忠义、荆南二十一道为魏国，仍进封魏王，依前充诸道兵马元帅、太尉、中书令、宣武、宣义、天平、护国等军节度观察处置等使，加食邑五千户，实封八千五百户，入朝不趋，剑履上殿，赞拜不

---

① 《资治通鉴》卷266，后梁太祖开平元年正月条，中华书局1956年标点本，第8666页。
② 《五代会要》卷1《帝号》，上海古籍出版社2006年标点本，第1页。

名,兼备九锡之命,仍择日备礼册命。……全忠令判官司马邺让相国总百揆之命。

十二月乙酉朔。戊子,诏蒋玄晖赍手诏赴魏国,不许陈让锡命。辛卯,制:……柳璨……充魏国册礼使。制:相国魏王曾祖赠太傅茂琳追封魏王,谥宣宪;祖赠太师信追封魏王,谥武元;父赠尚书令诚追封魏王,谥文明。……庚子,敕:"魏王坚辞宠命,过示挹谦。朕以国史所书元帅之任,并以天下为名,爰自近年,改为诸道,既非旧制,须在正名。宜追制改为天下兵马元帅,余准诏旨处分。"

(天祐三年正月)壬申,敕:"相国总百揆魏王顷辞册命,宜令所司再行册礼。"①

《新五代史》卷一《梁本纪一》云:

十一月辛巳,天子封王为魏王、相国,总百揆。以宣武、宣义、天平、护国、天雄、武顺、佑国、河阳、义武、昭义、武宁、保义、忠义、武昭、武定、泰宁、平卢、匡国、镇国、荆南、忠武二十一军为魏国,备九锡。王怒,不受。②

《旧五代史》卷二《梁太祖纪二》云:

是月(天祐三年正月),天子诏河南尹张全义部署修制相国魏王法物。③

由以上史料我们可以梳理出朱全忠受封、辞让的具体经过,即天祐二年(905)十一月第一次令其总百揆、加九锡、建王国,朱全忠不受;十二月哀帝又令蒋玄晖"赍手诏赴魏国,不许陈让锡命",以柳璨充魏国册礼使,并追封朱全忠曾祖、祖父、父亲皆为魏王。然从"魏王坚辞宠命,过示挹谦"一句来看,此举依旧未为朱全忠所接受,中央只得改其为

---

① 《旧唐书》卷20下《哀帝纪》,中华书局1975年标点本,第801—806页。
② 《新五代史》卷1《梁本纪一》,中华书局1974年标点本,第10页。
③ 《旧五代史》卷2《梁太祖纪二》,中华书局1976年标点本,第39页。

"天下兵马元帅"。天祐三年（906）正月，再一次准备对其行册礼，并令张全义修治法物。然而这次册封依旧没有成功，两个月后，哀帝下制"元帅梁王可兼领诸道盐铁转运等使，判度支户部事，充三司都制置使"①，仍称其为梁王，既说明朱全忠并没有接受魏王的封号，也表明了朝廷已经放弃了册封魏王的努力。

册封魏王的失败源于朱全忠认为此举是在"延唐祚"。《资治通鉴》卷二六五天祐二年十一月条云：

> 先是，全忠急于传禅，密使蒋玄晖等谋之。玄晖与柳璨等议：以魏、晋以来皆先封大国，加九锡、殊礼，然后受禅，当次第行之。乃先除全忠诸道元帅，以示有渐，仍以刑部尚书裴迪为送官告使，全忠大怒。宣徽副使王殷、赵殷衡疾玄晖权宠，欲得其处，因谮之于全忠曰："玄晖、璨等欲延唐祚，故逗遛其事以须变。"玄晖闻之惧，自至寿春，具言其状。全忠曰："汝曹巧述闲事以沮我，借使我不受九锡，岂不能作天子邪！"玄晖曰："唐祚已尽，天命归王，愚智皆知之。玄晖与柳璨等非敢有背德，但以今兹晋、燕、岐、蜀皆吾勍敌，王遽受禅，彼心未服，不可不曲尽义理，然后取之，欲为王创万代之业耳。"全忠叱之曰："奴果反矣！"玄晖惶遽辞归，与璨议行九锡。②

据此条，首先是"全忠急于传禅"，才有柳璨、蒋玄晖等"先封大国""加九锡殊礼"的建议，只要"次第行之"，受禅不过水到渠成之事，这本也合历来之传统。然王殷、赵殷衡却将其解释成"欲延唐祚，故逗遛其事以须变"，乃至朱全忠也将此视为"闲事"。蒋玄晖等只得再三解释，然只得到朱全忠"奴果反矣"的回应。封魏王、加九锡的受禅流程也并未得到实现，甚至蒋、柳二人也因此被处死。

然而此事颇为蹊跷。首先若朱全忠急于当皇帝，依照柳璨安排的流程实行即可。从历史上来看，禅让进程呈加速状态。王莽元始五年（5）加九锡，始建国元年（9）称帝，花了四年时间。曹操、司马昭等早已建国加九锡，还要等到曹丕、司马炎才完成禅让活动。宋高祖刘裕于晋安帝义

---

① 《旧唐书》卷20下《哀帝纪》，第806页。
② 《资治通鉴》卷265，唐昭宣帝天祐二年十一月条，第8650—8651页。

熙十二年（416）十月建宋国，至恭帝元熙二年（420）受禅，亦花了四年时间。南齐高帝萧道成于宋顺帝升明三年（479）三月册齐公，四月即进齐王，同月受禅。梁高祖萧衍于齐和帝中兴二年（502）正月册梁公，二月进梁王，三月受禅。陈高祖陈霸先于梁敬帝太平二年（557）九月册陈公，十月进陈王，同月受禅。北齐文宣帝高洋于东魏孝敬帝武定八年（550）三月封齐王，五月受禅。北周孝闵帝宇文觉于西魏恭帝三年（556）十二月封周公，同月受禅。隋文帝杨坚于周静帝大象二年（580）封隋王，大定元年（581）二月受禅。唐高祖李渊于隋义宁元年（617）十一月封唐王，二年五月受禅。从以上诸帝来看，刘宋高祖以后，长则半年（唐高祖李渊），短则一月不到（北周孝闵帝宇文觉）便能顺利完成"封大国"到"受禅"这一流程，费时并不算长。

朱全忠若是出于"急于传禅"之心理处死蒋、柳二人，那么则应尽快称帝。然而我们知道，后梁于天祐四年（907）四月始受禅建国，距离首次议加九锡已经过去了一年半。朱全忠此举不仅未能加速禅让进程，反而为原本顺利的仪式平添不少障碍。再者，蒋玄晖、柳璨二人于白马驿之变中屠杀朝士，已与忠唐之士彻底决裂，断无"欲延唐祚"之可能，这一点朱全忠也十分清楚。故以此为由处死蒋、柳二人，恐非历史真相。阻碍禅让进程的原因，可能是在柳璨提议的进封魏王一事上。

按照柳璨等人的说法，禅让之前需"先封大国"，似在暗示朱全忠之"梁王"级别略低，算不上大国，需要进阶一等，变梁为魏，方合礼制。而且朱全忠为砀山人，"战国时属梁地"、起家之汴州亦为"古大梁"，实际都在战国时魏国范围之内。魏梁本是一体，故魏惠王又称梁惠王。以此来看，由梁进魏，实是再自然不过了。然在唐末，梁与魏却早已分离，各自有着严格的区域界定。更重要的是现在代表着"魏"的仍是魏博帅罗绍威，而非朱全忠。贸然称魏王，并将天雄军（辖魏博六州）纳入魏国，一则名不副实为天下笑，二则还易引起罗绍威之不安。

之后罗绍威欲诛牙兵，兼幽、沧来攻，遂求救于朱全忠。朱全忠亲自出兵相救，虽完成诛牙兵，退幽沧之计划，结果却"留魏半岁，罗绍威供亿，所杀牛羊豕近七十万，资粮称是，所赂遗又近百万；比去，蓄积为之一空。绍威虽去其逼，而魏兵自是衰弱。绍威悔之，谓人曰：'合六州四十三县铁,不能为此错也!'"① 其后朱全忠又欲平定幽、沧,"至沧州,军于长芦,沧人不出。罗绍威馈运,自魏至长芦五百里,不绝于路;又建元帅府舍于魏,所过驿亭供酒馔、幄幕、什器,上下数十万人,无一不备"。胡三省注曰:"罗绍威厚奉朱全忠,不惟以报德,亦惧因伐虢之便而取虞也。"② 由此可见梁、魏关系之微妙,不可混为一谈。

最后值得一提的是朱全忠称帝建国之直接诱因乃是进攻幽、沧失败,反而被李克用攻占了潞州。《资治通鉴》卷二六六开平元年正月条云:

> 初,梁王以河北诸镇皆服,惟幽、沧未下,故大举伐之,欲以坚诸镇之心。既而潞州内叛,王烧营而还,威望大沮。恐中外因此离心,欲速受禅以镇之。丁亥,王入馆于魏,有疾,卧府中;罗绍威恐王袭之,入见王曰:"今四方称兵为王患者,皆以翼戴唐室为名,王不如早灭唐以绝人望。"王虽不许而心德之,乃亟归。③

此节看似与上文提到的淮南之败相似。何以淮南之时朱全忠可以对王爵九锡辞而不受,此处又因此马上篡移唐祚?其原因则在于两次失败的性质迥然不同。淮南之败原是朱全忠平定荆襄二州后盲目突进,遇大风雨,又为柴再用抄起后军,才不得不班师回朝。损失并不算大,而且已经取得足够的战果。而此次则对幽、沧无功而返,还丢失了遏制晋军的门户潞州,最为关键的还是昭义节度使丁会的背叛。丁会直言:"臣非不能守潞,但以汴王篡弱唐祚,猜嫌旧将,臣虽蒙保荐之恩,而不忍相从,今所谓吐盗父之食以见王也。"④ 这恰如罗绍威所言"今四方称兵为王患者,皆以翼戴唐室为名",朱全忠也只得"早灭唐以绝人望""速受禅以镇之",再也没有一年前的余裕了。

综上所述,《五代会要》中关于朱全忠"封魏王"的记载并不准确。而朱全忠辞让魏王、九锡的原因也并非传统史家所言厌恶柳璨、蒋玄晖等"欲延唐祚",而是顾及魏王、魏国有其特定的指代对象,并非朱全忠建

---

① 《资治通鉴》卷265,唐昭宣帝天祐三年七月条,第8660页。
② 《资治通鉴》卷265,唐昭宣帝天祐三年九月条,第8661页。
③ 《资治通鉴》卷266,后梁太祖开平元年正月条,第8668页。
④ 《旧五代史》卷59《丁会传》,第790页。

号之首选。然而随着天祐三年（906）年末潞州的丢失，朱全忠没有平定河北诸镇后再称帝的余裕，只得立刻称帝以稳定军心，并选用代表其核心统治区域和历史的"梁"作为国号了。

第二节 后唐国号与政权认同

关于后唐国号，徐俊先生称："李存勖复以'唐'为国号，故在'唐'字前加'后'字称'后唐'，以与李唐相别。"① 然此说不确，称"后唐"的是后朝之人，② 而绝非唐庄宗李存勖。他所建国号为"唐"，并不是也不可能是"后唐"。国号涉及政权合法性的问题，是容不得半点含糊的。

众所周知，李存勖一族本为沙陀人，本姓朱邪。其祖李国昌在唐懿宗咸通年间讨庞勋有功，故而被大唐赐姓李氏，③ 改名国昌，系于郑王房。赐姓名，是大唐招抚边夷的常用手段。从"国昌"这个名字上来看，也带有浓厚的归化色彩。而被赐予国姓，对于沙陀部及李国昌本人而言，亦是莫大的荣耀。被编入宗籍，更代表他们成为皇室的成员。明末清初的顾炎武所著《金石文字记》中载有《唐故左龙武军统军检校司徒赠太保陇西李公神道碑》，其词云："公讳国昌，字德兴，今为陇西沙陀人。伟姿容，善骑射。"④ 惜乎其后未录，可能是碑文残损所致。虽然仅此一句，却为我们提供了重要的历史信息，即李国昌注籍之处。我们知道，陇西并无"沙陀"一地，唐前期虽有"沙陀都督府"，但此时也早已不复存在。故此处"沙陀"指的是族属，而非籍贯，陇西才是李国昌注籍之处。这

---

① 徐俊：《中国古代王朝和政权名号探源》，第219页。
② 徐氏称举后周为例，称当时已有"后唐"一词，参氏著《中国古代王朝和政权名号探源》，第219页。其实后晋天福二年八月的大赦诏书中已提及"后唐"。《旧五代史》卷76《晋高祖纪二》云："应自梁朝、后唐以来，前后奉使及北京沿边管界掳掠往向北人口，宜令官给钱物，差使赍持，往彼收赎，放归本家。"第1006—1007页。
③ 按：本书因涉及唐与后唐的国号问题，为免引起混淆，行文中如无特殊说明，李存勖所建之唐一律称为"后唐"，李渊所建之唐一律称为"大唐"。
④ （清）顾炎武：《金石文字记》卷5《唐故左龙武军统军检校司徒赠太保陇西李公神道碑》，收入《石刻史料新编》，新文丰出版公司1982年，第1辑第12册，第9281—9282页。

当然是他在被赐姓、系于郑王房时，对籍贯进行的改动。

李国昌的神道碑如今我们已经很难一窥全貌，但李克用的墓志却完好地保存了下来，其中也谈及克用被赐予国姓一事。其词云："王讳克用，字翼望，陇西成纪人也。以象河命氏，与磐石连枝。"① 所谓象河，即指渭河，是陇西李氏的发祥地。"磐石"则是指"磐石之宗"，向来指代宗室。两者都是在强调李克用宗室的身份。而李克用的籍贯由"陇西沙陀人"变为"陇西成纪人"，则弱化了与沙陀族的联系。

梁晋争霸之时，身为大唐宗室的李克用父子，则具备了天然的正统性。李氏父子同时也不断地强调此点，以此衬托出朱全忠逆臣贼子的形象。如其坚持使用"天祐"年号，即是这种表现之一端。等到庄宗称帝灭梁之后，他绝不会承认这是一个新王朝的诞生，而是一个统治了天下近三百年的王朝的复兴。"中兴"一词，则屡见于诏书之中。如同光元年（923）十二月，圣祖玄元皇帝（老子）殿前有枯桧再生，即被庄宗认为是大唐中兴的象征，下诏称："当圣祖旧殿生枯桧新枝，应皇家再造之期，显大国中兴之运。同上林仆柳，祥既叶于汉宣；比南顿嘉禾，瑞更超于光武。宜标史册，以示寰瀛。"② 庄宗自比汉宣帝、光武帝，意在强调自己宗室的身份。其后，庄宗"又改崇勋殿为中兴殿""万春门为中兴门"，③ 崇勋殿是唐末及后梁入阁之处，④ 常用以接待群臣，是禁中的核心区域。庄宗将之改名"中兴"，正是时刻提醒群臣自己对唐室有再造之恩，对继承大唐法统有着天然的正当性。

除在诏书中强调中兴之外，庄宗还对庙制进行了重新整备，将自己父祖一系正式纳入大唐帝系之中。同光元年闰四月，唐庄宗在称帝一个月后，下诏：

---

① 《唐故河东节度观察处置等使、开府仪同三司、守太师兼中书令晋王墓志铭并序》（简称《李克用墓志》），拓片照片见《隋唐五代墓志汇编·山西卷》，天津古籍出版社1991年版，第177页。录文见《全唐文补遗》第7辑，三秦出版社2000年版，第164—166页。但此录文有不少讹误，日本学者森部丰、石见清裕依据拓片照片重新进行录文、译注和研究，今依此本。参见森部丰、石见清裕《唐末沙陀〈李克用墓志〉译注、考察》，《内陆アジア言語の研究》第18期，2003年，第17—52页。
② 《旧五代史》卷30《庄宗纪四》，第422页。
③ 《旧五代史》卷31《庄宗纪五》，第425—426页。
④ 《旧唐书》卷20下《昭宗纪下》云："敕：'文武百僚每月一度入阁于贞观殿。贞观大殿，朝廷正衙，遇正至之辰，受群臣朝贺。比来视朔，未正规仪，今后于崇勋殿入阁。付所司。'"第807页。

追尊曾祖蔚州太保为昭烈皇帝，庙号懿祖。夫人崔氏曰昭烈皇后。追尊皇祖代州太保为文景皇帝，庙号献祖；夫人秦氏曰文景皇后。追尊皇考河东节度使、太师、中书令、晋王为武皇帝，庙号太祖。诏于晋阳立宗庙，以高祖神尧皇帝、太宗文皇帝、懿宗昭圣皇帝、昭宗圣穆皇帝及懿祖以下为七庙。①

其后又为昭宗、懿祖以下配歌舞，置陵号。② 马端临在《文献通考》中评价五代庙制云："按后唐、晋、汉皆出于夷狄者也，庄宗明宗既舍其祖而祖唐之祖矣。"③ 此说不确。庄宗（明宗事详后）祖唐是实，却没有"舍其祖"。故《五代会要》中还批评云："将朱邪三世与唐室四庙连叙昭穆，非礼也。"④ 却不知这种"非礼"正是庄宗希望达到的效果。沙陀三祖与大唐四帝并尊，浑然一体，再无分别。唯有如此，才能顺利继承大唐的政治遗产。

然而，后唐与大唐终究是两个不同的政治实体。尤其是梁太祖原来的心腹重臣，对"唐"这一国号完全缺乏认同感。在同光四年（926），唐明宗篡位后，竟有更改国号之议。《旧五代史》卷三五《明宗纪一》云：

霍彦威、孔循等言："唐之运数已衰，不如自创新号。"因请改国号，不从土德。帝问藩邸侍臣，左右奏曰："先帝以锡姓宗属，为唐雪冤，以继唐祚。今梁朝旧人，不愿殿下称唐，请更名号。"帝曰："予年十三事献祖，以予宗属，爱幸不异所生。事武皇三十年，排难解纷，栉风沐雨，冒刃血战，体无完肤，何艰险之不历！武皇功业即予功业，先帝天下即予天下也。兄亡弟绍，于义何嫌。且同宗异号，出何典礼？运之衰隆，吾自当之，众之莠言，吾无取也。"时群臣集议，依违不定，唯吏部尚书李琪议曰："殿下宗室勋贤，立大功

---

① 《旧五代史》卷29《庄宗纪三》，第404页。
② 《旧五代史》卷31《庄宗纪五》云："南郊礼仪使、太常卿李燕进太庙登歌酌献乐舞名，懿祖室曰《昭德之舞》，献祖室曰《文明之舞》，太祖室曰《应天之舞》，昭宗室曰《永平之舞》。"又云："中书门下奏：'懿祖陵请以永兴为名，献祖陵请以长宁为名，太祖陵请以建极为名。'"第425、432页。
③ （宋）马端临撰，上海师范大学古籍研究所、华东师范大学古籍研究所点校：《文献通考》卷93《宗庙考三》，中华书局2011年标点本，第2846页。
④ 《五代会要》卷2《庙仪》，第30页。

于三世，一朝雨泣赴难，安定宗社，抚事因心，不失旧物。若别新统制，则先朝便是路人，茕茕梓宫，何所归往！不唯殿下追感旧君之义，群臣何安！请以本朝言之，则睿宗、文宗、武宗皆以弟兄相继，即位枢前，如储后之仪可也。"于是群议始定。①

此段材料中引述了四条意见，除霍彦威、孔循提议更改国号外，"藩邸侍臣"、明宗、李琪的观点都很鲜明，表示要继承大唐的法统。但"群臣集议，依违不定"的记载，和明宗反复询问左右、大臣的行动表明，这场争论其实十分激烈，并不像材料中表现得那样一边倒。其实《册府元龟》中关于此条记载，在"不从土德"后，尚有"豆卢革不能决，安重诲具奏"一句。② 豆卢革是宰相，安重诲是中门使，这句表明了即使以此二人的权势，也不能否决霍彦威、孔循的这项提议，只因其代表了"梁朝旧人"这一在后唐政局中依然颇有声势的政治团体。孔循是朱全忠的养孙，是当年以梁代唐的策划之一，"唐之运数已衰"也早已是他耳熟能详的口号。在他看来，明宗政变与当年朱全忠篡位并无不同，更改国号乃是理所当然之事。而霍彦威则"未弱冠，为梁祖所知，擢在左右，渐升戎秩，亟立战功"③，同样深受梁祖厚恩。在明宗政变之时，他曾"擅收段凝、温韬下狱，将置于法"，安重诲对此事称"温、段罪恶，负于梁室，众所知矣。今主上克平内艰，冀安万国，岂为公报仇耶！"④ 从安重诲的劝诫中，我们能窥出，霍彦威擅收段凝、温韬下狱，竟是因为要为后梁报仇，将"负于梁室"的二人绳之以法。若果真如此，则其倡议更改国号，也在情理之中了。

唐明宗面对此项提议，首先询问"藩邸亲侍"，这些人是他的政治力量基本盘。他们虽然不满于庄宗的某些做法，但对一直坚持的目标，也即中兴唐室，还是有着根本上的认同，加之对后梁旧臣的排斥，很容易做出维持旧有国号的选择。唐明宗则主要强调自己与李克用、唐庄宗的父子兄弟关系，也即所谓"武皇功业即予功业，先帝天下即予天下也"，唯有以

---

① 《旧五代史》卷35《明宗纪一》，第490—491页。
② （北宋）王钦若等编：《册府元龟》卷11《帝王部·继统三》，中华书局1960年影印本，第124页。
③ 《旧五代史》卷64《霍彦威传》，第851页。
④ 《旧五代史》卷64《霍彦威传》，第852页。

此来掩饰其并非李氏嫡亲血脉的事实。然而即使他已经明确表态，朝堂上却还是"依违不定"，只有当李琪挑明"若别新统制，则先朝便是路人"后，才"群议始定"。这不仅是因为李琪当时身为辅相，位高权重，也不仅仅是因其指出了明宗朝廷合法性存在疑问，若仍纠缠于此，会引起臣下不安这一严峻事实。更重要的是，李琪也是梁臣，甚至还担任过宰相，是后梁文官中的代表人物。他的出言反对，代表着后梁旧臣势力的分化。更改国号的讨论，也由"梁朝旧人"与河东元从的对立，简化成了霍彦威、孔循的个人主张。如此一来，将其驳斥的政治风险也就大大降低了。

更改国号一事虽就此不了了之，但后梁插入大唐、后唐之间的历史却难以抹去。就连支持明宗的李琪，在此问题上也出过纰漏。他在为霍彦威撰写神道碑时，"叙彦威仕梁历任，不言其伪"，可见在其心中，后梁仍是不可割舍的存在。朝廷对于此事的处理，却也仅仅是"望令改撰"①，没有更多的惩处。较之此前在文字上的疏失，② 更为轻纵。可见随着时间推移，是否以梁为伪，已经不是朝中最为关注的问题。关于此点，可以在墓志中得到进一步的证明。《大唐故兴国推忠功臣光禄大夫检校太保守左金吾卫大将军致仕兼御史大夫上柱国昌黎县开国伯食邑七百户韩公墓志铭》（以下简称《韩恭墓志》）云：

> 顷者天祐之初，天复之末，国步多难，皇纲欲倾，大泽横蛇，中原失鹿。……此时也，公奇筹出众，勇气超群。潜资白水之神谋，先识金陵之王气。攻城掠地，左纵右擒。亟登上将之坛，威建梁王之国。北定邢、洺之境，西平邠、庆之区。至若我皇鸿业中兴，寰瀛一统，旋龙旂于汴水，定金鼎于洛都。称公以佐国丹诚，庆公以事君忠孝。拔新平之守镇，授内署之执金。③

虽然墓志中提到了"我皇鸿业中兴"，并对墓主韩恭青睐有加，"称公以佐国丹诚，庆公以事君忠孝。拔新平之守镇，授内署之执金。"但这

---

① 《旧五代史》卷58《李琪传》，第786页。
② 《旧五代史》卷58《李琪传》云："时琪奏中有'败契丹之凶党，破真定之逆城'之言，诏曰：'契丹即为凶党，真定不是逆城，李琪罚一月俸。'"第786页。
③ 《韩恭墓志》，周阿根：《五代墓志汇考》，黄山书社2012年版，第199页。

其实让我们有些忽略了韩恭曾是后梁将领的事实。墓志下文叙其夫人子女婚宦，多用后梁年号，如韩恭"娶陇西县君李氏，乾化四年六月十八日事故"、"长男仲宣……贞明五年十一月亡"、"第二子仲举，……初婚故系都留守王相之长女也，乾化五年九月三日亡"①，即是明证。

如此一来，韩恭在"天祐之初，天复之末"曾"先识金陵之王气"，其实是指其参与了梁太祖建国一事，以致其"威建梁王之国"。所谓的"北定邢洺之境，西平邠庆之区"，也是指其在对唐庄宗、李茂贞等人的战斗中取得战果。其后墓志中又历书累任官职十三任，唯有最后三任"再任邠州节度使，加兴国推忠功臣，次任守右金吾卫大将军兼街使，次任守左金吾卫大将军致仕"是在后唐任官，也即前文中所言的"拔新平之守镇，授内署之执金"，而前十任均为后梁官职。②

韩恭卒于唐明宗天成四年（929）十月十七日，尚属后唐。墓志中却如此大肆使用前朝年号，炫耀在前朝所获功绩（某种程度上即是对新朝的罪过），毫不掩饰"伪官"的身份，甚至宣扬梁太祖有"金陵之王气"，实在是有些难以想象。这或许可以归因于墓志作者"前宾贡进士周渥"没有官身，缺乏政治敏感性。但下面这方墓志，则说明这种做法并非孤例。《唐故特进太子少保致仕赠少傅戴公墓志铭并序》（以下简称《戴思远墓志》）云：

> 公讳思远，字克宽，其先谯郡人。……中和初，值土德中微，金精方炽，乘风破浪，因兴慷慨之言；揽辔登高，遂有澄清之志。……后以军功，累迁单州刺史、检校司空，又历左右羽林两统军，加检校司徒。……又累迁晋华洺防御团练、三郡刺史，加检校太保，又转保义、横海两节度使，加特进，检校太傅。……又累迁镇国、宣化、天平、威胜四节度观察留后。天成初，授武定军节度使。③

---

① 《韩恭墓志》，《五代墓志汇考》，第 199 页。
② 《旧五代史》卷 30《唐庄宗纪四》云："（同光元年十一月辛酉）邠州节度使、检校太保韩恭，……并检校旧官，却复本任。"第 420 页。墓志中所谓"再任"，即《唐庄宗纪》中"检校旧官，却复本任"之意，可知邠州节度使检校太保是其在后梁后唐仕官的分界线。
③ 《戴思远墓志》，《五代墓志汇考》，第 269 页。

墓志的作者是"门吏翰林学士朝议大夫守尚书工部侍郎知制诰赐紫金鱼袋和凝",是当时著名的文士。其人既已"知制诰",自然晓畅故事,深知为文分寸。但即便如此,却仍有"土德中微"之语,对大唐德运衰微毫无避讳,又云"金精方炽",则是后梁国运日张之意,并不以当时所处后唐之朝为意。墓主戴思远在《旧五代史》中有传,《册府》《通鉴》中亦有零星记载,可与墓志所述相参。要之,"又累迁镇国、宣化、天平、威胜四节度观察留后"一句及之前,所叙均为梁官,唯有威胜军是后唐才开始有的军额,其前身是邓州宣化军,① 而戴思远正是由邓州降唐,故此亦为梁官。② 换言之,墓志中一未能体现梁唐易代,而是笼统言之,似乎其人平步青云,毫无波折。二则备述其在梁官职,远详于正史,也毫不顾忌"伪官"之身份。这与李琪作《霍彦威神道碑》正是同样的道理。

以上诸例说明虽后唐朝廷再三申明自己中兴大唐,翦除"伪梁",但并不能将大唐灭亡、后梁兴起的事实从世人脑中抹去。在大家心目中,大唐已经成为过去,即使后唐庄宗兴起,也不过是一个新的政权,而非旧王朝的延续。江苏省江都市出土的《李涛妻汪氏墓志》中云:"剖符吉水□县君乃于故唐天祐二年承□月之贵也"。其人卒于"大吴顺义四年十月",③ 为公元924年,也即同光二年。此前吴国国主杨溥在庄宗入洛之后,以上表来朝,称"'大吴国主致书上大唐皇帝',其辞旨卑逊,有同笺表。"④ 至少可以看出,吴国官方上还是认可唐庄宗继承大唐法统的,但在墓志中反映出的时人认识却是"故唐",也即大唐已经故去了,而非现在北方所立之后唐。

这种认识不仅在南方的吴国如此,在后唐辖下也有类似的例子。如《任元页墓志》中,志文题名即为"后唐故银青光禄大夫检校工部尚书守郑州都粮料使兼御史大夫任府君墓志铭并序",出现了"后唐"一词。墓志中更言"自前唐天复二年入仕,……以至梁朝……职列上军,官任荣

---

① 《新五代史》卷60《职方考》云:"邓州,故属山南东道节度。梁破赵匡凝,分邓州置宣化军。唐改曰威胜。"第737页。
② 《旧五代史》卷64《戴思远传》云:"及明宗袭下郓州,思远罢军权,降授宣化军留后。其年,庄宗入汴,思远自邓州入朝,复令归镇。"第856页。
③ 《李涛妻汪氏墓志》,《五代墓志汇考》,第148—149页。
④ 《旧五代史》卷134《僭伪·杨溥传》,第1783页。

王府长史。爰值后唐主同光初祀……"① 其人卒于同光四年（926）三月廿七日，葬于天成二年（927）十一月廿五日，都在后唐一朝，却在墓志中不仅提及后梁任职，更将大唐划为"前唐"，将唐庄宗视为"后唐主"，将大唐后唐就此割裂开来。又如《孟知祥妻福庆长公主李氏墓志》亦云："福庆长公主李氏，即后唐太祖武皇帝之长女"。② 福庆长公主是武皇之女，庄宗之姊，是重要的宗室成员。她的墓志中竟也将其父呼为"后唐太祖武皇帝"，可见大唐、后唐二者并非一体，而是两朝的观念依然颇为流行。

本节从国号这一角度分析了后唐庄宗为继承大唐法统所作出的努力，也探究了明宗即位之初国号之争背后所蕴含的梁、唐旧部政治角力。又从墓志的角度展现出时人对以梁代唐这一史实的认可，表明了大唐的逝去已经是不可挽回的现实，尽管后唐统治者还在宣扬中兴圣朝，但在人们心中，大唐后唐终究是两个割裂的政权了。

第三节　后晋国号与历史渊源

关于后晋国号由来，胡三省云：

> 石氏自代北从晋王起太原，既又以太原起事而得中原；太原治晋阳，契丹遂以晋命之，故国号为晋。③

此条史料给出两条信息，其一，后晋国号为契丹所命；其二，以晋为国号的理由是石敬瑭起于太原晋阳，故辽太宗在册封石敬瑭为帝的册文中也提到："仍以尔自兹并土，首建义旗，宜以国号曰晋。"④ 也即强调了地域因素。

然除此之外，以晋为国号的背后可能还有更多的考虑。从契丹方面来

---

① 《任元页墓志》，《五代墓志汇考》，第 183 页。
② 《孟知祥妻福庆长公主李氏墓志》，《五代墓志汇考》，第 227 页。
③ 《资治通鉴》卷 280，后晋高祖天福元年条，第 9138 页。
④ 《旧五代史》卷 75《晋高祖纪一》，第 987 页。

说，晋除了地域因素之外，还代表着"晋王"，也即李克用和早期的唐庄宗李存勖。而相较于之后的后唐而言，这是一个与中原政权更为友好的时期。在李克用时代，"契丹阿保机始盛，武皇召之，阿保机领部族三十万至云州，与武皇会于云州之东，握手甚欢，结为兄弟"①。而在李存勖在"方营河北"时，也一度"以叔父事阿保机，以叔母事述律后"②，双方关系达到顶峰。

然其后李存勖与契丹分歧日盛，争斗频繁。其战最为大者当为天祐十四年（917）幽州大战，"是时言契丹者，或云五十万，或云百万，渔阳以北，山谷之间，毡车毳幕，羊马弥漫"，最终结果却是"存审、嗣源极力以拒之，契丹大败，委弃毳幕、毡庐、弓矢、羊马不可胜纪，进军追讨，俘斩万计。"③ 李存勖同光元年建号大唐之后，虽未见大规模战争，契丹入侵却也无日或止。故而辽太祖在唐庄宗死后称："汉国儿与我虽父子，亦曾彼此仇敌，俱有恶心，与尔今天子无恶，足得欢好。"④ 辽太祖与"汉国儿"（即唐庄宗）"俱有恶心"不假，但与"今天子"（即唐明宗）"足得欢好"的愿望也未能达成。唐明宗天成三年（928），镇守易定祁三州的王都叛乱，"悉其众与契丹五千骑合万余人，邀（王）晏球等于曲阳"，结果遭到王晏球的强烈反击，结果"契丹死者过半，余众北走；都与秃馁得数骑，仅免。卢龙节度使赵德钧邀击契丹，北走者殆无孑遗。"其后"契丹复遣其酋长惕隐将七千骑救定州，王晏球逆战于唐河北，大破之；甲子，追至易州。时久雨水涨，契丹为唐所俘斩及陷溺死者，不可胜数。……赵德钧遣牙将武从谏将精骑邀击之，分兵扼险要，生擒惕隐等数百人；余众散投村落，村民以白梃击之，其得脱归国者不过数十人。自是契丹沮气，不敢轻犯塞。"⑤

契丹在与庄、明二帝的战斗中屡屡失利，损失惨重。可以想见，其对唐庄宗所建之后唐充满敌意。对比之下，当年与晋王李克用把手结义的时期也就显得弥足珍贵。"晋"这一名号，对于契丹而言，也就更为友好亲

---

① 《旧五代史》卷26《唐武皇纪下》，第360页。
② 《资治通鉴》卷269，后梁均王贞明二年十二月条，第8810页。
③ 《旧五代史》卷28《唐庄宗纪三》，第389—390页。
④ 《旧五代史》卷137《外国·契丹传》，第1831页。
⑤ 《资治通鉴》卷276，后唐明宗天成三年条，第9019、9021—9022页。参见曾国富《论五代时期对契丹的民族政策》，《内蒙古社会科学》（汉文版）2001年第3期。

切，辽太祖将其赐予石敬瑭，也有着希冀双方缔结如同当年辽太祖与李克用那样亲密的盟约。

而对于石敬瑭而言，"晋"这一国号，除代表起家龙兴之地以外，亦是其自身姓氏的发祥地。众所周知，石敬瑭为沙陀人，本与中原著姓无涉。然出于中古传统，亦会攀附古人为先祖，以求自高门第。石敬瑭选择的便是卫大夫石碏、汉丞相石奋。石碏为卫大夫，居于卫地，而石奋则是居于河内温县。[①] 而提及河内温县，自然很容易想到司马氏，其所建国号恰恰也是大晋。关于司马晋国号由来，胡三省注云："司马氏，河内温县人。……以温县本晋地，故以为国号。"[②] 那么既然司马氏能以河内郡望作为自己国号由来，石敬瑭自然也可因袭前例，国号与其攀附之先祖形成了统一。

同时还有一点值得注意，晋这一国号还有着由唐而生的历史内涵。"晋唐叔虞者，周武王子而成王弟。……武王崩，成王立，唐有乱，周公诛灭唐。……遂封叔虞于唐。唐在河、汾之东，方百里，故曰唐叔虞。姓姬氏，字子于。唐叔子燮，是为晋侯。"[③] 据此，姬虞始封时仍名唐国；子姬燮即为"晋侯"。换言之，"晋"正是承"唐"而来，这又与唐晋易代的政治背景相吻合。契丹在册立皇帝册文中即提到"尔惟近戚，实系本枝"，这也是在强调石敬瑭有资格继承唐明宗法统。[④] 定国号为晋，更突显这种承唐之意。

除此之外，晋这一名号，在内部同样有着很强的凝聚力。河南洛阳出土的《晋沧州刺史王延胤墓志》（以下简称《王延胤墓志》）云：

> 公讳延胤，字绍基，并州太原人也。……祖处存……父邺……洎以荣联帝戚，世本侯家。河东故先晋武皇帝讳克用，是公之亲舅氏也。庄宗皇帝，是公之亲表兄。[⑤]

---

① 《史记》卷103《万石张叔列传》云："万石君，名奋，其父赵人也，姓石氏。赵亡，徙居温。"中华书局1963年标点本，第2763页。
② 《资治通鉴》卷79，晋武帝泰始元年条，第2491页。
③ 《史记》卷39《晋世家》，第1635—1636页。另参胡阿祥《司马氏晋国号考说》，《南京大学学报》（哲学·人文·社会科学）1999年第3期。
④ 关于晋高祖对唐明宗的继承，参拙作《以谁为父：后晋与契丹关系新解》，《史学月刊》2017年第3期，亦见本书第六章。
⑤ 《王延胤墓志》，《五代墓志汇考》，第390页。

按《旧五代史》卷八十八有《王庭胤传》，其辞云："王庭胤，字绍基，其先长安人也。祖处存，定州节度使。父邺，晋州节度使。庭胤，唐庄宗之内表也。"① 庭、延相似，两者当为一人。② 又《旧唐书》卷一八二《王处存传》云："其弟邺，③（李）克用以女妻之。"④ 则与墓志、《旧五代史》有所抵触，王邺在辈分上降了一等，由李克用妹夫变为了女婿。若采信更为可靠的墓志，则《旧唐书》中"以女妻之"或当改为"以妹妻之"。但无论如何，都可确定王延胤是李氏戚属，是河东集团的核心人物。而他的墓志中却没有依照通例，将李克用称为唐武皇，而是称之为先晋武皇，则表明当时还有视李克用为晋之代表的风气，对晋这一名号还充满怀念。

当然最为关键的是，石敬瑭由太原一隅而得天下，就不得不加大对河东官僚的优待。从天福一朝重臣（宰相、禁军统领、节度使）的人员构成中，不难看出此点。

首先是宰相。晋高祖一朝宰相凡六，即冯道、赵莹、桑维翰、李崧、和凝、冯玉。除冯道之外，其余五人在之前都未做过宰相，换言之，他们是在晋高祖手下才达到自身仕途的顶峰。这六人均非河东士人，但除李崧、和凝外，都做过河东节度推官、掌书记等幕僚之职。桑维翰更是晋高祖的谋主，故将他们视为河东集团的核心人物并无不妥之处。李崧虽未履晋土，但亦是举荐晋高祖出镇河东的关键人物，与之关系匪浅。只有和凝早年为梁臣，降唐后一直在中央任职，与晋高祖关联较少。

再看禁军统领。据张其凡先生《五代禁军初探》统计，晋高祖朝的禁军统领有杨光远、刘知远、杜重威、景延广、白奉进、李怀忠、李守贞、郭谨等8人。⑤ 他们要么出身河东、代北，要么即是晋高祖在太原的元从旧部，无一例外。也即是说，晋高祖一朝，禁军为河东将领牢牢掌握。

地方上的节度使亦是如此。据樊文礼先生《唐末五代的代北集团》统计，后晋历藩镇节帅者有94人。其中出自代北、河东的有45人，非代

---

① 《旧五代史》卷88《王庭胤传》，第1150页。
② 为行文方便，下文均统一作"王延胤"。
③ 此处"其"指王处存之子王郜，也即王邺，亦是王处直之子。
④ 《旧唐书》卷182《王处存传》，第4701页。
⑤ 张其凡：《五代禁军初探》，暨南大学出版社1993年版，第70—72页。

北、河东有40人，另有8人籍贯不明。樊氏又称："后晋时期虽然在节度使的人数上，代北、河东人仍然占有较大的优势，但是非代北、河东出身的节帅的地位却在不断加强。"① 其说自然有其道理。然与后唐相比，代北河东集团的人员比例基本持平。② 但若分析另一组数据，则结果大不一样。据王赓武《五代时期北方中国的权力结构》统计，晋高祖一朝，新任节度使为34人，③ 其中出身河东代北以及在唐晋易代之际为晋高祖麾下的有20人，不是晋高祖麾下的有12人，情况不详的有2人。需要说明的是，12人中还有诸如符彦饶、符彦卿这样与李克用之河东集团关系密切的人物，之所以将其排除在外，是为了与晋高祖之河东集团以示区别。简言之，在晋高祖时代，其所任用提拔的新任节帅，有近六成（58.9%）出自河东集团。这一比例远远高出了后唐和后晋的整体水平，说明在后晋初期，河东集团最为重要，也是晋高祖最需安抚提拔的政治势力。如此一来，选择"晋"国号，在河东集团内部，是最具凝聚力的，能团结最多的力量，以求减少易代之间的摩擦阻力。

要之，石敬瑭选择国号，除地理因素之外，还有着与契丹的历史关系、石姓渊源、继承唐统、团结河东将领幕僚等复杂考虑。综合起来，晋这一国号，满足了多种需求，成为最为合适的选择。

第四节　后汉国号与庙制改革

关于后汉国号，胡阿祥先生在《中国历史上的汉国号》一文中有所论述，他称："刘知远起用汉为国号，也有着地理的、民族的与自身的考虑。从地理上说，既已拥有中原、定都于汴，则地域色彩较强的'晋'便显得狭隘；又从民族上讲，晋以儿的名义事契丹（辽），于大义有亏；

---

① 樊文礼：《唐末五代的代北集团》，中国文联出版社2000年版，第196—197页。
② 同样据樊氏统计，后唐节帅142人，后梁出身30人，代北河东集团68人，身世不明者44人（大多出自河北地区的藩镇将吏），《唐末五代的代北集团》，第164—165页。据此后唐代北河东出身的节帅比例只占47.9%（籍贯不明者不予统计），而后晋时期，这一比例同样为47.9%。
③ 王赓武：《五代时期北方中国的权力结构》，胡耀飞、尹承译，中西书局2014年版，第178、192—193页。

再从自身看，刘知远'本沙陀部人，居于太原。及得中国，自以姓刘，遂言为东汉显宗第八子淮阳王昺之后，国号曰汉'，又'以汉高皇帝为高祖，光武皇帝为世祖'。如此，在当时北有异族强敌、南有多国并立、中原地区民族情绪高涨的形势下，刘知远冒为刘邦、刘秀后裔，并径以汉为国号，便具有了显示政权正统、彰明民族大义、表现渊源有自的多重功效。"①

胡氏所言基本合理，唯称"晋"地域色彩较强，显得狭隘的观点则略有不妥。在中古时代，国号基本由古国名而来，无不带有强烈的地域色彩，也即无所谓狭隘与否。其实后汉高祖与晋高祖同出一系，都源于河东集团，所用军将亦大多来自集团内部，甚至可以说一定程度上的"狭隘"，是有利于内部团结的。故而汉高祖即帝位之后，还要沿用天福年号，理由则是"朕始事晋，以至开国，虽易服建号，固有通规，念旧怀恩，未忍改作。"② 可见至少在政治宣传上，汉高祖还无法摆脱晋高祖的影响。这一点在墓志中也有所体现，山西省榆社县化石博物馆藏《王建立妻田氏墓志》云：

> 天福十三年戊申岁正月二十二日薨于新平公廨之正寝，享年六十六。……即以汉乾祐二年己酉岁七月壬寅朔十一日壬子，与辽州榆社县将相乡崇勋里，合祔于先王茔域，礼也。③

墓主是后唐大将王建立之妻田氏，卒于948年，其年正月一日，汉高祖下诏，改元乾祐，也即并没有所谓的天福十三年一说。而墓志所记下葬时间为乾祐二年，也即排除了墓主一家远离京师，不知改元信息的可能。出现天福十三年的称号，固然可能是因历史惯性，但也包含了对晋高祖的认可，愿意沿用天福年号。

胡阿祥先生其实也很清楚晋对汉的意义，故他解释汉高祖使用天福年号云："刘知远之即帝位，在于中原无主，而仍天福年号追续为天福十二年，既意在否定石重贵的昏庸无能、政治腐败，亦有续嗣晋祚、争取晋旧

---

① 胡阿祥：《中国历史上的汉国号》，《江苏行政学院学报》2005年第5期。
② 《册府元龟》卷95《帝王部·宥赦一四》，第1133页。
③ 《王建立妻田氏墓志》，《五代墓志汇考》，第460—461页。

臣支持的用意。"① 从《田氏墓志》来看，这一政策得到了很好的贯彻，也起到了应有的作用。

当然，后汉毕竟是一个新的政权，更重要的还是强调自身合法性的来源。以汉为国号，更多的还是源于刘知远的姓氏。这一点，胡氏已有所提及，这里还需进行一些补充。

刘知远于开运四年（947）二月在太原即皇帝位，并将年号由开运四年改为了天福十二年。至于国号，《新五代史》云："（六月）戊辰，改国号汉。（注：高祖初建国无国号，盖其制诏皆无明文，故阙不书。然称天福十二年，则国仍号晋可知，但无明据，故慎于所疑尔。此书'改国号汉'，则未改之前宜有所称，此可以推知也。）"② 而《辽史》却称："（二月）辛未，河东节度使北平王刘知远自立为帝，国号汉。"③ 两者记载出现了矛盾。《新五代史》称"其制诏皆无明文"是针对二月到六月之间国号而言，而更改国号之诏书，其实在《册府元龟》中有完整保留。天福十二年六月，刘知远进入汴梁，正式成为一个众人认可的皇帝，其大赦诏书云：

> 朕以肇兴宝历，克嗣炎精，遐追雍雒之宏规，仰仗高、光之盛烈，其国号宜改为大汉。④

这段材料解决了两个问题。其一，既然在六月才下诏"其国号宜改为大汉"，证明此前国号并非汉，而是晋，《辽史》记载有误。其二，定国号为汉的原因是"克嗣炎精""仰仗高、光之盛烈"，也即将刘知远之刘，与刘邦刘秀之刘攀附了起来。刘姓，成为汉国号最根本的渊源。

其实，这种宣传在入洛之前已有所展现。《册府元龟》卷二六《帝王部·神助》云：

> 汉高祖即位初，自晋赴雒，次绛郡。有司奏置顿厄口镇，帝曰：

---

① 胡阿祥：《中国历史上的汉国号》，《江苏行政学院学报》2005年第5期。
② 《新五代史》卷10《汉本纪》，第102页。
③ 《辽史》卷4《太宗纪下》，中华书局1974年标点本，第59页。
④ 《册府元龟》卷95《帝王部·宥赦一四》，第1133页。

"地名稍恶，安可宿之？朕记此别有好路。"乃遣人导之，果坦夷而至于闻喜县。有从骑橐驼緤厄口者，多争路，堕于绝壑。从臣叹曰："昔高皇帝避柏人之名，其智若神。我帝恶厄口而入闻喜，何千载之暗合邪？"①

刘邦避柏人一事，见于《史记》卷八《高祖本纪》、汉书卷一下《高帝纪下》。这种因厌恶地名而避之的行为其实历史上还发生过多次，如前秦"国有童谣云：'河水清复清，苻诏死新城。'（苻）坚闻而恶之，每征伐，戒军候云：'地有名新者避之。'"② 即是一例。所谓从臣要将刘知远此举与刘邦（而非苻坚之流）"暗合"，无疑是在宣扬刘知远渊源有自，和刘邦一样，能识危度厄，如有神助，兴建大汉。

若以上还只是部分流言，那么刘知远更改庙制，则显示了自己承继汉统的决心。《旧五代史·汉高祖纪二》载："（天福十二年闰七月）庚辰，追尊六庙，以太祖高皇帝、世祖光武皇帝为不祧之庙。"③ 此事看似寻常，不过开国之君的必经之举，但实际上则是对礼制的一种突破。

关于攀附祖宗之历史地位，后晋时已经有所讨论。天福二年（937）二月，太常博士段颙提议，需立七庙，其主要依据是"缘自古圣王，祖有功，宗有德，更封始祖，即于四亲庙之外，或祖功宗德，不拘定数"，也即在四亲庙的基础上，还需加始祖等有功德者。左仆射刘昫则请立高祖以下四亲庙，并称"始祖一庙，未敢轻议，伏候圣裁"。御史中丞张昭则明确反对段颙的意见，列举历朝史实，申明"此则前代追册太祖不出亲庙之成例也"，最后要求"请依隋唐有国之初，创立四庙，推四世之中名位高者为太祖"。晋高祖对此似乎仍有所疑虑，下诏"宜令尚书省集议奏闻"。刘昫等再次重申立场，坚持"创立四庙之外，无别封始祖之文"，最后晋高祖不得不只追尊四庙，未能别封始祖。

上文已经指出，晋高祖自云卫大夫石碏、汉丞相石奋之后，段颙提议的更封始祖，想必也不出二人之外。将石碏石奋纳入后晋宗庙祭祀体系当中，有助于提升晋高祖门第底蕴，加强后晋的正统性，但这一举措为礼官

---

① 《册府元龟》卷26《帝王部·神助》，第288页。
② 《晋书》卷114《苻坚载纪下》，中华书局1974年标点本，第2929页。
③ 《旧五代史》卷100《汉高祖纪下》，第1336页。

所阻止。

天福十二年（947）闰七月，在改朝换代之时，段颙旧事重提，"请立高、曾、祖、祢四庙，更上追远祖光武皇帝为始祖"。吏部尚书窦贞固则更进一步，提出："祖功宗德，不拘定数。今除四亲庙外，更请上追高皇帝、光武皇帝，共六庙。"又新增了汉高祖刘邦之庙。其理论依据，与后晋天福二年所言并无差异。以上讨论经过，均见于《五代会要·庙仪》，其载窦贞固之言后，仅书"从之"，① 六庙之制就此确定下来。

但实际上并非如此简单，《宋史·窦贞固传》在摘录窦贞固的提议后又载："论者以天子建国，各从其所起，尧自唐侯，禹生大夏是也。立庙皆祖其有功，商之契，周之后稷，魏之武帝，晋之三庙是也。高祖起于晋阳，而追嗣两汉，徒以同姓为远祖，甚非其义；贞固又以四亲匹庶，上合高、光，失之弥远矣。但援立亲庙可也，余皆非礼。"② 这说明当时对追尊两汉一事，仍有不少异议。天福二年的反对者中，刘昫已然病逝，张昭则据《宋史·张昭传》云："汉初，复为吏部侍郎。时追尊六庙，定谥号、乐章、舞曲，命昭权判太常卿事，月余即真"③，其间未言张昭态度。然以其"处侪类中，缓步阔视，以为马、郑不己若也"、"专以典章撰述为事，博洽文史，旁通治乱，君违必谏，时君虽嘉尚之而不能从"等处事风格来看，④ 恐怕不会轻易改变自己在礼制上的立场。

然这次与天福二年不同，段颙、窦贞固一方取得了胜利。张昭则由吏部侍郎变为太常卿，在品秩上虽然提升，但实权却有所下降，这恐怕即是"君虽嘉尚之而不能从"的表现。刘知远推动追尊六庙的施行，还是旨在将自己与高帝、光武联系起来，以谋求政权的合法性。当年晋高祖在此事上有所妥协，在于其本身是唐明宗的女婿，"尔惟近戚，实系本枝"⑤，与帝位有些渊源。加之石碏、石奋虽然地位不低，但也非皇帝，对正统的加成并不明显。在反对力量比较强烈的情况下，有所舍弃也是能够接受的。刘知远境遇则又下一层，本身只是晋高祖的旧部亲信，与其余诸将相比，

---

① 《五代会要》卷2《庙仪》，第30—36页。
② 《宋史》卷262《窦贞固传》，中华书局1977年标点本，第9058—9059页。
③ 《宋史》卷263《张昭传》，第9090页。
④ 《宋史》卷263《张昭传》，第9085、9108页。
⑤ 《旧五代史》卷75《晋高祖纪一》，第986页。

优势有限，而汉高帝、光武帝地位之崇高，又远非石碏、石奋能与之相比。需求增大，利益增大，自然促使刘知远更加积极地推进追尊六庙的活动，这样刘知远之汉就和有着四百年基业的大汉形成一体，完成了自身政权合法性的建构。

第五节 后周国号与星象诠释

郭威于乾祐三年（950）起兵，随即打败汉隐帝禁军，占据了洛阳。但由于自身崛起时日尚短，未能彻底掌握大臣军将，朝堂中还处于一种"人情未一"的状态，甚至还发生了御营步兵将校谋划强行扶策天子之事。这些动向使得郭威原本谋划拥立刘赟作为傀儡皇帝的计划流产，不得不仓促间举行禅让大典，正式登上帝位。①

新朝既立，所面临的第一个问题即是制定国号。郭威选择根据自己的姓氏，将新政权与姬周建立上联系。有关于此，胡三省在《通鉴·后周纪》开篇云：

> 周自以为周虢叔之后。春秋、战国之世，传记谓虢叔之后有国者为虢公，后谓之郭公。虢、郭音相近也。虞大夫宫之奇曰：虢仲、虢叔，王季之穆也。郭之得姓本于周，故建国号曰周，《通鉴》因谓之后周。②

也即是郭威得姓源自虢叔，而郭、虢相通，③ 虢又为周后，故曰"郭之得姓本于周"，因此确立了国号。这一点其实在历史上已有先例，如周平王幼子，因其掌中有"武"字纹样，故以武为名，为武姓之祖。武则天因此便自承周后，代唐之时，定国号为周。两人之所以要曲折一层，不直接

---

① 有关史事考订，可参考拙作《后周建国前史：郭威家世仕宦考》，《唐史论丛》第31辑，2020年，第146—151页。
② 《资治通鉴》卷290，后周太祖广顺元年正月条，第9450页。
③ 参见徐俊《中国古代王朝和政权名号探源》，第225—226页。

以虢、武为国号，当与虢是小国、①武本小姓有关，②这两者的政治号召力显然不能与煌煌宗周相提并论。

除在姓氏族源上对姬周进行攀附之外，周太祖还努力地将国号、德运、卦象、星象等与之建立联系。《旧五代史·周太祖纪一》云：

> 司天上言："今国家建号，以木德代水，准经法国以姓墓为腊，请以未日为腊。"从之。时议者曰："昔武王胜殷，岁集于房，国家受命，金木集于房。文王厄羑里，而卦遇明夷，帝脱于邶，大衍之数，复得明夷，则周为国号，符于文、武矣。"③

这段材料内容十分丰富，且都涉及后周德运、符兆之事，故需仔细分析。首先是改腊日一事。所谓"姓墓"，是指将姓氏按韵归入宫商角徵羽五音，再将五音归入五行，从而依据五行生克之理进行占卜的方法。最初用于相宅，东汉王充《论衡》即有引述。后又引申应用于相测墓地的堪舆之术，如《隋书·经籍志》中即载有《五姓墓图》一卷，又称梁有"《五音相墓书》五卷、《五音图墓书》九十一卷"④，故而上引材料中将之连称"姓墓"。到了后来，这种五姓占卜法"被更广泛地运用到日常生活其他领域之中"⑤。故而后周司天监才以此来决定何时为腊日，这已不局限于相宅相墓了。

那么五姓占卜法到底是如何操作的呢？这可以从敦煌出土的 P. 2615 以及 P. 2632（缺角音部分）《宅经》中得到解答。这两份文书详细记载了各个姓氏到底该划为宫商角徵羽何者之下。其中郭威姓氏"郭"属于羽音。法国国立图书馆还藏有敦煌出土的 P. t. 127 藏文写本的《人姓归属

---

① 《册府元龟》卷 235《列国君部·总序》："其薛伯、虞公、虢公……凡三十九国，又纪、芮、东虢、萧、莱、罗、夷、管凡八国，亡其爵，其小国凡四十七焉。"第 2787—2788 页。
② 《资治通鉴》卷 206，武后圣历元年八月条云："默啜移书数朝廷曰：'……我可汗女当嫁天子儿，武氏小姓，门户不敌，罔冒为昏。'"第 6531 页。
③ 《旧五代史》卷 110《周太祖纪一》，第 1460 页。
④ 《隋书》卷 34《经籍志三》，中华书局 1973 年标点本，第 1039 页。
⑤ [日] 高田时雄：《五姓说之敦煌资料》，《敦煌·民族·语言》，中华书局 2005 年版，第 328 页。

五音经》，与 P.2615 所记多有分歧，但亦将"郭"纳入羽音，① 可见这种分类是当时的共识。但这带来了一个矛盾，依据五音配五行的原理，羽音属水，这与后周的木德相矛盾。而德运则是以周代汉的政治现实所决定的，不可能轻易更改。那么能做出妥协的只能是五姓占卜法了。依据《宅经》与《人姓归属五音经》的分类，国号"周"为角音，属木，这正与德运相符。虽然不是使用的君主姓氏作为占卜的依据，与传统五姓占卜法有所区别，但国之国号，不就正与人之姓氏相通么？故而也能大致解释"国家建号，以木德代水"之意了。

再看以未日为腊一事。依据五德终始理论，德运皆有盛衰，不断起伏流转。《初学记》引王肃《魏台访议》称："王者各以其行盛日为祖，衰日为腊。"② 即认为王者依据德运的不同，在不同的日子有所盛衰。兴盛之日为祖日，衰败之日为腊日。又据蔡邕《独断》所云"木始于亥，盛于卯，终于未，故木行之君以卯祖、未腊"③，则知"木行之君"以卯日为祖日，未日为腊日。后周既尚木德，自然也就以此确定腊日。

议者称郭威立国号为"周"是"符于文武"之盛举，并举卦象与星占为证。所谓"文王厄羑里，而卦遇明夷"，见于《周易·明夷》，其《象》词云："内文明而外柔顺，以蒙大难，文王以之"，孔颖达解释此句称："既释明夷之义，又须出能用'明夷'之人。内怀文明之德，抚教六州，外执柔顺之能，三分事纣，以此蒙犯大难，身得保全，惟文王能用之，故云'文王以之'。"又在解释卦名时称："闇主在上，明臣在下，不敢显其明智，亦明夷之义也。"④ 郭威邺城起兵之时占卜得卦明夷，并不见于他处史籍，材料中的记载其实殊为可疑。但郭威当时的处境，确实与周文王有相通之处，都是"蒙犯大难，身得保全"。除此之外，议者以此比附，还在暗示汉隐帝是一位"闇主"，为郭威起兵提供正当的理由。

然而武王克殷，是以力胜；后周建国，则为禅让。两者类比，已有不伦，且"岁集于房"，星占预示有吉有凶，即使是同一占书中，往往也有

---

① 高田时雄：《五姓说之敦煌资料》，第341—345页。
② （唐）徐坚：《初学记》，中华书局1962年版，第84页。
③ 《资治通鉴》卷27，汉宣帝神爵四年十一月条胡注，第866页。
④ （魏）王弼、（晋）韩康伯注，（唐）孔颖达疏：《周易正义》卷4《明夷》，（清）阮元校刻：《十三经注疏》，中华书局1980年影印本，第49页。

不同解释。与"武王胜殷"最为相符的是《荆州占》中的一条，其词云："岁星守房，有反臣，大人丧，天下易王。"① 但占语中已将周武王归为反臣一流。而"金、木集于房"也是一样，《后汉书·郎𫖮传》载郎𫖮上书奏事，恰好有对此星象的详细解释：

> 去年十月二十日癸亥，太白与岁星合于房、心。太白在北，岁星在南，相离数寸，光芒交接。房、心者，天帝明堂布政之宫。《孝经钩命决》曰："岁星守心年谷丰。"《尚书洪范记》曰："月行中道，移节应期，德厚受福，重华留之。"重华者，谓岁星在心也。今太白从之，交合明堂，金木相贼，而反同合，此以阴陵阳，臣下专权之异也。房、心东方，其国主宋。《石氏经》曰："岁星出左有年，出右无年。"……陛下宜审详明堂布政之务，然后妖异可消，五纬顺序矣。②

太白即金星，岁星即木星，故奏疏中称"金木相贼"。此次星象和后周议者所言相同，寓意却是"以阴陵阳，臣下专权"。这固然与汉周之间的政治形势相吻合，甚至也能和武王胜殷的"有反臣"相对应，但恐怕并不利于周太祖顺天应人，承继汉统的政治宣传。故而议者们并未详细解释星象涵义，只是将其与周武王联系起来，以表明周太祖是"符于文武"的。

然而这种联系毕竟有些牵强，而且星象与周武王也非完全对应，故而另一条占言乘时而行。《旧五代史》卷一一〇《周太祖纪一》又称：

> 先是，丁未年夏六月，土、金、木、火四星聚于张，占者云，当有帝王兴于周者。故汉祖建国，由平阳、陕服趋洛阳以应之，及隐帝将嗣位，封周王以符其事。而帝以姬虢之胄，复继宗周，而天人之契炳然矣。昔武王以木德王天下，宇文周亦承木德，而三朝皆以木代

---

① （唐）瞿昙悉达撰，常秉义点校：《开元占经》卷24《岁星犯房》，中央编译出版社2006年版，第261页。
② 《后汉书》卷30下《郎𫖮传》，中华书局1965年标点本，第1073页。

水，不其异乎！①

有关四星聚会，仇鹿鸣先生有过精彩研究。他指出"与其认为古人关心天象变化本身，还不如说更在意天人感应模式下投射在世间的政治纷争，因此天象记载本身的精确性并不是最重要的，关键在于时人如何理解、诠释、应对天象的变化"。②上文提及的"金、木集于房"，就是这种理念的反映。一个"臣下专权"的星象，却成为郭威"符于文武"的象征。而此段中提及的四星聚会也有类似的情况。

仇鹿鸣引述《宋书·天文志》《开元占经》《新唐书·天文志》，都反映了一个事实：四星聚会很难单纯地用吉凶来描述，而是"有德则庆，无德则殃"，但总的来说，还是"王朝革命的重要预兆"。同时，他还引用了《旧五代史·周太祖本纪》中的这条材料，指出"因此时人论及四星聚、五星聚，皆将其视为新朝受命的依据"，又云"因此这种天象容易成为叛乱者号召起兵的借口"③。仇论颇为有理，但因其文章主要讨论的还是安史之乱的四星聚会，故而有必要对郭威这次利用的星象加以进一步的解释。

有关星象发生的时间，也即所谓"丁未年夏六月"具体是何时呢？马端临《文献通考》卷二九三下《象纬考·五星聚合》将其直接系于"汉高祖天福十二年六月"④，一方面该年确是丁未，另一方面也与材料中"汉祖建国"相对应。但依《旧五代史·汉高祖纪》《通鉴》所载该年刘知远起兵南下在五月，如其不误，则刘知远南下路线的决策依据不可能是一个发生在六月的星象。

其实所谓"汉祖建国，由平阳、陕服趋洛阳以应之"，所牵扯汉高祖起兵的线路问题，史籍中有着较为详细的记载。《资治通鉴》卷二八七天福十二年五月条云：

---

① 《旧五代史》卷110《周太祖纪一》，第1460—1461页。
② 仇鹿鸣：《五星会聚与安史起兵的政治宣传——新发现〈严复墓志〉考释》，《复旦学报》2011年第2期。后又收入氏著《长安与河北之间：中晚唐的政治与文化》，北京师范大学出版社2018年版，第15页。
③ 仇鹿鸣：《五星会聚与安禄山起兵的政治宣传》，《长安与河北之间：中晚唐的政治与文化》，第15—17页。
④ 《文献通考》卷293下《象纬考·五星聚合》，第8005页。

帝（即汉高祖）集群臣庭议进取，诸将咸请出师井陉，攻取镇、魏，先定河北，则河南拱手自服。帝欲自石会趋上党，郭威曰："虏主虽死，党众犹盛，各据坚城。我出河北，兵少路迂，旁无应援，若群虏合势，共击我军，进则遮前，退则邀后，粮饷路绝，此危道也。上党山路险涩，粟少民残，无以供亿，亦不可由。近者陕、晋二镇，相继款附，引兵从之，万无一失，不出两旬，洛、汴定矣。"帝曰："卿言是也。"苏逢吉等曰："史弘肇大军已屯上党，群虏继遁，不若出天井，抵孟津为便。"司天奏："太岁在午，不利南行。宜由晋、绛抵陕。"帝从之。①

面对契丹北归，洛阳空虚的局面，刘知远决定起兵南下入洛。但在具体的行军路线上，内部意见并不统一。大致有三种方案：其一是诸将支持的"东出井陉，攻取镇、魏"。这其实是当年唐庄宗平梁的老路。唐庄宗以邺都为根基，径直南下，直取汴梁，可谓东线。这条路线的优势是能最大化地扩大地盘，"先定河北，则河南拱手自服"。其二是刘知远和苏逢吉计划的"自石会趋上党""出天井、抵孟津"，这其实是晋高祖入洛的路线，也即经潞州、河阳而至洛阳，可谓中线。这条路线的好处是已经有了史弘肇大军屯聚上党，前期进军能较为顺利。其三则是郭威所建议，而被最终采纳的路线：先向西南至绛州，西绕一圈后再由陕州至洛阳，可谓西线。

这些意见中第三种行军路线最为曲折，与常理不同，但最后竟得以采纳实施。

郭威谏言起了主要作用，他指出东线有强敌，中线少补给，也最符合当时情势。在种种条件限制下，西线成为最恰当的选择。另外值得一提的是，虽然材料中称"帝从之"，但其实刘知远并未完全放弃自己最一开始的规划，史弘肇依旧率领偏师，沿中线南下攻占河阳，为刘知远打开了洛阳门户。② 由此可知汉高祖选择南下路线的依据，主要是现实中军事、政

---

① 《资治通鉴》卷287，后汉高祖天福十二年五月条，第9359页。
② 《旧五代史》卷107《史弘肇传》云："会王守恩以上党求附，契丹主大将耿崇美率众登太行，欲取上党，高祖命弘肇以军应援。军至潞州，契丹退去，翟令奇以泽州迎降。会河阳武行德遣人迎弘肇，遂率众南下，与行德合。故高祖由蒲、陕赴洛如归，弘肇前锋之功也。"第1403页。《新五代史》卷30《史弘肇传》更是明确指出："弘肇入河阳，高祖从后至，遂入京师。"第330页。

治的考量，并非为了应和当年六月四星聚会的天象。

更为直接的证据是，当时虽然有司天官员参与路线的讨论，但所言是"太岁在午，不利南行。宜由晋、绛抵陕。"这是从避祸的角度给出走西线，避免直接南下的建议，而非主张让汉高祖去响应"当有王者兴于周"的符谶。

再看汉隐帝，议者称"隐帝将嗣位，封周王以符其事"。汉隐帝封周王事，《新五代史·汉本纪》所载较详，云：

> 高祖不豫，悲哀疾剧，乃以承祐属诸将相。宰相苏逢吉曰："皇子承祐未封王，请亟封之。"未及封而高祖崩，秘不发丧，杀杜重威。乾祐元年二月辛巳，封承祐周王。是日，皇帝即位于柩前。①

汉高祖崩于乾祐元年（948）正月二十七日丁丑，三日后庚辰，诛杀重臣杜重威，再一日后即二月辛巳朔，刘承祐封周王，同日即皇帝位。材料中既称"未及封而高祖崩"，加之当时情势紧迫，周王之号，恐非汉高祖所能顾及。而且刘承祐封王之举，不过是政治过场，无足轻重，周王之名，亦只存在一瞬而已，根本不可能深入人心，发挥不出符应星占的政治号召力。再者，对于汉隐帝而言，他本是汉高祖嫡子，在世诸子中年岁最长，天然具有继承皇位的权力，而且得到了苏逢吉等重臣的支持，登基即位本是顺理成章之事，无须再冒"国有兵丧"的风险去迎合"当有王者兴于周"的占言。故所谓"封周王以符其事"，更多是来自于后人的攀附。

要之，无论是汉高祖刘知远选择西线南下，还是汉隐帝刘承祐受封周王，都是出于军事现实或传统礼制的需求，并无特别利用天福十二年六月四星聚于张这一星象的意图。后周臣僚选择对一系列史实赋予了更多的天命意义，甚至不惜扭曲抹杀郭威当年谏言的真实意图，其实是出于对自身正统性的一种塑造，潜台词是后汉二帝所作出的努力其实只不过是为郭威受命所作出的铺垫。

材料在最后称"昔武王以木德王天下，宇文周亦承木德，而三朝皆以木代水，不其异乎"，其实亦有可商之处。姬周之德运，至少在刘宋之

---

① 《新五代史》卷10《汉本纪》，第103页。

时，还有着木德与火德两种观点。《宋书》卷一二《律历志中》云：

> 史臣按邹衍五德，周为火行。衍生在周时，不容不知周氏行运。且周之为历年八百，秦氏即有周之建国也。周之火木，其事易详。且五德更王，唯有二家之说。邹衍以相胜立体，刘向以相生为义。据以为言，不得出此二家者。假使即刘向之说，周为木行，秦氏代周，改其行运。若不相胜，则克木者金；相生则木实生火。秦氏乃称水德，理非谬然。斯则刘氏所证为不值矣。臣以为张苍虽是汉臣，生与周接，司秦柱下，备睹图书。且秦虽灭学，不废术数，则有周遗文虽不毕在，据汉水行，事非虚作。贾谊《取秦》云"汉土德。"盖以是汉代秦。详论二说，各有其义。张苍则以汉水胜周火，废秦不班五德。贾谊则以汉土胜秦水，以秦为一代。论秦、汉虽殊，而周为火一也。①

此段中总结了宗周德运的两种观点，一是依据邹衍的相胜说定周为火德，二是依据刘向的相生说定为木德。但"史臣"更倾向于战国时人邹衍关于周朝德运的记载，并指出了刘向理论中的矛盾之处，如果周为木德，那么秦朝德运按"不相胜（相克）"理论当为金德，按相生则为火德，与大众普遍认可的秦属水德相冲突。最后又引张苍、贾谊之说，认为他们对秦汉德运何属虽有争论，但都认为"周为火一也"。

这种以周尚火德的观念不仅在南朝流行，在唐代也有体现。如杜元颖在应对茂才异等策时即称："殷以金德王而正以地统，周以火德王而正以天统。"② 甚至这种观念在北宋时亦有人坚持，《续资治通鉴长编》卷九五载谢绛上书云："商以金德，山泽自溢。周以火德，有赤乌之符"③，即是其例。

当然，从整体上来看，姬周德运属木在唐宋时期仍是主流观点，后周官员采纳此说也不足为奇。宇文周为木德亦向无异说，但所谓后周"以

---

① 《宋书》卷12《律历志中》，中华书局1974年标点本，第259页。
② 杜元颖：《茂才异等策对》，（宋）李昉编：《文苑英华》卷491，中华书局1966年影印本，第2516页。
③ （宋）李焘撰：《续资治通鉴长编》卷95，真宗天禧四年五月条，中华书局第1983年标点本，第2194页。

木代水"则恐怕有篡改历史之嫌。据陈文龙先生研究，刘知远之后汉远绍两汉，崇尚火德，在当时奏疏和诏书中都多有体现，是后周为了理顺后唐、晋、汉、周四朝相承关系而强行将其改为了水德，其说甚为有理。①关于此点还可补充一些例证，《马从徽墓志》中提到晋、汉易代时即称："金行失御，炎灵改卜"②，则是晋尚金行，汉崇火德之明证。而且值得注意的是，马从徽卒于乾祐元年（948）五月四日，广顺二年（952）八月二日迁葬，也即墓志撰写于后周年间，却没有依据官方宣传的后汉水德，证明了郭威在建国之初的德运改写并未能深入人心。

综上所述，郭威在建国之初，从国号到占候再到德运，都在努力地与姬周挂上联系。其逻辑是依据姓氏定下国号，再依据姬周确定德运、星占、姓墓等所代表的含义。在此过程中，甚至对姓墓理论（以国号而非以皇帝之姓为标准）、星占（"岁集于房"为凶相）、历史（刘知远选择由晋州、绛州、河中到洛阳的行军路线是出于军事考虑，而非迎合"四星聚会"的星象，甚至这条路线的选择还是听取了郭威本人的建议）、五德理论（姬周有可能为火德，后汉则确实为火德而非水德）等实行了或曲解，或屏蔽的举措。其根本原因在于郭威自身的威望和对军队的掌控力并不如想象中的强大，既不如唐庄宗、晋高祖、汉高祖那样拥有绝对的军事实力，又不如唐明宗、唐末帝那样有着一定程度上的法统继承权。甚至就连效仿南北朝时树立傀儡天子举行禅让大典的计划，都因湘阴公刘赟的被杀而宣告失败，导致即位时只有后汉皇太后的诰令，而缺乏了真正皇帝（哪怕只是傀儡）的诏令。这种合法性的缺失，导致了后周君臣需要挖空心思为自身添加上神圣光环，以此证明后周建立是天命所归人心所向。

本章小结

国号作为国家的重要象征，其制定过程牵扯了政治、历史、文化等众多因素。其所表现出的意义，不仅在空间上表示一个正确的地理起源，更

---

① 陈文龙：《五代德运新论》，收入邓小南、方诚峰主编《宋史研究诸层面》，北京大学出版社2020年版，第675—693页。
② 《马从徽墓志》，《五代墓志汇考》，第491页。

可在时间上与此前王朝建立联系。有时可上应星象符瑞，有时则可下合群臣期待，甚至是政策风向之标志。本章仔细分析了五代各政权在制定国号时所面临的复杂局面，力求对历朝国号提出新的见解。具体为：

后梁国号的制定与梁太祖辞让魏王爵的关系。历史上，梁、魏虽是一体，但在唐末时，却各有地分。梁太祖若在禅让之前称魏王建魏国，会影响其与魏帅罗绍威之间的关系，反而不利于其禅让工作的开展。故最后仍以梁王即帝位，定国号为梁。

后唐李克用、李存勖父子一直以大唐继承者自居，庄宗灭梁之后，国号顺理成章依旧为唐。但后梁代唐却是历史客观事实，新朝所谓的"伪梁"并不能将此事实从人民脑海中抹去。明宗初年更爆发了改易国号的讨论。这和多方带有"后唐"字样的墓志，都反映出已有不少人认识到后唐与大唐并非一体，而是两个不同的政权。

后晋建国时的形势最为被动，故而在国号的制定上考虑的因素也最多。一方面，晋高祖所攀附的先祖石奋徙居河内，属晋地，这是族姓渊源。另一方面，晋高祖所倚仗的契丹，与晋王李克用交好，定有盟约；而在后唐时，双方关系较为恶劣。以晋为国号，更有着恢复关系之意。最后，晋高祖麾下多为晋人，或有仕官河东的经历，甚至不少都经历过晋王李克用的时代。晋这一旗号，对内极具号召力。选择以晋为国号，能获取各方面的支持。

后汉因契丹灭晋，趁势而起。其时民族矛盾甚为尖锐，以汉为国号更能争取中原士人之心。而定汉为国号，其所攀附的汉高帝、汉光武帝的重要性就更为凸显。故而后汉高祖选择了突破传统庙制，将二帝纳入亲庙之中，以此来加强自身政权的合法性。

周太祖郭威认为自己出自虢氏，是姬周之苗裔，故定周为国号。为凸显此点，他选择对天文异象进行诠释。一方面用星象证明自己"符于文武"；另一方面则又曲解后汉高祖、汉隐帝的行为，为"当有王者兴于周"这一过时星占赋予新的活力，以此证明自己有着"天人之契"。周太祖将"周"这一国号所能带来的政治利益发挥得淋漓尽致。

邓小南先生曾言："华北地区民族关系的整合过程是在空前混乱的政治局面之中自然交错地完成的。五代时期尽管有'沙陀三王朝'，但这一阶段重重叠叠的割据分裂，主要自政治原因引发，而不是由民族矛盾带来的社会冲突。沙陀族建立的后唐、后晋与后汉王朝，并未带来严重的种族歧视与压迫，反而历经摸爬滚打而促成了各民族的融汇。"① 这确实道出了五代特别是"沙陀三王朝"时期的主要矛盾是上层政治矛盾，而非民族矛盾。但民族矛盾的消解在"自然交错地完成"之外，也不应忽视三朝统治者们为此做出的努力。唐庄宗、明宗执意以唐为国号，晋、汉高祖攀附汉室著姓，一方面是在"胡汉语境消解"的背景下做出的必然选择；另一方面又反过来促进了以沙陀为首的各民族与汉人相融合。从此层面而言，国号所代表的正统性，不仅为各帝王本身解决了政治合法性的问题，并更为深远地影响着中国文化脉络的传承与发展。

---

① 邓小南：《论五代宋初"胡/汉"语境的消解》，《文史哲》2005年第5期。

第二章　五代正统性与司空图形象的重塑

如所周知，今本《旧五代史》并非完璧，而是清朝四库馆臣邵晋涵等在编修《四库全书》时，利用《永乐大典》《册府元龟》《资治通鉴》新旧《唐书》《新五代史》等书辑佚而成。邵晋涵为保存史料做出了突出贡献，使我们今天能大致看清《旧五代史》的面貌。然限于当时的条件，辑本《旧五代史》也存在不少问题，诸如录文错误、引用《永乐大典》卷数错误、对"夷狄"一类的清代避讳径改原文、将不属于《旧五代史》的内容误辑入其中等。其中最严重也最令人遗憾的就是许多史料的漏辑。其他错误我们还可以通过他校的方式进行修正，但是随着《永乐大典》的散佚，再次缉补的工作也变得越来越困难。

然而前辈学者们并没有放弃对《旧五代史》进行重新整理的努力。早在20世纪30年代，陈垣先生就撰写《〈旧五代史〉辑本发覆》，对如何重新整理《旧五代史》制定了许多科学可行的计划和条例，得到了学术界的重视。[1] 2006年，陈尚君先生完成了《旧五代史新辑会证》这一著作，虽然在具体条目上还存在着一些争议，但不可否认，这是目前最为完备的《旧五代史》辑本。[2] 此外还有冯家昇[3]、张凡[4]、郭

---

[1] 陈垣：《〈旧五代史〉辑本发覆》《旧五代史引书卷数多误例》《以〈册府〉校薛史计划》等文，收入《陈垣学术论文集》第2集，中华书局1982年版。

[2] 陈尚君：《旧五代史新辑会证》，复旦大学出版社2005年版。此外陈尚君先生还有《〈旧五代史〉补传十六篇》，《文献》1995年第3期。《清辑〈旧五代史〉评议》，《学术月刊》1999年第9期。

[3] 冯家昇：《〈辽史〉与〈金史〉、新旧〈五代史〉互证举例》，《冯家昇论著辑萃》，中华书局1987年版。

[4] 张凡：《〈旧五代史〉辑补——辑自〈永乐大典〉》，《历史研究》1983年第4期。

武雄①等先生分别撰文，希望能尽量地辑补《旧五代史》。其中又以陈智超先生的呼吁最为强烈，他于2011年开始连续四年在《隋唐辽宋金元史论丛》上发表论文，讨论如何重新缉补《旧五代史》，提出了许多宝贵的意见，值得我们重视。② 2021年其所撰述的《辑补旧五代史》正式出版是此领域的最新成果。③ 然其认为唐末著名文士司空图在《旧五代史》中有传，此点或可商榷。而且笔者在仔细研究《司空图传》的历史书写过程中，发现其中关涉甚多，特别是牵扯到五代、宋对自身正统性塑造的问题，尤其值得重视。而以往对司空图的研究多侧重于文学、思想方面，从传记形成的角度来探讨司空图的成果还较少。④ 本章的撰写，即是这一方面的尝试。

第一节 《司空图传》的归属

陈智超先生判断某人是否在《旧五代史》中有传，主要依据四组"密码"，即：一、如果《通鉴》中称"某某，某地人也"，则有传；二、如果《通鉴》中称"某地某人"，则有传；三、如果《通鉴》指出某人家世，如"某某，某某子也"，则有传；四、如果今辑本《旧五代史》本纪中记载了某人的卒时及死因，则有传。⑤ 陈先生依据此四组密码开列了三批增辑名单，⑥ 特别是第三批名单是不见于《新五代史》和今辑本《旧五代史》的人物，这尤其值得注意。

---

① 郭武雄：《五代史辑本证补》，台湾商务印书馆1976年版。
② 陈智超：《辑补〈旧五代史梁太祖本纪〉导言》，《隋唐辽宋金元史论丛》第1辑，上海古籍出版社2011年版；《辑补〈旧五代史〉列传导言（上）》，《隋唐辽宋金元史论丛》第2辑，上海古籍出版社2012年版；《辑补〈旧五代史〉列传导言（中）》，《隋唐辽宋金元史论丛》第3辑，上海古籍出版社2013年版；《辑补〈旧五代史〉列传导言（下）》，《隋唐辽宋金元史论丛》第4辑，上海古籍出版社2014年版。
③ 陈智超撰述：《辑补旧五代史》，巴蜀书社2021年版。
④ 吕兴昌：《司空图诗论研究》，学生书局1989年版；王润华：《司空图新论》，东大图书股份有限公司1989年版；陶礼天：《司空图年表汇考》，华文出版社2002年版；王步高：《司空图评传》，南京大学出版社2006年版。
⑤ 陈智超：《辑补〈旧五代史〉列传导言（下）》，《隋唐辽宋金元史论丛》第4辑，2014年。
⑥ 据《辑补〈旧五代史·列传〉导言下》的作者后记，还有第四批71人的名单。

然而这批名单既然没有新旧《五代史》的依据，则需要以一种更为审慎的态度去针对每一个人物进行讨论。名单中列出了唐末五代著名文士司空图，就有值得商榷之处。陈先生认为《旧五代史》有《司空图传》的主要原因有四：

一、辑本《旧五代史》卷六十《李敬义传》称："（司空）图，《唐史》有传。"① 此条是经过《永乐大典》验证过的，确系《旧五代史》原文。

二、《通鉴》卷二六五天祐二年八月条云"图，临淮人也"，符合第一组密码。

三、司空图卒于"唐祚亡时之明年"，已入后梁。

四、北宋王禹偁的《五代史阙文》，其中一则集中记述了司空图的事迹（具体内容详后），并在事迹末称"以上《梁史》旧文"。

我们可以看到，这四点理由中，第二、三点其实只是间接证据，并不能直接证明司空图在《旧五代史》中有传。最有力的还是第一、第四点，然而这两点却存在着矛盾。一称在《唐史》有传，一称《梁史》旧文，这两条记载孰是孰非？所谓的《唐史》《梁史》是否又真的指《旧五代史》中的《唐书》、《梁书》？带着这些疑问，我们需要对相关史料进行认真辨析。

首先看第一条，《旧五代史》中所谓"唐史"有两种含义，其中一种是概指唐代史书，如《旧五代史》卷七九《晋高祖纪五》天福六年四月辛丑条云："宰臣监修国史赵莹奏：'奉诏差张昭远等五人同修唐史，内起居郎贾纬丁忧去官，请以刑部侍郎吕琦、侍御史尹拙同与编修。'"② 此处"唐史"尚未成书，还只属于一个概念的范畴。

另一种含义则是指具体的某一本书，也与《旧五代史·李敬义传》所言"图，《唐史》有传"叙述模式相同。这样的用法在《旧五代史》中还有四条，分别是卷二四《李珽传》："李珽，字公度，陇西敦煌人。五世祖忠懿公憕，有大节，见《唐史》。"③ 卷六十《李德休传》："李德

---

① 《旧五代史》卷60《李敬义传》，中华书局1976年标点本，第807页。
② 《旧五代史》卷79《晋高祖纪五》，第1046页。
③ 《旧五代史》卷24《李珽传》，第321页。

休,字表逸,赵郡赞皇人也。祖绛,山南西道节度使,《唐史》有传。"①卷九二《王权传》:"王权,字秀山,太原人,积世衣冠。曾祖起,官至左仆射、山南西道节度使,册赠太尉,谥曰文懿,《唐史》有传。"② 卷一四五《乐志下》:"其五郊天地、宗庙、社稷、三朝大礼,合用十二管诸调,并载《唐史》《开元礼》,近代常行。"③

李琪是后梁时人,他的五世祖李憕不可能生活在五代时期,《旧五代史·唐书》当然不会有李憕的传记。张昭所称"并载《唐史》《开元礼》",也有问题。我们知道,《旧五代史》分为《梁书》《唐书》《晋书》《汉书》《周书》、外藩(包括《世袭》《僭伪》《外国》等传)、《志》七大部分。五郊天地、宗庙、社稷、三朝大礼等内容,都不可能记载到纪传体为主的《唐书(史)》中,而应属于《志》的部分。而且王朴上奏之时,尚无《旧五代史》,他所言的当然不会是《旧五代史》中的《唐书》。

其实《唐史》所指很明确,就是指《唐书》,也即后人所言之《旧唐书》。李憕在《旧唐书》卷一八七下《忠义传下》有传,李绛在卷一六四有传,王起亦在卷一六四有传,附于《王播传》后。五郊天地、宗庙、社稷、三朝大礼等则见于《礼仪志》。这样看来,所谓的"图,《唐史》有传",指的应该是《旧唐书》,而且《旧唐书》卷一九〇下《文苑传下》确实也有司空图的本传。

当然,此处"唐史",有无可能是指《旧五代史·唐书》呢?因为该书确实存在《梁史》《梁书》、《晋史》《晋书》混用的情况。如《旧五代史》卷九一《李顼传》云:"李顼,陈州项城人,即河阳节度使、兼侍中罕之子也。罕之,《梁书》有传。"④ 李罕之,卷一五《梁书》有传。卷六四《霍彦威传》云:"霍彦威,字子重,洺州曲周人也。梁将霍存得之于村落间,年十四,从征讨。存怜其爽迈,养为己子。存,《梁史》有传。"⑤ 霍存,卷二一《梁书》有传。这说明《旧五代史》中《梁书》

---

① 《旧五代史》卷60《李德休传》,第810页。
② 《旧五代史》卷92《王权传》,第1222页。
③ 《旧五代史》卷145《乐志下》,第1941页。
④ 《旧五代史》卷91《李顼传》,第1206页。
⑤ 《旧五代史》卷64《霍彦威传》,第851页。

《梁史》都是指《旧五代史·梁书》。后晋的情况也一样。① 但《李敬义传》中的"唐史"用法则并非如此。

梁晋的书、史混用，是因为之前历史上虽然有过《梁书》、《晋书》，但那都是唐初编撰的史籍，讲述的是萧梁、司马晋的史实，不会和五代人物事件发生混淆。然而李渊之大唐与李存勖之后唐时代相隔很近，甚至李存勖还自认是李唐的后继者。那么记录大唐历史的《旧唐书》(《旧五代史》中称《唐史》)与记录后唐历史的《唐书》就极易混淆，需要对其严格区分。我们在《旧五代史》中发现十例"某某，《唐书》有传"、"事具《唐书》"的用法，② 其中"《唐书》"全部指《旧五代史·唐书》，可以说无一例外。③ 加上我们之前对"《唐史》"用法的考察，可以确定，《旧五代史·李敬义传》中所谓"图，《唐史》有传"，其实指司空图在《旧唐书》中有传，而与《旧五代史》无涉。再就史实而言，司空图并未活至后唐时期，也未曾出仕河东李克用政权，《旧五代史·唐书》中不应有其传记。

至于第四点理由，也即《五代史阙文》中所谓"以上《梁史》旧文"的说法，是否可以证明司空图在《旧五代史·梁书》中有传呢？上文已经指出，《旧五代史》中确实有以《梁史》指代《梁书》的用法，而且司空图活到了入梁之后。这样看来《五代史阙文》的记载是合理可信的。然而《四库全书总目提要》关于《五代史阙文》的一段评述，却带来了一些疑问，其文称：

> 其结衔称翰林学士，则作于真宗之初。是时薛居正等《五代史》

---

① 后晋的例子，《旧五代史》卷125《王守恩传》云："王守恩，字保信，太原人。父建立，潞州节度使，封韩王，《晋书》有传。"第1640页。王建立，《旧五代史》卷91《晋书》有传。《旧五代史》卷56《符存审传》云："存审次子彦饶，《晋史》有传。"第760页。符彦饶，《旧五代史》卷91《晋书》有传。这说明《晋书》《晋史》均指《旧五代史·晋书》。后汉中没有"某某，《汉书(史)》有传"的例子，后周只有《旧五代史》卷91《王建立传》云："子守恩，《周书》有传"，第1199页。未见"《周史》"的用法。
② 这十例分别是史建瑭、唐明宗即位经过、李嗣昭、周德威、符存审、张承业、高行珪、萧顷、孙重进(即李存进)、阎宝。
③ 如史建瑭，《旧五代史》卷88《史匡翰传》云："父建瑭，事庄宗为先锋将，敌人畏之，谓之'史先锋'，累立战功，《唐书》有传。"第1150—1151页。史建瑭本人确在《旧五代史·唐书》卷55有传。

已成，疑作此以补其阙。然居正等书凡一百五十卷，而序称"臣读《五代史》总三百六十卷"，则似非指居正等所修也。①

则王禹偁所见《五代史》有360卷，而薛居正《旧五代史》只有150卷，两者并不相合，当非一书。今《旧五代史》虽是辑本，然卷数却是清楚的。如《宋史·艺文志二》即云："薛居正《五代史》一百五十卷"②，可见四库馆臣所言并非《旧五代史》散佚之后的卷数，而是原本即是如此。而150卷与360卷无论是数字还是字形，都存在明显的差异，不可能出现后世传抄的讹误。故四库馆臣猜测王禹偁所见《五代史》并非《旧五代史》，是有其合理性的。

又王禹偁《五代史阙文》序言称：

> 臣读《五代史》总三百六十卷，记五十三年行事，其书固亦多矣。然自梁至周君臣事迹，传于人口而不载史笔者，往往有之，或史氏避嫌，或简牍漏略，不有纪述，渐成泯灭，善恶鉴诫，岂不废乎！因补一十七篇，集为一卷，皆闻于耆老者也。孔子曰："吾述而不作。"又曰："我犹及史之阙文。"此其义也。宋翰林学士王禹偁撰进。③

细绎此节，可以发现王禹偁在《五代史》后用了一个"总"字，又称"其书固亦多矣"，似乎是在暗示他所见的五代史是分散的，并不完整。而他所要补的阙文也是针对他所见的五代史中"或史氏避嫌，或简牍漏略，不有纪述，渐成泯灭"的部分，目标很明确，就是要补他所见的五代史。其在正文中屡屡提及各朝实录阙而不书的缺陷，颇能说明问题。

那么王禹偁所见的360卷《五代史》究竟是什么呢？台湾学者郭武雄先生认为就是五代各朝实录，他称：

---

① （清）纪昀总纂：《四库全书总目提要》卷51《史部·杂史·五代史阙文》，河北人民出版社2000年版，第1412页。
② 《宋史》卷203《艺文志二》，中华书局1977年标点本，第5086页。
③ （宋）王禹偁撰，顾薇薇点校：《五代史阙文·序》，《五代史书汇编》第4册，杭州出版社2004年版，第2447页。

《玉海》云："范质以五代实录共三百六十卷为繁，遂总为一部，命曰《通录》。"据此则五代实录共计三百六十卷。王禹偁《五代史阙文》序文云："臣读《五代史》总三百六十卷。"所谓《五代史》者，即五代实录也。①

郭先生认为《五代史》即五代实录，然而未展开详细论述，恐怕是仅因其皆360卷而做出的判断。他开列了各朝实录的卷数如下：《梁太祖实录》30卷；《大梁编遗录》30卷；《梁功臣列传》15卷；《唐懿祖纪年录》1卷；《唐献祖纪年录》2卷；《唐太祖纪年录》17卷；《唐庄宗实录》30卷；《唐庄宗功臣列传》30卷；《唐明宗实录》30卷；《唐闵帝实录》3卷；《唐废帝实录》17卷；《晋高祖实录》30卷；《晋少帝实录》20卷；《汉高祖实录》20卷；《汉隐帝实录》15卷；《周太祖实录》30卷；《周世宗实录》40卷，合书17部共360卷，正与《五代史阙文》所言相合。陈尚君先生也赞成其说法。② 数字相合，当是郭、陈二位先生认为《五代史阙文》所言"五代史"即五代实录的主要原因。

其实，我们还可以从具体事目中寻找一些线索。如《五代史阙文》全文仅十七条，却有八条明确提到了五代各朝实录，几乎占到一半。这是否代表各朝实录和王禹偁所见的《五代史》存在某种关系呢？答案是肯定的。《五代史阙文》之"王淑妃许王从益"条云：

> 王淑妃，明宗妃也。从益，明宗幼子也。而见于《汉史》者，为汉祖所杀故也。……臣谨按隐帝朝，诏史臣修《汉祖实录》，叙淑妃、从益传，但云"临刑之日，焚香俟命"，盖讳之耳。③

此处先说王淑妃、李从益的事迹记载在《汉史》之中，后又提到《汉祖实录》（即《汉高祖实录》）下附有王淑妃、李从益的附传。然今辑本《旧五代史》并无王淑妃的传记，李从益则见于卷五一《唐书·宗室传》，与《五代史阙文》所言情况并不相同。这说明前文所言《汉史》

---

① 郭武雄：《五代史料探源》，台湾商务印书馆1987年版，第1页。
② 陈尚君：《旧五代史新辑会证》前言第2节《五代史官制度与五代实录》，第9—10页。
③ 《五代史阙文·王淑妃许王从益》，第2457页。

并非指《旧五代史·汉书》，而有可能是指《汉高祖实录》。

以上所论，当然还仅属于间接证据，《五代史阙文》除"司空图"条外，还有其他直接提到《梁史》之处。该书"张全义"条云：

> 《梁史》称："上不豫，厌秋暑，幸宗奭（即张全义）私第数日，宰臣视事于仁岐亭，崇政使（注：梁改枢密为崇政）诸司并止于河南令廨署。"①

今辑本《旧五代史》卷六《梁太祖纪六》亦有此节，这是否说明两者就是一回事呢？恐怕并非这么简单。辑本《旧五代史》这条其实是辑自《册府元龟》卷二〇五《闰位部·巡幸门》，其文云：

> （乾化五年）七月，帝不豫，稍厌秋暑。自辛丑幸会节坊张宗奭私第，宰臣视事于归仁亭子，崇政使、内诸司及翰林院并止于河南令廨署。②

仔细比较以上两条史料，还是能发现诸多不同之处。重要的有：一、《五代史阙文》称梁太祖为"上"，《册府》称"帝"；二、《册府》交代时间地点更为明确，为"辛丑幸会节坊"，《五代史阙文》笼统称为"数日"；三、宰臣视事的地方，《五代史阙文》记为"仁岐亭"，《册府》记为"归仁亭子"；四、《五代史阙文》提到其他机构是"崇政使诸司"，《册府》则称"崇政使""内诸司""翰林院"。总的来说，《册府》提供的材料比《五代史阙文》更为细致。这么多差异，已经足以证明两者虽然同记一事，却有不同的史源。要判断二者史源到底为何，恐怕要从第一点入手。

据郭武雄先生考证，后梁的实录（或相当于实录）共有三种，分别为《梁太祖实录》《大梁编遗录》《梁功臣列传》。③ 关于《梁功臣列传》，

---

① 《五代史阙文·张全义》，第2453页。
② （宋）王钦若编：《册府元龟》卷205《闰位部·巡幸》，中华书局1960年影印本，第2466页。
③ 关于《大梁编遗录》《梁功臣列传》的性质，参见《五代史料探源》，第3—5页。

《旧五代史》卷十《梁末帝纪下》龙德元年二月条云：

> 史馆上言："（前略）臣今请明下制，敕内外百官及前资士子、帝戚勋家，并各纳家传，具述父祖事行源流及才术德业灼然可考者，并纂述送史馆。如记得前朝会昌已后公私，亦任抄录送官，皆须直书，不用文藻。兼以兵火之后，简牍罕存，应内外臣僚，曾有奏行公事，关涉制置，或讨论沿革，或章疏文词，有可采者，并许编录送纳。候史馆修撰之日，考其所上公事，与中书门下文案事相符会，或格言正辞询访不谬者，并与编载。（后略）"诏从之。①

这里所说是《梁功臣列传》的编撰情况，可见其主要是有关内外百官、前资士子、帝戚勋家的家传，兼有一些"奏行公事，关涉制置，或讨沿革，或章疏文词"等方面的内容。然前引两条史料是有关梁太祖行迹的记载，并不在此之列，故不可能属于《梁功臣列传》。

而《梁太祖实录》、《大梁编遗录》两书都被《通鉴》所大量征引，对梁太祖的称谓都是"上"。如《通鉴》卷二六三天复二年二月条《考异》云："《梁太祖实录》：'正月，戊申朔，上总御戎马，发自三原，复至武功县驻焉。'"② 又如《通鉴》卷二六二光化三年七月条考异云："按《编遗录》，八月中云：'前月二十五日，上于球场飨士。'"③ 其实最为直接的证据是《通鉴》卷二六四天祐元年二月条胡注引《考异》，其文云：

> 《梁实录》："丁巳，诏以今月二十二日，先遣士庶出京，朕将翌日命驾。壬戌，襄宗发自秦、雍；甲子，暨华州。二月，丁卯，上至河中。乙亥，天子驻跸陕郡，翌日，上来觐于行在。"《编遗录》："正月，丁酉，上闻阙下人心不逞，遂往河中以审都邑动静。己酉，离梁园，行至汜水，闻崔胤死。是时皆言崔胤已下潜谏帝，不令东迁雒阳，又密与岐、凤交通，及斯祸也。洎上至蒲津，帝谋东幸，决取

---

① 《旧五代史》卷10《梁末帝纪下》，第145—146页。
② 《资治通鉴》卷263，唐昭宗天复二年正月条，中华书局1956年标点本，第8567—8568页。
③ 《资治通鉴》卷262，唐昭宗光化三年七月条，第8532页。

二十一日属车离长安。①

其中"至河中""至蒲津"的"上"为梁太祖朱全忠,"驻跸陕郡"的天子、"谋东幸"的"帝"则是唐昭宗。由此可见,两种实录中由于同时存在着两个皇帝,"天子""帝""上"等词汇是有明确指向,不可随便混用。在实录中,梁太祖的称谓只能是"上",而不会是其他。

正史则不同,"帝""上"混用的情况十分普遍。以我们讨论的《旧五代史·梁书》为例,卷四《梁太祖纪四》开平三年正月条:"辛卯,祀昊天上帝于圜丘。是日,降雪盈尺,帝升坛而雪霁。"②此条出自《永乐大典》卷四三七六,也可确认为《旧五代史·梁书》原文,称梁太祖为"帝"。同书同卷同月又称:"甲午,上御文思殿宴群臣,赐金帛有差。"③此条出自《永乐大典》卷一三七一九,确系《旧五代史·梁书》原文,称梁太祖为"上"。同书同卷,而笔法混淆如此。

明乎此,我们就能得出结论:出现"帝"的《册府》引文,当出自《旧五代史》;而称"上"的《五代史阙文》引文,则来源于实录。联系上文分析,可以确认,王禹偁所见所引的360卷《五代史》确系五代实录,"司空图"条当出自后梁实录。

那么它到底属于后梁三种实录中的哪一种呢?郭武雄先生怀疑《梁太祖实录》中当有《司空图传》,然并未给出解释。④又《直斋书录解题》卷五云:"《朱梁兴创遗编》二十卷,梁宰相敬翔子振撰。自广明巢贼之乱,朱温事迹,迄于天祐弑逆,大书特书,不以为愧也。其辞亦鄙俚。"⑤据此《编遗录》断限止于天祐五年(即开平二年,908)二月二十一日哀帝被弑,司空图卒于其后,似不当编入其中。然《通鉴》卷二六七开平三年六月条胡注引《考异》云:"《编遗录》:'六月乙未,初

---

① 《资治通鉴》卷264,唐昭宗天祐元年二月条,第8627页。
② 《旧五代史》卷4《梁太祖纪四》,第67页。
③ 《旧五代史》卷4《梁太祖纪四》,第67页。
④ 郭武雄:《五代史料探源》,第32页。
⑤ (宋)陈振孙撰,徐小蛮、顾美华点校:《直斋书录解题》卷5《杂史类·〈朱梁创兴遗编〉》,上海古籍出版社1987年版,第148页。按此书名与《大梁编遗录》相近,卷数不同。然作者与之相同(所谓"敬翔子振撰"者,子振为敬翔之字,非有敬翔之子名振撰),两者当为一书,书名、卷数差误或为传抄时别名、讹误所致。

奏本道军民遮留，寻闻擒使臣及将送凤翔。'"① 则是《编遗录》之断限超过了《直斋书录解题》所云，《司空图传》亦可编入其中。而上引《梁功臣列传》称："敕内外百官及前资士子、帝戚勋家，并各纳家传，具述父祖事行源流及才术德业灼然可考者。"既以家传为底本，则必多褒美之词，与《五代史阙文》中司空图的负面形象差距较大。故而入《梁功臣列传》的可能性最小。《五代史阙文》中有关司空图的内容到底归属如何，确实难以判断。只能说以《梁太祖实录》和《大梁编遗录》最为可疑。下文提到相关内容时，只能概称后梁实录《司空图传》了。

综合以上分析，我们可以得出如下几个结论：

一、《旧五代史》中称《唐书》为"唐史"，称《旧五代史·唐书》为"唐书"。

二、《五代史阙文》中所言"五代史"指的是五代各朝实录，并非《旧五代史》。

三、基于以上二点，可以判定司空图在《旧五代史》中无传，而在《旧唐书》、后梁实录中有传，然具体为何种实录，难以判断。

其中，第三点是我们开头提出问题的答案，也是引发下一个问题的起点。即为何在后梁实录有传的司空图，在经过五代宋初历代史臣的加工取舍之后，并未被编入以五代实录为主要史源的《旧五代史》，而是被编入了两《唐书》。其动因何在？又蕴含着何种历史意义？要弄清这些问题，还需从司空图形象的改变说起。

第二节　司空图的形象转变

司空图作为唐末梁初的著名文士，在后梁实录中的形象却颇为不堪。《五代史阙文》云：

> 图字表圣，自言泗州人，少有俊才。咸通中，一举登进士第。雅好为文，躁于进取，颇自矜伐，端士鄙之。初，从事使府，洎登朝，骤历清要。巢贼之乱，车驾播迁，图有先人旧业在中条山，极林泉之

---

① 《资治通鉴》卷267，后梁太祖开平三年六月条，第8710页。

美。图自礼部员外郎因避地焉，日以诗酒自娱。属天下版荡，士人多往依之，互相推奖，由是声名藉甚。昭宗反正，以户部侍郎征至京师。图既负才慢世，谓己当为宰辅，时要恶之，稍抑其锐。图愤愤谢病，复归中条，与人书疏，不名官位，但称"知非子"，又称"耐辱居士"。其所居曰祯贻溪，溪上结茅屋，命曰休休亭，常自为《亭记》云。①

在传记开头，称司空图"自言泗州人"，实际上就否定了其籍贯，并给人一种负面的印象。这种例子最为著名的就是魏收将杨愔的郡望从"弘农华阴人"改为了"自云弘农"。② 唐长孺先生在《〈魏书杨播传〉"自云弘农华阴人"辩》中指出："魏收作《杨播传》以北齐时杨氏的盛衰为姓族之真伪，诚然是曲笔，但'曲笔'恐不仅体现在于后加'自云'二字，而且也在于先无此二字。"③ 由此可见"自云"一词，确系史官态度之体现，后梁实录当然也不例外。果然，后世史书即受到影响，《旧唐书》称"本临淮人"④，暗示司空图如今并非泗州人，⑤ 不过相较于后梁实录委婉一些，《新唐书》更是直书其为"河中虞乡人"。⑥

《新唐书》改换司空图籍贯的依据，可能是来源于上文"图有先人旧业在中条山"的记载。《元和郡县图志》卷一二"河中府解县"条云："武德元年改虞乡县为解县，属虞州，因汉旧名也，仍于蒲州界别置虞乡县。贞观十四年，废虞州，解县属河中府。中条山，在县南二十里。"⑦ 可见中条山虽在解县，但原来仍属虞乡县的范围之内。司空图的先人旧业既然在中条山，《新唐书》便将其注籍河东虞乡县了。这说明虽然《新唐书·司空图传》在许多记述上都与后梁实录不同，立场更是相反（详见

---

① 《五代史阙文·司空图》，第2450页。
② 《北齐书》卷37《魏收传》，中华书局1972年标点本，第495页。
③ 唐长孺：《〈魏书杨播传〉"自云弘农华阴人"辩》，《山居存稿续编》，中华书局2011年版，第98页。
④ 《旧唐书》卷190下《文苑传下·司空图传》，中华书局1975年标点本，第5082页。
⑤ 按临淮即为泗州治所，《新唐书》卷38《地理志二》云："泗州临淮郡，上。本下邳郡，治宿预，开元二十三年徙治临淮。"中华书局1975年标点本，第990页。
⑥ 《新唐书》卷194《卓行传·司空图传》，第5573页。
⑦ （唐）李吉甫：《元和郡县图志》卷12"河中府解县"条，中华书局1983年版，第328页。

下文），但仍不免受到其影响。

传中又称司空图"一举登进士第。雅好为文，躁于进取，颇自矜伐，端士鄙之"，这显然是一种负面的评价。所谓"躁于进取"，其实是针对"一举登进士第"而言。科场艰难，人所共知，士子多蹉跎累年而无所得，故所谓"五十少进士"是也。司空图能一举登第，在某些"端士"看来，自然便是"躁于进取"。然则在有的人眼中，却又是另一番景象。《北梦琐言》卷三云：

> （王凝）曾典绛州，于时司空图侍郎方应进士举，自别墅到郡谒见后，更不访亲知，阍吏遽申司空秀才出郭矣；或入郭访亲知，即不造郡斋。琅琊知之，谓其专敬，愈重之。及知举日，司空一捷，列第四人登科。同年讶其名姓甚暗，成事太速。有鄙薄者，号为"司徒空"。琅琊知有此说，因召一榜门生开筵，宣言于众曰："某叨忝文柄，今年榜帖，全为司空先辈一人而已。"由是声采益振。①

可见在孙光宪笔下，"躁于进取"的司空图对王凝只是一见即回，并无更多交往，是"专敬"的表现。上文的"端士"在此反而成了嫉妒他人的"鄙薄者"。其立场则与后梁实录截然相反。故而王禹偁也抱有相同的看法，并结合司空图之后事迹极力为之辩护：

> 图，河中虞乡人。少有文彩，未为乡里所称。会王凝自尚书郎出为绛州刺史，图以文谒之，大为凝所赏叹，由是知名。未几，凝入知制诰，迁中书舍人，知贡举，擢图上第。顷之，凝出为宣州观察使，辟图为从事。既渡江，御史府奏图监察，下诏追之。图感凝知己之恩，不忍轻离幕府，满百日不赴阙，为台司所劾，遂以本官分司。久之，征拜礼部员外郎，俄知制诰。故集中有文曰："恋恩稽命，点系洛师，于今十年，方参纶阁。"此岂躁于进取者耶？旧史不详，一至于是。②

---

① （五代）孙光宪撰，贾二强点校：《北梦琐言》卷3，中华书局2002年版，第46页。
② 《五代史阙文·司空图》，第2451页。

欧阳修几乎完全接受了王禹偁的说法，将其记入到《新唐书·司空图传》之中。如司空图由王凝的宣州幕僚召为殿中侍御史，后又被贬为光禄寺主簿、分司东都一事。《旧唐书·司空图传》称其原因是"赴阙迟留"①，《新唐书·司空图传》则称"不忍去凝府"②，正与王禹偁所言相同，刻画了一个重恩情的形象。而即使司空图"恋恩稽命，点系洛师，于今十年，方参纶阁"，在后梁实录笔下还是"洎登朝，骤历清要"，一个"骤"字，仍不免"躁进"之嫌。

其实后梁实录所言固然有偏颇之处，《北梦琐言》所载亦未必皆是事实。如王凝刺绛一事，在两《唐书》中无载，司空图为王凝所写行状亦未言及此事。须知司空图初为凝知，后又入其幕府，如有其事而不书，实非常情，故而王凝刺绛一事殊为可疑。③ 基本前提既已如此，后续事件则更非确凿。如今我们再去争论司空图到底是"躁进"还是"专敬"已无太大意义。只是希望借此说明当时对司空图存在着两种价值判断，后梁实录选取较为负面的评价，而宋初史家则将其视为文士楷模。

此外，值得一提的是，王禹偁对后梁实录中"图既负才慢世，谓己当为宰辅，时要恶之，稍抑其锐"的记载仍有辩驳：

> 图见唐政多僻，中官用事，知天下必乱，即弃官归中条山，寻以中书舍人征，又拜礼部、户部侍郎，皆不起。及昭宗播迁华下，图以密迩乘舆，即时奔问，复辞还山。故诗曰："多病形容五十三，谁怜借笏趋朝参。"此岂有意乎相位耶？④

此处还是强调司空图志行高洁，不汲汲于名利，更谈不上什么"谓己当为宰辅"了。王禹偁所引司空图的诗句，在两《唐书》的记载中，更成为一个故事。《旧唐书·司空图传》云：

> 昭宗迁洛，鼎欲归梁，柳璨希贼旨，陷害旧族，诏图入朝。图惧

---

① 《旧唐书》卷190下《文苑传下·司空图传》，第5082页。
② 《新唐书》卷194《卓行传·司空图传》，第5573页。
③ 参见（元）辛文房撰，傅璇琮主编，梁超然校笺《唐才子传校笺》卷8《司空图》条校笺，第3册，中华书局1990年版，第518页。
④ 《五代史阙文·司空图》，第2451页。

见诛,力疾至洛阳,谒见之日,堕笏失仪,旨趣极野。①

《新唐书·司空图传》所记大抵相同,唯记载其堕笏事称"图阳堕笏"。② 所谓"阳",就是假装,也即证明其"力疾""多病"均为虚假,只是司空图用以来表示自己不与朱全忠集团合作的手段而已。

后梁实录中所谓的"时要",指的就是柳璨。而《旧唐书》所言"陷害旧族",指的则是著名的白马驿之变。《通鉴》卷二六五天祐二年六月条云:

> 六月,戊子朔,敕裴枢、独孤损、崔远、陆扆、王溥、赵崇、王赞等并所在赐自尽。时全忠聚枢等及朝士贬官者三十余人于白马驿,一夕尽杀之,投尸于河。初,李振屡举进士,竟不中第,故深疾搢绅之士,言于全忠曰:"此辈常自谓清流,宜投之黄河,使为浊流!"全忠笑而从之。③

《旧唐书·柳璨传》也备载其事:

> 二年五月,西北长星竟天,扫太微、文昌、帝座诸宿,全忠方谋篡代,而妖星谪见,占者云:"君臣俱灾,宜刑杀以应天变。"蒋玄晖、张廷范谋杀衣冠宿望难制者,璨即首疏素所不快者三十余人,相次诛杀,班行为之一空,冤声载路。伤害既甚,朱全忠心恶之。④

则白马驿之变首要诛杀的对象是裴枢、独孤损这样的"衣冠宿望难制者",而柳璨在其中夹杂私人恩怨,扩大了打击面,借机将其"素所不快者"加以诛除。朱全忠亦素来不满这些衣冠清流,故对李振投其浊流的建议"笑而从之"。然而这种放纵势必带来恶果,"怨声载路"的舆论反弹就是直接表现。加之柳璨竟然狐假虎威,肆意报复,却让朱全忠来承

---

① 《旧唐书》卷190下《文苑传下·司空图传》,第5083页。
② 《新唐书》卷194《卓行传·司空图传》,第5573页。
③ 《资治通鉴》卷265,唐昭宣帝天祐二年六月条,第8643页。
④ 《旧唐书》卷179《柳璨传》,第4670页。

担政治压力，这自然会引起朱全忠的不满。

为了避免引起更强烈的反弹，朱全忠选择缓和局势，将一些不太重要的人物给予贬官的惩罚，以防止屠杀进一步扩大。《旧唐书》卷二〇下《哀帝纪》天祐二年六月条载有不少后续处置措施：

> 戊戌，敕：密县令裴练贬登州牟平尉，长水令崔仁略淄州高苑尉，福昌主簿陆珣沂州新泰尉，泥水令独孤韬范县尉，并员外置，皆裴枢、崔远、陆扆宗党也。……丁未，敕："太子宾客柳逊尝为张浚租庸判官，又王溥监修日奏充判官，授工部侍郎，又与赵崇、裴贽为刎颈之交。昨裴枢等得罪之时，合当连坐，尚矜暮齿，且俾悬车，可本官致仕。"①

以上诸人贬官都在白马驿事件之后，并不在"一夕尽杀之"的"朝士贬官者三十余人"之列。《通鉴》也称："柳璨余怒所注，犹不啻十数，张文蔚力解之，乃止。"② 可见此时入朝的司空图已无生命危险。当然，在中条山隐居的司空图未必能对中央政局了解得如此清楚，有所疑惧亦属应当。

其实此次针对的主要对象只有裴枢等七人而已。这七人都是宰相级别的人物，其中除赵崇、王赞二人之外，其他五人都当过宰相。赵、王二人也是宰相的候补人选，只是因为种种原因未能拜相而已。③ 正因为他们拥有巨大的政治影响力，所以朱全忠才会将其杀之而后快，而对其余党，则采取贬官的惩罚。

司空图早在龙纪元年（889）便称疾不起，其后一直时隐时现，并不在朝廷主流官场之中。乾宁四年（897）奉诏为韩建撰写功德碑颂文，④ 大概是目前所知司空图被贬前最后参与的政事了。这离天祐二年（905）为柳璨所贬也已经相隔近十年。其在朝中根本没有什么政治影响力，也谈

---

① 《旧唐书》卷20下《哀帝纪》，第797页。
② 《资治通鉴》卷265，唐昭宣帝天祐二年六月条，第8644页。
③ 《新唐书》卷183《韩偓传》云："会逐王溥、陆扆，帝（昭宗）以王赞、赵崇为相，（崔）胤执赞、崇非宰相器，帝不得已而罢。"第5389页。
④ 《册府元龟》卷178《帝王部·姑息门》："（乾宁四年）九月癸酉，诏以太子太师卢知猷撰韩建德政碑文，前户部侍郎司空图为颂。"第2141页。

不上什么"衣冠宿望难制者"。司空图被贬并非因其是裴枢一党,而在于其确实不愿和新朝合作的态度。《旧五代史》卷六〇《李敬义传》云:

> 柳璨之陷裴、赵诸族,希梁祖旨奏云:"近年浮薄相扇,趋竞成风,乃有卧邀轩冕,视王爵如土梗者。司空图、李敬义三度除官,养望不至,咸宜屏黜,以劝事君者。"①

《旧唐书》卷二〇下《哀帝纪》天祐二年八月云:

> 壬寅,敕:"前太中大夫、尚书兵部侍郎、赐紫金鱼袋司空图俊造登科,朱紫升籍,既养高以傲代,类移山而钓名。志乐潄流,心轻食禄。匪夷匪惠,难居公正之朝;载省载思,当徇幽栖之志。宜放还中条山。"②

可见在柳璨等人看来,司空图的最大问题还是"视王爵如土埂",而这正是朱全忠最为厌恶的。朱全忠之所以要征辟司空图,其用意大概就是要以之填补白马驿事件之后为之一空的朝堂。新朝将立,正需旧臣点缀其间,才能显示法统所在。司空图的不配合则为构想带来了麻烦。而白马驿事件带来的负面政治影响还未散去,此时尚不便太过强硬地处置司空图,于是只能在将其"放还中条山"之余,尽量打击司空图的声望。

柳璨称司空图隐居是在"养望",也即诏书中所言的"钓名",自然也就"难居公正之朝"。而且诏书中还用了伯夷、柳下惠的典故。伯夷不食周粟,柳下惠不离母邦,这都是忠贞的代表。两人的经历正与当前唐梁禅代前夜的政治局势相仿佛,称司空图"匪夷匪惠",其实就是说即使司空图不仕,也算不上什么忠节义士,不过是沽名钓誉而已。

而以上的诏书,都在后梁实录中构建出了司空图"躁进""浮薄"的形象,乃至有"谓己当为宰辅"之语,其实正是朱全忠等求其为宰辅而不得后的污蔑。王禹偁对此极为不满,他辩解称:

---

① 《旧五代史》卷60《李敬义传》,第807页。
② 《旧唐书》卷20下《哀帝纪》,第798—799页。

臣又按梁室大臣如敬翔、李振、杜晓、杨涉等，皆唐朝旧族，本以忠义立身，重侯累将，三百余年，一旦委质朱梁，其甚者赞成弑逆，惟图以清直避世，终身不仕梁祖。故《梁史》指图小瑕，以泯大节者，良有以也。①

王氏所谓"指图小瑕，以泯大节"，确实道出了问题的核心所在。欧阳修在继承了王禹偁提供的大量史事基础上，将司空图从《旧唐书》的《文苑传》移入了《卓行传》，以显其"大节"，塑造了一个志行高洁的高士形象。然而这个形象是否真实，两《唐书·司空图传》所载是否就一定比后梁实录《司空图传》更为准确，其实也是值得商榷的问题。

《旧唐书·司空图传》云："龙纪初，复召拜舍人，未几又以疾辞。河北乱，乃寓居华阴。景福中，又以谏议大夫征。时朝廷微弱，纪纲大坏，图自深惟出不如处，移疾不起。乾宁中，又以户部侍郎征，一至阙廷致谢，数日乞还山，许之。"②然司空图为王重荣兄王重盈所撰的《太尉琅琊王公河中生祠碑》称："景福元年正月，上自将佐，下逮缁黄，五郡联属，四封耆艾，共忻宏庇，请建生祠。牢让累陈，至诚难沮。五月日，都押衙录事参军又诣让军使特进思猷，请奏别立碑纪。上亦俯从人愿，有命微臣。"③是景福元年（892）司空图尚在朝为官，否则昭宗不会让他来撰写《生祠碑》。"图自深惟出不如处，移疾不起"的说法不能成立。

其实司空图与王重盈兄弟的联系远不止此，两《唐书·司空图传》都称王重荣父子兄弟雅重司空图。今《司空表圣集》中除上述《生祠碑》外，还有为王重荣父王纵所撰的《故盐州防御使王纵追述碑》以及为王重荣母石氏所撰的《蒲帅燕国太夫人石氏墓志铭》，可见其与王氏联系确实颇为紧密。

然而王重荣却对唐中央并不算恭顺。光启元年（885），王重荣与朱玫、李克用等累上表请除田令孜，并合兵威逼长安，导致僖宗避走兴元。朱玫趁机拥立襄王煴僭称帝号，随即为王行瑜、王重荣等人所杀。而杨复

---

① 《五代史阙文·司空图》，第 2451 页。"敬翔"原作"恭翔"，小字注"本字犯庙讳"，即犯宋宣祖赵弘敬讳，今回改。
② 《旧唐书》卷 190 下《文苑传下·司空图传》，第 5083 页。
③ （清）董诰编：《全唐文》卷 810《太尉琅琊王公河中生祠碑》，中华书局 1983 年版，第 8515 页。

恭也取代田令孜为神策军左军中尉，与王重荣和解，僖宗才得以于光启三年（887）离驾还京，驻跸凤翔，六月王重荣为军士所杀，兄王重盈被推为节帅。由此可见王重荣虽并未正式反叛，却也是一个跋扈人物。《新唐书·王重荣传》史赞称："以乱救乱，跋扈者能之。以乱不能救乱，险贼者能之。盖救乱似霸，然而似之耳，故不足与共功。观王重荣宁不信哉！破黄巢，佐李克用平京师，若有为当世者。俄而奋私隙，逼天子出奔，虽贼朱玫，仆伪襄王，谓曰定王室，实卑之也。身死部将手，救乱而卒于乱，重荣两得之。"① 所谓两得之，即指王重荣曾"以乱救乱"，也曾"以乱不能救乱"，正是"跋扈者""险贼者"。王重荣死后，其兄王重盈嗣位；重盈死后，重荣子侄王珙、王珂争立，一引朱温，一引李克用，两相争夺，视国之爵土为家业，朝廷威严荡然无存。

若说司空图所做《太尉琅琊王公河中生祠碑》还是奉诏所为，代表了朝廷对王重盈割据河中的默认态度。那么作于龙纪元年（889）的《蒲帅燕国太夫人石氏墓志铭》则是其与王氏私交的表现。其中提到王氏兄弟称：

> 有令子五人，长曰重章，皇威州刺史。志殄国仇，威清塞表。仲子重简，皇华州节度使，赠司空。化高列岳，功显本朝。季子重盈，今任河中节度使。岳立一方，波澄万里。潜施和煦，则阃境皆苏。洞感神明，而乱根自翦。振家声以光前烈，奖京室以定中兴。益著恩威，方膺倚注。次子重荣，皇河中节度使，赠太师。允集大勋，以光前烈。次子重益，居常唯谨，履险不疑。并禀教母师，严申子道。克济高门之庆，亦符外族之祯。及巨寇长驱，横流孰拯，太傅相公首临分陕，太师旋镇河中，司空亦作牧华州，共勤王事，皆遵勉励，大济艰难。②

为乱军所推的王重盈，竟然成了"洞感神明，而乱根自翦。振家声以光前烈，奖京室以定中兴"之人物。殊不知所谓皇室之所以要"中兴"（即还都长安），所"大济"之"艰难"，正是由于王重荣一手造成的。

---

① 《新唐书》卷187《王重荣传》史赞，第5450页。
② 《全唐文》卷810《蒲帅燕国太夫人石氏墓志铭》，第8522页。

可见司空图在面对自己父母官（司空图隐居中条山，属河中府，正是王重荣、重盈兄弟所镇）时，也并未拿出秉笔直书的勇气，还是如同绝大多数墓志一样，充满着谀辞颂语。未知此可称卓行否？

其实刘昫、王禹偁、欧阳修等人之所以不断修正司空图形象，并非出于对其的敬佩，更多的是对柳璨、朱全忠等人的反动。柳璨等既然是逆臣贼子，为其打压的司空图自然成了贞士高人。就此点而言，欧阳修与编撰后梁实录的李琪、敬翔等人也相差仿佛。司空图的形象，也不过是随着政治兴衰起伏而左右摇摆罢了。

然而我们还可以进一步追问的是，一个"终身不仕梁祖"的司空图，为何被写入到了后梁实录之中？而依据各朝实录修成的《旧五代史》中却终究没有他的位置？这便是下节所要探讨的问题。

第三节 《司空图传》与正统性的塑造

如司空图这样处于两朝之交的人物究竟该如何定性，是一个复杂的问题。如屡屡强调自己是"大魏之纯臣"、"有魏贞士"的司马孚，① 还是不可避免地被编入《晋书·宗室传》，成为晋臣。降于北齐的王思政，却又被编入《周书》，而《北齐书》无传。荀彧为汉尽节，《后汉书》《三国志》均为其立传；李穆依违二朝，亦有同样待遇，列名《周书》《隋书》。可见史家在处理这类人物时，并无一定之规。我们还需结合具体实际来分析司空图在《旧五代史》中无传的原因。

正如上文所引王禹偁的观点，史家所渲染的司空图大节，是与敬翔、李振等"赞成弑逆"的梁臣相对比而得出的，表现在"终身不仕梁祖"之上。这不仅是指天祐二年（905）司空图称疾堕笏之事，还指开平元年（907）梁太祖对其征辟失败。《新唐书·司空图传》云：

> 朱全忠已篡，召为礼部尚书，不起。哀帝弑，图闻，不食而卒，年七十二。②

---

① 《晋书》卷37《宗室·司马孚传》，中华书局1974年标点本，第1084—1085页。
② 《新唐书》卷194《卓行传·司空图传》，第5574页。

《旧唐书·司空图传》中仅称:"唐祚亡之明年,闻辉王遇弑于济阴,不怿而疾,数日卒,时年七十二。"① 不仅死因并非极其主动、激烈的"不食而卒",而是较为和缓的"不怿而疾",再由病而卒,也没有司空图拒绝成为后梁礼部尚书的记载。两《唐书》于其后只言及以甥荷为嗣之事,便就此完结。这看似合理完整的传记书写的背后,却忽略了一条重要的历史信息,也即后梁对这位"不食梁粟"的唐代遗老的看法。有幸的是,北宋叶梦得所撰《石林燕语》中却有吉光片羽留存。《石林燕语》卷五云:

> 司空图,朱全忠篡立,召为礼部尚书。不起,遂卒。宋次道为河南通判时,尝于御史台案牍中,得开平中为图蕆辍朝敕,乃知虽乱亡之极,礼文尚不尽废,至如表圣,盖义不仕全忠者,然亦不以是简之也。②

宋次道竟然得到了"开平中为图蕆辍朝敕",可见此事当属不虚。所谓开平中,当即唐哀帝被弑之开平二年(908)。司空图这样一个唐室遗老,居然死后在后梁享有辍朝之仪,这难道是叶梦得所谓的"礼文尚不尽废"么?司空图又是以何种身份享有此种待遇呢?难道后梁还会大肆宣扬这种忠于前朝的行径?这未免有些不可思议。并非所有大臣亡故之后都能享有辍朝的待遇,而是有一定级别要求的。《唐会要》卷二五《辍朝》云:

> (太和元年七月)太常寺参定上言曰:"伏以近日文武三品以上官薨卒,皆为辍朝。其间有未经亲重之官,今任是列散者,为之变礼,诚恐非宜。自今以后,文武三品以上,非曾任将相,及曾在密近,宜加恩礼者,余请不在辍朝例。其余并请依元敕。"又中书门下奏覆:"(中略)余约太常寺所奏,别具品列轻重进定。谨按《仪制令》:'百官正一品丧,皇帝不视事一日。'又准《官品令》:'太师、

---

① 《旧唐书》卷190下《文苑传下·司空图传》,第5084页。
② (北宋)叶梦得撰,宇文绍奕考异,侯忠义点校:《石林燕语》卷5,中华书局1984年版,第67页。

太傅、太保、太尉、司徒、司空以上，正一品；太子太师、太子太傅、太子太保以上，从一品；侍中、中书令以上，正二品；左右仆射、太子少师、太子少傅、太子少保、三京牧、大都护、上将军、统将以上，从二品；门下中书侍郎、六尚书、左右散骑常侍、太常、宗正卿、左右卫及金吾大将军、左右神策、神武、龙武、羽林大将军、内侍监以上，正三品；御史大夫、殿中秘书监、七寺卿、国子祭酒、少府监、将作监、京兆河南尹以上，从三品。'缘令式旧文，三品以上薨殁，通有辍朝之制。伏以君臣之间，礼情所及，事必繁于委遇，官则以时重轻，一用旧仪，咸乖中道。臣等参配色目如前。其留守、节度、观察、都护、防御、经略等使，并请各据所兼官为例。"依奏。①

以上所记是唐文宗大和元年（827）关于辍朝之制的一场讨论。主要是太常寺认为现在文武三品以上皆能辍朝，太过猥滥，要求只有三品以上，且"曾任将相、曾在密近"者才能享受此等待遇。其背景是当时各种检校官、兼官、带宪衔等现象太过泛滥，地方上多以使职为重，其所任职事官都成虚衔，原来的散官更是不值一提。故而那些"有未经亲重之官，今任是列散者"，即指散官到达三品以上者，不再享有辍朝之待遇，需以职事官为标准。中书门下基本同意了太常寺的意见，开列了需要辍朝官位，其中便无散官了，而节度使等使职，则是依据其所兼任的职事官来判断是否享有辍朝待遇。这虽然是文宗朝的事情，但五代时仍然承袭未改。②

而我们注意到柳璨贬斥司空图的诏书中载有其官衔，是"前太中大夫、尚书兵部侍郎"。太中大夫是文散官，从四品下，兵部侍郎是职事官，正四品下，都够不上三品的标准，也不在上述所列官品之中。而此前司空图所担任的礼部员外郎、中书舍人、礼部侍郎、谏议大夫等官，也达不到三品的标准。也就是说，司空图并不享有辍朝的资格。

然而上述官职都是唐官，到了后梁，梁太祖给予他的却是礼部尚书，

---

① （宋）王溥：《唐会要》卷25《辍朝》，上海古籍出版社2006年版，第550—551页。
② 关于唐代辍朝制度，可参看夏晓臻《唐代辍朝制度考述》，《陕西师范大学学报》（哲学社会科学版）1989年第3期；朱振宏《隋唐辍朝制度研究》，《文史》2010年第2期。

是正三品的高官。那么当其卒后，梁太祖为之辍朝也就能够理解了。但我们对此仍有疑问，司空图并没有接受后梁官职，何以后梁就视其为礼部尚书呢？

其实对这种征辟不起的隐士累计官资的做法古已有之，梁太祖所为并不稀奇。《宋书》卷九三《隐逸·雷次宗传》云："元嘉十五年，征次宗至京师，开馆于鸡笼山，聚徒教授，置生百余人。……车驾数幸次宗学馆，资给甚厚。又除给事中，不就。久之，还庐山，公卿以下，并设祖道。二十五年，诏曰：'前新除给事中雷次宗，笃尚希古，经行明修，自绝招命，守志隐约。宜加升引，以旌退素。可散骑侍郎。'"① 这是南朝刘宋文帝朝的事情，雷次宗作为一个开馆教学的儒士，从未入仕，更没有接受给事中的职位。但在元嘉二十五年（448）的诏书中却称其为"前新除给事中雷次宗"，而且对其"守志隐约""退素"行为的旌奖，居然是"宜加升引""可散骑侍郎"。这看似有些滑稽的诏书背后，其实蕴含的是统治者权力的展示，也即所谓"雷霆雨露，皆是君恩"，即使被赐予官位的隐士并不愿意，朝廷依旧会将官位强加到隐士头上。

刘宋如此，唐朝亦然。就以司空图而论，他同样也没当过兵部侍郎。《旧唐书·司空图传》云："昭宗在华，征拜兵部侍郎，称足疾不任趋拜，致章谢之而已。"② 然而天祐二年诏书仍称其为"兵部侍郎司空图"，可见唐代对隐士给予官位也无须得到隐士本人的认可。以理推之，后梁拜司空图为礼部尚书，也与司空图接受与否并无干系，只需要后梁认可，司空图即能享受辍朝待遇了。可以想见，《为图蒇辍朝敕》上对司空图的称谓绝不再是"唐前太中大夫、尚书兵部侍郎"，而是"梁礼部尚书司空图"了。

和刘宋文帝征辟雷次宗一样，梁太祖征辟司空图，并为之辍朝，都能展现自身权力的强制性。而对于梁太祖这样一个篡位者而言，依靠这种方式向天下宣布唐朝名士司空图已经成为后梁的臣子，则具有更切实的政治利益。这意味着大梁已经取代了唐王朝，成为臣僚万民的真正统治者。尽管在我们后人看来这只是一场自说自话的闹剧，但在当时却有利于后梁正统性的塑造。

---

① 《宋书》卷93《隐逸·雷次宗传》，中华书局1974年标点本，第2293—2294页。
② 《旧唐书》卷190下《文苑传下·司空图传》，第5083页。

这种塑造不会止于辍朝，还会在其他方面表现出来。司空图既然已经成为后梁的礼部尚书，那么将其写入后梁实录中也是顺理成章之事，并且将其塑造成一个躁进轻狂之士，为当年的贬官寻找到了借口。更为重要的是，抹去了其不受梁官、为唐死节的事迹，一个前朝遗老会引起人们的故国之思，而一个狂士只会令人生厌。在此两者的选择之中，当然后者更有利于后梁形象的塑造。这也就解释了为何一定要将司空图纳入后梁实录，而又要对其进行诋毁扭曲的原因了。

我们可以想见，如果最后是后梁集团统一天下，我们所见到的司空图的形象想必会是《五代史阙文》中所引述的那样。然而随着后梁的覆灭，其塑造的司空图形象并未成为历史的主流，我们今天看到的更多的是两《唐书》中的司空图。其实从后晋刘昫将其从梁史中剔除，而纳入《旧唐书》之中，就已能窥见史臣的倾向和态度了。

后晋石敬瑭源于唐末的河东集团，是与后梁争霸天下的死敌。他们在最为艰难弱小之时也未承认过后梁的存在。唐庄宗称帝之前，一直沿用昭宗天祐年号，对梁的称呼是伪梁，对梁的官员则称伪官。因为对他们而言，与梁的对立，正是其政权合法性的一个重要来源。故而在历史书写上，他们特别重视此点。《旧五代史》卷四〇《唐明宗纪六》云：

> （天成四年八月）戊戌，中书奏："太子少傅李琪所撰进《霍彦威神道碑》文，不分真伪，是混功名，望令改撰。"从之。琪，梁之故相，私怀感遇，叙彦威在梁历任，不欲言伪梁故也。①

李琪本是后梁宰相，正是《梁太祖实录》的主编，霍彦威本是梁将，梁亡降唐，卒于天成三年（928），两人都是后梁旧臣。李琪既然是"进"《霍彦威神道碑》，说明是奉命所撰，代表着后唐官方的态度，而且此神道碑便是后世修《霍彦威传》的重要素材来源。而在这份官方历史书写之中，是容不得"不分真伪，是混功名"的。由此我们可以想见，后唐及其后继者后晋也并不会把司空图未曾接受的后梁礼部尚书作为其终官。司空图不是梁朝伪臣，而是大唐遗老，是不食梁粟的卓行高士，唯有强调此点，后唐乃至后晋的正统性才能得以确立。

---

① 《旧五代史》卷40《唐明宗纪六》，第553页。

今天我们看到的《旧唐书》虽然起自高祖，终于哀帝。然而在后晋朝廷的原本构想中，其中是应该包含后唐一朝的。《五代会要》卷一八《前代史》云：

> 晋天福六年二月敕："有唐远自高祖，下暨明宗，纪传未分，书志咸阙。今耳目相接，尚可询求，若岁月寖深，何由寻访？宜令户部侍郎张昭、起居郎贾纬、秘书少监赵熙、吏部郎中郑受益、左司员外郎李为先等修撰唐史，仍令宰臣赵莹监修。"①

可见原构想中的《唐书》"远自高祖，下暨明宗"，大唐与后唐是一脉相承的，只不过由于晚唐文献不备，未能完成这一计划而已。② 其实后唐长兴三年（932）即开始搜罗史料，准备编撰宣宗以下诸朝实录。这些材料当为《唐书》的编写提供了素材和立场。③ 如司空图这样为大唐死节，自然就是后唐的忠臣，当然只能列入《唐书》之中，而非来自伪朝的后梁实录。

欧阳修的正统观则较为复杂，其修《新唐书》《新五代史》，秉承的是"不伪梁"的原则，并专门写了一篇《梁论》为后梁翻案。然其晚年删削自己的《正统论》，对五代皆抱有否定之态度。④ 其文云：

> 五代之得国者，皆贼乱之君也。而独伪梁而黜之者，因恶梁者之私论也。唐自僖、昭以来，不能制命于四海，而方镇之兵作。已而小者并于大，弱者服于强。其尤强者，朱氏以梁，李氏以晋，共起而窥唐，而梁先得之。李氏因之借名讨贼，以与梁争中国，而卒得之，其势不得不以梁为伪也。而继其后者，遂因之，使梁独被此名也。夫梁

---

① 《五代会要》卷18《前代史》，第294页。
② 刘浦江：《正统论下的五代史观》，《唐研究》第11卷，北京大学出版社2005年版，第74页。
③ 《旧五代史》卷43《唐明宗纪九》："（长兴三年十一月）壬午，史馆奏：'宣宗已下四庙未有实录，请下两浙、荆湖购募野史及除目报状。'从之。"第595—596页。
④ 关于欧阳修五代史观之转变，可参见刘浦江《正统论下的五代史观》，《唐研究》第11卷，2005年。

固不得为正统，而唐、晋、汉、周何以得之？今皆黜之。①

可见在他眼中，五代诸君都是"贼乱之君"，处于同一水平，都不能算作是正统。而在《梁论》中，则称"使幸而有忠唐之臣，不忍去唐而自守，虽不中于事理，或可善其诚心"②。司空图则正其人也，故被写入《新唐书·卓行传》，所谓"其志凛凛与秋霜争严，真丈夫哉"③ 是也。这种做法也是与其背后的正统观念相一致的。

通过以上分析，我们可以得出一个结论：司空图被纳入后梁实录，而后又被剔除于五代史序列，进入两《唐书》之中，是历朝史家塑造自身正统性的一环。而河东集团一系最终取得了天下，司空图的形象也随之确定下来。后梁实录中的躁进狂生终于渐渐淡出人们的视线，而我们看到的，更多的是那个被塑造出来的隐居中条、忠于唐室的司空图。

本章小结

本章从《旧五代史》究竟有无《司空图传》这一问题入手，通过仔细分析得出以下结论：

第一，无论是《旧五代史·李敬义传》，还是《五代史阙文》中的记载，都不足以支撑《旧五代史》中存在《司空图传》这一观点。相反，相关史料只能证明，《司空图传》应存在于两《唐书》和后梁实录之中。

第二，后梁实录和两《唐书》相关记载存在着两个形象迥异的司空图。后梁实录中的司空图显得躁进轻狂，最后因"为己当为宰辅"而受到贬斥。而两《唐书》中则是淡泊名利，隐居中条，最后为唐死节。应该说这两种形象都有故意刻画的成分，只表现了真实司空图的某一侧面。

第三，之所以要如此刻画司空图的形象，则是为了满足历朝史官对正统性的诉求。梁太祖征辟司空图并为之辍朝，乃至梁末帝时将其写入后梁

---

① （宋）欧阳修撰，李逸安点校：《欧阳修全集》卷15《正统论下》，中华书局2001年版，第273页。
② 《欧阳修全集》卷16《梁论》，第285页。
③ 《新唐书》卷194《卓行传·司空图传》史赞，第5574页。

实录，都是为了确认司空图身为梁臣的身份，以此来宣示后梁是大唐的继承者。而源于河东集团的后晋朝廷，显然并不认可司空图伪官的身份，他们要将司空图打造成大唐王朝的忠臣节士，以此来显示唐朝还有许多支持者，唐庄宗灭掉后梁，中兴唐室，是众望所归，故而不能将其列入伪梁实录之中，而要归于《唐书》之中。而宋代欧阳修则认为五代皆非正统，像司空图这样的忠义高士，是忠于大唐的，当列入《唐书·卓行传》。这种形象的塑造与维持依赖于政治军事实力的延续。由于河东集团取得了最终的胜利，后梁的话语权几乎消失，呈现给后世的司空图形象，也就主要是两《唐书》所描绘的样子了。

第三章 五代张全义家族与政权更替
——以张氏家族墓志为中心的考察

众所周知，五代诸政权大都国祚短促，这使得朝中名臣大都有着历事多朝的经历。张全义及其家族便是其中的代表，从唐末到北宋，缨冕不绝，是五代史上的重要家族。那么他们是如何面对更迭频繁的政权，在动荡时代中又做出了何种策略以保全家族，便成为一个值得探讨的问题。其中关于张全义的材料，除新旧《五代史》本传之外，尚有宋人张齐贤所作的《齐王张令公外传》。然而张氏一族在五代中期逐渐衰弱，子孙中除张继祚在《旧五代史》中有简要传记外，其余人都近乎湮没无闻。前人研究也就大多围绕张全义而展开。① 幸运的是，近年陆续出土了多方张氏家族的墓志，使我们进一步研究成为可能。故笔者拟以其为中心展开探讨，以求展开当时复杂的政治图景。

第一节 张全义家族出土墓志概况

由于相关传世文献主要集中在张全义个人之上，对其家族子弟介绍颇少，近年在河南省陆续出土的六方张氏家族墓志也就弥显珍贵。故在对相

---

① 如诸葛计《张全义略论》，《史学月刊》1983年第6期，第39—43页；刘连香《张全义与五代洛阳城》，《洛阳工学院学报》（社会科学版）2002年第2期，第9—12页；胡安徽：《张全义农业思想初探》，《农业考古》2013年第1期，第113—115页；［日］山根植生：《五代洛阳の张全义について："沙陀系王朝"论への応答として》，中国文史哲研究会：《集刊东洋学》第114期，2016年，第48—66页。北京大学闫建飞博士论文《唐末五代宋初北方藩镇州郡化研究（874—997）》（2017年）第四章第一节亦对张全义家族墓志进行了考释。本章虽与之难免有重合之处，但主题亦颇有不同，特此说明。

关问题展开讨论之前，有必要对这六方墓志做一简要介绍：

张继业墓志，题为《唐故河阳留后检校太保清河张公墓志铭并序》。1991年出土于河南省孟津县朝阳乡崔沟村东南，现藏于河南省孟津县文管会。志并盖青石质，长宽均71.5厘米，盖篆文，志文楷书，47行，满行49字，唐鸿撰，王郁篆盖，赵荣书，后唐同光三年（925）二月二十一日葬。拓片见《洛阳新获墓志》；录文见《全唐文补遗》第6辑、《洛阳新获墓志》、《五代墓志汇考》。① 志主为张全义嫡长子。李献奇、张钦波对此墓志及张季澄墓志有所考释。②

苏氏墓志，题为《唐银青光禄大夫检校尚书右仆射兼御史大夫上柱国清河张公故夫人武功苏氏墓志铭并序》。王禹撰，后唐同光三年九月十三日葬。录文见《全唐文补遗·千唐志斋新藏专辑》、《五代墓志汇考》。③ 志主为张全义之弟张全恩之儿媳。

王禹墓志，题为《唐故朝议郎尚书屯田员外郎前河南府长水县令赐绯鱼带琅琊王君墓志铭并序》。志石与志盖长宽均为55厘米，盖篆文，李鸾撰并正书，29行。拓片见《北京图书馆藏中国历代石刻拓本汇编》第36册，《隋唐五代墓志汇编·洛阳卷》第15册、《洛阳出土历代墓志辑绳》；录文见《全唐文补遗》第5辑、《全唐文补编》卷九七、《五代墓志汇考》。④ 志主为张全恩之婿。

张季澄墓志，题为《唐故金紫光禄大夫检校户部尚书前守右威卫大将军兼御史大夫上柱国清河县开国男食邑三百户张公墓志铭并序》。1991年与张继业墓志同时出土于河南省孟津县朝阳乡崔沟村东南，现藏于河南省孟津县文管会。志石长宽均为72.5厘米。杨凝式撰，张季鸾篆盖，郭

---

① 李献奇、郭引强编：《洛阳新获墓志》，文物出版社1996年版，第132页；吴钢：《全唐文补遗》第6辑，三秦出版社1999年版，第209—211页；周阿根：《五代墓志汇考》，黄山书社2012年版，第157—161页。

② 李献奇、张钦波：《五代后唐张继业、季澄父子墓志浅考》，载《河洛文明论集》，中州古籍出版社1993年版，第430—453页。

③ 吴钢：《全唐文补遗·千唐志斋新藏专辑》，三秦出版社2006年版，第422—423页。周阿根：《五代墓志汇考》，第162—163页。

④ 《北京图书馆藏中国历代石刻拓本汇编》第36册，中州古籍出版社1989年版，第55页；陈长安主编：《隋唐五代墓志汇编·洛阳卷》第15册，天津古籍出版社1991年版，第143页；《洛阳出土历代墓志辑绳》，中国社会科学出版社1991年版，第723页；吴钢：《全唐文补遗》第5辑，三秦出版社1998年版，第70—71页；陈尚君：《全唐文补编》卷97，中华书局2005年版，第1209—1210页；《五代墓志汇考》，第242—244页。

兴书。拓片见《洛阳新获墓志》；录文见《全唐文补遗》第 6 辑、《洛阳新获墓志》、《五代墓志汇考》。① 志主为张继业之子，张全义之孙。

张继升墓志，题为《晋故光禄大夫检校司空兼御史大夫张公墓志铭并序》。河南省洛阳市出土，现藏河南省洛阳古代艺术馆。志石长 66 厘米，款 65 厘米。杨凝式撰，刘琪正书。拓片见《隋唐五代墓志汇编·洛阳卷》第 15 册、《洛阳出土历代墓志辑绳》；录文见《全唐文补遗》第 5 辑、《五代墓志汇考》。② 志主为张全恩之子，张全义之侄。

李氏墓志，题为《大晋故陇西李氏夫人墓志铭》。胡熙载撰。录文见《芒洛冢墓遗文》卷下、《隋唐五代石刻文献全编》第 2 册、《全唐文补编》卷一〇〇、《五代墓志汇考》。③ 志主为张全义之孙、张继业之子张季宣之妻。刘连香对此墓志有所考释。④

除以上六方出土墓志之外，《名臣碑传琬琰之集》中还存有一篇北宋名臣富弼撰写的《张枢密墓志铭》。志主张奎是张全义的七世孙，该墓志铭记载了不少张氏谱系、迁徙的信息，亦是考证张氏籍贯及支脉流传的重要材料。⑤

第二节　张氏家族的籍贯与谱系

关于张氏家族籍贯，存在濮州与清河两说。《旧五代史·张全义传》叙张全义家世称："张全义，字国维，濮州临濮人。……祖琏，父诚，世

---

① 《洛阳新获墓志》，第 135 页；《全唐文补遗》第 6 辑，第 214—216 页；《五代墓志汇考》，第 272—276 页。
② 《隋唐五代墓志汇编·洛阳卷》第 15 册，第 150 页。《洛阳出土历代墓志辑绳》，第 726 页。《全唐文补遗》第 5 辑，第 68 页。《五代墓志汇考》，第 309—311 页。
③ 罗振玉：《芒洛冢墓遗文》卷下，收入《历代碑志丛书》第 14 册，江苏古籍出版社 1998 年版，第 412—413 页；《隋唐五代石刻文献全编》第 2 册，北京图书馆出版社 2003 年版，第 237—238 页；陈尚君：《全唐文补编》卷 100，中华书局 2005 年版，第 1249—1250 页；《五代墓志汇考》，第 326—328 页。
④ 刘连香：《后晋张继升墓志考》，《河南科技大学学报》（社会科学版）2004 年第 2 期，第 25—28 页。
⑤ 按除此之外，闫建飞博士论文中还收有《张继美墓志》《张继达墓志》及诸幕僚墓志等，亦十分重要，但今暂不涉及。参闫建飞《唐末五代宋初北方藩镇州郡化研究（874—997）》，博士学位论文，北京大学，2017 年，第 183—185 页。

为田农"①，视其为濮州人。而张继业、继升墓志则均称其为清河人，《王禹墓志》亦云："府君夫人清河张氏，及故齐王亲弟讳全恩之女也，故齐王之亲犹女也"②。故李献奇认为当据此将正史中张氏籍贯改为清河，然考虑到墓志书写中攀附著姓的传统，清河一说也未必确凿。

其实，张氏墓志和其他中古墓志一样，在开篇列举了许多张氏先贤，但其中并无一人出于清河张氏。如《张季澄墓志》中称"良推汉杰，耳号赵王"，指张良、张耳；"廷尉治狱"、"御史埋轮"，指张释之、张纲；③"博物丞相平吴"、"持麾将军破房"，指张华、张辽；④"尚书令以专对而命秩"、"博望侯因承传而开封"，指张安世、⑤张骞。⑥又如《张继升墓志》中称"仪良以筹策匡邦"，指张仪、张良；"飞耳以干戈卫社"，指张飞、张耳；"铸铜浑而衡仅通获"，指张衡；"神筇杖而骞称奉使"，指张骞。以上种种名臣良将，籍贯各不相同，但无一出于清河张氏。只能认为墓志作者意在夸炫，而非据实记录氏族源流。仇鹿鸣在考订南阳张氏郡望时也指出"在郡望虚化之后，墓志的撰者不再注意辨别世袭源流，志文中关于家族源流的叙事逐渐变为了虚应故事的程序。"⑦

更有力的证据是《宋史·张亢传》，其辞云："张亢字公寿，自言后唐河南尹全义七世孙。家于临濮。"⑧张亢是张全义七世孙，却仍称家于临濮，可见其确实为其籍贯祖宅所在。清河一望，当属攀附。

然而这种攀附风气并未随着五代时士族的衰弱而消亡，反倒两种籍贯的记载有着融合的趋势。北宋名臣富弼为张亢之兄张奎所作墓志铭中篇首即称："清河张公，皇祐四年六月二十九日以疾终于天平之郡"，是以清

---

① 《旧五代史》卷63《张全义传》，中华书局1976年标点本，第837页。
② 《王禹墓志》，《五代墓志汇考》，第243页。
③ 《后汉书》卷56《张纲传》云："余人受命之部，而纲独埋其车轮于洛阳都亭，曰：'豺狼当路，安问狐狸！'"中华书局1965年标点本，第1817页。
④ 《三国志》卷17《张辽传》云："从征袁尚于柳城，卒与虏遇，辽劝太祖战，气甚奋，太祖壮之，自以所持麾授辽。"中华书局1964年标点本，第518页。
⑤ 《汉书》卷59《张安世传》云："上行幸河东，尝亡书三箧，诏问莫能知，唯安世识之，具作其事。后购求得书，以相校无所遗失。上奇其材，擢为尚书令，迁光禄大夫。"中华书局1964年标点本，第2647页。
⑥ 《史记》卷111《卫将军骠骑列传》云："张骞从大将军，以尝使大夏，留匈奴中久，导军，知善水草处，军得以无饥渴，因前使绝国功，封骞博望侯。"中华书局1963年标点本，第2929页。
⑦ 仇鹿鸣：《制作郡望：中古南阳张氏的形成》，《历史研究》2016年第3期，第33页。
⑧ 《宋史》卷234《张亢传》，中华书局1977年标点本，第10428页。

河为望。而在文末又云:"公之先,累世居濮州晋城。七代祖全义,封齐王,唐五代间,有大功于洛,没谥忠肃"①,则又承认其累居濮州的事实,与《宋史·张亢传》的记载相符。

由上可知,张氏籍贯最可能是如史传记载的濮州临濮,而非墓志中所见的清河。在明确其籍贯之后,我们可结合墓志与传世史籍对张氏家族的谱系做进一步的梳理。

据《旧五代史·张全义传》和张继业、季澄、继升墓志,张全义祖父为张琏,累赠太保、尚书左仆射,妻沛郡朱氏,累封赵国太夫人;② 父诚,累赠太师、尚书令,妻乐安郡任氏,追封秦国太夫人。

张全义兄弟可考者有张全恩、张全武二人。李绰《升仙庙兴功记》云:"今河阳行军怀州刺史仆射清河张公,即留守太保相君之令弟……时乾宁四年正月三日记。"③《张继升墓志》云"先考讳全恩,累赠检校太保,守怀州刺史……公即怀州使君之第三子也。"④《苏氏墓志》云"公即故怀州刺史太保公之冢子也。太保公,齐王令公亲仲弟也。"⑤《王禹墓志》云"府君夫人清河张氏,即故齐王亲弟讳全恩之女也,故齐王之亲犹女也。"⑥ 据此可知,张全义有弟名全恩,为怀州刺史、仆射,累赠检校太保。而全恩妻始平郡冯氏,封太君。

张全义另一弟见于《新五代史·张全义传》,传称"初,全义为李罕之所败,其弟全武及其家属为晋兵所得,晋王给以田宅,待之甚厚,全义常阴遣人通问于太原"⑦,则其名全武。遗憾的是,目前尚未见到更多的材料。

张全义有两任妻子,一任为姜氏,累赠天水郡夫人,见于张继业、张

---

① (宋)富弼:《张枢密墓志铭》,(宋)杜大珪:《名臣碑传琬琰之集》中之卷10,《景印文渊阁四库全书》第450册,台湾商务印书馆1986年影印本,第290—291页。
② 《张继升墓志》作"楚国太夫人",《五代墓志汇考》,第309页。
③ 李绰:《升仙庙兴功记》,(清)董诰编《全唐文》卷821,中华书局1982年版,第8650—8651页。所谓"留守太保",即张全义,参阅连香《后晋张继升墓志考》,《河南科技大学学报》(社会科学版)2004年第2期,第25页。
④ 《张继升墓志》,《五代墓志汇考》,第309—310页。
⑤ 《苏氏墓志》,《五代墓志汇考》,第162—163页。
⑥ 《王禹墓志》,《五代墓志汇考》,第243页。
⑦ 《新五代史》卷45《张全义传》,中华书局1974年标点本,第491页。

季澄墓志，为继业之母；一任为储氏，被封以"懿贤""庄惠"之号。①其子至少有三，分别为继业、继祚、继孙。关于此三人事迹，下文还要详细谈及。女儿亦至少有三，一女嫁与梁太祖朱全忠之子福王友璋，② 二女嫁与李肃。③ 除此之外，还有两处记载张全义子嗣有张衍、张从宾二人，然考诸它籍，恐为误载。下面对此略作考证：

首先是张衍。《册府元龟》卷八五三《总录部·姻好》云：

> 后唐郑珏，昭宗朝宰臣郑启之侄孙。父徽，光启初为河南尹张全义判官。全义子衍婚徽女，珏以家世依张氏，家于雒阳。④

明言全义有子张衍，然同书卷六五〇《贡举部·应举》云：

> 张衍字玄用，河南尹魏王宗奭之犹子也，其父死于兵间。衍读书为儒，始以经学就举，不中选。时谏议大夫郑徽退居雒阳，以女妻之，令应词科，不数上登第。⑤

按"魏王宗奭"即张全义，两条史料同出《册府》，又都提及张衍与郑徽之女结合一事，只是在"子"与"犹子"之间存在差异。其实第二条材料出于《旧五代史·张衍传》，⑥ 文字全同，在史源上要早于第一条。⑦《资治通鉴》卷二六八亦载：

---

① 参刘连香《后晋张继升墓志考》，《河南科技大学学报》（社会科学版）2004 年第 2 期，第 26—27 页。
② （宋）张齐贤撰，俞钢校点：《洛阳缙绅旧闻记》卷 2 "齐王张令公外传"条云："梁祖遂以子福王纳齐王之女为亲"，收入傅璇琮编：《五代史书汇编》第 4 册，杭州出版社 2004 年版，第 2400 页。
③ 《洛阳缙绅旧闻记》卷 2 "李少师贤妻"条云："李公自雍之梁，齐王见之，爱其俊异，以女妻之，即贤懿夫人所生，王之适也。数岁而亡，又以他姬所生之女妻之。"第 2401—2402 页。
④ 《册府元龟》卷 853《总录部·姻好》，中华书局 1960 年影印本，第 10142 页。
⑤ 《册府元龟》卷 650《贡举部·应举》，第 7798 页。
⑥ 《旧五代史》卷 24《张衍传》，第 325 页。按此条下注"《永乐大典》卷六千三百五十"，即证明是《旧五代史》原文，而非后人补入。
⑦ 按郑珏在新旧《五代史》中皆有传记，并未提及与张氏姻戚关系，可知此条史源不出自二书。而"后唐郑珏"之谓，后人裁剪痕迹明显，亦非实录、国史口吻。故此条史源最可能源自某种文人笔记。

（乾化二年二月）是日，至白马顿，赐从官食，多未至，遣骑趣之于路。左散骑常侍孙骘、右谏议大夫张衍、兵部郎中张僔最后至，帝（梁太祖）命扑杀之。衍，宗奭之侄也。①

则亦云张衍为张全义之侄，并非亲子，可为旁证。而且以张全义当时之权势地位，梁太祖再是盛怒之下，恐怕也不会轻易处死其子。这也从侧面证明了张衍的身份当是张全义之疏亲。《册府元龟》卷八五三所载恐在"全义"下漏一"犹"字。

另一人是张从宾。《册府元龟》卷九四〇《总录部·不嗣》云：

晋张从宾，父全义，为河南尹四十年，积而能散，以至令终。及从宾、继祚，好治生，商贾盈门，多藏而致祸也。②

然张从宾在《旧五代史》中有传，称：

张从宾，未详何许人也。始事唐庄宗为小校，从战有功。③

则张从宾早年一直追随唐庄宗征战，是后唐元老，而张全义"为河南尹四十年"，为后梁重臣，其子嗣也均居于洛阳，不容别有一子活动于河东河北，两人并非父子，明矣。但《册府元龟》言之凿凿，称二人为父子，未必无因。之所以出现这种误会，可能源于张从宾、张继祚的关系。《旧五代史·张继祚传》云：

张继祚，故齐王全义之子也。……天福初，丧制未阕，会张从宾作乱，发兵迫胁，取赴河阳，令知留守事。④

须知河阳是张从宾起兵作乱之根据地，为其存亡之根本，轻易地交付

---

① 《资治通鉴》卷268，后梁太祖乾化二年二月条，中华书局1956年标点本，第8751页。
② 《册府元龟》卷940《总录部·不嗣》，第11068页。
③ 《旧五代史》卷97《张从宾传》，第1288页。
④ 《旧五代史》卷96《张继祚传》，第1274页。

与一个强迫而来的守丧官员,对张继业的信任已经超出寻常。这说明二人可能确实有着紧密的联系。

再回想张氏亲缘,确实有一支身处河东,具备"事唐庄宗为小校"的条件,那便是被晋军俘虏多年的张全武一家。而晋王对其"给以田宅,待之甚厚",那么假如张从宾是全武之子,被俘后出仕河东并非难以想象之事。而其父俘虏的身份,也就成了导致从宾"未详何许人也"的原因。如此一来,张从宾造反之时,要拉上堂兄弟继祚,并委以重任,变得顺理成章起来。正因这层亲缘关系,《册府》卷九四〇将从宾、继祚并列,记为全义之子,也就可以理解。只是犯了和卷853一样的错误,将"子"与"犹子"的身份混淆了起来。或许"父全义"之上,还可补一"伯"字。当然,认为张从宾是张全武之子存在推测成分,只是在逻辑上可以统合各条材料,尚无切实证据,还有待进一步的考证。

综上所述,张全义可考之子只有继业、继孙、继祚三人,张衍、张从宾二人并非全义亲子。

再看张氏子孙。张继业妻解氏,封雁门郡夫人。有子六人:季澄、季荣、季升、季苟、季鸾、季宣。季澄妻高氏,子元吉。季宣妻李氏。又张继业墓志盖为"外甥女婿左藏库副使朝散大夫守太府少卿柱国赐紫金鱼袋王郁"篆笔所书,可知张继业尚有一外甥女,同时也即代表其尚有一姊妹,然是否为嫁与朱友璋或李肃者,尚难判断。

张全恩一支,至少有三男一女。长子名字不详,妻苏氏,子铁哥、刘奴、娇儿。三子继升,妻储氏、葛氏,子岁哥。另有一女嫁与王禹,而王禹正是苏氏墓志的撰写者。此外,《张继升墓志》云"亲姪季弘,诸堂姪皆孝敬承家"[1],则知"亲姪"季弘必属全恩一支孙辈,而与张全义、全武之孙即所谓"诸堂姪"相别。只是季弘是全恩长子、次子抑或其他子嗣之子,暂时还无法判断。同墓志又云"姪女二人,一人出适牛氏"[2],亦可资补充。

根据以上考订,绘成张氏谱系如下图。在了解了张氏家族成员的基本情况之后,我们将于后文对其在五代乱世中的浮沉及其时代背景进行更深入的研究。

---

[1] 《张继业墓志》,《五代墓志汇考》,第310页。
[2] 《张继业墓志》,《五代墓志汇考》,第310页。

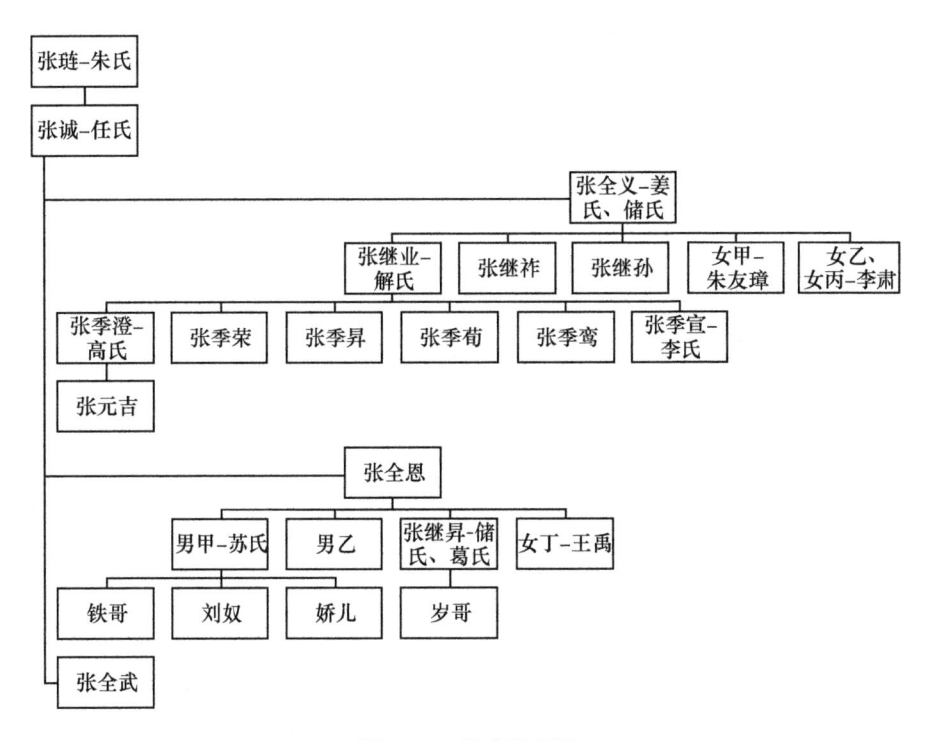

图 3-1　张氏谱系图

第三节　张全义改名之背景

张氏家族的核心人物无疑是张全义,有关他的研究,前人已有不少成果,多集中于张全义的施政方略上,[①] 然略显粗疏,在其个人命运及其反映的时代背景问题上仍有探讨的空间。如其屡次改名一事,虽有人撰有《张全义:三改其名的乱世名臣》一文,[②] 但对改名时间的考订、改名的范围乃至改名的意义都未能详细述及,对张全义本人的评价则多是轻率批判,少了一份对历史人物的"同情之理解",也就很难从中窥见唐—后梁—后唐间易代的复杂性。故本节以传统史料记载结合墓志对其改名问题

---

① 如诸葛计:《张全义略论》,《史学月刊》1983 年第 6 期,第 39—43 页;刘连香:《张全义与五代洛阳城》,《洛阳工学院学报》(社会科学版) 2002 年第 2 期,第 9—12 页;胡安徽:《张全义农业思想初探》,《农业考古》2013 年第 1 期,第 113—115 页。

② 沈淦:《张全义:三改其名的乱世名臣》,《文史天地》,2013 年第 7 期,第 46—49 页。

作进一步的考证，以期能做出更多的诠释。

《旧五代史·张全义传》叙张全义改名一事较详："张全义，字国维，濮州临濮人。初名居言，赐名全义，梁祖改为宗奭，庄宗定河南，复名全义。"① 然仍有不确之处。如其他史籍中多以"张言"为名，而非"张居言"。又如"赐名全义"一语，主语不明，不知何人赐名。其姓名变动虽看似小节，却是唐、梁、后唐三朝易代的绝佳反映。故需不惮繁复，对此加以考订。

《五代史阙文》"张全义"条称"唐昭宗赐梁祖名全忠，赐张言名全义，入梁改名宗奭"②，似乎张全义和朱温一起被昭宗赐名。然此条记载存在错误，因为朱温在中和二年（882）背叛黄巢，改投唐庭，被僖宗赐名。而文德元年（888）三月时，张全义仍以"张言"的名字被记入史籍之中，③ 当时唐昭宗已经即位，只是尚未改元。又《册府元龟》、《新五代史》皆称："全义初名言，唐昭宗赐名全义"④，则昭宗赐名张全义一事，当无疑义。

但若我们继续追问张全义具体是在何时被唐昭宗赐名？问题则变得复杂，除史籍上并无明确记载之外，由于改名带来的书写体例的混乱亦加大了我们考订的难度。如前所言《旧五代史·李罕之传》在文德元年是尚称其为"张言"，似乎就可断言赐名在此之后。然而同样是《旧五代史》，其《梁太祖纪》记载同样事件云"是月，河南尹张全义袭李罕之于河阳，克之。罕之单骑出奔，因乞师于太原，李克用为发万骑以援之。罕之遂收其众，偕晋军合势，急攻河阳。全义危急，遣使求救于汴"⑤，则又称其为"张全义"。两条材料在可靠性上难分轩轾，我们还需更多的线索。

《资治通鉴考异》引《编遗录》云："八月，遣从周入上党。九月，壬寅，上往河阳，令李谠救应朱崇节，又命朱友裕、张全义简精锐过山，

---

① 《旧五代史》卷63《张全义传》，第837页。
② （宋）王禹偁撰，顾薇薇点校：《五代史阙文》"张全义"条，收入傅璇琮编：《五代史书汇编》第4册，杭州出版社2004年版，第2453页。
③ 《旧五代史》卷15《李罕之传》载："（文德元年）三月，克用遣其将李存孝率师三万助之，来攻怀、孟。城中食尽，备御皆竭，张言遣其孥入质，且求救于太祖（朱全忠）。"第208页。
④ 《册府元龟》卷825《总录部·名字二》，第9798页。《新五代史》卷45《张全义传》，第490页。
⑤ 《旧五代史》卷1《梁太祖纪一》，第10页。

于泽州北应接，取崇节、从周以归"①，事在大顺元年（890）。这条材料的关键之处在于其史源。所谓《编遗录》，全名为《大梁编遗录》，在梁末帝贞明中时由宰相敬翔编纂而成，与实录偕行，是研究后梁历史的宝贵资料，可惜现已散佚，只在《通鉴考异》中保留了零星的数条。尤为重要的是，该条材料其实是传世文献中关于张全义的最早记载。其余史籍无论是正史的新旧《唐书》、《五代史》还是《资治通鉴》、唐五代《会要》、《册府元龟》等重要典籍，甚至包括同样保存于《通鉴考异》中涉及张全义的各种《实录》，②在编纂时间上都要晚于《大梁编遗录》。

由于张全义曾反复改名，那么相关材料的形成时间就变得更为关键。如是后唐之后的材料，我们就无法判断其中所称的"张全义"究竟是一种历史事实，还是后世为方便起见的追述。换言之，我们无法区别到底记载的是第一次还是第三次改名。而《大梁编遗录》妙在成书的时间节点上，张全义只进行了两次改名，最终名为张宗奭。后梁史籍上记载他也只有两种可能，一种是严格按照历史事实，以其所处年代的名字来称呼他，那么记载中可能出现张言、张全义、张宗奭等多种称谓；一种是以其最终的名字张宗奭代替此前的名字，那么记载中应当统一为张宗奭。但无论如何不会出现以张全义指代张言、张宗奭的情况出现。反言之，材料中出现的"张全义"，便是历史事实，也即赐名不晚于大顺元年九月。

将以上结论综合起来，张全义赐名当发生在文德元年（888）三月至大顺元年（890）九月这两年间。但我们知道，赐名行为往往不会独立发生，而需依附于其他政治事件。在大顺元年之前，张全义与中央的交集主要有三：其一是他在黄巢败后依附诸葛爽，被表为泽州刺史。具体时间虽不明确，但至少在诸葛爽去世的中和二年（882）之前。其二是诸葛爽死后，张全义在李克用的支持下，与李罕之一起驱逐了爽子仲方，李克用表李罕之为河阳节度使，张全义为河南尹，事在光启三年（887）六月。其

---

① 《资治通鉴》卷258，唐昭宗大顺元年七月条，第8401页。
② 如《资治通鉴》卷257，唐僖宗光启三年六月条《考异》云："《太祖纪年录》：'七月，癸巳，泽州刺史张全义弃城而遁，太祖以安彦俊为泽州刺史。'……按《实录》，六月，全义已除河南尹。"第8358—8359页。其中所引《太祖纪年录》，为后唐宰相赵凤于长兴四年修成。参（宋）王溥撰《五代会要》卷18《修史官》，上海古籍出版社2006年版，第300—301页。所引《实录》，当为《僖宗实录》，唐光化年间，裴贽尝撰，但五代时已经散佚。司马光所见《僖宗实录》为宋人宋敏求所撰。（参《宋史》卷203《艺文志二》云："《唐僖宗实录》三十卷，……并宋敏求撰。"第5089页）

三则在文德元年（888）四月，因李罕之需求无度，张全义偷袭河阳，旋即为李克用所败，退出河阳，只得转投朱全忠，并在其帮助下击退李克用，朱全忠以丁会为河阳节度使，张全义仍为河南尹。由此可知，唯有第三次在我们考证的时间段内，也即张全义改名最可能发生在文德元年四月。

虽然张全义是在投靠朱全忠后才获得赐名的，但当时后者的实力尚未如全盛时那么强大，张全义还保有较强的独立性，这一点在其名字中也有所反应。和"全忠"一样，"全义"也蕴含唐室希望他们牢记朝廷恩义，忠于国家的意味。但皆以"全"字为行辈，则暗示了张全义地位与朱全忠相当，可与之抗衡，这是昭宗惯用的"纵横术"。① 事实上，直到后梁建国之后，这种独立性仍有一定程度的保留。如洛阳出土的《张蒙墓志》云：

> 今居守魏王（即张全义），昔在怀覃，将建勋业而切于求士，乃早知其名，即招居麾下，乃授以右职，掌其要司。……以开平四年九月十三日，自检校兵部尚书转右仆射，授柳州刺史。（梁）太祖因召对便殿，颁赐奖谕，至于再三。府君（张蒙）始以尽节许主，不贪其荣，固请不之所任。②

张蒙早年被张全义招致麾下，成为幕僚。后梁太祖将其提拔为柳州刺史，他却要"尽节许主"，显然将张全义视为自己唯一的君主，而不为梁太祖高官所动，而梁祖也对其无可奈何。这亦是张全义势力入梁后仍保有独立性之一证。

张全义本人也深知此点，故而在后梁建国之时，为避嫌疑，主动要求改名。《新五代史·张全义传》云："唐亡，全义事梁，又请改名，太祖赐名宗奭。太祖猜忌，晚年尤甚，全义奉事益谨，卒以自免。"③ 胡三省更直言"帝旧名全忠，故更全义名宗奭"④。朱全忠在登基后，已改名朱

---

① 王赓武：《五代时期北方中国的权力结构》，胡耀飞、尹承译，中西书局2014年版，第25页。
② 《张蒙墓志》，《五代墓志汇考》，第59页。
③ 《新五代史》卷45《张全义传》，第490页。
④ 《资治通鉴》卷266，后梁太祖开平元年七月条，第8684页。

晃,"全义"二字并不犯讳。张全义仍要改名"宗奭",只能理解成是"奉事益谨"的表现,同时也说明了朱全忠对曾与自己并驾齐驱的张全义,确实存在着"猜忌"。

唐庄宗灭梁兴唐之后,张全义马上"因去梁所赐名,请复其故名"①。这里的"故名"当然不是其本名"张言",而是唐昭宗所赐的"全义"。唐庄宗一直以中兴大唐为口号,这样一位重臣改回旧名,代表着唐室权威的恢复,正是投其所好。

张氏家族中被赐名的不止张全义一人。上文已经指出,张全义有弟全恩、全武,又考虑到其原本名为张言或张居言,兄弟不当以"全"字为行辈,于是我们有理由推定张全武、张全恩二人亦属赐名,赐名时间应当与张全义同时。然而在张全义被赐名之前,张全武已被晋军俘虏。很难想象,身在囹圄的张全武能够顺利改名,故"全武"一名,当是张全义投降后唐,复名"全义"之后的产物。而在此之前出现的记载,则是史书采用统一姓名的书写模式的体现。

其实,不仅是张全义及其兄弟的名字屡次变动,他的子侄可能也同时受到了影响。上节我们考订了张氏谱系,张全义有子继业、继祚,还有一名养子名继孙;张全恩有子名继升,是张氏第二代皆以"继"字为行辈。《张继业墓志》载继业六子,名为季澄、季荣、季升、季荀、季鸾、季宣,②《张继升墓志》云:"亲侄季弘"③,则是张氏第三代皆以"季"字为行辈。

但在后梁之时,张氏家族还未有如此齐整的字辈排行。虽然《新五代史·张全义传》中载"(梁)太祖兵败蓨县,道病,还洛,幸全义会节园避暑,留旬日,全义妻女皆迫淫之。其子继祚愤耻不自胜,欲剚刃太祖"④。看似在后梁之时,张全义之子已名"继祚",然而这个名字很可能和"全义"一样属于后人的改写。《通鉴》记载此事,把"全义"换成了梁名"宗奭",⑤ 更符合历史事实,只是"继祚"一名,仍非旧文。此条最为原始的记载出自王禹偁的《五代史阙文》,其辞云:

---

① 《新五代史》卷45《张全义传》,第491页。
② 《张继业墓志》,《五代墓志汇考》,第160页。
③ 《张继升墓志》,《五代墓志汇考》,第310页。
④ 《新五代史》卷45《张全义传》,第490页。
⑤ 《资治通鉴》卷268,后梁太祖乾化元年七月,第8744页。

> 梁乾化元年七月辛丑，梁祖幸全义私第。甲辰，归大内。《梁
> 史》称："上不豫，厌秋暑，幸宗奭私第数日，宰臣视事于仁政亭，
> 崇政诸司并止于河南府廨署。"世传梁祖乱全义之家，妇女悉皆进
> 御，其子继祚不胜愤耻，欲剚刃于梁祖。①

其中"《梁史》"，指的是后梁实录（最可能为《梁太祖实录》），而非《旧五代史》中的《梁书》部分。②而《梁史》所云的内容也即此事的最早史源，其中并无张继祚的身影。换言之，欧阳修、司马光所载，只是"世传"的内容，名字自然也是以最终流传的名字为准，并不能证明其在后梁时的实际情况。

更为直接的证据是上节提及的张衍，他在后梁乾化二年（912）时被梁太祖处死，名字自然也不会再产生变动。他是张全义的侄子，与张全恩之子张继升具有同样的身份，却并不以"继"字为行辈。这也证明了张氏家族的行辈产生于后唐之时，最可能是随着张全义第三次改名而整齐化的。③

最后，还要对张氏第二代为何要以"继"字行辈略作推测。该字来源很可能与唐庄宗有关。我们知道，唐庄宗灭梁之后，对张全义甚为重视，多次对其施以家人之礼。如初见之时，便"诏皇子继岌，皇弟存纪等皆兄事之"④。其后庄宗妻刘后又"欲拜全义为义父"，庄宗许之，甚至对张全义"敦逼再三"，最终全义"不获已，乃受刘后之拜"⑤。此举招致了后世史家的强烈批判，胡三省云："继岌，皇嗣也，岂可兄事梁之旧臣！存纪，皇弟也，既使其子以兄事全义，又使其弟以兄事全义，唐之家人长幼之序且不明矣；是后中宫又从而父事之，嘻，甚矣夷狄之俗好货而已，岂知有纲常哉！"⑥

---

① 《五代史阙文》，第 2453 页。
② 关于《五代史阙文》史源的讨论，参见本书第二章。
③ 闫建飞文引《张继达墓志》叙继达改名一事云："公讳继达，字正臣。入仕之始，梁季帝赐名昌远。后庄宗皇帝即位，公以名与庙讳同，遂改斯名耳。"可见张氏第二代最初被梁末帝赐联"昌"字，"继"字确系后庄宗所赐。参闫建飞《唐末五代宋初北方藩镇州郡化研究（874—997）》，博士学位论文，北京大学，2017 年，第 183—185 页。
④ 《旧五代史》卷 63《张全义传》，第 841 页。
⑤ 《旧五代史》卷 63《张全义传》，第 842—843 页。
⑥ 《资治通鉴》卷 272，后唐庄宗同光元年十月，第 8902 页。

第三章　五代张全义家族与政权更替　97

确实，施礼者的区别导致了张全义同时成为庄宗的长辈（以刘后论）、平辈（以李存纪论）、晚辈（以李继岌论），而这种伦序上的混乱恰恰反映出唐庄宗还未思考清楚应该如何与这位后梁重臣相处。如在同光元年（923）十一月，对张全义的处理是"以洛京留守、判六军诸卫事、守太尉、兼中书令、河南尹、魏王张全义为检校太师、守中书令，余如故"①，只是在加官上进行了变更，其本职工作并没有改动。次年二月，"以检校太师、守尚书令、河南尹、判六军诸卫事、魏王张全义为守太尉、兼中书令、河阳节度使、河南尹，改封齐王"②，加官又变回了"守太尉"，王爵由魏而齐，又加兼河阳节度使。值得注意的是，此时张全义仍保有"判六军诸卫事"的权力，也即禁军仍在其掌握之下。直到一个月后，才由"皇子继岌代张全义判六军诸卫事"③。这再次说明了，唐庄宗对后梁重臣的安排是在不断调整之中的，需要双方不断地磨合博弈。

最终唐庄宗采用了赐姓名的办法来安抚后梁降将，其中大多被赐予了疏支的"绍"字为行辈，而对于地位特别崇高的人物，则被赐予了庄宗嫡系的"继"字作为行辈。④ 其中代表的是后梁重臣朱友谦，入唐后，庄宗"赐朱友谦姓名曰李继麟，命继岌兄事之"⑤，这和张全义的待遇如出一辙。然除地位之外，与庄宗刘后关系亲密者，也会被赐以"继"字。如李继宣，《北梦琐言》载："李继宣，汴将孟审澄之子，亡命归庄宗，刘皇后蓄为子。"⑥ 又如李继陶，为庄宗徇地河北（天祐八年，911）时所得小儿，后收养宫中，故名之为"得得"，及长，赐名继陶。⑦ 继宣、继陶身份都相当一般，更谈不上有功于国，只是因受宠而被赐以姓名。张全义父子一则地位崇高，二则被待以家人之礼，如此视之，庄宗选择将儿子的"继"字作为张氏二代子弟的行辈，以示亲近拉拢之意，是完全有可能的。

以上讨论了张全义家族改名的时间、经过以及其时代背景。他的改名

---

① 《旧五代史》卷30《唐庄宗纪四》，第420页。
② 《旧五代史》卷31《唐庄宗纪五》，第429页。
③ 《资治通鉴》卷273，后唐庄宗同光二年三月，第8918页。
④ 关于唐庄宗赐予姓名一事，可参见本书第五章。
⑤ 《资治通鉴》卷272，后唐庄宗同光元年十一月，第8905页。
⑥ （五代）孙光宪著，贾二强点校：《北梦琐言》卷18"明宗诛诸凶"条，中华书局2002年标点本，第334页。
⑦ 《旧五代史》卷54《李继陶传》，第733页。

不仅是出于个人安危的变通之举,其中更掺杂了唐昭宗借助张全义平衡朱全忠势力、梁太祖树立自身权威、唐庄宗强调恢复唐室、安抚后梁降将等多重政治意图,是五代政权更迭频繁的时代特征最为直接的体现。而其子孙的仕宦履历,则更是这种时代潮流冲击下的产物,也是我们下节讨论的重点。

第四节　张氏子弟仕宦及其衰弱

以张全义功业之盛大,位望之显赫,尚且连姓名都无法做主,其子孙的仕宦自然也常为时势所左右,折射出动荡的光影。我们可以通过对其家族的兴衰沉浮,窥见时局之变动。

首先张全恩,《苏氏墓志》称"当齐王节制洛师之始,太保公分总兵戎,控临河上。时密邑大夫为孟州纠,以是得议姻好。"① 其中齐王为张全义,太保公即张全恩,密邑大夫是志主的父亲苏濬卿,因其曾任河南府密县令而得名。所谓的"得议姻好",即指志主苏氏嫁给了张全恩的冢子"仆射清河公",惜乎其名字不存。

这条材料中提到张全义"节制洛师之始",也即第一次为河南尹,时在光启三年(887)六月。从张全恩与"孟州纠"苏濬卿结亲来看,所谓的"控临河上",也必与孟州相临近。而当时孟州正是河阳节度的治所,在李罕之的控制之下。张、苏的姻好,一方面代表了张全义与李罕之在蜜月期的结合,另一方面也反映了张全义势力在河阳的渗透。这也是为何张全义后来能轻易地攻占河阳的重要因素。

李罕之被逐后,引晋军南下,张全义亦依附朱温,请梁兵救援。梁晋大战,最终以朱全忠一方的胜利而告终,朱全忠乘势控制了河阳、怀州,其间虽也多次指派麾下名将出任河阳节度使,但最终还是于景福元年(892)二月"以佑国节度使张全义兼河阳节度使"②。《张继业墓志》中

---

① 《苏氏墓志》,《五代墓志汇考》,第163页。
② 《资治通鉴》卷259,唐昭宗景福元年二月条,第8246页。《旧唐书》卷20上《昭宗纪上》云:"五月甲辰,制以河南尹张全义检校司徒、同平章事,兼孟州刺史,充河阳三城节度、孟怀泽观察等使。"中华书局1975年标点本,第748页。其中二月到五月的差别,当是朱全忠上表与昭宗正式下制的区别。

称"齐王令公已三镇怀孟矣"①,这便是第一次。

再看怀州刺史。怀州本是河阳节度的治所,至会昌四年(844)河阳才移镇孟州。而此时怀州处于梁晋交界的最前线,是河阳乃至洛阳、开封的门户,位置亦十分重要。故朱全忠先后令得力干将丁会(文德中,888)、葛从周(乾宁二年,895)出任怀州太守。②然据上文引李绰《升仙庙兴功记》云:"今河阳行军怀州刺史仆射清河张公,即留守太保相君之令弟……时乾宁四年正月三日记。"③则在乾宁四年时,怀州刺史换成了张全恩。也即是说,张全义兄弟在此时控制了洛阳、河阳、怀州等黄河两岸地区,势力到达了一个高峰。

张氏家族的第三位核心人物当属张全义长子张继业。他在新旧《五代史》中无传,幸运的是却有墓志留存,为我们了解其生平乃至当时的政治环境提供了新的资料。据其墓志云他"享年五十三"、"即以同光三年二月二十一日归葬于河南县徐娄村先郡夫人茔之南隅",④知其当生于唐懿宗咸通十四年(873)。然墓志中叙其官位,却是从昭宗迁洛的天祐元年(904)开始。志文云:

> 年号天祐,岁当甲子,昭宗皇帝迁帝朝文物,宅于东周,时公始妙龄,抑有休问,既彰官业,仍振军声,累迁环卫将军、六宅使,相继兼左右仆射。⑤

而这时张继业已经三十有余,张全义也早已控制洛阳、河阳达十余年。按照当时习惯,张继业应该早已出仕乃父幕下,获取一官半职,但这些在墓志中却丝毫没有提及,只是隐晦地称"即彰官业,仍振军声"。之所以要隐去此前历官,而从昭宗迁洛之后开始计算,是为了强调张继业的环卫将军、六宅使、左右仆射等官职,得到了唐室的正式承认,而非张全义、朱全忠等私相授受。而这种书写模式的背后,是当时(后唐同光三年)强调唐室正统的政治环境。这一点在墓志中还有更为直接的体现:

---

① 《张继业墓志》,《五代墓志汇考》,第159页。
② 参郁贤皓《唐刺史考全编》,安徽大学出版社2000年版,第683页。
③ 《升仙庙兴功记》,《全唐文》卷821,第8650页。
④ 《张继业墓志》,《五代墓志汇考》,第160页。
⑤ 《张继业墓志》,《五代墓志汇考》,第158页。

> 尧水忽降，禹功未宣，天厄汉图，运僭新室。公以为无砥砺则匪石之心莫展，避罗网则长缨之志不申，默蕴沉机，何妨立事。授郑州防御使……爰自检校司徒，领郓宋两镇留务……夺情授六军副使，出为淄沂二州牧……改亳州团练使……由是擢拜河阳留后。①

志文中备述张继业在后梁任官，这其实在当时政局中颇为敏感。后唐李琪在为霍彦威撰写神道碑时，"叙彦威仕梁历任，不言其伪"，最终"望令改撰"。② 可见是否伪梁，仍是当时朝堂关注的焦点。《张继业墓志》的作者唐鸿在此点上就较为谨慎，称"天厄汉图，运僭新室"，点出后梁属于僭伪。同时为张继业的经历做出辩解，认为其出仕伪朝，是在"砥砺匪石之心"，是在"默蕴沉机"，等待时机，故而不妨立事。

实际上，张继业在伪梁之功业，对其意义颇为重大。志文在其任河阳留后时，仍忍不住称"加以详郑亳之政绩，听淄沂之咏歌"，指的便是其出任郑州防御使、淄沂二州刺史、亳州团练使的经历，并对其政绩加以了充分肯定。甚至到了天福五年（940）时胡熙载所作的《李氏墓志》仍称"爰自牧民淄沂，去虎郑亳，皆敷美政，尽布化条"③，李氏是张继业儿媳，墓志中还要对其功业如此渲染，一方面说明了这段经历确实是张继业仕宦生涯中的亮点；另一方面也说明了在后晋之时，是否已梁为伪已变得不再那么重要，无须在夸耀之前加上限定解释。

另外值得一提的是，《张继业墓志》中对唐庄宗保留了张继业河阳留后一事描绘得颇为详尽，多有颂德谢恩之意，其词云：

> 上（庄宗）嘉是懿绩，首议明恩。寻拜（张全义）守太尉、中书令，复兼河阳节制。仍自大魏，改封全齐，异姓之褒，当代称美。不易（张继业）专留之务，俾分共理之权，地则三墙，境才两舍，鸡犬之声相接，山河之势不遥。欲使荣家，励其报国，岂待祁奚之举，雅知羊祜之清，识鱼水之谐和，见君臣之际会。④

---

① 《张继业墓志》，《五代墓志汇考》，第158—159页。
② 《旧五代史》卷58《李琪传》，第786页。
③ 《李氏墓志》，《五代墓志汇考》，第327页。
④ 《张继业墓志》，《五代墓志汇考》，第159页。

这里虽然提到张全义复兼河阳节制,但其实张全义实际职务仍是河南尹,其人在洛阳。而河阳政务,仍由张继业处理。父子治所相接,也即所谓"不易专留之务,俾分共理之权,地则三墙,境才两舍,鸡犬之声相接,山河之势不遥"。而在《李氏墓志》中则称"其后历汶上睢阳,主留怀孟,偶未正节钺,俄叹坏梁"①,则深以未能从河阳留后升任节度使为憾,全未顾及河阳节度使实为张全义。

之所以产生这种差异,除《张继业墓志》是"奉命书"②,本就要更多地体现唐庄宗的恩德之外,更是因为张氏家族在后晋之时已颇为衰弱,故而对张继业未能更进一步便英年早逝抱有强烈的遗憾之情。如李氏是张继业第六子张季宣之妻,在墓志中叙张全义、张继业事迹颇详,对季宣的官位却只字不提,只是称"青史尤新,必复公侯之位;令名积善,克承基构之功。"③ 从"必复"一语中,一方面可以窥见张氏家族企图振作的决心,另一方面更说明张季宣不仅早已丧失了公侯的地位,甚至连在墓志中值得一提的官位也不存在,只得寄希望于未来。

稍早一些的《张继升墓志》中也有类似的表述:

> 上古之秩,司空以平秩为重;西京之谋,亚相已弄印为尊。虽异于真衔,亦非轻受。公侯未复,方慊于下僚;陵谷遽迁,俄悲于逝水。④

张继升是张全恩三子,张继业之堂弟。此条材料的前两句指张继升曾任检校司空、检校左仆射,然而这些都"异于真衔",只是加官而已。而他的职事官只是左领卫将军、左神武将军,也早已成为了虚衔,没有实际权力,故志文中才称其"慊于下僚"。他和张季宣一样,都被家族寄予了复公侯之位的期望,但最终仍以失败而告终。

那么,显赫一时的张氏家族何以会迅速衰弱呢?王禹偁在评价张全义时,展开了激烈的批评,并云"斯盖乱世之贼臣耳,得保首领,为幸则

---

① 《李氏墓志》,《五代墓志汇考》,第 327 页。
② 《张继业墓志》末尾云:"河南府随使押衙兼表奏孔目官银青光禄大夫检校国子祭酒兼御史大夫上柱国赵荣奉命书",《五代墓志汇考》,第 161 页。
③ 《李氏墓志》,《五代墓志汇考》,第 327 页。
④ 《张继升墓志》,《五代墓志汇考》,第 310 页。

多。晋天福中，其子继祚谋反伏诛，识者知余殃在其子孙也。"① 将其余殃归结在子孙上。除提到张继祚谋反一事外，还有一条与"子孙"有关。那便是张继业告发全义养子继孙，导致后者被杀一事。《册府元龟》卷934《总录部·告奸》云：

> 后唐张继业为河阳两使留后。庄宗同光三年六月，继业上疏称："弟继孙，本姓郝，有母尚在。父全义养为假子，令官衙内兵士。自皇帝到京，继孙私藏兵甲，招置部曲，欲图不轨，兼私家淫纵，无别无义。臣若不自陈，恐累家族。"敕："有善必赏，所以劝忠孝之方；有恶必诛，所以绝奸邪之迹。其或罪状腾于众口，丑行布于近亲，须举朝章，冀明国法。汝州防御使张继孙，本非张氏子孙，自小丐养，以至成立，备极显荣，而不能酬抚育之恩，履谦恭之道。擅行威福，尝恣奸凶，侵夺父权，惑乱家事，从鸟兽之行，畜枭獍之心，有识者所不忍言，无赖者实为其党。而又横征暴敛，虐法峻刑，藏兵器于私家，杀平人于广陌。罔思悛改，难议矜容，宜窜逐于遐方，仍归还于姓氏，俾我勋贤之族，永除污秽之风。凡百臣僚宜体朕命，可贬房州司户参军同正，兼勒复本姓。"寻赐自尽，仍籍没资产。②

首先需要说明的是，《旧五代史·唐庄宗纪六》将此事系于同光二年（924）六月条下，影库本粘签引上述《册府》材料，亦作"同光二年六月"，与今明本《册府》做"同光三年六月"不同。现存宋本《册府》中此卷恰好缺失，邵晋涵所见或即本此。现据《张继业墓志》，张继业卒于同光三年二月，不容于六月告发继孙，可知《旧五代史》为是，明本《册府》有误。

张继孙的罪行归纳有三：一，侵夺父权，惑乱家事；二，横征暴敛，虐法峻刑；三，私藏甲兵，招置部曲。然揆诸史籍，有些罪行恐是子虚乌有。首先侵夺父权一条，即不可能成立。据《旧五代史·庄宗纪五》云"（同光二年）二月以楚州防御使张继孙为汝州防御使"③，张继孙一直在

---

① 《五代史阙文》"张全义"条，第2454页。
② 《册府元龟》卷934《总录部·告奸》，第11015页。
③ 《旧五代史》卷31《唐庄宗纪五》，第430页。

楚州、汝州任官，如何能侵夺身在洛阳的张全义之权力？同样的道理，"惑乱家事"、"私家淫纵，无别无义"一事亦难以成行。若是张继孙外放之前所为，那么张继祚当在彼时已知此事。须知当年梁太祖淫乱张家，张继祚尚且"欲剚刃于梁祖"①，若继孙果有是行，即使不为其"剚刃"，恐也早已被告发，又如何能为楚州、汝州防御使？

再看第二项罪名，这种酷戾之风，在五代颇为盛行。张全义号称"朴厚大度，敦本务实，起战士而忘功名，尊儒业而乐善道"②，然亦不乏"虐法峻刑"之事。《五代史阙文》载"河南令罗贯，方正文章之士，事全义稍慢，全义怒告刘皇后，毙贯于枯木之下，朝野冤之。洛阳监军使常收得李太尉平泉醒酒石，全义求之，监军不与，全义立杀之，其附势作威也又如此"③。而且举报继孙此事，对张氏家族而言得不偿失，恐怕并非继业本意所在。

真正致命的是第三项内容，也即"私藏兵甲，招置部曲，欲图不轨"。按五代积习，节帅刺史往往蓄有私兵部曲。如《玉堂闲话》载"梁朝将戴思远任浮阳日，有部曲毛璋，为性轻悍，常与数十卒追捕盗贼。"④又如杨光远"私养部曲千余人，挠法犯禁，河、洛之人，恒如备盗。"⑤风气如此，张继孙招所为本属寻常，但坏在时机之上。上文已经提及，张全义在同光二年（924）三月，"判六军诸卫事"之职被李继岌所取代，交出了禁军军权。庄宗正欲藉此树立皇子权威，继孙在此时招置部曲，仿佛正在暗示张全义对此有所不满。张继业身为后梁降将，在此敏感之时，不得不选择告发义弟，以打消庄宗疑虑，也即所谓"若不自陈，恐累家族"。庄宗明晓其心意，故在诏中添加了张继业并未举报的"侵夺父权"之罪名，并强调"仍归还于姓氏，俾我勋贤之族，永除污秽之风"，将继孙改还郝姓，以示其罪行与张氏家族无关。

张继业通过举报义弟的方式使得张家避开一劫，可惜的是，这位张氏二代中的核心人物却在八个月后去世，死在了张全义之前。继业终年五十

---

① 《五代史阙文》"张全义"条，第2453页。
② 《旧五代史》卷63《张全义传》，第842页。
③ 《五代史阙文》"张全义"条，第2454页。
④ （五代）王仁裕：《玉堂闲话》卷1"戴思远"条，收入傅璇琮：《五代史书汇编》第4册，杭州出版社2004年版，第1839页。
⑤ 《旧五代史》卷97《杨光远传》，第1291页。

三岁，虽不能称之为早夭，但未能与乃父完成交接，将其政治资本继承下来，恐怕才是张氏家族面临的最大挑战。

在此情况下，延续家业的重任便落到张季澄的头上。他是张继业的嫡长子，三代子弟中的头面人物。据《张季澄墓志》，他卒于清泰二年（935）七月二十日，终年三十八岁，也即生于光化元年（898），在张继业去世时年仅29岁。而当时其官位为"金紫光禄大夫、右威卫大将军"①，与叔父继祚的"左武卫大将军"同级，②更远在诸弟之上。这说明当时张季澄已经被当作家族的核心人物培养，晋升速度已经超过普通二代子弟。更为关键的是，在张继业死后，季澄却并未守丧。《张季澄墓志》云：

> 属先太保即世，难抑因心，几至灭性，如茶之痛何极，丝纶之命旋临。遽夺苴麻，俾从金革，爰授起复云麾将军，余如故。③

张季澄的夺情起复，一方面固然是唐庄宗的恩典，旨在安抚拉拢张全义；另一方面，张氏家族接受此安排，并不坚持服丧礼制，也可窥见其急于推出继任者的迫切心情。而且张季澄此前阶官为正三品的文散官"金紫光禄大夫"，而在夺情之后变为了从三品的武散官的"云麾将军"，品阶虽然有所下降，却由文转武，也即所谓的"俾从金革"，开始接触军权。

然而朝局再起波澜，李嗣源在同光四年（926）三月借讨伐赵在礼之机，于邺都发动兵变，率兵南下。而举荐李嗣源北讨平乱的正是张全义，全义也因此"忧惧不食"，马上"卒于洛阳"。④ 此后李嗣源大军逼近洛阳，庄宗帅诸军出逃，却为左右所杀。而张季澄正在诸卫之中，墓志中所云"遇庄宗晏驾，公恭陈警卫，礼毕桥山"是也。⑤

由于张季澄曾是庄宗宿卫，等于站在了新君唐明宗的对立面。虽然明宗在登基之初并未针对季澄，相反还将其"进封开国男、食邑三百户"，

---

① 《张季澄墓志》，《五代墓志汇考》，第274页。
② 《张继业墓志》，《五代墓志汇考》，第160页。
③ 《张季澄墓志》，《五代墓志汇考》，第274页。
④ 《资治通鉴》卷274，后唐明宗天成元年三月，第8968页。
⑤ 《张季澄墓志》，《五代墓志汇考》，第274页。

却并没有如庄宗一样夺情，而是任由季澄守丧，其实即是默认免官。也即是说，张季澄在还未充分成长的时候，张全义这颗参天大树便已倒下。此时季澄的去官守丧，不仅使得张氏在朝堂上出现了权力真空，更再次丧失了交接政治资源的机会。这也使得张氏家族的衰弱瞬间突显出来。

这种情况在季澄守丧完成之后也并未得到好转。虽然墓志中称"服阙，落起复阶，官勋封并如故"，"明宗睠注弥深，嘉称每切"，但这或许只是掩饰明宗打击身为庄宗卫宿虚词，也可能是季澄确实在庄明政变之中受到打击，对仕途心灰意冷，故而选择了"坚辞贵位，唯事燕居"①，最终再也没有出仕。

《张季澄墓志》中还称"而又昆弟间各扬名称，悉务矜持"②，则在暗示他们虽是名家子弟，仕途上却并不顺利。如在墓志末尾对"公仲弟前度支巡官季鸾"多有夸炫，甚至到了"朝野所钦，公卿共仰"的地步，仕途上也"爰奉相筵，尝修邦计"③，似乎成为季澄之后的另一政治新星。但张季鸾的官位只是"前度支巡官"，说明此时并无官衔。而这个"前"字，还要追溯到同光三年（925）张继业去世之时。《张继业墓志》叙诸子仕宦云：

> 长子曰季澄，今任右威卫大将军。第二子曰季荣，太子舍人。第三子曰季升，国子大学博士。并银印朱绂，皆先公而逝。第四子季苟，著作佐郎。第五子曰季鸾，度支巡官、大理评事。第六子曰季宣，千牛备身。④

《张季澄墓志》撰于清泰三年（936），居然还要追叙季鸾十年前的官职，可见在这十余年间，张季鸾可能也并未出仕。而其他子弟中，季荣、季升二人已先于张继业去世，无须再言。《张季澄墓志》称季鸾为"仲弟"，并未提及四弟季苟，可能在清泰三年之时，季苟也已去世。季宣在上文中已经提及，他妻子李氏的墓志之中，亦未曾记载其官职，可能也和

---

① 《张季澄墓志》，《五代墓志汇考》，第274页。
② 《张季澄墓志》，《五代墓志汇考》，第274页。
③ 《张季澄墓志》，《五代墓志汇考》，第275页。
④ 《张继业墓志》，《五代墓志汇考》，第160页。

季鸾一样，因对此守丧，失去了千牛备身的身份。张继业一支在张季澄不肯出仕之后，可以说已经彻底衰弱。

而张全义另一个儿子张继祚的境遇要稍好一些。《旧五代史·张继祚传》云"始为河南府衙内指挥使，全义卒，除金吾将军，旋授蔡州刺史，累官至检校太保。明宗郊天，充供顿使，复除西卫上将军。唐清泰末，丁母忧。"① 而据《张继业墓志》可补其在同光三年时官衔为"左武卫大将军"，② 据《张季澄墓志》可知其在清泰三年为"检校太保、右骁卫上将军"。③ 继祚曾外放蔡州刺史，又回京为从二品的右骁卫上将军，较之季澄，已颇有起色，若潜心经营，未必不能复振家声。然其在丁忧之时，却卷入了张从宾之叛乱。史称：

> 天福初，丧制未阕，会张从宾作乱，发兵迫胁，取赴河阳，令知留守事。从宾败，与二子诏戮于市。④

有关张从宾与张继祚之关系，第二节中已有所考证，此处不再赘言。总之，最终结果以张继祚一支断绝而告终。这彻底宣告了张氏家族复兴的失败，由王侯之后成为了叛臣之族。这在张全恩之子张继升的墓志中表现得尤为明显。

需要指出的是，《张季澄墓志》与《张继升墓志》的作者是同一人，即五代著名文士杨凝式。他在后梁曾任洛阳留守巡官，是张全义的幕僚，对张氏一族颇为熟悉。但这同一作者为同一家族所作的两方墓志，却有着天壤之别。不仅在篇幅上前者多达两千余字，叙季澄仕宦经历颇详，甚至还精心解释其在明宗朝隐世不出的原因。而后者不足千字，只是单调地罗列了继升所历官职，文词单调，丝毫看不出作者"大手笔"的风采。其间的区别不仅是杨凝式个人态度的转折，同样也是张氏政治境遇下降的反映。

更为重要的是，在《张季澄墓志》中，杨凝式花了近三分之一的篇

---

① 《旧五代史》卷96《张继祚传》，第1274页。
② 《张继业墓志》，《五代墓志汇考》，第160页。
③ 《张李澄墓志》，《五代墓志汇考》，第274页。
④ 《旧五代史》卷96《张继祚传》，第1274页。

幅夸耀张全义、张继业父子（当然也包括他们的妻子）的德行功业。但在《张继升墓志》中，却对家族中最为重要的人物——张全义——只字不提，叙及张全恩之时，也只简单地称"先考讳全恩，累赠检校太保，守怀州刺史"①。这又与其他墓志形成了差异，如同为张全恩儿媳苏氏墓志称"公即故怀州刺史太保公之冢子也。太保公，齐王令公亲仲弟也。"②女婿王禹墓志称"府君夫人清河张氏，即故齐王亲弟讳全恩之女也，故齐王之亲犹女也。"③苏氏和王禹都是张全恩一支的亲属，但他们的墓志之中都将全恩依附于全义之下，仿佛非如此则不足光耀家声一般，这当然是与张全义的崇高地位是相匹配的。而基于同样的道理，当张全义一支或隐或诛之后，张继升家人便不希望再与其发生交集，在墓志中将其伯父事迹全然抹去，与乱臣贼子做了彻底的切割。但与此同时，他们也丧失了继承张继业政治资本的可能，再也没有活跃的表现。

与之对应的，张全义一支虽屡遭打击，然亦受其遗泽甚深，直到北宋仍有全义七世孙张奎、张亢兄弟仕宦显达。而他们的父祖，亦有官位在身。富弼《张枢密墓志铭》云：

> 以皇祐五年闰七月十六日葬于南京某县某乡某里……皇曾祖裕，好学，避周汉乱，不仕。皇祖居实，终鄂州嘉鱼令。考余庆，官赞善大夫，赠兵部尚书。妣宋氏，赠广平郡君。自皇祖之前皆葬鲁城，公用吉卜，独举考妣二丧葬于宋。故公之丧亦从而归之，今遂为宋人。④

这段材料除了记载张居实、张余庆官位之外，透露了两点重要信息。其一，从张氏出土的多方墓志来看，张全义子孙也即张奎之六、五世祖皆葬于洛阳。而张奎祖父以前皆葬鲁城，说明张氏中的一支曾有过迁徙，从洛阳移居到了鲁城，而迁徙时间，至迟不晚于曾祖张裕活动的周汉之时。其二，张奎父子葬于南京应天府（唐代宋州），故其"遂为宋人"，说明

---

① 《张继升墓志》，《五代墓志汇考》，第309页。
② 《苏氏墓志》，《五代墓志汇考》，第162—163页。
③ 《王禹墓志》，《五代墓志汇考》，第243页。
④ 《张枢密墓志铭》，《名臣碑传琬琰之集》中之卷10，《景印文渊阁四库全书》第450册，第291页。

在张余庆之时,张氏一族又已迁到了宋州。

值得注意的是张裕所谓的"避周汉乱"。从汉隐帝于乾祐三年（950）十一月丙子诛杀杨邠、史弘肇、王章引发政变开始,到乙酉郭威入开封,隐帝被弑,不过半月有余,其间亦无大战,似乎无需也无法搬迁避乱。而在稍后,兖州节度使慕容彦超据州叛乱,旋即被曹英、史彦韬等平定。鲁城距兖州极近,正是慕容彦超控制的核心区域。很难想象张氏会为了避祸,从较为安定的洛阳迁徙至战乱中心的鲁城。故我们有理由推测,张氏的迁徙更在周汉易代之前。那么,所谓的"避周汉乱,不仕"可能就有两种解读。一是张裕知道慕容彦超必败,没有出仕彦超幕下；二是张裕曾依附慕容彦超,在战败后被剥夺了官身,"不仕"只是较为委婉的说法。但无论如何,张氏一族再次因朝代更迭受到了严重打击,跌至了谷底,直到宋朝建立之后,才逐渐复兴起来。

本章小结

本章利用近年洛阳出土的多方张全义家族墓志,结合传统史籍,对张氏家族的籍贯、谱系做出了梳理,使得我们对其基本构成有了更为清晰的了解。而在此基础上,详细地讨论了张氏家族的兴衰成败与当时政治环境变动之间的关系。张全义能从一介农夫,成长为洛阳河阳两岸的控制者,得益于唐末动荡分裂的大环境。而当军阀兼并逐渐完成之时,张全义闪转腾挪的余地也就愈发狭小。在唐昭宗入洛之前,还能与朱全忠相抗衡的"全义",在入梁之后也只能改为"宗奭"。而在后唐建立之时,又在中兴唐室的旗号下,改还成了"全义"。这看似细微的名字改动,背后反映的是藩镇不断衰弱,权力由分散转为集中的历史重大转折。

以张全义的权势声望,名字尚且不能自主,其子孙的仕途命运就更易受到政局变动的影响。从张继业举报义弟继孙的主动避祸,再到张季澄在庄明易代之际的消极应对,再到后晋初年张继祚被迫卷入叛乱的无奈,直至周汉易代时张裕的避乱不仕,每一次政权更迭,往往都对张氏家族产生了重大打击。这其中既有命运不幸的偶然成分,也是晚唐藩镇军阀逐渐退场的必然发展。在五代乱世以军功、门荫走入仕途的张氏家族,随着时代的发展，在北宋已经成为兄弟父子相继进士及第的诗书之家。① 通过张氏家族发展变迁的细致考察，对我们深入体会唐末五代乃至北宋的时局变动有着重要意义。

---

① 张奎之子张焘亦举进士，后为龙图阁直学士。

第四章 旧部与新臣：后唐义儿政治研究

五代战乱频仍，政权更迭亦属常事。然一朝之内，帝位继承如后唐之乱，号为"唐一号而三姓"①者，亦为历代所少见。故欧阳修撰《新五代史》，后唐后妃宗室分为三传，意在"别其家者，昭穆亲疏之不可乱也。号可同，家不可以不别，所以别嫌而明微也"②。其根源就在于唐明宗李嗣源、唐废帝李从珂皆由义儿而登帝位，非武皇李克用一系血亲。由此可见，义儿问题实乃后唐一朝政治之关键，与王朝兴灭相始终。因此，学界对此颇为关注，不少文章对义儿问题进行探讨，其主要焦点集中于对义儿制度历史渊源的考察。大部分学者认为，义儿制度来源于胡族风气③，但杜文玉先生则称这种行为中国早已有之，是"上古社会现象的延续，与胡人风俗根本无涉"④。有的文章则是从兵制的角度探讨了义儿与晚唐五代藩镇、牙兵的关系。⑤还有一些个案的考订，比如田玉英对前蜀义儿的探讨即较为细致。⑥又如王凤翔、李翔分别考察了李茂贞和李克用的义子

---

① 《新五代史》卷16《唐废帝家人传》，中华书局1974年标点本，第173页。
② 《新五代史》卷16《唐废帝家人传》，第173页。
③ 戴显群：《唐五代假子制度的历史渊源》，《人文杂志》1989年第6期；魏良弢：《义儿·儿皇帝》，《历史研究》1991年第1期；戴显群：《唐五代假子制度的类型及其相关的问题》，《福建师范大学学报》（哲学社会科学版）2000年第3期；赵荣织：《五代义儿与社会政治》，《新疆师范大学学报》（哲学社会科学版）2004年第2期。
④ 杜文玉、马维斌：《论五代十国收养假子风气的社会环境与历史根源》，《陕西师范大学学报》（哲学社会科学版）2010年第3期。
⑤ 谷霁光：《泛论唐末五代的私兵和亲兵、义儿》，《历史研究》1984年第2期；毛阳光：《唐代藩镇养子述论》，《商丘师范学院学报》2001年第5期；穆静：《论五代军阀的养子之风——从军政与时局角度谈起》，《华南理工大学学报》（社会科学版）2010年第4期。
⑥ 田玉英：《论王建的假子在前蜀建立中的军事作用》，《重庆工商大学学报》（社会科学版）2009年第2期；田玉英：《再论王建假子在前蜀政权（907—925）中的作用》，《重庆工商大学学报》（社会科学版）2009年第4期；田玉英：《关于王建假子的情况及王建与假子的关系蠡测——兼论前蜀宦官干政的缘起》，《学术探索》2009年第5期。

情况。① 日本学者栗原益男先生则从假父子的姓名、年龄入手,来讨论藩帅是如何支配部下。② 以上研究为我们勾勒了唐末五代义儿的基本面貌,但空白之处仍有不少,尤其是义儿与后唐政局的关联之处尚值得做进一步的探讨。

第一节 问题的提出与李克用养子的再考察

李克用收养义儿的情况,《新五代史·义儿传》小序中介绍得比较清楚:

> 唐自号沙陀,起代北,其所与俱皆一时雄杰虓武之士,往往养以为儿,号"义儿军",至其有天下,多用以成功业,及其亡也亦由焉。太祖养子多矣,其可纪者九人,其一是为明宗,其次曰嗣昭、嗣本、嗣恩、存信、存孝、存进、存璋、存贤。③

《旧五代史·李克宁传》亦云:

> 初,武皇奖励军戎,多畜庶孽,衣服礼秩如嫡者六七辈,比之嗣王,年齿又长,各有部曲,朝夕聚谋,皆欲为乱。④

这两条都是大家耳熟能详的史料,但所蕴含的信息却十分重要。如"太祖养子多矣","可纪者"为何又仅9人?所谓"衣服礼秩如嫡者六七辈"中的"六七辈",具体指代的又是何人?是与"可纪者"完全重合么?从这两条材料来看,李克用义儿的待遇显然并不完全相同,那么造成这种差异的原因又在哪里?这种差异化对待又与其后的后唐易姓有何关

---

① 王凤翔:《晚唐五代李茂贞假子考论》;《唐史论丛》第 11 辑,三秦出版社 2009 年版;李翔:《李克用义子问题考述》,《西南大学学报》(社会科学版)2014 年第 3 期。
② [日] 栗原益男:《唐末五代の假父子の结合における姓名と年龄》,《东洋学报》第 38 卷第 4 号,1956 年。
③ 《新五代史》卷 36《义儿传·序》,第 385 页。
④ 《旧五代史》卷 50《李克宁传》,中华书局 1976 年标点本,第 686 页。

联？对这些问题展开探讨，无疑会有助于理解后唐政局的演变历程。而要解决这些问题，首先就要对李克用诸义儿进行详细的考辨，以形成深入分析的基础。

关于李克用收养义子的情况，李翔在《李克用义子问题考述》一文中有过讨论。其文称：李克用义儿除《新五代史·义儿传》所载 8 人外，还有史书中有传的义儿 3 人，无传但明确记载为义儿者 5 人，共 16 人。① 然所论不无问题，且并未涉及这些人在李克用时代的政治境遇。这里有必要做一些补充和修正。

首先是李嗣昭。李文采信新旧《五代史·李嗣昭传》中的说法，认为其是李克用之弟李克柔的养子。然事实并非如此，李嗣昭其实是李克用的亲子，杨冬升、杨岸青先生对此有过考证。② 杨文中提出的证据很多，其中最为有力的一条来自于 1989 年山西代县城关七里营出土的《唐故河东节度观察处置等使开府仪同三司守太师兼中书令晋王墓志铭并序》（以下简称《晋王墓志》）。其志文称："今嗣王令公，实晋国太夫人之自出也。嗣王之兄，今昭义相公名嗣昭，乃王之元子也。"③《晋王墓志》中除嗣王李存勖和李嗣昭外，还列有李存勖"亲弟"23 人。而李克用的其他义子如李嗣源、李存孝、李存进等辈，在墓志中则只字未提。且其中不乏较李嗣昭年长者，若"元子"包含义儿在内，则不当是李嗣昭。由此可以确证，《晋王墓志》中所载者（包括李嗣昭在内），均为李克用亲子，而非养子。

但新旧《五代史》俱称李嗣昭是李克柔之养子，也并不好轻易否定。其实李克用元子与李克柔养子的身份并非决然对立，如李克用将李嗣昭过继给李克柔就是一个较为通融的解释。这一点虽无确凿证据，却可从《晋王墓志》中看出些许端倪。墓志中提到了嗣王（李存勖）的"亲弟"23 人，分别是："存贵黠戛、存顺索葛、存美顺师、存矩迭子、存范丑

---

① 李翔：《李克用义子问题考述》，《西南大学学报》（社会科学版）2014 年第 3 期。
② 杨冬升、杨岸青：《李嗣昭为李克用之"元子"辩》，《山西教育学院学报》2000 年第 1 期。
③ 《晋王墓志》拓片照片见张希舜主编：《隋唐五代墓志汇编·山西卷》，天津古籍出版社 1991 年版，第 177 页。录文见吴钢主编：《全唐文补遗》第 7 辑，三秦出版社 2000 年版，第 164—166 页。但此录文有不少讹误，日本学者森部丰、石见清裕依据拓片图版重新进行录文、译注和研究，今依此本。参见［日］森部丰、石见清裕《唐末沙陀〈李克用墓志〉译注、考察》，《内陸アジア言語の研究》第 18 号，2003 年。

汉、存霸端端、存规欢郎、存璲喜郎、善意、大豑、重喜、小豑、住住、神奴、常住、骨骨、乔八①、小端、小惠、延受、小住、宝琮、小琮。"善意以下，均为小名，当是年纪尚幼，未及正式定名。但定名的诸子均以"存"字为行辈，与李嗣昭并不相同。而李克用之弟李克修有二子嗣弼、嗣肱，行辈正与嗣昭相同。以此推测李嗣昭过继给李克柔，非为无因。

又李翔文引《旧五代史·庄宗纪》："是月甲午，新州将卢文进杀节度使李存矩，叛入契丹，遂引契丹之众寇新州。存矩，帝之诸弟也，治民失政，御下无恩，故及于祸。"②然又称："李克用八子中并无存矩，可知存矩应为李克用假子。"现根据《晋王墓志》，则可确认存矩实为克用亲子。

李文还将李建及划入李克用养子范围，其实亦为可疑。今本《旧五代史》卷六五《李建及传》云：

> 李建及，许州人。本姓王，父质。建及少事李罕之为纪纲，光启中，罕之谒武皇于晋阳，因选部下骁勇者百人以献，建及在籍中。后以功署牙职，典义儿军，及赐姓名。③

然《通鉴》卷二六七所载却与此不同：

> 建及，许州人，姓王，李罕之之假子也。（胡注：薛《史》：李建及本姓王，少事李罕之。光启中，罕之选部下骁勇百人以献李克用，建及在籍中，后以功赐姓名。）④

《通鉴》认为李建及是李罕之的假子，而非李克用之义儿。且胡注所引薛《史》中只有赐姓名的记载，并无"典义儿军"的事迹。而这恰恰是确认李建及为李克用假子的关键依据。问题是薛《史》和今本《旧五代史》哪一个更为准确呢？

---

① 森部氏录文为"高八"，但细看所附拓片图版，当为"乔八"。
② 《旧五代史》卷28《唐庄宗纪二》，第389页。
③ 《旧五代史》卷68《李建及传》，第863页。
④ 《资治通鉴》卷267，后梁太祖乾化元年正月条，中华书局1956年标点本，第8735页。

首先我们知道，《旧五代史》今已散佚，现存《旧五代史》乃是清人主要依据《永乐大典》诸韵中辑佚出来的，在时间上要比胡三省看到的本子晚得多。胡注所引薛《史》并无"典义儿军"之记载，或许原书即是如此，而非胡三省节引。若薛《史》原有"典义儿军"记载，则与《通鉴》正文"李罕之之假子"相矛盾，胡三省不会不注意这一问题。

其次，就史实而言，今本《旧五代史》此段材料也有讹误。李罕之只见过李克用两次。一次是在中和四年（884）上源驿事变后，李克用逃脱途中经过洛阳，"罕之迎谒，供帐馆待甚优，因与克用厚相结托"①。第二次则是在文德元年（888），李罕之被张言（张全义）击破大本营河阳，"单步仅免，举族为言所俘。罕之奔于太原"②。无论哪次，都谈不上"光启中，罕之谒武皇于晋阳"。故而今本《旧五代史》此处记载有误。

综合上述两点分析，笔者更倾向于相信胡注所引薛《史》之记载。

李建及非克用养子的证据还有很多。如李克用诸义儿都以"存"和"嗣"为行辈，李建及并非如此。又《旧五代史》将李克用诸义儿集中在卷五二、五三，《李建及传》却在卷六五，二者相隔悬远，也可说明这一问题。《新五代史》卷二五有《李建及传》，可见其绝非"无可纪者"，却没有被纳入到《义儿传》"可纪者九人"的范围之中，又不像符存审那样有特殊原因。可见欧阳修也并不将其视作李克用的义儿。

综上所述，在李翔研究基础上，最终可以确认为李克用义子共14人，分别是：李嗣本、李嗣恩、李存信、李存孝、李存进、李存璋、李存贤、李存璋、李嗣源、李（符）存审（以上10人有传）、李存颢、李存实、李存敬、李存贞（以上4人散见史籍）。《通鉴》卷二七九胡注称"晋王克用义儿百有余人"③，这14人能脱颖而出，青史留名，已经算是成功者了，但并不代表这些人就是上文所言的"衣服礼秩如嫡者六七辈"。他们在李克用时代的境遇其实大相径庭。下节将以李存孝、李存信兄弟的争斗为切入点，探讨李克用集团的内部矛盾以及此时诸义儿的政治生态。

---

① 《旧五代史》卷15《李罕之传》，第206页。
② 《旧五代史》卷15《李罕之传》，第208页。
③ 《资治通鉴》279，后唐潞王清泰元年三月条，第9107页。

第二节　李存孝、李存信兄弟之争背后的河东政局

在李克用时代，最受其信重的义儿是李存孝与李存信。《旧五代史·李存信传》称："自光化已后，存信多称病，武皇以兵柄授李嗣昭，以存信为右校而已。"① 说明此前掌"兵柄"的正是李存信。这种权力来源于"蕃汉马步都校"的职位，甚至引起了李存孝的强烈不满，② 成为李存孝倒向朱全忠的直接诱因。李存孝觊觎存信的"蕃汉马步都校"，李存信却也阻挠着存孝登上邢洺节度使的高位。两人的尖锐对立，其实恰恰反映出他们所任官职的重要地位。

当然，两人斗争的背后却并非如此简单，甚至结局也颇为蹊跷。李存孝叛乱后被擒，遭到处死，这不难理解。然李克用内心却颇为惋惜，乃至因此杀掉了大将康君立。《旧五代史·康君立传》称：

> 乾宁初，存孝平，班师。存孝既死，武皇深惜之，怒诸将无解愠者。初，李存信与存孝不叶，屡相倾夺，而君立素与存信善。九月，君立至太原，武皇会诸将酒博，因语及存孝事，流涕不已。时君立以一言忤旨，武皇赐鸩而殂。③

这件事显得颇不寻常。与李存孝直接对立的是李存信，李克用却视而不见，不仅没有任何处罚，还依旧任其为蕃汉都校。甚至后来存信在战争中屡屡失败，李克用对其也颇为回护，还称："古人三败，公姑二矣。"④ 言辞虽然强硬，但仍给其机会。相反，康君立只是在两人斗争中倒向了存信，竟招致杀身之祸。须知康君立并非一般将领，而是李克用起事时的从

---

① 《旧五代史》卷53《李存信传》，第714页。
② 《旧五代史》卷53《李存信传》云："大顺二年，武皇大举略地山东，以存信为蕃汉马步都校，存孝闻之怒，武皇令存质代之，存孝乃谋叛。既诛，以存信为蕃汉都校。"第713—714页。据樊文礼的研究，李克用时期的最高军事将领即为蕃汉马步都校。参樊文礼《唐末五代的代北集团》，中国文联出版社2000年版，第99页。
③ 《旧五代史》卷53《康君立传》，第739页。
④ 《旧五代史》卷53《李存信传》，第714页。"姑"，中华书局2015年修订本作"殆"，第826页。

龙功臣。后唐闵帝时，张昭远撰《庄宗功臣列传》详述当时情境：

> 康君立为云中牙校，事防御使段文楚。时天下将乱，代北仍岁阻饥，诸部豪杰咸有啸聚邀功之志。文楚法令稍峻，军食转饷不给，戍兵咨怨。云州沙陀兵马使李尽忠私谓君立等曰："段公儒者，难与共事。方今四方云扰，皇威不振，丈夫不能于此时立功立事，非人豪也。吾等虽拥部众，然以雄劲闻于时者，莫若李振武父子，官高功大，勇冠诸军，吾等合势推之，则代北之地，旬月可定，功名富贵，事无不济也。"时武皇为沙陀三部落副兵马使，在蔚州，尽忠令君立私往图之，曰："方今天下大乱，天子付将臣以边事，岁偶饥荒，便削储给，我等边人，焉能守死！公家父子素以威惠及五部，当共除虐帅以谢边人。"①

这里说康君立为"云中牙校"，《旧五代史》本传还记载了他的家世，称其"世为边豪"②。李尽忠所谓"吾等虽拥部众"，并非仅针对自己的"云州沙陀兵马使"而言，还包括当地豪强。所以他们言语中充斥着浓烈的地域色彩。李尽忠、康君立等辈的"啸聚邀功之志"，要取的"功名富贵"也不过是代北之地而已。他们的目标就是要"除虐帅以谢边人"，推举的头目便只能是"以威惠及五部"的李克用父子。③

康君立这样的代北豪强就此成为李克用的初期军事力量。陈寅恪先生称："克用客塞下，众才数千，益募达靼万人，则平黄巢前，克用军中达靼之数已多于沙陀。及大阅雁门，得忻、代、蔚、朔、达靼众三万、骑五千而南，则克用军中达靼成分甚多也。黄巢之平，殊得达靼之力，与败安史，复都城，得力于回纥者同。"④ 其实达靼固然出力甚多，但如康君立之流的代北豪强，亦是李克用集团的重要支柱。⑤

---

① 《资治通鉴》卷253，唐僖宗乾符五年二月条，第8197页。
② 《旧五代史》卷55《康君立传》，第737页。
③ 这里所谓的五部，未必是哪五个具体的族群，而是泛指代北蕃胡部落。参见樊文礼《唐末五代的代北集团》，第95—96页。
④ 陈寅恪：《陈寅恪读书札记·新唐书之部》，上海古籍出版社1989年版，第153页。
⑤ 《旧五代史》卷55《康君立传》："俄而献祖失振武，武皇失云州，朝廷命招讨使李钧、幽州李可举加兵于武皇，攻武皇于蔚州，君立从击可举之师屡捷。及献祖入达靼，君立保感义军。武皇授雁门节度，以君立为左都押牙，从入关，逐黄孽，收长安。"第738页。

第四章 旧部与新臣：后唐义儿政治研究

然而这样一个地域性质浓厚的团体，却并没有什么争霸天下的野心，盖寓即是其例。盖寓是蔚州人，和康君立一样，也是"世为州之牙将"，也参与了李克用的云中起事。且其人"性通黠，多智数，善揣人主情"①，是李克用的谋主。但就在乾宁二年（895），李克用出兵长安平定王行瑜、李茂贞、韩建三王之乱，准备觐见昭宗时，盖寓提出了反对意见。史称：

> 初，武皇既平王行瑜，旋师渭北，暴雨六十日，诸将或请入觐，且云："天颜咫尺，安得不行觐礼。"武皇意未决，寓白曰："车驾自石门还京，寝未安席，比为行瑜兄弟惊骇乘舆，今京师未宁，奸宄流议，大王移兵渡渭，必恐复动宸情。君臣始终，不必朝觐，但归藩守，姑务勤王，是忠臣之道也。"武皇笑曰："盖寓尚阻吾入觐，况天下人哉。"即日班师。②

李克用又一次解救了唐王朝的危机，却连天子也不能见上一面。盖寓所谓"但归藩守"的策略，其实还是希望李克用将势力局限在河东一隅，并不愿将触角延伸到长安这块政治斗争最为激烈的区域中来。他只希望李克用作一个"忠臣"，却并没有那种"挟天子以令诸侯"的打算。李克用看到了盖寓所代表集团的态度，只得班师回朝。

需要说明的是，康、盖二人的这番言论都是在李克用扩张期时提出的，其间尚且充斥着强烈的地域因素。那么一旦到了危急关头，这种倾向就表现得更为明显。《北梦琐言》卷一七"晋王上源驿遇难"条云：

> 天复中，周德威为汴军所败，三军溃散。汴军乘我，晋王危惧，与周德威议欲出保云州，刘夫人曰："妾闻王欲弃城而入外藩，谁为此画？"曰："存信辈所言。"夫人曰："存信本北方牧羊儿也，焉顾成败？王常笑王行瑜弃城失势，被人屠割，今复欲效之何也？王顷岁避难达靼，几遭陷害，赖遇朝廷多事，方得复归。今一旦出城，便有不测之变，焉能远及北藩？"晋王止行，居数日，亡散之士复集，军

---

① 《旧五代史》卷55《盖寓传》，第745页。
② 《旧五代史》卷55《盖寓传》，第745—746页。

城安定，夫人之力也。①

上引史料中所谓"天复中，周德威为汴军所败"，指的是天复二年（902）二月，周德威"自慈、隰进攻晋、绛"，三月被汴军氏叔琮击败，最后"慈、隰二州复为汴人所据"，太原西南门户洞开，形势对李克用非常不利。② 李存信在此时提议出走云州，其根源就在于那里才是他们的根基所在，有足够的人脉势力可以依凭。李克用妻子刘夫人虽贬低存信，称其为"北方牧羊儿"，出身似乎并不高，然其人"通黠多数，会四夷语，别六蕃书"，③ 至少在边地也能算活跃分子。这样的一个人和康君立等代北豪强抱有同样的政治立场，应该说是可以理解的。

反观李存孝虽同为代北飞狐人，本姓安氏，当与康君立一样属于昭武九姓粟特人。但他却是"俘囚"出身，没有任何势力可以倚仗，所能凭借的，也仅仅是自身的武勇和李克用的信任。他们出身差异上所带来的鸿沟远胜过地缘、族属上的亲近。李存孝自称是"沙陀求穴者"④，说明了其在代北故地其实无处容身，只能依靠自己的才干去夺取功名利禄。所以我们在史籍中常看到他与康君立、李存信等人争功的记载，乃至于"存孝虑存信离间，欲立大功以胜之，屡请兵于武皇，请兼并镇、冀"⑤。这种"欲立大功"的心态，是康君立等当权者所厌恶的，"兼并镇、冀"也不是他们这些保守派的既定方针。

李存孝并非一个特例，薛阿檀同样如此。薛阿檀在正史中无传，但两《唐书》、《五代史》中等都屡见其活跃的身影，可谓是李克用麾下一名战功赫赫的勇将。但此人也因牵连进李存孝叛乱事件中而自尽。《通鉴》卷二五九叙李存孝被擒后事云：

> 存孝骁勇，克用军中皆莫及；常将骑兵为先锋，所向无敌，身被重铠，腰弓髀矟，独舞铁楇陷陈，万人辟易。每以二马自随，马稍

---

① （五代）孙光宪著，贾二强点校：《北梦琐言》卷17"晋王上源驿遇难"条，中华书局2002年标点本，第322—323页。
② 《旧五代史》卷26《唐武皇纪下》，第358—359页。
③ 《旧五代史》卷53《李存信传》，第713页。
④ 《旧五代史》卷53《李存孝传》，第715页。
⑤ 《旧五代史》卷53《李存信传》，第713页。

乏，就陈中易之，出入如飞。克用惜其才，意临刑诸将必为之请，因而释之。既而诸将疾其能，竟无一人言者。既死，克用为之不视事者旬日，私恨诸将，而于李存信竟无所谴。又有薛阿檀者，其勇与存孝相伴，诸将疾之，常不得志，密与存孝通；存孝诛，恐事泄，遂自杀。自是克用兵势浸弱，而朱全忠独盛矣。①

所谓的"诸将"，自然是指李存信、康君立等人。他们厌恶的不仅仅是武勇，更厌恶这份武勇所立下的功劳，以及立下大功之后地位的提升。而这种敌视也会促使李存孝、薛阿檀等有着相似经历的人团结起来，形成一股与代北元从相抗衡的势力。存孝、存信之争，其实就是这两股势力的直接碰撞。李克用尝试过进行调解，但双方分歧已经无法消弭，只能进行非此即彼的选择了。樊文礼先生称李存孝之死是由李克用"性严急，左右有过，必峻于遣罚"的性格所导致。② 这固然不错，但背后的矛盾更不能忽视。如果仅将其视为李克用冲动下的产物，又当如何解释"存孝登城首罪……武皇慜之，遣刘太妃入城慰劳"这一举动？③ 两军在交战之际，竟将夫人送入敌方城内劝降。城破之后，李克用并未立即处死存孝，反而将其带回太原。这种种迹象其实已经说明李克用态度软化，并不是真心想杀李存孝。

然而李存孝最终还是被"车裂于市"，这是极其残酷的刑罚。如果说诸将只是无人求情的话，事态未必严峻如此。李存信等人极有可能在此事上起了推波助澜的作用。《通鉴考异》云：

《太祖纪年录》云："先获汴将邓筠、安康八、军吏刘藕子、潞州所俘供奉官韩归范，皆与存孝连坐，同日诛之。骑将薛阿檀惧，自刺。"按旧《纪》，克用擒归范，寻遣归，因附表诉冤，不闻复往晋阳也。薛居正《五代史邓季筠传》，后复自邢州逃归汴。《纪年录》误也。《存孝传》曰："武皇出井陉，将逼真定，存孝面见王镕，陈

---

① 《资治通鉴》卷259，唐昭宗乾宁元年三月条，第8453—8454页。
② 樊文礼：《唐末五代的代北集团》，第132—133页。
③ 《旧五代史》卷53《李存孝传》，第717页。

军机。武皇暴怒,诛先获汴将安康八耳。"①

《太祖纪年录》是后唐天成四年宰相赵凤所主持编修的一部国史②,时代离此时不远。从史源上来说应该是比较可信的。然而在此事上却出现了许多明显的讹误。司马光已有所考订,此处不再赘述。③ 之所以会出现了这种偏差,可能是当时产生了对应的传言。而似是而非的传言,恰好说明当时舆论之倾向。《太祖纪年录》中所涉诸人,薛阿檀已见上述,安康八、刘藕子两人事迹难考。邓季筠和韩归范却有着几个共同点:第一,他们都曾属于朱全忠势力;第二,他们都曾为李存孝所擒④;第三,他们被擒之后,却又为李克用所礼遇。⑤ 安康八刘藕子等人大概也与之类似。

这些谣言夸大了李存孝叛乱的罪行。如邓季筠是在随李克用讨李存孝的途中叛归后梁⑥,未必与李存孝真的有所勾连。而将早已遣返长安的宦官韩归范加入谣言名单之中,则是意在指认李存孝与唐中央暗通曲款。这种半真半假的谣言最易引发当权者的猜忌,而不少直接的破绽,更是表明了李存信等人必置存孝于死地的立场。这就迫使李克用必须在两派之间做

---

① 《资治通鉴》卷259,唐昭宗乾宁元年三月条《考异》,第8453页。
② 《册府元龟》卷554《国史部·恩奖》:"后唐赵凤为宰相,监修国史。天成四年上新修懿祖献祖太祖《纪年录》共二十卷、《庄宗实录》三十卷。凤及修撰张昭远、吕咸休各赐缯䌽银器等。"中华书局1960年影印本,第6660页。
③ 惟称"(邓季筠)后复自邢州逃归汴"稍有不妥。按《旧五代史》卷19《邓季筠传》称:"景福二年(893),晋军攻邢台,季筠领偏师预其役,将及邢,邢人阵于郊,两军酣战之际,季筠出阵,飞马来归,太祖(朱全忠)大加奖叹,赏赉甚厚。"第262—263页。其逃归后梁,实在李存孝被杀之前。
④ 《旧五代史》卷53《李存孝传》:"汴将有邓季筠者,亦以骁勇闻,乃引军出战,存孝激励部众,舞矟先登,一战败之,获马千匹,生擒季筠于军中。"第715页。《旧唐书》卷20上《昭宗纪》:"(大顺元年秋七月)朱全忠奏已差兵士守潞州,请节度使孙揆赴镇。时中使韩归范押揆旌节、官告送至行营。丙申,揆建节,率兵二千,自晋州赴镇昭义。戊申,至长子县山谷中。太原骑将李存孝伏兵执揆与韩归范牙兵五百,俘送太原,余兵悉为存孝所杀。"中华书局1975年标点本,第742页。
⑤ 《旧五代史》卷19《邓季筠传》称:"季筠为晋人所擒。克用见之甚喜,释缚,待以宾礼,俄典戎事。"第263页。同书卷25《唐武皇纪上》:"武皇将用(孙揆)为副使,使人诱之,揆言不逊,遂杀之。"第343—344页。按孙揆与韩归范同时被擒,李克用诱孙揆为河东节度副使,则礼遇归范亦当属合理。
⑥ 《资治通鉴》卷259,唐昭宗景福二年九月条:"李克用自引兵攻邢州,掘堑筑垒环之。……汴将邓季筠从克用攻邢州,轻骑逃归。"第8448页。

出抉择。

最终，李克用还是下令将李存孝处死。这直接导致了"自是克用兵势浸弱，而朱全忠独盛矣"。其实，出现这种情况不在于一两个如李存孝、薛阿檀之类骁将的消失，更在于整个李克用集团政策重心的转移。樊文礼先生用了四个词来总结李克用的军事扩张期，即：兼并昭义、卵翼河中、羁服河朔、收复代北。① 其中兼并昭义是在大顺元年（890）完成的；卵翼河中、羁服河朔则是在乾宁元年（894）李存孝被擒之后；而收复代北则一直从中和元年（881）持续到天复三年（903）。这说明在李存孝还活着时，李克用集团是在不断进取的。然而李存孝死后，政策趋向于保守，"卵翼""羁服"等词，都表明李克用只是希望在河东周围扶持几个依附于自己的军阀，而不是将这些地区都收为己有。特别是在消灭卢龙李匡筹之后，又扶持卢龙将刘守光上位，这说明李克用是有能力统治幽州而选择了放弃。所以李袭吉在代表李克用写信修好朱温时云：

> 且仆自壮岁已前，业经陷敌，以杀戮为东作，号兼并为永谋。及其首陟师坛，躬被公衮，天子命我为群后，明公许我以下交，所以敛迹爱人，蓄兵务德，收燕蓟则还其故将，入蒲坂而不负前言。②

一个"以杀戮为东作，号兼并为永谋"的乱世军阀，最终变成"敛迹爱人，蓄兵务德"的仁厚君子。这种转折与其说发生在"天子命我为群后"③ 时，也即李克用出任河东节度使之时（中和三年，883），还不如说是在李存孝被杀之后。而"收燕蓟则还其故将，入蒲坂而不负前言"，所塑造一个存亡继绝的诸侯形象也掩饰不了李克用画地为牢的无奈。《五代史阙文》称李克用去世前以三箭付李存勖，首称："一矢讨刘仁恭，汝

---

① 樊文礼：《唐末五代的代北集团》，第121—126页。
② 《旧五代史》卷60《李袭吉传》，第803页。
③ 按"群后"即诸侯，也即节度使。《汉书》卷73《韦贤传》："庶尹群后，靡扶靡卫，五服崩离，宗周以队。"颜师古注曰："群后，诸侯也。"中华书局1962年标点本，第3101页。

不先下幽州，河南未可图也。"① 想必其死前也对当年"收幽蓟则还其故将"的方略颇为悔恨。

然而李克用毕竟还是整个集团的首领，无论是从整体利益还是派系平衡出发，都不能坐视代北元从在这次事件中确立极大的政治权威，故而还要处死康君立以作警示。但代北元从毕竟是其根基所在，李克用可以处理一个康君立，却不能严重打击整个集团。康君立的昭义节度使还是要由拥有同样背景的薛志勤接任，② 甚至李克用临终前指定的顾命大臣亦是当年参与了云中兵变的李存璋。③ 这些例子都说明了云中旧部的影响是贯穿整个李克用时代。在本节的最后，让我们来看一段李克用的独白，就能更清晰地理解云中旧部在整个集团中的地位了。《旧五代史·武皇纪下》云：

> 是时，亲军万众皆边部人，动违纪律，人甚苦之，左右或以为言，武皇曰："此辈胆略过人，数十年从吾征伐，比年以来，国藏空竭，诸军之家卖马自给。今四方诸侯皆悬重赏以募勇士，吾若束之以法，急则弃吾，吾安能独保此乎！俟时开运泰，吾固自能处置矣。"④

这和北魏末年高欢对杜弼所说的名言何其相似。⑤ 只要明白当年六镇之众对高欢的意义，也就不难理解李克用某些看似矛盾的做法了。可惜的

---

① （宋）王禹偁撰，顾薇薇点校：《五代史阙文·武皇》，收入傅璇琮编：《五代史书汇编》第4册，杭州出版社2004年版，第2452页。
② 《旧五代史》卷55《薛志成传》："薛志勤，蔚州奉诚人，小字铁山。初为献祖帐中亲信，乾符中，与康君立共推武皇定云中，以功授右牙都校，从入达靼。……乾宁初，代康君立为昭义节度使。"第739—740页。
③ 《旧五代史》卷53《李存璋传》："李存璋，字德璜，云中人。武皇初起云中，存璋与康君立、薛志勤等为奔走交，从入关，以功授国子祭酒，累管万胜、雄威等军。……五年，武皇疾笃，召张承业与存璋授遗顾，存璋爱立庄宗，夷内难，颇有力焉，改河东马步都虞候，兼领盐铁。"第720页。
④ 《旧五代史》卷26《唐武皇纪下》，第359页。
⑤ 《北齐书》卷24《杜弼传》载：弼以文武在位，罕有廉洁，言之于高祖。高祖曰："弼来，我语尔。天下浊乱，习俗已久。今督将家属多在关西，黑獭常相招诱，人情去留未定。江东复有一吴儿老翁萧衍者，专事衣冠礼乐，中原士大夫望之以为正朔所在。我若急作法网，不相饶借，恐督将尽投黑獭，士子悉奔萧衍，则人物流散，何以为国？尔宜少待，吾不忘之。"中华书局1972年标点本，第347—348页。

是，直到李克用去世，也没有等到"时开运泰"的那一天。这些矛盾，也只有留待唐庄宗李存勖来处理了。

第三节 李存勖时代的义儿政治

李存勖在继承其父基业时，遭遇了极大的政治阻力，也即其叔父李克宁权位过重，在李克用养子李存颢、李存实等人的煽动下欲擒李存勖送于汴州，最后事谋败露，反为李存勖所擒。这一事件似乎是我们所习见的宫廷斗争，但其中不少细节尚值得发掘。尤其是李克用诸养子在其间发挥了什么作用，更是值得思考。因为这关系到李存勖执政初年的政治走向。

要弄清整个政变的过程，首先要了解李克用对李存勖即位的安排。而关于此点，诸传记载颇有差异，尤其是托孤人选更是五花八门。现将诸说，列表如下：

表 4-1　　　　　　　　李克用托孤人选表

托孤对象	遗言	出处
张承业、吴珙	吾常爱此子志气远大，可付后事，唯卿等所教。	《旧五代史》卷二七《庄宗纪一》
张承业、李克宁	亚子累公等	《旧五代史》卷五一《李克宁传》
张承业、李存璋	召张承业与存璋授遗顾	《旧五代史》卷五三《李存璋传》
张承业	吾儿孤弱，群臣纵横，后事公善筹之。	《旧五代史》卷七二《张承业传》
张承业、吴珙、李克宁、李存璋、卢质	此子志气远大，必能成吾事，尔曹善教导之！嗣昭厄于重围，吾不及见矣。俟葬毕，汝与德威辈速竭力救之！以亚子累汝！	《资治通鉴》卷二六六

据上表，仅张承业是所有记载中都承认的托孤人选。李克宁、李存璋

都只在各自传记中被提到受顾命一事。吴珙更是在新旧《五代史》中无传。《通鉴》在采纳诸说的基础上，又加入了一位掌书记的卢质和一条救援李嗣昭的遗命。卢质受顾命之事，除《通鉴》外不见其他记载，但考虑到其掌书记之于节帅几乎等同于翰林承旨学士之于皇帝，新皇即位都需要由翰林承旨撰写即位、大赦诏书，节帅将要去世之时，也往往由掌书记撰写表文请求以子弟为留后。虽然其时朱全忠已然篡唐为梁，李克用固然无处也无需上表，但对内也必有相应的文书体系宣告全境。这都需要卢质这样的"大手笔"参与，在旁聆听遗命亦属合理。因此《通鉴》将其列身其中，亦无不可。

除以上几点外，《张承业传》的记载十分值得注意。因为唯有此处提到了"吾儿孤弱，群臣纵横"的政治局势，而与其他诸说中"此子志气远大，必能成吾事"的记载可谓截然不同。笔者认为，《张承业传》所言更符合当时情况。所谓"吾儿孤弱"并非指李存勖幼年丧父、孤苦伶仃，而是指他的政治威望不够。其实李克用去世之时，李存勖已有22岁，在军将世家中已不算年少。但在此之前，他在军中却并无什么资历可言。比之李嗣昭15岁即独立领兵的事迹，可谓相形见绌。李克用之所以不让李存勖上战场建功立业，可能是为了更好保护其人身安全。因为此前李克用的亲子落落、延鸾即为朱全忠所擒杀，① 然而这也造成了李存勖根基浅薄，难以服众。

除了李存勖自身"孤弱"之外，"群臣纵横"亦是当时一大威胁。如果从后续发展来看，"群臣"好像指的就是李克用的诸养子，也即本章开头所言的："衣服礼秩如嫡者六七辈，比之嗣王，年齿又长，各有部曲，朝夕聚谋，皆欲为乱。"但这是我们以后事证前言的逻辑，未必是李克用的本意。否则他又何必以养子李存璋为顾命大臣呢？而且从李克宁反叛的经过看，所谓"朝夕聚谋，皆欲为乱"的养子其实只有李存颢、李存实

---

① 《旧五代史》卷14《罗绍威传》："太祖遣葛从周援之，战于洹水，擒克用男落落以献，太祖令送于弘信，斩之，晋军乃退。"第188页。《旧五代史》卷2《梁太祖纪二》："（天复二年）三月，友宁、叔琮与晋军战于晋州之北，大败之，生擒克用男廷鸾。"第30页。修订本"廷鸾"后有"以献"二字，第32页。按落落、延鸾二人俱不见于《晋王墓志》，这可能是二人死于李克用之前，而《墓志》中只记当时在世之子。而且按当时记载来看，如是克用义子，梁方多记改易汉名。而此处记为小名，正为蔑称，反而可证其为克用亲子。

两人。这两人在新旧《五代史》中皆无传,在诸多史籍中也无其他事迹可寻,甚至李存实只在《新五代史》中出现过。这当然有可能是二人因为谋反而被史官故意忽略,但连官职记载都未留存下来,恐怕也并非什么核心人物,李克用当不至于对其顾虑重重。

所谓"群臣纵横",当是指昔日的从龙旧将。上节已经提及,这些代北边众素来横行不法,私利重于公心。以李克用的威望,尚且要等到"时开运泰"才能加以处置。那么在其弥留之际,面对着孤弱嗣子,对这群旧将顾虑重重也就不难理解了。更为值得注意的是,李存勖早就显露出对这些人的不满。史称:

> 武皇起义云中,部下皆北边劲兵,及破贼迎銮,功居第一,由是稍优宠士伍,因多不法,或陵侮官吏,豪夺士民,白昼剽攘,酒博喧竞。武皇缓于禁制,唯帝(李存勖)不平之,因从容启于武皇,武皇依违之。①

李存勖于光启元年(885)生于晋阳宫,生活环境与代北之地迥然不同,虽然也有"便骑射"等边地武人色彩,但所受的却是儒家式教育,史称其"十三习《春秋》,手自缮写,略通大义"②。与李嗣源等武将"目不知书"的文化水平可谓天差地别。在这种教育背景下成长起来的李存勖,自然与代北旧将存在着文化和思想上的隔阂。旧将们将"凌侮官吏,豪夺士民"视作寻常,在李存勖眼中却是威胁李家统治的恶行,心中自然"不平"。在李克用去世之后,两者之间失去了缓冲,矛盾似乎一触即发。

然而历史复杂而有趣之处正在于此。代北旧将中的代表人物李存璋竟然投靠了李存勖,反而成为整治旧部的急先锋。史称:

> 初,武皇稍宠军士,藩部人多干扰廛市,肆其豪夺,法司不能禁。庄宗初嗣位,锐于求理。存璋得行其志,抑强扶弱,诛其豪首,期月之间,纪纲大振,弭群盗,务耕稼,去奸宄,息倖门,当时称其

---

① 《旧五代史》卷27《唐庄宗纪一》,第366页。
② 《旧五代史》卷27《唐庄宗纪一》,第366页。

材干。①

乍看之下，李存璋的政治转向令人费解，但对于他本人而言却是一次正确的博弈。这还需从李克用的托孤政策说起，按照《通鉴》记载，李克用的托孤对象有张承业、吴珙、李克宁、李存璋、卢质五人之多，但在实际权力的分配上却很不均匀。李克宁占据了极大优势，早在天祐初年，已经"授内外都制置、管内蕃汉都知兵马使、检校太保，充振武节度使，凡军政皆决于克宁"②，可谓是李克用集团中的二号人物。

而当时李存璋却只是教练使而已。关于教练使，史籍中并无系统记录，但其出现至少不晚于唐宣宗大中五年（851）。《册府元龟》卷一二四《帝王部·修武备》云："宣宗大中五年五月敕：'……自今已后委诸道观察、节度、都防御、团练、经略等使，每道慎择会兵法及能弓马、解枪弩及筒射等军将两人充教练使。每年至合教习时，分番各以本艺阅试。其间或有伎艺超异者，量加优赏，仍作等第节级与进改职名。'"③ 可见教练使主要负责军士日常训练。而其由观察、节度、都防御、团练、经略使"慎择"而来，地位自然在其之下。李存璋虽是河东的教练使，与李克宁的振武节度使并无直接统辖与被统辖关系。然而李克宁"内外都制使"的使职却使两人有了上下级关系。而从宗族伦理上论，李克宁又是李存璋的叔辈。这就造成本来是同受顾命的辅政大臣在地位上有了显著差别。这本身就会引起李存璋的不满，再加上二人关系又不和，很容易使他产生危机意识。只有打倒李克宁，李存璋才有可能保存自身安全。而要完成这一目标，李存勖的协助或者说名分必不可少。而李存勖也需借助李存璋的威望来整顿代北旧部，两人有着互补的政治诉求，可谓一拍即合，最终都达成目标。

李存勖、李存璋等人能够政变成功的一个重要原因，在于本该统管内外军政的李克宁在此时并未掌握到足够的军事力量。当时太原城内兵力十分空虚，这给了李存勖等人可乘之机。于是，掌握了整个河东集团军队的周德威成为最为关键的政治力量，也是李存勖为了稳固自身统治必须笼络

---

① 《旧五代史》卷53《李存璋传》，第720页。
② 《旧五代史》卷50《李克宁传》，第686页。
③ 《册府元龟》卷124《帝王部·修武备》，第1492页。

的对象。他正率领晋军主力在救援被围困于潞州的李嗣昭。而周德威与李嗣昭的关系却是非常微妙。史称：

> 梁攻燕，晋遣德威将五万人为燕攻梁，取潞州，迁代州刺史、内外蕃汉马步军都指挥使。梁军舍燕攻潞，围以夹城，潞州守将李嗣昭闭城拒守，而德威与梁军相持于外逾年。嗣昭与德威素有隙，晋王病且革，语庄宗曰："梁军围潞，而德威与嗣昭有隙，吾甚忧之！"王丧在殡，庄宗新立，杀其叔父克宁，国中未定，而晋之重兵，悉属德威于外，晋人皆恐。庄宗使人以丧及克宁之难告德威，且召其军。德威闻命，即日还军太原，留其兵城外，徒步而入，伏梓宫前恸哭几绝，晋人乃安。遂从庄宗复击梁军，破夹城，与李嗣昭欢如初。以破夹城功，拜振武节度使、同中书门下平章事。①

周德威是朔州马邑人，"初事武皇为帐中骑督，骁勇便骑射，胆气智数皆过人，久在云中，谙熟边事，望烟尘之警，悬知兵势。"② 可见其属于元从旧部一系。而上节已经着重分析了李克用对这样一派势力即利用又排斥的政治现实。他之所以要收养诸多义儿，也是要将一个部落式的多势力军事联盟逐步改造成以李家人为主体的团体。在这种大背景下，李姓将领（包括亲族和义子）与外姓将领就容易产生一些矛盾。上述李存孝与康君立是如此，周德威与李嗣昭也是如此。

但我们又要看到，整个河东集团却又面临着严峻的外部压力。契丹、幽州、魏博、凤岐、河中、汴梁，几乎所有与之接壤的势力都曾与之发生过战斗。故其内部矛盾并非总是以激烈的形式表现出来。这就使得李克用父子有了调解的余地。以对李嗣昭的救援为例，周德威是以内外蕃汉马步都指挥使的身份领兵作战的，而这一使职其实来自于李嗣昭。换言之，李嗣昭在招降丁会，顺利进入潞州，并抵御后梁进攻的时候，被剥夺了最大的官职。这对有功无过的李嗣昭并不公平，却是当时紧迫形势下的必然选择。而且即便如此，李克用对周德威是否尽力救援依旧抱有疑虑，以至于临死前还屡屡念及。

---

① 《新五代史》卷 25《周德威传》，第 260 页。
② 《旧五代史》卷 56《周德威传》，第 749 页。

李存勖在除掉叔父兼顾命大臣李克宁之后，对手握"晋之重兵"的周德威当然要极力安抚。虽然周德威在史书记载中表现得忠心耿耿毫无顾忌，但出现这种记录本身就说明当时局面定然是极其紧张的，揣测周德威要发动兵变的人也一定存在。然而这一切终究没有发生，周德威马上表示了对李存勖的认可与支持，和李嗣昭还上演了一出冰释前嫌的佳话。我们当然可以相信这是周德威高风亮节，但李克用授予的"内外蕃汉马步指挥使"，李存勖授予的"振武节度使"，可能在其中也起了相当大的作用。

得到李存璋、周德威等实力派的支持，李存勖整顿旧部也开始顺利起来。同时，代北旧部自身也处于衰弱之中。当年推举李克用起兵的康君立、薛志勤（铁山）、程怀信、盖寓、李存璋等人，已经只剩下李存璋在世了。李克用诸子逐渐掌握了军权，并随李存勖一起参与了多次重大战役。其地位较之李克用时代，可谓有了重大提升。

如李存进，在李克用时代虽然也有讨王行瑜、讨契丹的事迹，但最后只是石州刺史。虽然当时号称"慈隰未归，西南为患。委之守郡，志在安边"，然而李存进到任之后，却是"和以养兵，仁而抚俗。轻其徭役，劝以耕农。茕嫠者由是遂生，逋窜者以之复业。远来近悦，老安少怀。五谷有年，一方无事"①。可见并未发生什么战斗。"一方无事"的刺史对于志在立功的军将而言，实在称不上什么美职。而到了李存勖时代，李存进则变得活跃起来。《李存进墓碑》云："（天祐）七年十月转充右厢步军都指挥使，八年十二月转授权行营蕃汉马步都虞候。……九年正月，奉命再知汾州军州事，四月制加光禄大夫检校司徒，十二月授西南面行营招讨都指挥使。十一年三月，……寻制授慈州刺史。……十二月，奉命权知沁州军州事。五月正授诸道行营蕃汉马步使。……以公夙著廉勤，素有威望，九月补天雄军都部署巡检使，行营蕃汉马步使仍旧。……十四年正月转左厢步军都指挥使。二月，奉命权蕃汉马步副总管。……十六年三月制授单于安北都护御史大夫，充振武节度麟胜朔等州观察处置营田押蕃汉等使。……十七年二月。主上赏公之功，就加特进检校太保，仍赐御衣鞍马金银器物绫罗锦彩等。三月授天雄军马步都指挥使，行营蕃汉马步使仍旧。十九年……二月，以公之功加特进检校太傅陇西郡开国男，食邑三

---

① （清）董诰编：《全唐文》卷840《后唐招讨使李存进墓碑》，中华书局1982年版，第8835页。

百户。"① 之所以如此长篇累牍地罗列李存进的仕宦履历，是因为其每一次加官晋爵的背后，都包含着其对后梁、契丹战斗的赫赫战功，同时也是李存勖对其重视的体现。

又如符存审。他是陈州宛丘人，随李罕之投奔李克用。其出身可谓与代北毫无关联，然而李克用却对其委以重任。史称："天祐三年，授蕃汉马步副指挥使，与李嗣昭降丁会于上党，从周德威破贼于夹城，加检校司徒，授忻州刺史，领蕃汉马步都指挥使。"② 需要说明的是，中华书局标点本在此条上标点存在瑕疵，"与李嗣昭降丁会于上党"后的逗号，应改为句号。这不仅是因为《新五代史·符存审传》即为句号，更重要的是下句"从周德威破贼于夹城"发生的时间。

周德威破梁军于夹城，在其本传中记有两次：一次在天祐三年（906），一次在天祐五年（908）。符存审参与的应该是第二次。首先，天祐三年的夹城之战，虽然周德威本传中夸耀为"前后俘馘，不可胜纪"③，但其实也不过"斩首千余级"④ 而已，潞州之围也依旧没有解除。这样的功劳恐怕尚不足以使得身为副将的符存审加官晋爵。而且《庄宗本纪》也明确记载："（天祐五年）五月辛未朔，晨雾晦暝，帝率亲军伏三垂岗下，诘旦，天复昏雾，进军直抵夹城。……周德威、李存审各分道进攻，军士鼓噪，三道齐进。……梁军大恐，南向而奔，投戈委甲，噎塞行路，斩万余级，获其将副招讨使符道昭泊大将三百人，刍粟百万。梁招讨使康怀英得百余骑，出天井关而遁。"⑤ 这里明确指出了周德威和李（符）存审一起担任主攻，并取得重大战果，斩首万余级，彻底解除了潞州的威胁。在这种大胜的背景下，符存审的加官晋爵才显得更为合理。

之所以要详细考证符存审参与夹城之战的时间，纠正此句标点上的瑕疵，主要是因为这两句之间发生了李克用去世这种重大政治事件。如果不断开，则容易混淆成事件都发生在天祐三年。而实际上，授予符存审

---

① 《全唐文》卷840《后唐招讨使李存进墓碑》，第8835—8836页。
② 《旧五代史》卷56《符存审传》，第755页。2015年修订本"加检校司徒"上加"以功"二字，"降丁会于上党"后仍做逗号，未改为句号，第874页。
③ 《旧五代史》卷56《周德威传》，第750页。
④ 《旧五代史》卷26《唐武皇纪下》将此事系于天祐四年，第362页。
⑤ 《旧五代史》卷27《唐庄宗纪一》，第369页。"斩万余级"，修订本作"俘斩万余级"，第423页。

"蕃汉马步副指挥使"的是李克用,而授予其"忻州刺史,领蕃汉马步都指挥使"的却是李存勖。只有断开此句,才能明了符存审在李克用父子易代时地位的变化。

所谓"蕃汉马步都指挥使"一职,实际上掌管河东集团的侍卫亲军,亦是后唐禁军的前身。符存审由"副"而"都",即是从副将变为主帅的飞跃,地位大大提高。但这远不是符存审仕途的终点。这里无须像李存进一样罗列履历,只看其终官为"宣武军节度使、诸道蕃汉马步总管"就能清楚一二了。而所谓"诸道蕃汉马步总管"其实就是符存审当年出任过的"内外蕃汉马步总管",是掌握整个晋系(后唐)军事实力的职位,乃名副其实的"诸将之首"①。

当然,最典型的例子莫过于李嗣源。在《旧五代史·明宗本纪》中大量记载了李嗣源早年在李国昌、李克用父子麾下的事迹,字里行间中无不透露出李克用对其的信任和重用。但需指出,《明宗本纪》的史源来自于后唐末帝时所修的《明宗实录》。李嗣源本是义儿出身,夺取了嫡兄李存勖的皇位,在法统上就存在着天然的缺陷。故即位后一再强调自己与李克用的关系是如何亲密。② 显然,这种政治宣传也必然会渗透到史书的编撰之中,故而《明宗本纪》强调此点也就不足为奇了。

然而,仔细阅读《明宗本纪》时会发现,李嗣源早年虽历阵颇多,几乎参与过所有重大战役,但其官位却一直不显。我们知道,中古墓志都常夸耀志主,有一二小官,也会傲然书之,以示荣耀。何以成为帝王的李嗣源,资历如此深厚(李国昌时代就跟随李克用了),战功如此显赫,却连一个像样的官职都没有,以致史籍中多以"河东将""骑将"代之呢?这很可能暗示着李嗣源当时的身份并没有《明宗本纪》中记载的那么显赫。其实,李嗣源的官职还是能找到相关线索的。史称:

> 其年(乾宁三年),魏帅罗弘信背盟,袭破李存信于莘县,帝奋命殿军而还,武皇嘉其功,即以所属五百骑号曰"横冲都",侍于帐

---

① 《资治通鉴》卷273,后唐庄宗同光二年三月条云:"李存审自以身为诸将之首。(胡注:李存审时为蕃汉马步军都总管。)"第8917页。
② 《旧五代史》卷35《唐明宗纪一》载明宗语云:"予年十三事献祖,以予宗属,爱幸不异所生。事武皇三十年,排难解纷,栉风沐雨,冒刃血战,体无完肤,何艰险之不历。武皇功业即予功业,先帝天下即予天下也。"第491页。

下,故两河间目帝为李横冲。①

据此可知,在乾宁三年(896)时,李嗣源是"横冲都"的指挥使,下辖五百骑。"侍于账下",即说明这是李克用的亲军。五代时,常以千人为一都。李嗣源所率却只五百,虽然是精锐骑兵,但人数毕竟不多。可以说李嗣源与李克用关系虽然亲近,地位却不算高。因此要以此来证明其在李克用手下如何受到重用,恐怕还是说服力不足。而且这是乾宁三年才有的待遇,说明此前李嗣源还未能有统率骑兵"侍于帐下"的资格。

不仅如此,还有迹象表明,李嗣源和同僚之间的关系并不融洽。史称:

> 帝既壮,雄武独断,谦和下士。每有战功,未尝自伐。居常唯治兵仗,持廉处静,晏如也。武皇常试之,召于泉府,命恣其所取,帝唯持束帛数缗而出。凡所赐与,分给部下。尝与诸将会,诸将矜衔武勇,帝徐曰:"公辈以口击贼,吾以手击贼。"众惭而止。②

上引材料说李嗣源"谦和下士",这当是针对其部属而言。对于同僚,他展现的却是"雄武独断"的一面。而其所言"公辈以口击贼,吾以手击贼",愤懑之情溢于言表。这是在表达自己屡立战功,却依旧沉沦下僚,只能和一群名不副实之人同列的不满。这里的"公辈"到底指谁,虽已经不得而知,然奉行保守政策的元从旧部,当最具"以口击贼"之嫌疑。值得注意的是,事情的结果虽然是"众惭而止",却没有记载李克用对此事的态度。这种在众将聚会上直接挑破矛盾的做法,无疑给了李克用极大的压力。李克用将其置于亲近之地而不加以重权,恐怕也是为了缓和双方矛盾。

与之相对的,李存勖在即位后不久,便对李嗣源予以重用。天祐七年(910)柏乡之役,李嗣源曾"引钟尽醑,即属鞭挥弭,跃马挺身,与其部下百人直犯白马都,奋挝舞稍,生挟二骑校而回,飞矢丽帝(李嗣源)甲如蝟毛焉。由是三军增气,自辰及未,骑军百战,帝往来冲击,执讯获

---

① 《旧五代史》卷 35《唐明宗纪一》,第 483 页。
② 《旧五代史》卷 35《唐明宗纪一》,第 482 页。

丑，不可胜计。是日，梁军大败。以功授代州刺史。"① 这一方面再次说明在天祐七年时，李嗣源所辖部下仍是数百人规模，本人还是冒死搏杀的斗将。另一方面，此役亦是其仕途腾飞的起点，战后出任代州刺史，代表其被委以方面之任。其后又历相州刺史、邢州节度使、蕃汉副总管、天平军节度使、汴州节度使、蕃汉总管、镇州节度使诸职，所临皆为剧镇，所管日益广阔。其权势地位与昔日五百骑的横冲都指挥使，当然自有天壤之别。这种权力的膨胀，也为日后能发动兵变奠定了基础。

其实，不仅李存进、符存审、李嗣源在李存勖时代得到了超过李克用时代的信重，其他义儿如李嗣恩、李嗣本、李存贤等人都是如此。这一方面固然是因为河东集团实力日益壮大，幅员日益辽阔，有更多的机会和官位给予他们；另一方面也和李存勖打压元从旧部，将权力集中至李姓宗室将领手中的既定方针是吻合的。李存勖不仅借助他们稳固了自己的权力，更凭借其优秀的军事能力开疆扩土，为灭掉后梁提供了人才保障。那么，当李存勖称帝建立后唐政权，在面临接收后梁新土的时代，李存勖和他的义兄弟们又当何去何从，在新的时代又扮演了何等角色？则是我们下一节要重点讨论的内容。

第四节　唐庄宗时代的义儿

樊文礼先生在《唐末五代的代北集团》一书中，从禁军、节度使、枢密使三个方面论证了所谓代北集团（即出身代北诸部及河东地区诸将领）在沙陀三王朝中占有核心和骨干地位。这一结论从较长时段来看（后唐至后汉）是成立的，但具体到唐庄宗一朝，则其中还多有波折。而且在统计手法上也存在一定问题，如考察禁军将领人选时，其主要依据的是张其凡先生《五代禁军初探》开列的名单，加以自己的补充而成。然不知为何对该书提及的一些禁军将领未加采纳？如龙骧指挥使姚彦温，张其凡引《通鉴》卷二七四天成元年（即同光四年，926）三月条云：

是日，帝（庄宗）至荥泽东，命龙骧指挥使姚彦温将三千骑为

---

① 《旧五代史》卷35《唐明宗纪一》，第484页。

前军，曰："汝曹汴人也，（胡注：龙骧军，梁之旧兵，本皆汴人。）吾入汝境，不欲使他军前驱，恐扰汝室家。"厚赐而遣之。①

此时李嗣源已经起兵造反，庄宗派出"梁之旧兵"迎敌，并考虑到军队家室问题，已经说明对汴军的信任。同时也明确了姚彦温乃汴州人，然樊书则未将其记入禁军将领之中。类似的例子还能举出一些，如张从楚，天祐十二年在魏州之战投降庄宗之后，即被立为左右匡霸使，亦为禁军将领。又如濮州张全义、河中王瓒，是梁灭入唐的降将，却都曾"判六军诸卫事"②，这是相当于禁军统帅的职位。樊文也讨论了这类高级禁军将领，却称"在身世明确的 17 人，可以说全部出自代北集团"③，其结论未免有所疏漏。

考虑到能被正史记录下来的只是很少的一部分，大多数人物都淹没在历史的尘埃之中。这样的统计意义并不很大，即便以樊先生的结果为准，若是去掉许多在明宗朝才起家的人物，则所谓"代北集团"与其他地域人士在禁军将领、节度使、枢密使等上的力量对比则又会有所不同，来自后梁的比例会有大幅的上升。其实就下节所列赐姓诸人之中，梁臣比例已近 60%，且均为节度使一级的人物。虽然人数当然还比不上"代北集团"，但也已经是一股不可低估的政治力量。从这个角度考虑，灭梁后"代北集团"的实力其实是呈下降趋势的。

而且，所谓"代北集团"这样以地域划分的概念，未必能完全准确描述当时复杂的实际情况。如同光元年（923）被赐姓的康延孝，史载其为"塞北部落人"，很自然就被樊先生划入到了"代北集团"之中。但若仔细考察其生平，则发现他"初隶太原，因得罪，亡命于汴梁。开平、乾化中，自队长积劳至部校，梁末帝时，频立军功"④，实际上是一个梁臣，将其划入"代北集团"并不恰当。

更为重要的是，政治是一件复杂而动态的活动。随着时局的发展，所谓某集团中的领袖、成员、政策都会发生变化。曾经被重用的，可能会被

---

① 《资治通鉴》卷 274，唐明宗天成元年三月条，第 8972 页。张其凡：《五代禁军初探》，暨南大学出版社 1993 年版，第 10—11 页。
② 《旧五代史》卷 30《唐庄宗纪四》，第 419—420 页。
③ 樊文礼：《唐末五代的代北集团》，第 162 页。
④ 《旧五代史》卷 74《康延孝传》，第 967 页。

闲置；曾经受到信任的，也可能会被猜忌；曾经默默无闻的，也可能骤然而起，成为耀眼的新贵。若以静止的、绝对的态度去分析某一集团的兴衰成败，未免有失僵化。

如符存审，他在梁晋争霸时自然战功赫赫，位高权重。但当灭梁已成定局之时，却受到了庄宗的排挤。《旧五代史·符存审传》云：

> （天祐）二十年正月，……无何，契丹犯燕蓟，郭崇韬奏曰："汴寇未平，继韬背叛，北边捍御，非存审不可！"上遣中使谕之，存审卧病羸瘵，附奏曰："臣效忠禀命，靡敢为辞，但痾恙缠绵，未堪祇役。"既而诏存审以本官充幽州卢龙节度使，自镇州之任。……十月，平梁，迁都洛阳。存审以身为大将，不得预收复中原之功，旧疾愈作，坚求入觐寻医，以情告郭崇韬。……存审妻郭氏泣诉于崇韬曰："吾夫于国，粗效驱驰，与公乡里亲旧，公忍令死弃北荒，何无情之如是。"崇韬益惭蹙。明年春，疾甚，上章恳切，乞生觐天颜，不许。存审伏枕而叹曰："老夫历事二主，垂四十年，幸而遇今日天下一家，远夷极塞，皆得面觐彤墀，射钩斩袪之人，孰不奉觞丹陛，独予壅隔，岂非命哉。"渐增危笃，崇韬奏请许存审入觐。四月，制授存审宣武军节度使、诸道蕃汉马步总管，诏未至，五月十五日卒于幽州官舍，时年六十三，遗命葬太原。存审遗奏，陈叙不得面觐，词旨悽惋。庄宗震悼久之，废朝三日，赠尚书令。①

首先，这里存在一个地域上的问题。随着对后梁建立了愈来愈大的军事优势，李存勖的战线也在不断南移，政治中心也由太原移到了魏州。而且就在天祐二十年（923）四月，升魏州为东京兴唐府。相较于太原，符存审原在的镇州愈发靠近新的政治中心魏州，但若调职幽州，反而变得更加遥远。换言之，幽州卢龙节度使比之镇州节度使，看似没有高下之别，其实却反映了李存勖对其的疏离。而且幽州在北人看来，自然是北方门户，国之重镇。而对于出身陈州这样的中原地带的符存审夫妇来说，出镇幽州无异于"死弃北荒"，是其所不能接受的。

更重要的是，当时晋军已对后梁占据了优势，灭梁指日可待，而且李

---

① 《旧五代史》卷56《符存审传》，第757—758页。

存勖也已经开始筹备登基建国之举。其本纪称："二月……是时,以诸藩镇相继上笺劝进,乃命有司制置百官省寺仗卫法物,期以四月行即位之礼,以河东节度判官卢质为大礼使。三月己卯,以横海军节度使、内外蕃汉马步总管李存审为幽州节度使。"① 也即是说,在明知四月份就要举行登基大典的情况下,符存审却在三月份被调离权力中心,远镇幽州。须知,能参加一场开国大典是极其荣耀之事,更是向庄宗表现忠诚之良机,还会获得许多加官晋爵的机会。这对于每一个官员而言,都是其生涯上光彩而浓重的一笔。而这些都会在墓志中得到体现,最为典型的便是宦官张居翰。张居翰本人是唐庄宗时期极为重要的一位宦官,然而《旧五代史》无传,《新五代史》虽将其列入《宦者传》,然记载极为简略,不足三百字。所幸其有一篇近三千字的墓志存世,这为我们了解当时情境提供了丰富的历史信息。墓志题名为《唐故内枢密使推诚保运致理功臣骠骑大将军守右骁卫上将军知内侍省事上柱国清河县开国伯食邑七百户张公墓志铭并序》(以下简称《张居翰墓志》),1989 年出土于西安市西郊车刘村。其中谈到庄宗登基前后事宜,志云:

> 晋王(唐庄宗)决南征之谋,乃承制授(张居翰)泽潞监军使,委军府之政。八年制置,三面隄防,重治戈矛,再储军实,以备资助也。王曰:"国耻家冤,不忘朝旦。泽潞,咽喉之地,须以力事。天赞良图,一举而胜,须赖旧德,同济艰难。"公曰:"大王世立殊勋,代平祸乱,被宗社之耻,启中兴之期,救九土之阽危,拯生民之涂炭。孰不仰望大王如慈父母也。既收魏博,复壮幽燕。将俟过河,须有制置。"蕃汉人请曰:"若不正名,恐失人望。昔光武将平赤眉铜马,四七之将,坚劝进之诚,遂从高邑之事。故事明白,可遵旧典。"于是蕃汉总管诸将,劝进于魏都,遂登皇极,中兴唐祚,改号同光。景命重新,规绳从旧。遂命公绾司密匆,佐我皇猷,进位特进。②

---

① 《旧五代史》卷 29《唐庄宗纪三》,第 402 页。
② 墓志录文依周阿根编《五代墓志汇考》,黄山书社 2012 年版,第 190 页。另可参考马志祥《西安西郊出土的后唐〈张居翰墓志〉》,《碑林辑刊》第 3 辑,陕西人民美术出版社 1995 年版,第 102—107 页。

张居翰本为泽潞监军使,"委军府之政",却不远千里赶赴魏都,就是为了参与到庄宗登基大典前后工作之中。其中一项重要工作就是劝进,并以东汉光武帝作为"故事"。庄宗是光武帝,张居翰这样的人物自然就是"四七之将"。所谓"四七之将",即指将领犹如二十八星宿一般辅佐帝王,也即后世常言的光武帝云台二十八将。换言之,没参与到这仪式当中的符存审,自然就算不上四七之将了。

张居翰为了劝进突然离开辖地之举,直接导致了潞州兵变,也即《符存审传》中所言的"继韬背叛"①,可以说间接导致了符存审出镇幽州。然而即使张居翰出现了如此重大的疏漏,由于有着劝进之功,还是"绾司密勿,佐我皇猷,进位特进"。张居翰由外藩而居密勿,符存审却由中央调任地方。两者与庄宗关系孰近孰远,已是一目了然。

与张居翰一样,依靠着劝进时官位得到晋升的例子还有很多。比如张宪,本是"魏、博、镇、冀十郡观察判官,改考功郎中,兼御史中丞,权镇州留事。庄宗即位,诏还魏都,授尚书工部侍郎,充租庸使"②,成为掌管全国财政大权的人物。又如名不见经传的高晖,其墓志称:"庄宗皇帝龙飞之后,凡是卫驾功臣,懋赏策勋,各膺睿渥。特敕授银青光禄大夫、检校工部尚书兼御史大夫、上柱国、充左崇武军使。"③按照这个标准,身处幽州的符存审恐怕不能算作"卫驾功臣"了。

《符存审传》所谓"不得预收复中原之功""独予壅隔""不得面觐",乃至于"词旨悽婉",固然有符存审对远离权力中心的抱怨,更多的当是对自己没有参加开国大典,以赢取属于自己荣耀的感慨吧。虽然如此,但李存勖在功无可赏的情况下疏远符存审,却也几乎能说得上是一种历史的必然。

---

① 《旧五代史》卷52《李继韬传》云:"内官张居翰时为昭义监军,庄宗将即位,诏赴邺都。潞州节度判官任圜时在镇州,亦奉诏赴邺。魏琢、申蒙谓继韬曰:'国家急召此二人,情可知矣。'弟继远,年十五六,谓继韬曰:'兄有家财百万,仓储十年,宜自为谋,莫受人所制。'继韬曰:'定哥以为何如?'曰:'申蒙之言是也。河北不胜河南,不如与大梁通盟,国家方事之殷,焉能讨我?无如此算。'乃令继远将百余骑诈云于晋、绛擒生,遂至汴。"第707页。
② 《旧五代史》卷69《张宪传》,第912页。
③ 墓志题名为《唐故北京留守押衙前左崇武军使见宣威军使西川节度押衙银青光禄大夫检校工部尚书兼御史大夫上柱国渤海高公墓志铭并序》。录文依《五代墓志汇考》,第190页。另可参考徐鹏章:《成都北郊站东乡高晖墓清理简报》,《考古通讯》1955年第6期。

其实遭受到冷遇的并非只有符存审，李嗣源在后唐建国后也逐渐与庄宗离心离德。同光二年（924），李嗣源北征契丹，"领兵过邺，邺库素有御甲，帝（李嗣源）取五百联以行。是岁（同光三年），庄宗幸邺，知之，怒甚。"① 稍后，李嗣源表养子李从珂为"北京内衙都指挥使"，又引发庄宗大怒，"黜从珂为突骑指挥使，帅数百人戍石门镇"②。其实李从珂与庄宗同齿，胡柳陂之役时即有护驾之功。其后灭梁诸战中一直冲锋陷阵，庄宗也多次称赞。然口惠而实不至，李从珂官位始终不显，以至于求一"北京内衙都指挥使"而不可得，甚至还要将其调离李嗣源辖下，戍卫石门镇。庄宗对李嗣源父子猜忌之心，已经昭然若揭。《通鉴》称："帝性刚好胜，不欲权在臣下，入洛之后，信伶宦之谗，颇疏忌宿将。"③ 皇帝"不欲权在臣下""疏忌宿将"不过是历史上之常态，伶宦谗言能够奏效的实质是皇权的扩张。

然此时的李嗣源毕竟不是当年的李横冲，已经无须与人争论"以口击贼"还是"以手击贼"哪个更为重要，时光已经将其勇名转化成了威望。昔日小校已经成为勋旧的代表人物，庄宗对其"疏忌"，不仅表现在猜疑，也表现在忌惮。有数次罢免李嗣源兵权的机会，都没有真正实施。如同光二年（924）三月，"勋臣畏伶官之谗，皆不自安。蕃汉内外马步副总管李嗣源求解兵柄，帝不许。"④ 三年三月，"郭崇韬以嗣源功高位重，亦忌之，私谓人曰：'总管令公非久为人下者，皇家子弟皆不及也。'密劝帝召之宿卫，罢其兵权，又劝帝除之，帝皆不从。"⑤ 同光四年，所谓"伶宦谗言"愈演愈烈，已经到了"嗣源危殆者数四，赖宣徽使李绍宏左右营护，以是得全"⑥ 的地步。最终君臣二人的矛盾终于激化到刀兵相向的地步。随着李嗣源的成功夺权，李克用所创立的"义儿政治"也基本走向了消亡。

---

① 《旧五代史》卷35《唐明宗纪一》，第487页。
② 《资治通鉴》卷273，后唐庄宗同光三年三月条，第8931页。
③ 《资治通鉴》卷273，后唐庄宗同光三年二月条，第8931页。
④ 《资治通鉴》卷273，后唐庄宗同光二年三月条，第8917页。
⑤ 《资治通鉴》卷273，后唐庄宗同光三年三月条，第8931—8932页。
⑥ 《资治通鉴》卷274，后唐明宗天成元年正月条，第8957页。

本章小结

李国昌、李克用父子出身于沙陀部族，盘踞在代北云中一带，之所以对唐帝国时叛时降，倚仗的便是在当地笼络住的一大批豪强部族，具有较强的社会基础。而当中央所任命的云州防御使段文楚出现管理危机时，李克用在当地豪强军将的拥戴下发动兵变，最终成为大同军节度使，正式登上政治舞台。而这一批豪强军将，也成为其统治的基础。

之后，李克用在剿灭黄巢的过程中，不断扩充着自己的实力，然而其所倚仗的力量还是代北豪强。而当其成为河东节度使之后，政治重心由云州转移到了太原，所面对的敌人也不再是虚弱的唐中央和乌合之众的黄巢农民军，而变成了幽、镇、魏、梁、蒲、岐等多处统领精兵强将的军阀。在这种情况下，就要求李克用获取更多的人才，以一种更为开放的心态吸收、团结辖区的力量。因此，大量河东甚至是中原地区的人员进入到其军事系统之中。为了更好地整合这些人，李克用选择了将他们收为义子，通过建立一种虚拟的血缘宗法关系来获取其忠心。这股力量不仅可以用来开疆扩土，抵御外侮，对内也能树立李氏的权威。

然而新生的政治力量总会受到旧有势力的排挤。云中旧部对新人的态度并不友好，尤其是在整个河东集团的战略上存在着严重分歧。由于前者之所以拥戴李克用，就是因为段文楚损害了当地人的利益，而李克用恰恰能够保护这种利益。但现在李克用却利用他们南征北战，战略重心逐步南移。代北不再成为集团的核心地带，甚至在一段时间内被吐浑部赫连铎所攻取。换言之，这些代北旧将逐渐失去了其所能倚仗的乡里基础，而这恰恰是其所不能忍受的。

而李克用新收的义儿大多出身底层，更渴望猎取功名，这又要求李克用扩大战争规模。"欲立大功"与保有旧土之间于是出现了激烈冲突，最终以双方各失去一位领袖人物（李存孝与康君立）而告终。这当然是李克用平衡诸方利益的结果，但这种妥协没有也不可能化解双方的矛盾。李克用设想到"时开运泰"那天"自能处置"，然而终其一生，这一天也没有到来。

李克用去世之后，李存勖接任父亲的位置。由于其成长经历的关系，他对代北旧部并无好感，少年时即表现出要整顿旧部的意愿。这种矛盾本身就是一个危机，又加之其叔父李克宁手握大权，其统治者的身份可谓是朝不保夕。这两个危机交织在一起，构成对李存勖的巨大挑战。然而李存勖却利用了旧部代表李存璋与李克宁的矛盾，成功拉拢了李存璋，诛杀了李克宁，同时整顿了旧部，树立了自己的权威，又安抚了手握重兵的周德威，稳定住了军心，成功击退了围攻潞州的梁军。如此，李存勖的统治得以稳固下来。

李存勖之所以能如此成功，与李克用的一个重大区别就在于时间。如上所言，代北曾经被赫连铎所占据。这使得代北旧将失去了地缘基础。而政治重心的转移，又使得代北成为边缘地带，新一代将领比之前更难进入河东集团的核心。这造成了整个派系实力的断层。相比于老一辈元从旧部的逐渐去世，李克用所招收的义儿们则开始崭露头角。许多在李克用时代尚未来得及展现自己军事才能的将领得到了重用，李存进、符存审、李嗣源等人就是其中代表人物。这些人构成了李存勖争霸天下的人才基础，在对梁作战中屡立功勋，为后唐的建立奠定了基础。而他们自身，也在这场旧部与新臣的政治角逐中成为胜利者，占据了整个朝廷的核心职位。

当河东政权变成后唐王朝，李存勖变为唐庄宗，整个集团的统治区域再次扩大之后，符存审、李嗣源等人则由新臣成为旧部，逐渐受到唐庄宗的排挤打压。然而由于建国时间尚短、政治动荡、大旱导致的饥荒、魏州兵变等多重因素的作用下，庄宗不仅未能取得新附梁将的绝对效忠，反而引发了旧部的分裂。最终派去平定魏州军乱的李嗣源反而凭借魏军反戈一击，直下汴梁夺取政权，是为唐明宗。与此同时，在李克用、李存勖时代无比辉煌的"义儿政治"也随之逐渐消亡。

总而言之，"义儿政治"的产生与消解以及义儿本身的沉浮升降，其实是后唐集团一步步扩张的结果。随着占领区域的扩大，人才也不断涌现。这就需要统治者不断突破旧有的小圈子小团体，去接纳新鲜血液。面对这种局面，李氏父子采取了广收义儿的方式拉拢优秀人才。然而这种短期内的急速扩张，不可避免带来旧部与新臣的激烈碰撞。新臣在战胜旧部之后，发现又有新的新臣不期而至，自己已然完成了由新到旧的角色转换。这种更迭随着后唐疆域的固化而渐趋稳定，统治者的身份在由节帅变为皇帝后，也更倾向以君臣大义而非父子关系来控制部下了。

第五章　姓甚名谁：后唐"同姓集团"考论

在上一章中，我们主要讨论了李克用义儿与后唐政局之关系。然而还有一个群体与之类似，他们大多出身降将（但也有河东集团之元从），因种种原因被唐庄宗赐予姓名，其待遇、权力、影响亦与李克用诸义儿相仿佛，是后唐政局中的重要力量。但因史籍中未将其明确列为义儿，故在以上研究中常被忽略。日本学者宇野春夫在《後唐の同姓集団》一文中对其有较为详尽的讨论。[①] 然该文对唐庄宗赐姓以及明宗回改姓名的讨论尚不够充分，加之一些观点亦不无可商之处。故在对此群体的研究还有进一步研究的空间。本章以诸将姓名变化为视角，对其发生原因进行细致考察，以期能窥见后唐政局的发展脉络。

第一节　唐庄宗赐姓考

在对庄宗赐姓群体进行讨论之前，有必要对一个概念加以申明。宇野氏文中抛弃传统的"义儿""假子"等称谓，而以"同姓集团"为题进行阐述，其根源在于有相当一部分人只是被赐予了姓名，却没有被收为义儿的记载，故使用了"同姓集团"这一更为准确的概念。换言之，此提法实际有着针对"义儿"的意味。本章主要探讨的是唐庄宗赐姓诸人。其中有人只是改换了姓名，有人却是有着"义儿"或"宗室"的身份，然为方便起见，如非必要，还是以"同姓集团"对其进行总体性的概括。下面依上所言区别，分类对其进行简要梳理考订。

---

① 宇野春夫：《後唐の同姓集団》，《藤女子大学文学部紀要》第3號，1964年。

第五章 姓甚名谁：后唐"同姓集团"考论

首先是有着义儿或宗室身份的群体，共6人。

1. 朱友谦，被赐名李继麟，本名朱简，许州人。原为后梁太祖朱全忠手下大将，又为其收为义子，改名朱友谦，并被编入宗籍。天祐十七年（920）叛归晋王（唐庄宗）李存勖。关于李继麟被赐姓名时间，史籍所载有所不同。《旧五代史·唐庄宗纪四》、《资治通鉴》卷二七二，俱载其为同光元年（923）十一月乙巳被赐姓名；① 而《旧五代史·朱友谦传》作"（同光）三年，赐姓，名继麟，编入属籍，赐之铁券，恕死罪。"② 两说之中，当以同光元年说为是。首先同光元年十一月乙巳这天，同时被赐姓的还有康延孝、袁象先、温韬等一批后梁降将，朱友谦与其一起受赐姓名较为合理。而《旧五代史·食货志》又载同光二年二月诏书云："宜令河中节度使冀王李继麟兼充制置度支安邑、解县两池榷盐使"③。此乃抄录诏书原文，较为可信，其中已称其为李继麟，则赐姓名必在之前。由此二点，则知事在同光元年，《旧史》本传有误。

2. 李继陶。为庄宗徇地河北（天祐八年，911）时所得小儿，后收养宫中，故名之为"得得"，及长，赐名继陶。唐明宗天成三年（928）时，镇州节度使王都叛乱，将其拥为傀儡，称其为"庄宗太子"，用以号召诸将。次年，王都兵败后被杀。

3. 张从训，被赐名李继鸾。其先为回鹘人，随晋王李克用落籍太原。其父为李克用义儿李存信。存信已然是"武皇赐姓名，眷同亲嫡"，但李继鸾却似乎没有天然地继承李氏嫡系的身份。直到"庄宗与梁人相拒于德胜口，征赴军前，补充先锋游奕使"，才"俄转云捷指挥使、检校司空，赐名继鸾，从诸子之行也"。④ 天祐十六年、十八年、十九年晋军都曾与梁军大战于德胜口，然唯有十六年（919）才有长时间对峙，"日与梁军接战"⑤，这更与"相据于德胜口"的记载相符。只有如此，李继鸾才有时间从驻守的壶关"征赴军前"。也即是说，李继鸾只到天祐十六年立有战功之后，才被赐名继鸾，获取了"诸子"的待遇。

---

① 《旧五代史》卷30《唐庄宗纪四》，中华书局1976年标点本，第417页。《资治通鉴》卷272，后唐庄宗同光元年十一月乙巳条，中华书局1956年标点本，第8905页。
② 《旧五代史》卷63《朱友谦传》，第863页。
③ 《旧五代史》卷146《食货志》，第1948页。
④ 《旧五代史》卷91《张从训传》，第1204页。
⑤ 《旧五代史》卷29《唐庄宗纪三》，第396页。

4. 李从璟，被赐名李继璟，唐明宗李嗣源之子。他是在同光四年（926）李嗣源起兵作乱的危急时刻，才被庄宗改换了名字。其具体事迹，下文还会详细讨论，此处略过。

5. 李继宣。本名不详。《北梦琐言》载："李继宣，汴将孟审澄之子，亡命归庄宗，刘皇后蓄为子。"① 又《旧五代史·贺瑰传》云："先是，（贺）瑰与（谢）彦章不协，是岁（贞明四年，918）冬十二月，复为诸军都虞候朱珪所构，瑰乃伏甲士，杀彦章及濮州刺史孟审澄、别将侯温裕等于军。"② 则李继宣之改姓名，必在918年之后。

6. 撒剌阿拨，被赐名不详。辽太祖耶律阿保机之弟，《辽史》中又作"剌葛"。913年发动叛乱，为辽太祖所平定，但并未被杀。神册二年（917），乘唐庄宗攻打幽州之际，叛逃入晋。又于贞明四年（918），叛逃入梁。唐庄宗灭梁之后，下诏将其处死。诏书中称"契丹撒剌阿拨，既弃其母，又背其兄。朕比重怀来，厚加恩渥，看同骨肉，锡以姓名"③，可见其确实被赐予了李姓，改换了汉名，并享受宗室待遇。赐姓时间当为入晋之时。宇野氏视其为"庄宗的假子"④，可能略有不妥。所谓"看同骨肉"，并不局限于儿孙之类，亦可泛指宗亲。而李克用曾与阿保机结为兄弟，唐庄宗亦曾以叔礼事之，撒剌阿拨又是阿保机之弟。故从辈分上来说，撒剌阿拨当为庄宗父辈，而非其义儿。

第二类为只是被赐予姓名，而无义儿待遇之人，共15人。

1. 张从楚，被赐名李绍文，郓州人。本为梁将，天祐八年（911），晋梁大战于柏乡，梁军大败。张从楚与别将曹儒率兵来降，"庄宗嘉纳之，赐姓名，分其两将三千人为左右匡霸军旅，仍令绍文、曹儒分将之。"⑤ 其后官至洋州节度留后、领镇江军节度。明宗朝，为武信军节度使，卒于镇。

2. 曹儒，被赐名李绍武。事迹除上条所载带兵归降之外，多所湮灭，故常为人所忽略。唯《册府元龟·帝王部·招怀四》载："（天祐八年）

---

① （五代）孙光宪著，贾二强点校：《北梦琐言》卷一八"明宗诛诸凶"条，中华书局2002年标点本，第334页。
② 《旧五代史》卷23《贺瑰传》，第314页。
③ 《旧五代史》卷30《唐庄宗纪四》，第414页。
④ 宇野春夫：《後唐の同姓集団》，《藤女子大学文学部紀要》第3號，1964年。
⑤ 《旧五代史》卷59《李绍文传》，第799页。

二月南伐郓州。步骑三千自黎阳归国，其都指挥使张从楚、曹儒谒见。帝赐衣袍、鞯马，额其兵为左右。是月，命从楚、儒为都将，俱赐姓李氏，从楚改名绍文，曹儒曰绍武。"① 则知被赐姓名者非止张从楚，曹儒亦厕身其中。

3. 赵德钧，被赐名李绍斌，幽州人。本幽州军校，庄宗伐燕，赵德钧知刘守光必败，遂叛归晋军，"庄宗善待之，赐姓，名曰绍斌。"② 刘守光于天祐十一年（914）正月被擒，赵德钧出降当在其前，赐姓时间亦当在此左右，推断为天祐十年底十一年初。其后，"庄、明之世，德钧镇幽州十余年。"③ 后晋建立之初，叛入契丹。

4. 元行钦，被赐名李绍荣，幽州人。本幽州刘守光之爱将，天祐十年（913）幽州为晋将周德威所破，元行钦向李嗣源投降，被李嗣源收为假子。不久后"庄宗东定赵、魏，选骁健置之麾下，因索行钦，明宗不得已而遣之。时有散指挥都头，名为散员，命行钦为都部署，赐姓，名绍荣。"④《通鉴》将其系于天祐十二年（915）。⑤ 元行钦事迹下文还要详细讨论，此处暂且略过。

5. 夏鲁奇，被赐名李绍奇，青州人。本后梁宣武军军校，后叛归庄宗。天祐十二年（915），庄宗为梁将刘鄩伏击，夏鲁奇"操短兵力战，自午至申乃得出，亡其七骑，鲁奇手杀百余人，伤夷遍体，会李存审救兵至，乃得免。……王以是益爱之，赐姓名曰李绍奇。"⑥ 其后累迁至许州节度使，明宗朝，镇遂州，遭逢董璋叛乱，粮尽援绝，遂自刎而亡。

6. 房知温，被赐姓名李绍英，兖州人。本为梁将，隶于魏州杨师厚，累官至亲随指挥使。后"庄宗入魏，赐姓，名绍英。"⑦ 事在天祐十二年。后晋天福元年（936），卒官于平卢节度使。

7. 马绍宏，被赐姓名李绍宏，宦官。《通鉴》贞明五年（919）三月条云："绍宏，宦者也，本姓马，晋王赐姓名，使与知岚州事孟知祥俱为

---

① 《册府元龟》卷166《帝王部·招怀四》，中华书局1960年影印本，第2000页。
② 《旧五代史》卷98《赵德钧传》，第1308页。
③ 《新五代史》卷72《四夷附录一·契丹》，中华书局1974年标点本，第893页。
④ 《旧五代史》卷70《元行钦传》，第925页。
⑤ 《资治通鉴》卷269，后梁均王贞明元年七月条，第8794页。
⑥ 《资治通鉴》卷269，后梁均王贞明元年七月条，第8792页。
⑦ 《旧五代史》卷91《房知温传》，第1195页。

中门使。知祥又荐教练使鴈门郭崇韬能治剧，王以为中门副使。"① 则知马绍宏被赐李姓，在其为中门使之时。又《旧五代史·郭崇韬传》云："天祐十四年，用为中门副使，与孟知祥、李绍宏俱参机要。"② 则可确定，天祐十四年（917）时，马绍宏已被赐姓。明宗天成元年（926），官至枢密使。

8. 袁从简，被赐名李绍琼，陈州人。本为庄宗小校，作战极为勇猛，然"所为多不法，庄宗以其战斗多捷，常屈法赦之，赐姓，名曰绍琼。……及梁平，典蔡州。"③ 由此可见，其被赐姓名在同光元年平梁之前。因相关史料缺失，很难确认具体时间。

9. 米君立，被赐姓名李绍能。从姓氏上推断，可能为粟特人。其事迹寥寥无几，唯据《旧五代史·唐明宗纪》、《通鉴》载天成元年（926）五月，李绍能复名米君立，④ 知其曾被赐姓。

10. 康延孝，被赐名李绍琛，塞北部落人。"初隶太原，因得罪，亡命于汴梁"⑤，之后屡立战功，同光元年（923）八月，康延孝为段凝麾下右先锋指挥使，却率百骑归唐，并尽言梁军虚实，力陈汴梁守备空虚，可轻兵突袭，一举而下。庄宗用其计，率军渡河，遂灭梁室。十一月，与朱友谦、袁象先、温韬等人并被赐姓名。同光三年随郭崇韬平蜀，立功最多，然因郭崇韬、朱友谦相继受谗被杀，康延孝惊惧不已，遂拥兵自立于蜀，后为任圜、孟知祥所败，伏诛。

11. 段凝，被赐姓名李绍钦，开封人。本为梁将，梁末帝晚年，段凝交结权贵，被任为"北面招讨使，骤居诸将之右"⑥，成为对抗庄宗的主帅。在康延孝、王晏球等人叛归庄宗后，段凝亦率大军投降，"庄宗释之，复以凝为滑州兵马留后，赐姓，名绍钦。"⑦ 事在庄宗入汴之时也即同光元年。之后庄宗亦对其信赖有加，历任多地节度使。然明宗政变之时，为霍彦威下狱，寻被处死。

---

① 《资治通鉴》卷270，后梁均王贞明五年三月条，第8843页。
② 《旧五代史》卷57《郭崇韬传》，第763页。
③ 《旧五代史》卷94《袁从简传》，第1241页。
④ 《旧五代史》卷36《唐明宗纪二》，第497页。《资治通鉴》卷275，后唐明宗天成元年五月条，第8984页。
⑤ 《旧五代史》卷74《康延孝传》，第967页。
⑥ 《旧五代史》卷63《张全义传》，第841页。
⑦ 《旧五代史》卷73《段凝传》，第963页。

第五章 姓甚名谁：后唐"同姓集团"考论 145

12. 温韬，被赐姓名李绍冲，华原人。本事李茂贞，名为彦韬，后又事梁，改名昭图。为耀州节度，掘境内唐帝诸陵，实为唐室之罪人。然其入唐后，厚赂庄宗刘后，不仅得免于死，还被于同光元年（923）赐姓名李绍冲，依前为许州节度。唐明宗登基之后，下令处死。

13. 袁象先，被赐名李绍安，宋州人。为梁太祖之甥，梁末帝时为宋州节度使凡十年。"庄宗初定河南，象先率先入觐，辇珍币数十万，遍赂权贵及刘皇后伶官巷伯，居旬日，内外翕然称之。"① 遂与同光元年赐姓名李绍安，仍为宋州节度使，次年卒于镇。

14. 霍彦威，被赐姓名李绍真，洺州人。本后梁大将，庄宗灭梁后，率军归降。同光四年（926），明宗发动政变，霍彦威即为其心腹，"首率卿相劝进于至德宫，旬日之间，内外机事，皆决于彦威"②，深得明宗信任，后累官平卢节度使。关于其赐名李绍真，《旧五代史·唐庄宗纪》、《资治通鉴》卷二七三都系于同光二年四月，③ 当时群臣为庄宗上尊号，庄宗则对群臣普遍加官晋爵，可能在此背景下，赐予了霍彦威姓名。然《新五代史·霍彦威传》在记"庄宗灭梁，彦威自陕来朝，庄宗置酒故梁崇元殿，彦威与梁将段凝、袁象先等皆在。庄宗酒酣，指彦威等举酒属明宗曰：'此皆前日之勍敌，今侍吾饮，乃卿功也。'彦威等惶恐伏地请死，庄宗劳之曰：'吾与总管戏尔，卿无畏也。'赐姓名曰李绍真。"④ 则赐姓发生在刚刚灭梁的同光元年，目的则是抚慰后梁降将。两种记载都有其合理性。然《册府元龟》中一条材料或许有助于我们的判断，其词云："同光二年正月，契丹寇瓦桥关，以天平军节度使李嗣源为北面行营招讨使，陕州留后霍彦威为副率军讨之。（小字注：是月契丹还）五月，幽州上言契丹阿保机将寇河朔。以沧州节度使李绍斌为东北面招讨使，以兖州节度使李绍钦为副招讨使，以宣徽使李绍宏为招讨都监，率大军渡河而北。"⑤ 此条材料中，对李绍斌、李绍钦、李绍宏等人都是使用的都是改动后的名字，但对霍彦威却是原名，似可认为此时霍彦威尚未改名，也即证明

---

① 《旧五代史》卷59《袁象先传》，第798页。
② 《旧五代史》卷64《霍彦威传》，第852页。
③ 《旧五代史》卷31《唐庄宗纪五》，第433页。《资治通鉴》卷272，后唐庄宗同光二年四月，第8918页。
④ 《新五代史》卷46《霍彦威传》，第505页。
⑤ 《册府元龟》卷978《外臣部·征讨六》，第11594页。

《旧五代史》、《通鉴》的记载更为准确。

15. 王晏球，被赐姓名李绍虔，洛都人。曾冒姓杜氏，梁太祖征选有材力者入"厅子都"，王晏球应募，后累迁至龙骧四军都指挥使、单州刺史、行营马军都指挥使兼诸军排阵使。同光元年（923），庄宗入汴之后，率军归降。其赐姓名李绍虔，《旧五代史·唐庄宗纪》、《资治通鉴》卷二七二都系于该年十月。① 然《旧五代史·王晏球传》云："庄宗入汴……明年，与霍彦威北捍契丹，授齐州防御使、北面行营马军都指挥使，仍赐姓氏，名绍虔。"② 则是在同光二年赐姓。按该年契丹屡有侵犯，然霍彦威参与的行动已见前引《册府元龟》，然小字注云："是月契丹还"，唐庄宗因此召回了李嗣源等人，可以说根本没有发生战斗，自然也谈不上军功，因此庄宗不会在此时以赐姓作为奖励。故推定王晏球应于同光元年时随大批后梁降臣一起被赐予姓名。

除以上两类赐姓诸将之外，还有外藩赐姓名的例子。如：

扫剌，被赐姓名李绍威，奚人。《五代会要》云："（奚酋长）去诸卒，字扫剌代立。后唐庄宗破幽州，赐扫剌姓李，名绍威。"③ 此事当在天祐十一年（914）刘守光被擒之后。

白承福，被赐姓名李绍鲁，吐浑部。《五代会要》云："有白承福者，自同光初代为都督，依中山北石门为栅。庄宗赐其额为宁朔、奉化两府，以都督为节度使，仍赐承福姓李，名绍鲁。"④《册府元龟》则更为明确地将此事定为同光元年，其词云："后唐庄宗同光元年，赐阴山府都督白承福于中山北石门为栅，号宁朔奉化两府，以都督为节度使，赐姓李，名绍鲁。"⑤

以上是对唐庄宗赐姓诸人的详细梳理。从中我们可以看出，第一类将领，基本都以"继"字为行辈，拥有宗室的待遇；二、三类将领，则均以"绍"字为行辈，虽被赐予了李姓，但其实并未被纳入皇族之中。而与亲密程度相反的是，唐庄宗所收义儿（或者说有宗室身份的人），除朱

---

① 《旧五代史》卷30《唐庄宗纪四》，第416页。《资治通鉴》卷272，后唐庄宗同光元年十月条，第8902页。
② 《旧五代史》卷64《王晏球传》，第854页。
③ （宋）王溥：《五代会要》卷28《奚》，上海古籍出版社2006年版，第452页。
④ 《五代会要》卷28《吐浑》，第450页。
⑤ 《册府元龟》卷965《外臣部·封册三》，第11355页。

友谦之外，其实在政治上都没有什么作为，也从未掌握过核心权力。其被庄宗视为义儿，更多上是出自其个人喜好。而朱友谦及第二类赐姓者，大多出自降将身份，或者是其元从战将，故他们被栗原益男划分为"武将降将型"的假子。① 他们在被赐姓之前就掌握了一定的军权，唐庄宗对其的赐姓，是一种招抚安慰行为，更多地考虑到了政治利益问题。

宇野氏认为唐庄宗时期，这种武将降将型的模式取代了李克用时代的"家僮帐下型"的义儿模式，是由原来的"同族的结合"，变成了"同族的支配"。这种意见有一定道理。然其又将这种模式与明宗朝进行对比，认为这种"同族的支配"在明宗朝消失，而代之以"国王—节度使—刺史"的官僚模式。② 换言之，唐庄宗并非是用官僚模式来管理赐姓诸将。这种看法则与笔者的认识相去甚远。且不论唐明宗的义儿李从珂，即是典型的"家僮帐下型"，他也从未改换名字，从宗室变为官僚。即使在明宗登基之后，仍有赐姓行为，并未彻底地抛弃同姓的概念。而唐庄宗的赐姓，也并非仅仅是"同族的支配"，还有更深层次的考虑。下节我们会对此详加分析。

第二节　赐姓背后的政治博弈

如上章所述，李国昌、李克用父子是从代北沙陀部落中发展壮大而成的，其后又吸纳了不少代北、河东人才，这些人组成了其政治核心以及力量基本盘。依靠他们李克用父子才有与后梁相抗衡的资本。这些人在骁勇善战的同时，又往往骄横跋扈，贪残暴虐。李存勖选择与李克用的义儿李存璋进行合作，对代北旧部进行了整顿。

与此同时，庄宗又加强了李克用义儿的地位，对李存进、符存审、李嗣源、李嗣恩、李嗣本、李存贤等人加以重用。一方面这些人物出身较低，又受李克用大恩，较之他人，更为可信。另一方面他们也确实才干突出，能在与周边势力战斗中发挥重要作用。

---

① 栗原益男：《唐五代の假父子的结合の性格：主として藩帅的支配権力との関連において》，《史學雜誌》第 62 卷第 6 號，1953 年。
② 宇野春夫：《後唐の同姓集団》，《藤女子大学文学部紀要》第 3 號，1964 年。

然而随着晋军实力的不断增强，占领的区域不断扩大，这些义儿的地位也水涨船高。这又引起了唐庄宗的忌惮，他逐步采取措施限制义兄们的权势。首先是向李嗣源索要元行钦事件。

上文曾提及，元行钦曾是幽州刘守光麾下大将，天祐十年（913），投降李嗣源，被其收为了养子。而"庄宗东定赵、魏，选骁健置之麾下，因索行钦，明宗不得已而遣之。时有散指挥都头，名为散员，命行钦为都部署，赐姓，名绍荣。"① 于是，元行钦由李嗣源的义儿改隶庄宗麾下，并被赐予姓名李绍荣。此事发生在天祐十二年，庄宗"东定赵、魏"之时，元行钦身份变动的背景则是庄宗正在"选骁健置之麾下"，组建新的军事力量。与之类似的还有赵弘殷、郭从谦、郭威等。《宋史·太祖纪》载宋太祖之父赵弘殷事迹云：

> 宣祖少骁勇，善骑射，事赵王王镕，为镕将五百骑援唐庄宗于河上有功，庄宗爱其勇，留典禁军。②

此事在天祐七年（910），赵弘殷本为王镕私军，却为庄宗"留典禁军"，其性质正与从李嗣源处索要元行钦相同，是庄宗削弱王镕增强自身的表现。

上节提到的张从楚、曹儒，两人在天祐八年柏乡之战后率众归降，"庄宗嘉纳之，赐姓名，分其两将三千人为左右匡霸军旅，仍令绍文、曹儒分将之。"③ 左右匡霸军属禁军，庄宗对其军将赐姓，也是吸纳降军、增强直辖势力的一种方式。

《通鉴》卷二七四天成元年二月条云：

> 从马直指挥使郭从谦，本优人也，优名郭门高。帝与梁相拒于得胜（胡注：得胜即德胜），募勇士挑战，从谦应募，俘斩而还，由是益有宠。帝选诸军骁勇者为亲军，分置四指挥，号从马直，从谦自军

---

① 《旧五代史》卷70《元行钦传》，第925页。
② 《宋史》卷一《太祖纪一》，中华书局1977年标点本，第1页。
③ 《旧五代史》卷59《李绍文传》，第799页。

使积功至指挥使。①

此为庄宗大肆扩张亲军之证。除郭从谦外，张彦超也入选马直军使。《旧五代史》卷一二九《张彦超传》云：

> 张彦超，本沙陀部人也。素有却克之疾，时号为"跛子"。初，以骑射事唐庄宗为马直军使，庄宗入汴，授神武指挥使。明宗尝以为养子。②

这条记载在顺序上可能稍有问题，容易引发歧义。从政治环境上来看，张彦超成为唐庄宗亲军、成为神武指挥使之后，李嗣源是不可能再将其收为养子的，这样做等于是在侵夺庄宗的权力。也即是说，"尝以为养子"的"尝"，当在"初"之前。如此则张彦超和元行钦一样，是庄宗从李嗣源手上强夺过去的。

又《旧五代史》卷一一〇《周太祖纪一》云：

> 天祐末，潞州节度使李嗣昭常山战殁，子继韬自称留后，南结梁朝，据城阻命，乃散金以募豪杰。帝时年十八，避吏壶关，依故人常氏，遂往应募。……其年，庄宗平梁，继韬伏诛，麾下牙兵配从马直，帝在籍中，时年二十一。③

则是庄宗平梁后，又将原属李嗣昭、李继韬父子相承的潞州旧部充入亲军。

从以上天祐七年的赵弘殷，天祐八年的张从楚、曹儒，天祐十二年的元行钦，天祐十六年的郭从谦，同光元年的郭威诸例中可以看到，庄宗扩展自己亲军的举措是不间断的，并非偶一为之。其手段也从招募、受降、吞并友军直至向大将索取私军。

灭梁之后，这种扩张行动达到了顶峰。上节所列同姓集团中，即有朱

---

① 《资治通鉴》卷274，后唐明宗天成元年二月条，第8962页。
② 《旧五代史》卷129《张彦超传》，第1706页。
③ 《旧五代史》卷110《周太祖纪一》，第1448页。

友谦、康延孝、段凝、温韬、袁象先、霍彦威、王晏球7人于同光之后获赐姓名。而他们也无一例外都是曾手握重兵的大将,入唐之后,依旧能掌控一镇节度。《旧五代史》卷五九《袁象先传》载:

> 初,梁将未复官资者,凡上章奏姓名而已。郭崇韬奏曰:"河南征镇将吏,昭洗之后,未有新官,每上表章,但书名姓,未颁纶制,必负忧疑。"即日,复以象先为宋、亳、辉、颍节度使,依前检校太尉、平章事,仍赐姓,名绍安,寻令归镇。①

此事发生在同光元年(923)十一月,郭崇韬的上奏其实是在提醒庄宗履行上月制书的优待政策。同书卷三〇《唐庄宗纪四》同光元年十月己丑载制书云:

> 应伪庭节度、观察、防御、团练等使及刺史、监押、行营将校等,并颁恩诏,不议改更,仍许且称旧衔,当俟别加新命。②

五天后(甲午),段凝、王晏球便以被赐姓名,并保持官职不变。又七天后(十一月辛丑)郭崇韬上奏,当天便对朱友谦、康延孝、袁象先、温韬四人赐姓名授官。这些人在后梁都是一方节帅,手握重兵。正如郭崇韬所言,如"未颁纶制,必负忧疑",需要加以安抚,所以他们被赐姓名,保留原有官位,还是可以理解的事情。

庄宗对他们的信任不止于此。同光元年十月灭梁,次年正月契丹入寇,"以明宗为北面招讨使,命(霍)彦威为副。"③ 王晏球也"与霍彦威北捍契丹,授齐州防御使、北面行营马军都指挥使。"④ 五月契丹复入寇,选择出征主帅时,"(马)绍宏尝乘间奏(段)凝盖世奇才,可以大任,屡请以兵柄委之。"⑤ 段凝虽因郭崇韬反对而未能出任主帅,但仍以诏讨副使的身份参与了此次战役。同光三年伐蜀,以康延孝"为西南行

---

① 《旧五代史》卷59《袁象先传》,第798页。
② 《旧五代史》卷30《唐庄宗纪四》,第415—416页。
③ 《旧五代史》卷64《霍彦威传》,第852页。
④ 《旧五代史》卷64《王晏球传》,第854页。
⑤ 《旧五代史》卷73《段凝传》,第963页。

营马步军先锋、排阵斩斫等使","平蜀之功,延孝居最"。① 这一方面固然是由于庄宗不拘一格用人才;另一方面又何尝不是培植一批新生势力,来削弱旧部的势力呢!

而这自然也不可避免地触及元从旧臣的利益。庄宗从李嗣源手中夺取了元行钦之后,还不满足,继续引诱其部下高行周。高行周前期的经历几乎与元行钦一模一样,都曾是刘守光的部将,其后又都隶属于李嗣源麾下。在天祐十二年(915)与梁军的战斗中,救下了元行钦的性命。"庄宗方宠行钦,召行周抚谕赏劳,而欲置之帐下,又念于明宗帐下已夺行钦,更取行周,恐伤其意,密令人以利禄诱之。"② 然为高行周所婉拒。这也成为元行钦和高行周两人命运的分歧点。元行钦此后仕途一路畅通无阻,累迁武宁军节度使、同平章事、邺都行营招抚使。而高行周则相形见绌,在庄宗朝仅为端州刺史、绛州刺史,并未受到重用。

庄宗建国灭梁之后,对老臣的压制愈发明显。而在同光时期,李克用的义儿已经凋零殆尽,还在核心权力圈中的唯有李嗣源,而他受到的压力也最为巨大。同光二年(924),李嗣源北征契丹,"领兵过邺,邺库素有御甲,帝(李嗣源)取五百联以行。是岁(同光三年),庄宗幸邺,知之,怒甚"③。稍后,李嗣源表养子李从珂为"北京内衙都指挥使",又引发庄宗大怒,"黜从珂为突骑指挥使,帅数百人戍石门镇"④。其实李从珂与庄宗同齿,胡柳陂之役时即有护驾之功。其后灭梁诸战中一直冲锋陷阵,庄宗也多次称赞。然口惠而实不至,李从珂官位始终不显,以至于求一"北京内衙都指挥使"而不可得,甚至还要将其调离李嗣源辖下,戍卫石门镇。

其实庄宗打击的不仅是李嗣源父子,还包括其麾下部将。高行周事迹上已涉及,与之类似的还有后晋高祖石敬瑭。《旧五代史·晋高祖纪》云:

> 唐明宗为代州刺史,每深心器之,因妻以爱女。唐庄宗闻其善

---

① 《旧五代史》卷73《康延孝传》,第967—968页。
② 《旧五代史》卷123《高行周传》,第1612页。
③ 《旧五代史》卷35《唐明宗纪一》,第487页。
④ 《资治通鉴》卷273,后唐庄宗同光三年三月条,第8931页。

射,擢居左右,明宗请隶大军,从之。后明宗从庄宗征行,命帝领亲骑,号三讨军,倚以心腹。①

据此知石敬瑭早为李嗣源女婿,自然也在其左右。庄宗所谓的"擢居左右",其实即是如同索要元行钦、高行周一样的索要石敬瑭。李嗣源表示"请隶大军",似是折中之法,然从"命帝领亲骑""倚以心腹"来看,石敬瑭仍属李嗣源麾下。这已然是唐庄宗和李嗣源之间发生的第四次关于人才的争夺。石敬瑭也遭遇到了和高行周、李从珂一样的命运。史云:

> 既而平汴水,灭梁室,成庄宗一统,集明宗大勋,帝(石敬瑭)与唐末帝功居最,庄宗朝官未显者,以帝不好矜伐故也,唯明宗心知之。②

石敬瑭官位不显,当然不是他自身"不好矜伐"的原因,而是唐庄宗刻意压制的结果。明宗"心知"的也并非石敬瑭所受到的不公正待遇,而是自己身处嫌疑之际的处境。

《通鉴》称:"帝(庄宗)性刚好胜,不欲权在臣下,入洛之后,信伶宦之谗,颇疏忌宿将。"③ 皇帝"不欲权在臣下""疏忌宿将"不过是历史上之常态,伶宦谗言能够奏效的实质是皇权的扩张。然此时的李嗣源已经成为勋旧的代表人物,庄宗对其"疏忌",不仅表现在猜疑,也表现在忌惮。有数次罢免李嗣源兵权的机会,都没有真正实施。如同光二年(924)三月,"勋臣畏伶官之谗,皆不自安。蕃汉内外马步副总管李嗣源求解兵柄,帝不许。"④ 三年三月,"郭崇韬以嗣源功高位重,亦忌之,私谓人曰:'总管令公非久为人下者,皇家子弟皆不及也。'密劝帝召之宿卫,罢其兵权,又劝帝除之,帝皆不从。"⑤ 同光四年,所谓"伶宦谗言"愈演愈烈,已经到了"嗣源危殆者数四,赖宣徽使李绍宏左右营护,以

---

① 《旧五代史》卷75《晋高祖纪一》,第978页。
② 《旧五代史》卷75《晋高祖纪一》,第979—980页。
③ 《资治通鉴》卷273,后唐庄宗同光三年二月条,第8931页。
④ 《资治通鉴》卷273,后唐庄宗同光二年三月条,第8917页。
⑤ 《资治通鉴》卷273,后唐庄宗同光三年三月条,第8931—8932页。

是得全"①的地步。庄宗也终于明确表示出对李嗣源的疏远,然而却遭到了群臣的反对。《旧五代史》卷三四《唐庄宗纪八》云:

> 帝素倚爱元行钦,邺城军乱,即命为行营招讨使,久而无功。时赵太据邢州,王景戡据沧州,自为留后,河朔郡邑多杀长吏。帝欲亲征,枢密使与宰臣奏言:"京师者,天下根本,虽四方有变,陛下宜居中以制之,但命将出征,无烦躬御士伍。"帝曰:"绍荣讨乱未有成功,继岌之军尚留巴、汉,余无可将者,断在自行。"枢密使李绍宏等奏曰:"陛下以谋臣猛将取天下,今一州之乱而云无可将者,何也?总管李嗣源是陛下宗臣,创业已来,艰难百战,何城不下,何贼不平,威略之名,振于夷夏,以臣等筹之,若委以专征,邺城之寇不足平也。"帝素宽大容纳,无疑于物,自诛郭崇韬、朱友谦之后,阉宦伶官交相谗诣,邦国大事皆听其谋,繇是渐多猜惑,不欲大臣典兵,既闻奏议,乃曰:"予恃嗣源侍卫,卿当择其次者。"又奏曰:"以臣等料之,非嗣源不可。"河南尹张全义亦奏云:"河朔多事,久则患生,宜令总管进兵。如倚李绍荣辈,未见其功。"帝乃命嗣源行营。②

此条材料的时间是同光四年(926)二月。河北发生军变,元行钦(即李绍荣)平叛不利,庄宗准备御驾亲征,遭到群臣反对,只得委任大将代替元行钦。在平叛人选上又发生分歧,"不欲大臣典兵"的庄宗最后还是被迫接受了李嗣源出任主帅的建议。值得注意的是,对于平叛主帅,庄宗竟然认为元行钦、李继岌之外,"余无可将者"。这一方面是猜忌李嗣源等"勋旧",另一方面则体现了对元行钦这类新生力量的重视。

唐庄宗试图通过提高降将地位来祛除元从旧部的影响。然而必须指出,这只是唐庄宗的良好愿望而已。旧将的威望依旧崇高,在军中有着很强的号召力,派去平定河北叛乱的李嗣源,反而为叛军所拥立,回师攻向京师,最终取代了唐庄宗,成为后唐的新一任皇帝。另一方面,赐姓复职的举措也不可能在短期内收拢后梁诸将军心,一遇风吹草动便容易引发不安情绪。尤其是同光末年李继岌与郭崇韬之争更是加剧了这种恐慌,朱友

---

① 《资治通鉴》卷274,后唐明宗天成元年正月条,第8957页。
② 《旧五代史》卷34《唐庄宗纪八》,第473页。

谦因此入京面觐，意图洗刷清白，然最终还是被杀。康延孝则称"西平（朱友谦）与郭公皆以无罪赤族，归朝之后，次当及我矣"①，从而起兵据西川自立。随后李嗣源起兵时，霍彦威、王晏球、房知温等迅速背叛，更是宣告了庄宗安抚政策的失败。

李嗣源击败唐庄宗之后，首先要面对的便是庄宗重用的同姓集团。如何让这群手握重兵、节度一方的重臣效忠自己，又如何在继承庄宗法统的前提下，迅速消除庄宗的影响，这些问题我们将在下节予以探讨。

第三节　争夺正统：诸将姓名的回改

虽然后梁降将在危急关头离心离德，但并不代表赐姓政策完全没有意义。李嗣源以义儿之身篡位成功，更是对此相当敏感。大量被赐李姓，以"绍"为行辈的大臣充斥朝堂的局面，无疑是李嗣源所不愿见到的。于是天成元年（926）五月，"徐州节度使李绍真、贝州刺史李绍英、齐州防御使李绍虔、河阳节度使李绍奇、洺州刺史李绍能等上言，前朝宠赐姓名，今乞还旧。内李绍虔上言：'臣本姓王，后移杜氏，蒙前朝赐今姓名，乞复本姓。'诏并可之。李绍真复曰霍彦威，李绍英复曰房知温，李绍虔复曰王晏球，李绍奇复曰夏鲁奇，李绍能复曰米君立。"② 霍彦威等有劝进之功，深知明宗心理。他们上表，一方面是表示与唐庄宗划清界限，另一方面也是在暗示自己并非李家宗室，对帝位毫无觊觎之意。

我们知道，李克用广收义儿，一般以"存"、"嗣"为行辈，但亲子之中除李嗣昭外③，均名"存某"，无一"嗣某"④。而其弟李克修之子名

---

① 《旧五代史》卷74《康延孝传》，第969页。
② 《旧五代史》卷36《唐明宗纪二》，第496页。
③ 李嗣昭虽被列入《新五代史·义儿传》，然实为李克用亲子。参杨冬生、杨岸青《李嗣昭为李克用之"元子"辨》，《山西教育学院学报》2000年第1期。
④ 参《唐故河东节度观察处置等使开府仪同三司守太师兼中书令晋王（李克用）墓志铭并序》，拓片照片见张希舜主编：《隋唐五代墓志汇编·山西卷》，天津古籍出版社1991年版，第177页。录文见吴钢主编《全唐文补遗》第7辑，三秦出版社2000年版，第164—166页。但此录文有不少讹误，日本学者森部丰、石见清裕依据拓片图版重新进行录文、译注和研究，今依此本。参见［日］森部丰、石见清裕《唐末沙陀〈李克用墓志〉》译注、考察》，《内陆アジア言语の研究》第18号，2003年。

嗣弼、嗣肱；李嗣昭号称李克柔养子，则是李克用诸弟之子多以"嗣"为行辈。换言之，"存"字辈是主干宗家，"嗣"字辈则是支脉分家。同样，唐庄宗李存勖亲子皆以"继"为行辈，而其义兄弟诸子多以"从"字为行辈。这还是在标明嫡庶之别。庄宗赐姓多称"李绍某"，甚至未将其纳入宗室，则又疏远了一层。唯有两人例外，被赐予了"继"字行辈。他们就是张从训和李从璟。

先看张从训，其传称：

> 父存信，河东蕃汉马步军都指挥使，武皇赐姓名，眷同亲嫡。……庄宗与梁人相拒于德胜口，征赴军前，补充先锋游奕使，俄转云捷指挥使、检校司空，赐名继鸾，从诸子之行也。明宗微时，尝在存信麾下为都押牙，与从训有旧，及即位，授石州刺史，复旧姓名。①

张从训大概因颇得庄宗喜爱，故能"赐名继鸾，从诸子之行"。这已经能够说明被赐名"继某"是庄宗诸子才有的待遇。需要注意的是，张从训出身代北集团，父亲李存信即已被赐姓李氏，"眷同亲嫡"，可称得上是宗室。与霍彦威等人对李姓毫无感情不同，他的"李"姓是其家族荣耀功绩的象征。而到了明宗之时，即使与其有旧，却还要"复旧姓名"。不仅庄宗时代的象征"诸子之行"的名字"继鸾"，被改为了和明宗诸子同一行辈的"从训"，姓也由"李"而"张"，与皇室再也没有关联了。

其实不仅是他，李克用其他义儿的子孙也纷纷改复姓名。如李存进（孙重进）之子汉英，在《旧五代史》卷一二九有传，即称孙汉英。另一个儿子汉韶，近年有墓志出土，盖文曰《大蜀守太傅乐安郡王曾（赠）太尉梁州牧赐谥忠简孙公内志》，② 是亦以孙氏为姓，而非李氏。

又如郭从义，据《宋史·郭从义传》载，郭从义其父绍古事李克用忠谨，虽未被收为义儿，但亦蒙赐姓李氏，庄宗亦将郭从义"畜于宫中，与诸子齿"，其实也具有宗室的身份。唐明宗亦与李绍古"情好款狎"，

---

① 《旧五代史》卷91《张从训传》，第1204—1205页。
② 《孙汉韶墓志》，周阿根：《五代墓志汇考》，黄山书社2012年版，第576页。

关系非同一般。① 然而《宋史》既然称其为郭从义，足见其亦曾去除李姓，回改郭姓，此事自然也发生在天成初年。

又如符存审之子符彦卿，《宋史·符彦卿传》载："辽人自阳城之败，尤畏彦卿，或马病不饮龁，必唾而呪曰：'此中岂有符王邪？'"② 阳城之战发生在晋少帝开运二年（945），符彦卿于此时被称为"符王"，则复姓更在之前。《通鉴》卷二七六天成二年九月条载："北都留守李彦超请复姓符，从之。（胡注：彦超，李存审子；存审本姓符。）"③ 则符彦卿复姓亦当与其兄彦超同在此时。

李从璟的赐姓则更富政治意义。《册府元龟》卷二八六《宗室部·忠二》云：

> 后唐赠太保从璟，明宗长子。明宗在魏府为军士所逼，庄宗诏从璟曰："尔父于国有大功，忠孝之心，朕自明信，今为乱兵所劫，尔宜自去宣朕旨，无令有疑。"从璟行至中途，为元行钦所制，复与归洛下。庄宗改其名为继璟，以为己子，命再往，从璟固执不行，愿死于御前，以明丹赤。从庄宗赴汴州，明宗之亲旧多策马而去，左右或劝从璟令自脱，终无行意，寻为元行钦所杀。天成初，赠太保。④

李从璟为唐明宗长子，却在明宗起事之时选择了忠于庄宗。庄宗大为感动，便将其"从"字改为"继"字，"以为己子"，也即从支脉变成了嫡系。同时也意味着李继璟已经不再是李嗣源这样一个乱臣贼子之后，而是唐庄宗的忠臣孝子。在政变的危难之际，庄宗依旧心念姓名之改动，可见其蕴含的正统意味非比寻常。然从史书仍称其为"从璟"看，当唐明宗夺取大权之后，改名便告作废，赠太保诏上所书必然还是明宗之子李从璟，而非庄宗之子李继璟。

正如唐庄宗利用李从璟的改名来宣告和唐明宗划清界限一样，唐明宗也在名字上作起文章，以昭示庄宗时代的终结。《旧五代史》卷37《唐明

---

① 《宋史》卷252《郭从义传》，第8550页。
② 《宋史》卷251《符彦卿传》，第8840页。
③ 《资治通鉴》卷276，后唐明宗天成二年九月条，第9008页。
④ 《册府元龟》卷286《宗室部·忠二》，第3370—3371页。

宗纪三》载天成元年九月诏云：

> 凤翔节度使李曮，世联宗属，任重藩宣，庆善有称，忠勤显著。既在维城之列，宜新定体之文。是降宠光，以隆敦叙，俾焕成家之美，贵崇犹子之亲。宜于本名上加'从'字。①

这里前称"凤翔节度使李曮"，后称"于本名上加'从'字"，其实不确。李曮本名李继曮，应当称改"继"为"从"。这其中颇值玩味。我们知道，李克用、李茂贞都本非李姓，而是赐姓，并被编入宗室属籍。巧合的是，他们又都属于郑王房，②故诏书中称"世联宗属"。从这点上论，两者实为一家。在行辈字号使用上都选择了以"继"字为嫡，③可能是郑王房的谱系传承。明宗下诏改"继"为"从"，正是从最为直观的名字上宣布改朝换代，向世人昭示从此以后，"从"字辈才是李家主流。

李嗣源一方面将在武皇朝、庄宗朝被赐姓名的诸将改复原名，移除宗室之列。这是因为他们与自身具有相似的经历，对皇位同样有着继承权，是统治的隐患。另一方面又将未能真正掌控的李茂贞诸子改换行辈，承认他们"成家之美""犹子之亲"的宗族地位，以达到笼络人心，宣示正统的作用。这样一正一反的举措，根本上还是为了巩固自己的统治。

然而我们也注意到，有一人在这场改易姓名的运动中未受任何影响，那就是李从珂。要解释此问题，还需从假子的诸类型入手。日本学者栗原益男将唐末五代的假子分为集团型和个人型。④前者是类似安禄山的八千曳落河，是带有奴隶性的、无主体性的。他们往往在史籍上以一个团体形式出现，并无个人姓名事迹流传下来。而后者则是个人性的，一对一的，

---

① 《旧五代史》卷37《唐明宗纪三》，第510—511页。
② 《旧五代史》卷25《唐武皇纪上》云："咸通中，讨庞勋有功，入为金吾上将军，赐姓李氏，名国昌，仍系郑王房。"，第332页。《李茂贞墓志》云："王贯陇西郡，大郑王房。"周阿根：《五代墓志汇考》，第164页。
③ 李茂贞亦广收假子，以"继"、"彦"为行辈，然其亲子则皆名"继某"，后改"从某"，无以"彦"为行辈者。参王凤翔《晚唐五代李茂贞假子考论》，《唐史论丛》第11辑，三秦出版社2009年版，第281页。正如李克用诸义儿以"存"、"嗣"为行辈，然亲子只以"存"为名。
④ ［日］栗原益男：《唐末五代の假父子的结合における姓名と年龄》，《东洋学报》第38卷第4号，1956年。

本文所讨论的义儿基本都属于此类情况。个人型的假子与假父的亲密程度无疑要比集团型假子高得多。然而，仅仅两层的划分还不足以细致地刻画历史情况。于是戴显群先生又提出了假子分为三种类型，即真正的养子型、亲兵型、介于两者之间型。其中所谓亲兵型就是栗原的集团型假子，养子型和介于两者之间型就是对个人型假子进行了再一次的划分。但二者之间到底界限何在，戴先生并未能说清，而是称："上述分类只是代表一种基本趋向，具体落实到某个人的身上，有的可能会有两重性。特别是第一种类型与第三种类型有不少共同的特征，两重性的可能性就更大。"①其实标准很易划分，以父子之间是否有亲属关系判断即可。如晋少帝石重贵本是高祖石敬瑭兄敬儒之子，敬儒早亡，石敬瑭便养之为子。又如周世宗柴荣本是郭威妻侄，因家道中落投靠郭威，被郭威收养为子。此类情况古时早已有之，不足为奇。父子之间情谊当然也比纯粹为政治利益而结合的假父子深厚得多。

李从珂虽与唐明宗李嗣源无血脉之亲，但亦可归于此类。其原因就在于他的母亲被李嗣源收为姜室，自己也和李嗣源居住在一起。这一点与其他诸将迥然不同。《通鉴考异》引《唐废帝实录》云：

> 时明宗为裨将，性阔达不能治生，曹后亦疏于画略，生计所资，惟宣宪而已。②

又《旧五代史》卷四六《唐末帝纪上》云：

> 后数日，安重诲以帝（李从珂）失守，讽宰相论奏行法，明宗不悦。重诲又自论奏，明宗曰："朕为小将校时，家徒衣食不足，赖此儿荷石灰、收马粪存养，以至今贵为天子，而不能庇一儿。卿欲行朝典，朕未晓其义，卿等可速退，从他私第闲坐。"③

---

① 戴显群：《唐五代假子制度的类型及其相关的问题》，《福建师范大学学报》（哲学社会科学版）2000 年第 3 期。
② 《资治通鉴》卷 268，后梁均王乾化三年三月条《考异》，第 8770 页。
③ 《旧五代史》卷 46《唐末帝纪上》，第 627 页。

从以上两条史料来看，李从珂之母（宣宪皇后）不仅成为唐明宗的妾室，还掌握了家中的财政大权，即所谓"生计所资，唯宣宪而已"。李从珂正是在这种"衣食不足"的背景下，被自己的亲母派去"荷石灰、收马粪"，以维持家中生计。应当说他们母子二人为唐明宗家庭做出了巨大贡献，与明宗感情也与亲生无异。故李从珂其实与石重贵、柴荣相类似，而与唐明宗之于李克用、元行钦之于唐庄宗的假父子关系在本质上并不相同。

值得一提的是，李从珂登上帝位之后，亦有改名之举。"清泰二年，中书言：'御名上一字，与诸王相连。太宗、玄宗故事，人臣诸王合避相联字，单名。'从之。"① 也即将其兄弟姓名中的从字去掉，只称单名。所谓太宗故事，其实也不甚准确，唐太宗时，二名不偏讳。单避"世"字，还是高宗朝的举措。而唐中后期，更多的是皇帝在成为皇太子、皇帝之后改名，而非让人臣诸王改名。后唐也继承了这一传统。李嗣源即位之后，即改名为"亶"，并下诏："古者酌礼以制名，惧废于物。难犯而易避，贵便于时。况徵彼二名，抑有前例……应文书内，所有二字，但不连称，不得回避。如是臣下之名，不欲与君亲同字者，任自改更，务从私便，庶体朕怀。"② 可见明宗亦不强求臣下改名避讳"嗣"、"源"等字。

李从珂从明宗嫡子手中抢夺帝位，合法性有着天然的不足。他不改换自己名讳，而选择去除兄弟们名字中能代表明宗子嗣的行辈"从"字，从而使得自己独占这一字号。这实际上是在暗示只有他才有资格继承明宗的法统。

从以上分析可以看出，李嗣源、李从珂改动姓名的举动，不是出于诸将自身的诉求，也不是仅仅出于避讳的考虑。而是有着消除前朝影响，树立自身权威，明确帝系嫡庶之别的多重功用，其背后体现的是对皇位正统性的争夺。

本章小结

本章对唐庄宗的赐姓活动进行了细致的考察。其大致分为三类：有宗

---

① 《册府元龟》卷3《帝王部·名讳》，第38页。
② 《册府元龟》卷3《帝王部·名讳》，第37—38页。

属身份的义儿、以降将为主的武将、异族外藩的首领。其中第二类人掌握了相当数量的藩镇和军队，成为庄宗时代的核心力量。

这样一个团体的兴起与活跃，其背后展现的是唐庄宗扩大亲军，排挤李克用时代元从旧部的意图。唐庄宗一方面通过整顿、闲置、"选诸军骁勇者为亲军"等方式限制旧部的权力，另一方面又通过赐姓的方式团结拉拢燕、幽、魏、梁诸处降将，目的还是为了超越过去部落、藩镇的模式，打造一个中央集权的政府。然而由于操之过急，在尚未完全取得降将的信任与忠心之前，就已彻底地激化了与旧臣的矛盾，从而导致了李嗣源的叛乱。而在此危急关头，降将的表现也并不一致，有如元行钦之类誓死效忠庄宗者，也有如霍彦威之类拥立李嗣源者，更多的则是如孔循一样的首鼠两端者。① 最终以庄宗兵败身死，李嗣源顺利篡夺皇位的结果而告终。

李嗣源即位之后，对诸将姓名进行了改动。调整范围不仅包括庄宗时代的降将，就连李克用的义儿义孙们也改回了原本姓名。这宣告着他们丧失了对帝位法统的继承权，不能如唐明宗一样的喊出"武皇功业即予功业，先帝天下即予天下也。兄亡弟绍，于义何嫌"②的口号，来粉饰政变的合法性。

对于尚有半独立性质的李茂贞诸子，唐明宗没有选择贸然地剥夺其李姓，而是将其姓名中的"继"改为"从"字。前者是庄宗诸子的行辈，后者则是自己子孙的象征。名字的改动中宣告着他们效忠对象的变更。

李嗣源之子李从珂更进一步，在其篡夺义弟李从厚的皇位之后，以避讳的名义下诏人臣诸王需要去除名字中的"从"字。李从珂独占这一代表明宗嫡系的字号，这实际上是在暗示只有他才有资格继承明宗的法统。

综上所述，姓名的变动并非简单的赏赐或惩罚，其背后体现着新旧势力的不断博弈的过程。唐庄宗以此来招抚诸将，扩大自身实力。唐明宗则以此改换姓名的方式消除庄宗影响，树立自身权威。唐末帝李从珂则以此来强化自身继承明宗基业的合法性。考察同姓集团的兴衰成败，对我们理解后唐政局的发展有着重要的意义。

---

① 《旧五代史》卷61《西方邺传》："明宗自魏反兵，南渡河，而庄宗东幸汴州。汴州节度使孔循怀二志，使北门迎明宗，西门迎庄宗，所以供帐委积如一，曰：'先至者入之。'"第823页。

② 《旧五代史》卷35《明宗纪一》，第491页。

第六章　以谁为父：后晋与契丹关系新解

天福元年（936），晋高祖石敬瑭以称臣、输岁币、割让燕云十六州等条件换取契丹援军南下。在凭借其军事力量获得帝位的同时，"儿皇帝"的名号也随之永远钉在了历史的耻辱柱上。

千年后的今日，我们已经能够用相对平和的心态来面对这一历史问题了。学界关于石晋与契丹的关系研究已取得丰硕成果。① 其研究主题有二。其一是如何评价石敬瑭的历史地位。石敬瑭在传统史家眼中是以"无耻""卖国贼"的形象出现的。但今人已能更加平和细致地分析其功过，还是肯定了其在内政上宽仁的一面。其二是具体探讨丢失燕云十六州对中原帝国的影响。许学义认为燕云十六州的割让，不仅在现实上导致了双方实力出现明显的消长，更促进了契丹进入封建社会。而郑学檬、张建宇认为，北方藩篱之失并非始于石敬瑭，而宋人的历史书写中也夸大了燕云地区的屏障作用。

但以上研究都还存在进一步的思考空间。如石敬瑭是在何种局面下选择割让燕云十六州？他父事契丹除了引借援兵之外，是否还有别的政治意

---

① 邢义田：《契丹与五代政权更迭之关系》，《食货杂志》1971年第1期。郑学檬：《关于石敬瑭评价的几个问题》，《厦门大学学报》（哲学社会科学版）1983年第1期。任崇义：《略论辽朝与五代的关系》，《社会科学辑刊》1984年第4期。许学义：《浅析后晋割燕云十六州予契丹对双方的影响》，《昭乌达蒙族师专学报》（哲学社会科学版）1988年第1期。范恩实：《石敬瑭割让燕云的历史背景》，收入王小甫主编《盛唐时代与东北亚政局》，上海辞书出版社2003年版。王明荪：《契丹与中原本土之历史关系》，《辽金元史论文稿》，槐下书肆2005年版。顾宏义：《试析五代宋初中原角立中的契丹因素》，《辽金史论集》第10辑，书目文献出版社2007年版。张建宇：《石敬瑭刍议》，《北方文物》2010年第4期。张金铣：《后晋"岁输"浅议》，《史学月刊》2011年第1期。张荣波：《五代十国政权交际述论》，博士学位论文，山东大学，2014年。

图？建国后，又施行何种政策？石敬瑭的称臣献土，对辽太宗政治上又有何种帮助？这些问题都值得深入研究。本章即对此展开若干讨论，以期更加深对这一时代的认识。

第一节 石敬瑭起兵时的形势

要讨论后晋与契丹关系，则必然需从石敬瑭父事契丹开始，而这又与当时形势密切相关，故在本章开始简要述论之。

石敬瑭起兵，乍看与唐明宗李嗣源、唐末帝李从珂、周太祖郭威等人并无区别，都是功高震主，引起皇帝猜忌，在逼迫下反叛。但相较于唐明宗等人先发制人，一路有征无战，轻松夺取了政权，石敬瑭在面对同为久经沙场的李从珂时，却落了后手，被其围困于太原。

石敬瑭出镇河东，事在唐明宗长兴三年（932）十一月，《旧五代史》卷七五《晋高祖纪一》叙其事甚详：

> 是时，秦王从荣奏："伏见北面频奏报，契丹族移帐近塞，吐浑、突厥已侵边地，戍兵虽多，未有统帅，早宜命大将一人，以安云、朔。"明宗曰："卿等商量。"从荣与诸大臣奏曰："将校之中，唯石敬瑭、康义诚二人可行。"帝（石敬瑭）素不欲为禁军之副，即奏曰："臣愿北行。"明宗曰："卿为吾行，事无不济。"及受诏，不落六军副使，帝复迁延辞避。十一月乙酉，明宗复谓侍臣曰："云州奏，契丹自幽州移帐，言就放牧，终冬不退，其患深矣。"枢密使范延光奏曰："已议石敬瑭与康义诚北行，然其定夺，即在宸旨。"帝奏曰："臣虽不才，争敢避事，但进退惟命。"明宗曰："卿为吾行，甚叶众议。"由是遂定。丁亥，加兼侍中、太原尹、北京留守、河东节度使，兼大同、振武、彰国、威塞等军蕃汉马步军总管，改赐竭忠匡运宁国功臣。①

当时朝堂讨论的焦点在于选择何人作为北边防线统帅去抵御契丹入侵。主要人选有石敬瑭和康义诚二人，但就石敬瑭是否落六军副使一职有

---

① 《旧五代史》卷75《晋高祖纪一》，中华书局1976年标点本，第981—982页。

所争论。《本纪》中称"帝素不欲为禁军之副""复迁延辞避",旨在刻画石敬瑭谦逊的形象。但郭武雄先生不同意此点,认为石敬瑭出镇太原,实为避祸。① 其所据材料为《旧五代史·李崧传》:

> 先是,长兴三年冬,契丹入云中,朝廷欲命重将镇太原。时晋祖为六军副使,以秦王从荣不轨,恳求外任,深有北门之望。②

这说明石敬瑭当时已经洞察到明宗死后诸子即将为皇位展开激烈争夺,身为六军副使,一定会卷入到斗争漩涡之中,成败难以预测,不如出守外藩,坐观中枢沉浮,反而安然自保。

后来事态发展果如石敬瑭所料。秦王从荣趁明宗病重起兵篡权,反为其所败伏诛,明宗亦于不久后病逝,宋王从厚即位,是为闵帝。然仅一年,潞王从珂起兵反叛,夺取皇位,是为末帝。而当时为闵帝出典禁军的正是康义诚,最后竟被末帝"斩于兴教门外,夷其族"③。若石敬瑭与康义诚易地而处,结果恐也同样凄惨。

直到清泰三年(936)石敬瑭起兵,其间除唐闵帝、末帝之争时偶有反复,④ 近五年内,河东一直在其掌控之下,甚至唐末帝与其还达成过协议,"与卿北门,一生无议除改"⑤。但频繁改易方镇,是中央防止地方做大的惯用手段,此约定不过是唐末帝即位之初安抚人心的权宜之举。若真得以实行,无异于将后唐龙兴之地完全割让给石敬瑭,使其建立国中之国,而这显然是唐末帝所不能忍受的。其实他对石敬瑭早已猜忌颇深,《新五代史·晋皇后李氏传》称"自废帝(即唐末帝)立。常疑高祖必反。(清泰)三年,公主自太原入朝,千春节辞归,留之不得,废帝醉,

---

① 郭武雄:《五代史辑本证补》,台湾商务印书馆1976年版,第150页。
② 《旧五代史》卷108《李崧传》,第1420页。
③ 《旧五代史》卷66《康义诚传》,第880页。
④ 《旧五代史》卷45《唐闵帝纪》:"(应顺元年二月己卯)宣授凤翔节度使、潞王从珂为权北京留守,以北京留守石敬瑭权知镇州军州事。……(三月)以北京留守、河东节度使石敬瑭依前检校太尉、兼中书令,其真定尹、充镇州节度使、大同彰国振武威塞等军蕃汉马步总管如故。"第618—619页。
⑤ 《旧五代史》卷75《晋高祖纪一》,第983页。《新五代史》8《晋高祖纪》云:"先帝授吾太原使老焉。"中华书局1974年标点本,第79页。这与《旧五代史》中此句所谓"孤再受太原之日"不符。参见陈尚君《旧五代史新辑会证》卷75《晋高祖纪一》此段校勘记二,复旦大学出版社2005年版,第2269页。

语公主曰：'尔归何速，欲与石郎反邪？'既醒，左右告之，废帝大悔。公主归，以语高祖，高祖由是益不自安。"① 所谓千春节，即唐末帝李从珂生日，为正月二十三日。②

四个月后，唐末帝下定决心移藩，于五月辛卯下旨："以河东节度使、兼大同彰国振武威塞等军蕃汉马步总管、检校太师、兼中书令、驸马都尉石敬瑭为郓州节度使，进封赵国公。以河阳节度使、充侍卫马步军都指挥使宋审虔为河东节度使。甲午，以前晋州节度使、大同彰国振武威塞等军蕃汉副总管张敬达充西北面蕃汉马步都部署，落副总管。"③ 石敬瑭自然不可能奉诏，于是末帝继续下诏："壬寅，削夺石敬瑭官爵，便令张敬达进军攻讨。乙卯，以晋州节度使张敬达为太原四面兵马都部署，寻改为招讨使。以河阳节度使、侍卫马军都指挥使张彦琪为太原四面马步军都指挥使。以邢州节度使安审琦为太原四面马军都指挥使。以陕州节度使相里金为太原四面步军都指挥使。以右监门上将军武廷翰为壕寨使。丙辰，以定州节度使杨光远为太原四面兵马副部署、兼马步都虞候，寻改为太原四面副招讨使，都虞候如故。以前彰武军节度使高行周为太原四面招抚兼排阵使。"④ 据《辽史·高模翰传》记载，总兵力甚至达到了五十万。⑤ 这一数字或许有些夸张，但从其部署来看，张敬达从北，张彦琪从南，安审琦从东南，杨光远从东北，相里金、高行周从西同时进攻，军队亦当有相当之规模。

面对这种情况，石敬瑭已经有所准备。起兵之时，便不断招诱邻近节帅。如屯于代州的雄义都指挥使安元信、振武西北巡检使安重荣、安审琦从弟安审信等都起兵响应，率部曲奔入太原，然终不能据有其地，对石敬瑭帮助有限。⑥ 此外，邺都捧圣都虞候张令昭、云州桑迁等也谋应河东，

---

① 《新五代史》卷17《晋家人传·高祖皇后李氏传》，第175页。
② （宋）王溥：《五代会要》卷1《帝号》，上海古籍出版社2006年版，第4页。
③ 《旧五代史》卷48《唐末帝纪下》，第659页。
④ 《旧五代史》卷48《唐末帝纪下》，第660页。
⑤ 《辽史》卷七六《高模翰传》云："天显十一年七月，唐遣张敬达、杨光远帅师五十万攻太原，势锐甚。石敬瑭遣人求救，太宗许之。"中华书局1974年标点本，第1249页。
⑥ 《资治通鉴》卷280，后晋高祖天福元年五月条云："先是，雄义都指挥使马邑安元信将所部六百余人戍代州，代州刺史张朗善遇之。元信密说朗曰：'吾观石令公长者，举事必成；公何不潜遣人通意，可以自全。'朗不从，由是互相猜忌。元信谋杀朗，不克，帅其众奔审信，审信遂帅麾下数百骑与元信掠百井奔晋阳。……振武西北巡检使安重荣戍代北，帅步骑五百奔晋阳。"第9144页。

但旋即被灭。石敬瑭很快陷入了大军围城的困境之中。

张敬达等围困晋阳之战的详细记载虽不算太多，但还是能从史籍中勾稽出一些材料来说明问题。《通鉴》卷二八〇云：

> 帝闻契丹许石敬瑭以仲秋赴援，屡督张敬达急攻晋阳，不能下。每有营构，多值风雨，长围复为水潦所坏，竟不能合。（胡注：史言天方相晋，张敬达无所施其力。）晋阳城中日窘，粮储浸乏。（胡注：若契丹之援不至，晋不能支矣。）①

《册府元龟》所载更为详细：

> 末帝既有诏促令攻取，敬达长城连栈，勇者尽其力，工者运其思，日夜穷土木之力。时督事者每有所构，则暴风大雨，平地水深数尺，而城栅摧堕竟不能合其围。帝求援契丹，俄遣人复书诺之，约以中秋赴义。……是月（八月）张敬达攻围甚急。帝亲与矢石，人心虽固，廪食渐困。②

虽然"每有营构，多值风雨"，在胡三省看来是"史言天方相晋"，但是"平地水深数尺"，无疑也会增加防守的困难，加之晋阳军粮短缺，故而胡三省最后还是认为"若契丹之援不至，晋不能支矣"，更何况张敬达军的战斗力还在石敬瑭之上。《旧五代史》卷四八《唐书·末帝纪下》清泰三年八月条云：

> 辛巳，张敬达奏，贼城内出骑军三十队、步卒三千人冲长连城，高行周袭杀入壕，溺死者大半，擒贼将安小喜以下百余人，甲马一百八十四。③

同书卷八七《韩王晖传》载：

---

① 《资治通鉴》卷280，后晋高祖天福元年八月条，第9147—9148页。
② 《册府元龟》卷8《帝王部·创业四》，中华书局1960年影印本，第90页。
③ 《旧五代史》卷48《唐末帝纪下》，第664页。

（石）晖生而庞厚，刚毅雄直，有器局，行不由径，临事多智，故高祖于宗族之中，独厚遇之。初，张敬达之围晋阳也，高祖署晖为突骑都将，常引所部，出敌之不意，深入力战，虽夷伤流血，矢镞贯骨，而辞气益厉，高祖壮之。①

综合两条材料，即可知所言当为一事，即石晖率众展开突袭，为张敬达所破。由此可见当时晋阳形势之窘迫。石晖身为宗室，又为石敬瑭所厚遇，以为"突骑都将"，所率部众当为晋阳城中之精锐，然结果却是"溺死者大半"。无论本传中如何渲染，也掩盖不了石晖大败重伤的事实。由此可见，只靠石敬瑭自身的力量是不可能抵挡住唐末帝进攻的。在此危急情况下，石敬瑭选择向契丹求援。关于求援细节，诸史众说纷纭，现略引于下。②《旧五代史》卷七五《晋高祖纪一》云：

　　（清泰三年五月）朝廷以帝（石敬瑭）不奉诏，降旨削夺官爵，即诏晋州刺史、北面副招讨使张敬达领兵围帝于晋阳。帝寻命桑维翰诣诸道求援，契丹遣人复书诺之，约以中秋赴义。……（九月辛丑）是夜，帝出北门与戎王相见，戎王执帝手曰："恨会面之晚。"因论父子之义。③

其实石敬瑭派出的第一个使臣并非桑维翰，而是赵莹。《辽史·太宗纪上》云：

　　（天赞十一年七月）唐河东节度使石敬瑭为其主所讨，遣赵莹因西南路招讨卢不姑求救，上白太后曰："李从珂弑君自立，神人共怒，宜行天讨。"时赵德钧亦遣使至，河东复遣桑维翰来告急，遂许兴师。④

---

① 《旧五代史》卷87《韩王晖传》，第1138页。
② 可参范恩实《石敬瑭割让燕云的历史背景》，收入王小甫主编《盛唐时代与东北亚政局》，上海辞书出版社2003年版，第318—319页。
③ 《旧五代史》卷75《晋高祖纪一》，第984—985页。
④ 《辽史》卷3《太宗纪上》，第38页。

第六章　以谁为父:后晋与契丹关系新解　167

赵德钧当时是卢龙节度使,奉旨讨伐石敬瑭,却暗自与契丹勾结,欲自立为帝。《通鉴》卷二八〇天福元年(清泰三年)闰十一月条云:

> 赵延寿献契丹主所赐诏及甲马弓剑,诈云德钧遣使致书于契丹主,为唐结好,说令引兵归国;其实别为密书,厚以金帛赂契丹主,云:"若立己为帝,请即以见兵南平洛阳,与契丹为兄弟之国;仍许石氏常镇河东。"契丹主自以深入敌境,晋安未下,德钧兵尚强,范延光在其东,又恐山北诸州邀其归路,欲许德钧之请。①

《通鉴》虽将其系于闰十一月,但赵德钧与契丹的接触是经常性的,求立为帝,结为兄弟之国的意愿亦当早已表达出来。又《旧五代史·桑维翰传》云:

> 及建义太原,(桑维翰)首预其谋。复遣为书求援于契丹,果应之,俄以赵德钧发使聘契丹,高祖惧其改谋,命维翰诣幕帐,述其始终利害之义,其约乃定。②

综合上述记载,我们可以大致勾勒出一条时间轴,即:清泰三年(936)五月石敬瑭起兵,遣赵莹向契丹求援——赵德钧奉旨讨晋,同时遣使向契丹请立为帝——七月,石敬瑭得知赵德钧所为,又遣桑维翰出使契丹,"述其始终利害之义",终于求得援兵。这处所谓"利害之义",即是石敬瑭所给出的条件。《通鉴》卷二八〇清泰三年七月条云:

> 石敬瑭遣间使求救于契丹,令桑维翰草表称臣于契丹主,且请以父礼事之,约事捷之日,割卢龙一道及雁门关以北诸州与之。刘知远谏曰:"称臣可矣,以父事之太过。厚以金帛赂之,自足致其兵,不必许以土田,恐异日大为中国之患,悔之无及。"敬瑭不从。表至契丹,契丹主大喜,白其母曰:"儿比梦石郎遣使来,今果然,此天

---

① 《资治通鉴》卷280,后晋高祖天福元年闰十一月条,第9155—9156页。
② 《旧五代史》卷89《桑维翰传》,第1162页。

意也。"①

石敬瑭与辽太宗约为父子,并许割让燕云十六州,既非起兵的五月,亦非与辽太宗会面的九月,而是在得知赵德钧往来的七月。石敬瑭最开始向契丹求援时,其实并未做好"以父事之""许以田土"的心理准备。但由于赵德钧的介入,契丹援军是否会如期而至尚难确定,加之当时晋阳已经岌岌可危,随时可能破城。故无论刘知远如何劝说,石敬瑭仍然选择加重收买契丹的砝码。正如当年突厥他钵弥可汗所言:"但使我在南两个儿孝顺,何忧无物邪?"② 石敬瑭和赵德钧都在仿效北周北齐竞相倾其所有勾结契丹(突厥)。辽太宗最后选择支持河东,无非是石敬瑭所付出的代价更多而已。

在石敬瑭所作出的诸多承诺中,最为核心的当属割让燕云十六州。而这又分为燕、云两个部分,也即《通鉴》所谓"卢龙一道"和"雁门关以北诸州"。具体到十六州州名,《辽史》记载略有分歧,卷4《太宗纪下》云:"晋复遣赵莹奉表来贺,以幽、蓟、瀛、莫、涿、檀、顺、妫、儒、新、武、云、应、朔、寰、蔚十六州并图籍来献。"③ 然卷37《地理志一》则称:"太宗立晋,有幽、涿、檀、蓟、顺、营、平、蔚、朔、云、应、新、妫、儒、武、寰十六州。"④ 有营、平二州,无瀛、莫二州。清人钱大昕《廿二史考异》对此有所考证,认为营、平二州是辽太祖时所得,而非石晋所赂,故当从《太宗纪》。⑤

在这十六州中,云、应、朔、寰、蔚属河东,也即所谓"雁门关以北诸州",为石敬瑭所控;其余十一州属河北,即所谓"卢龙一道",为赵德钧所控。而这两部分的地位却不可同日而语。

在经济上,幽州人口稠密,物力雄富,刘守光曾言:"我大燕地方二千里,带甲三十万,东有鱼盐之饶,北有塞马之利。"⑥ 其言虽可能有所

---

① 《资治通鉴》卷280,后晋高祖天福元年七月,第9146—9147页。
② 《周书》卷50《突厥传》,中华书局1971年标点本,第911页。
③ 《辽史》卷4《太宗纪下》,第44—45页。
④ 《辽史》卷37《地理志一》,第437页。
⑤ (清)钱大昕撰,方诗铭、周殿杰点校:《廿二史考异》卷83《辽史》,上海古籍出版社2004年版,第1137—1138页。另参《旧五代史新辑会证》卷75《晋高祖纪一》此段校勘记一,第2279页。
⑥ 《旧五代史》卷135《刘守光传》,第1804页。

夸张，然亦可想见燕地富饶。但云州等地向来户口稀少，最盛之时亦不过二万，尚不及彼时幽州一州的三分之一，与河东的核心区域太原则相差更远。①

以战略地位而论，云朔等州在雁门关以北。若说河东之屏障在雁门，那么云朔诸州只能算是河东屏障的屏障。加之其地早已是"封略之内，杂虏所居"、"纵有编户，亦染戎风，比于他邦，实为难理。"② 只能算作中原与游牧民族的战略缓冲地。即使其地为契丹所有，河东尚能凭借雁门天险据守。但幽州情况则有所不同。若说中原腹地屏障在幽州，则幽州屏障在平、营二州，然其地早已为契丹所获。换言之，幽州已是中原最后一道防线，与云州的战略地位有着天壤之别。故胡三省云："人皆以石晋割十六州为北方自撤藩篱之始，余谓雁门以北诸州，弃之犹有关隘可守。汉建安丧乱，弃陉北之地，不害为魏、晋之强是也。若割燕、蓟、顺等州，则为失地险。然卢龙之险在营、平二州界，自刘守光僭窃，周德威攻取，契丹乘间遂据营、平。自同光以来，契丹南牧直抵涿、易，其失险也久矣。"③ 胡氏强调的虽是北方藩篱早失，非自石敬瑭割地而起，且他同时指出了割让雁门以北诸州，仍有关隘可守；而幽州天险早已失去，割让燕蓟之地，则更失地利。两地地位之高下显而易见。

当然更为重要的是，这十六州的所有权本就不全归石敬瑭所有。石敬瑭的身份是"河东节度使、兼大同彰国振武威塞等军蕃汉马步总管"，对云朔等代北诸州还有着极大影响，但这并不意味对其完全掌控。如《旧五代史·唐末帝纪下》云："（清泰三年七月）云州节度使沙彦珣奏，此月二日夜，步军指挥使桑迁作乱，以兵围子城，彦珣突围出城，就西山据雷公口。三日，招集兵士入城诛乱军，军城如故。"④ 当时石敬瑭已经起兵，和中央处于交战状态。沙彦珣既然仍在向唐末帝报告，可知仍忠于中央，而被诛的桑迁则很可能是在响应河东而起兵作乱。由此可见云州其时

---

① 《新唐书》卷39《地理志三》云："太原府……户十二万八千八百五。云州……户三千一百六十九。朔州……户五千四百九十三。蔚州……户五千五十二。幽州……户六万七千二百四十三。"中华书局1975年标点本，第1003、1006—1007、1019页。
② （宋）乐史撰：《太平寰宇记》卷49《河东道·代州》，中华书局2007年版，第1026页。这里所云虽是代州风俗，但云州、朔州、蔚州等地均同。
③ 《资治通鉴》卷280，后晋高祖天福元年十一月条，第9154页。
④ 《旧五代史》卷48《唐末帝纪下》，第663页。

已经脱离石敬瑭的控制。

至于幽州，赵德钧已在此经营十年，根基深厚，石敬瑭对其毫无影响可言，割让其地不过一句空言。而且当时赵德钧已和契丹有所勾结，石敬瑭提出割地，正可挑拨双方关系，争取到契丹援军。其实，虽然后来赵德钧因奉唐末帝诏讨石敬瑭，率军远离幽州，为契丹所破，其人亦卒于契丹。但石敬瑭割让幽州之后，契丹仍以其养子赵延寿为"为幽州节度使，封燕王"，后"契丹既与（晋）少帝绝好，契丹主委延寿以图南之事，许以中原帝之。"① 可见不仅幽州几乎一直在赵家父子手中，当后晋与契丹决裂之时，辽太宗甚至又有扶立赵延寿为中原傀儡皇帝的计划，用以取代石晋的地位。

总之，石敬瑭所提议的割地计划，不过是将自己部分掌控、贫瘠、在雁门关防线之外的云朔五州与和自己丝毫无涉、被赵德钧所完全掌控的、富饶、在平、营防线之下的幽蓟十一州相捆绑割让给契丹。自己出让利益较少，而损害赵德钧的利益极多，这样一来就使得赵德钧难以给出同样的筹码，从而确保自己能获得契丹的援军。

以上即是石敬瑭起兵前期的形势分析。石敬瑭通过割地、岁输、称儿称臣引来契丹援兵，最终在与唐末帝的斗争中取得了胜利，成功建国，是为晋高祖。契丹支持的军事意义已经一目了然，无需赘言。但契丹对后晋立国有何政治上的意义？与石敬瑭称儿皇帝是否有所关联？这是以往学界较少关注之处，下一节将对此展开详细分析。

第二节　石敬瑭称儿的政治意义

辽太宗率众为石敬瑭解围之后，便立刻展开立其为帝的活动。《辽史·太宗纪上》云："（天显十一年，即清泰三年）冬十月甲子，封敬瑭为晋王，幸其府。敬瑭与妻李率其亲属捧觞上寿。"② 这一记载虽未见于新旧《五代史》《通鉴》，但颇符合自古以来称帝前先封大国的传统，故当属实。十一月，辽太宗正式册立石敬瑭为大晋皇帝，其册文中颇有值得

---

① 《旧五代史》卷98《赵延寿传》，第1311页。
② 《辽史》卷3《太宗纪上》，第38页。

分析之处，兹摘录如下：

> 大契丹皇帝若曰：……暨明宗之享国也，与我先哲王保奉明契，所期子孙顺承，患难相济，丹书未泯，白日难欺，顾予纂承，匪敢失坠。尔惟近戚，实系本枝，所以余视尔若子，尔待予犹父也。
>
> 朕昨以独夫从珂，本非公族，窃据宝图，弃义忘恩，逆天暴物，诛剪骨肉，离间忠良，听任矫诪，威虐黎献，华夷震悚，内外崩离。
>
> ……仍以尔自兹并土，首建义旂，宜以国号曰晋，朕永与为父子之邦，保山河之誓。①

册文第一段是在陈述辽太宗、唐明宗、石敬瑭三人的关系其来有自，辽太宗、石敬瑭的父子关系有历史依据。第二段则是强调唐末帝李从珂的失德，需要有人取而代之。第三段则是宣告大晋建国，并确立其与契丹的关系是"永与为父子之邦"。这三点都有值得分析之处。

首先，石敬瑭父事辽太宗有着自己的逻辑，即唐明宗与辽太祖耶律阿保机"保奉明契"。作为唐明宗的女婿，自然也继承了唐明宗的人际关系，故而册文中说道"尔惟近戚，实系本枝"。这种人际关系的继承，就是石敬瑭以辽太宗为父的理论依据。两者的父子关系是建立在唐明宗与契丹之"明契"上的，是论资排辈延续下来的，与年龄无关。

但辽太宗在册文中所言并非全然属实。唐明宗于天成元年（926）四月即位，辽太祖在天赞五年七月去世。这两件事发生在同一年，也即如果两人真的有"保奉明契"，也必然发生在这短短的两个多月之间。在这两个月内的外交活动，《辽史》上记载比较官方刻板，是一般史书的书写模式：

> （四月）是月，唐养子李嗣源反，郭存谦弑其主存勖，嗣源遂即位。……（六月）丙午，次慎州，唐遣姚坤以国哀来告。②

这里只说姚坤前来告哀，属于正常的外交活动。当然我们并不否认这

---

① 《旧五代史》卷75《晋高祖纪一》，第986—987页。
② 《辽史》卷2《太祖纪下》，第22—23页。

是唐明宗在宣告自己政权的正式确立，希望得到周邻政权的认可，但唐辽双方尚未签订某种"明契"。实际上，两国关系并未就此缓和，譬如当年八月"庚子，幽州言契丹寇边，命齐州防御使安审通将兵御之"①。之后契丹卢龙节度使卢文进更是杀掉了"契丹戍平州者"，带着十几万人投奔后唐。直到次年，契丹才逐渐遣使请求互市、朝贡、通和。但即便如此，双方冲突仍未平息，相互间的攻伐不绝于书。可见在天成元年姚坤告哀那次，并未签订什么盟约。

但辽太宗所言也并非完全是空穴来风。其实姚坤使辽这一事件在《旧五代史·契丹传》和《契丹国志》中就有清晰的记载。其中又以《旧五代史》记载最为详尽，兹引于下：

> 明宗初篡嗣，遣供奉官姚坤奉书告哀。……阿保机号咷，声泪俱发，曰："我与河东先世约为兄弟，河南天子吾儿也。近闻汉地兵乱，点得甲马五万骑，比欲自往洛阳救助我儿，又缘渤海未下，我儿果致如此，冤哉。"泣下不能已。
>
> 又谓坤曰："今汉土天子，初闻洛阳有难，不急救，致令及此。"坤曰："非不急切，地远阻隔不及也。"又曰："我儿既殂，当合取我商量，安得自立。"……又曰："汉国儿与我虽父子，亦曾彼此仇敌，俱有恶心，与尔今天子无恶，足得欢好。尔先复命，我续将马万骑至幽、镇以南，与尔家天子面为盟约，我要幽州，令汉儿把捉，更不复侵入汉界。"②

原来所谓"明契"，即是辽太祖准备占取幽州，要与唐明宗"面为盟约"，但只是一个构想，并未实现。《契丹国志·太祖纪》云：

> （辽太祖）又曰："我于今天子无怨，足以修好。若与我大河之北，吾不复南侵矣。"坤曰："此非使臣所得专也。"太祖怒囚之。旬余复召之，曰："河北恐难得，得镇定幽州亦可也。"给纸笔，趣为

---

① 《资治通鉴》卷275，后唐明宗天成元年八月条，第8992页。
② 《旧五代史》卷137《契丹传》，第1830—1831页。修订本"不急救"作"何不急救"，"与尔天子无恶"作"与尔天子彼此无恶"，第2132—2133页。

第六章 以谁为父：后晋与契丹关系新解

状。坤不可，欲杀之。韩延徽固谏乃复囚之。①

可见姚坤都激烈反对此事，更不用说唐明宗了。而辽太祖将此事认为是"明契"，其实是在为自己占据燕云十六州提供历史依据。

另外值得注意的是，辽太祖在与姚坤谈判时，不断以"我儿"指代唐庄宗，其逻辑依据是"我与河东先世约为兄弟"。这件事是事实，《旧五代史·武皇纪下》云："天祐二年春，契丹阿保机始盛，武皇召之，阿保机领部族三十万至云州，与武皇会于云州之东，握手甚欢，结为兄弟，旬日而去，留马千匹，牛羊万计，期以冬初大举渡河。"②但其实这种兄弟之盟早已破裂。众所周知，李克用死前交给唐庄宗三支箭表达自己的恨意和遗憾，其中一支即是用来"击契丹"的。③唐庄宗也一度"以叔父事阿保机，以叔母事述律后"，但这是其"方营河北时"的权宜之计。④在贞明三年，契丹围困周德威镇守的幽州二百余日，唐庄宗派李嗣源（唐明宗）驰援，和契丹在幽州城外发生大战，"俘斩万记"，赢得了幽州保卫战的胜利。⑤唐辽两者的关系其实已经冷淡到了冰点。辽太祖心里也很清楚此点，故称与唐庄宗是"彼此仇敌，俱有恶心"。而以此为说辞，主要还是为自己的威胁手段找一个借口。

从这里我们很清晰地看到一条逻辑线索：因为辽太祖和李克用是兄弟，所以唐庄宗可算是辽太祖之子。而唐明宗是李克用的养子，当然也同样算作辽太祖之子。如此一来，唐明宗和辽太祖之子辽太宗耶律德光也就成了兄弟，那么唐明宗的女婿石敬瑭也就成了辽太宗的儿子。或者反言之，石敬瑭认辽太宗为父，就等于成了唐明宗的儿子，自然享有继承后唐帝国的权力。这种关系可用下图更清晰地表现出来。

---

① （宋）叶隆礼撰，贾敬颜、林荣贵点校：《契丹国志》卷一《太祖纪》，上海古籍出版社1985年版，第6页。
② 《旧五代史》卷26《唐武皇纪下》，第360页。
③ （宋）王禹偁撰，顾薇薇点校：《五代史阙文·武皇》云："世传武皇临薨，以三矢付庄宗曰：'一矢讨刘仁恭，汝不先下幽州，河南未可图也。一矢击契丹，且曰安巴坚（即阿保机）与吾把臂而盟，结为兄弟，誓复桑家社稷，今背约附贼，汝必伐之。一矢灭朱温，汝能成吾志，死无恨矣。"收入傅璇琮编《五代史书汇编》第4册，杭州出版社2004年版，第2452页。
④ 《资治通鉴》卷260，后梁均王贞明二年十二月条，第8810页。
⑤ 《资治通鉴》卷261，后梁均王贞明三年七月条，第8818页。

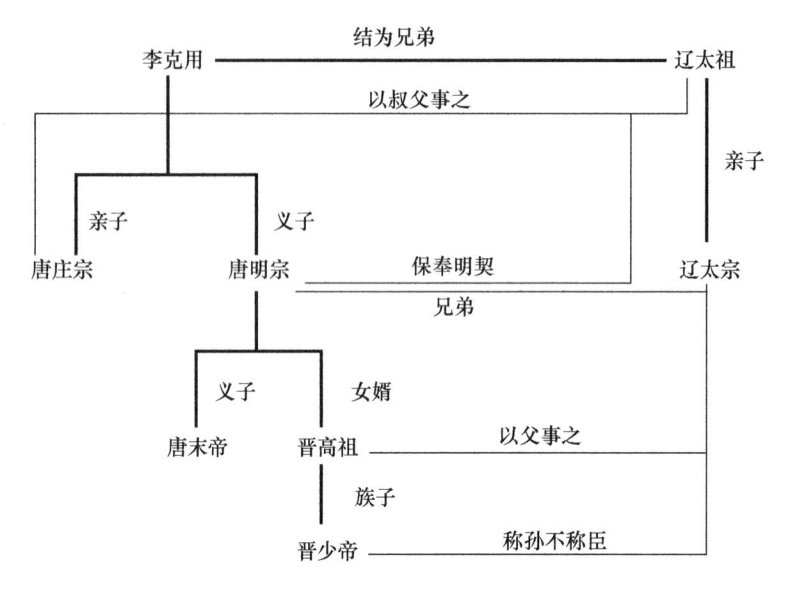

```
        结为兄弟
李克用 ──────────────── 辽太祖
  │      以叔父事之         │
  ├──────────────┐        │ 亲子
  │              │        │
 亲子           义子        │
唐庄宗         唐明宗  保奉明契  辽太宗
                │     兄弟
        ┌───────┤
       义子    女婿
     唐末帝   晋高祖 ── 以父事之
                │
               族子
              晋少帝 ── 称孙不称臣
```

图 6-1　后唐、晋与契丹诸帝关系图①

其实将这种并非发生在自己而是祖辈身上的关系继承下来的做法，早已有之。西晋末年匈奴刘渊姓刘，建国号为汉，称帝后甚至还要追封刘禅为孝怀皇帝，其理由就是汉高祖与匈奴的和亲。② 这种和亲已经距离刘渊的时代非常遥远了，但在需要时还是可以取之做自身正统性的依据。

唐代也有这种例子。当时还是太子的唐代宗李豫在收复长安时，为了拉拢回纥，与其叶护王子结为兄弟。之后叶护被杀，其弟登里成为可汗。唐肃宗去世之后，代宗即位，登里可汗乘机南下，代宗令太子李适（即德宗）前往安抚。在会见登里可汗时，双方为李适是否应该舞蹈行礼发生了争执。回纥宰相和车鼻将军给出了这样的理由："唐天子与登里可汗约为兄弟，今可汗即雍王（李适）叔，叔侄有礼数，何得不舞蹈？"③ 事实上，代宗并未和登里可汗"约为兄弟"，登里是从其兄叶护那里继承了这种关系，并将之直接套用在德宗身上。

正因有上述历史先例，石敬瑭才借用这种逻辑为自身合法性寻求依

---

① 其中粗线表示后唐、晋以及契丹内部的关系，细线表示两者之间的关系。
② 《晋书》卷101《刘元海载纪》云："初，汉高祖以宗女为公主，以妻冒顿，约为兄弟，故其子孙遂冒姓刘氏。"中华书局1974年标点本，第2645页。
③ 《旧唐书》卷195《回纥传》，中华书局1975年标点本，第5203页。

据。而其继承者少帝石重贵也采取了同样的做法。开运时朝廷已经准备和契丹开战，但晋少帝却未放弃他与辽太宗的祖孙关系。《旧五代史·契丹传》云：

> 及少帝嗣位，遣使入契丹，德光以少帝不先承禀，擅即尊位，所赍文字，略去臣礼，大怒，形于责让，朝廷使去，即加谴辱。会契丹回图使乔荣北归，侍卫亲军都指挥使景延广谓荣曰："先朝是契丹所立，嗣君乃中国自册，称孙可矣，称臣未可，中国自有十万口横磨剑，要战即来。"荣至本国，具言其事，德光大怒，会青州杨光远叛，遣使构之。①

景延广所提出的称"孙"不称"臣"，与当年刘知远提出的称"臣"不称"儿"的意见正好相反。但无论是石敬瑭还是少帝石重贵都选择接受了儿孙的身份，这是因为两者都面临着同样的尴尬。

石敬瑭是唐明宗的女婿，从法统上来说在后唐是没有继承权的。石重贵的情况要稍好一些，他的亲生父亲是石敬儒，是石敬瑭的从弟。石敬瑭将石重贵这位从子收为养子，亦是当时常见之情况。石敬瑭去世时，本意是要将皇位传给自己的亲子石重睿，但是因其还是个婴儿，重臣们选择拥立长君，石重贵因此坐上了皇位。当时其生父石敬儒已死，石重贵在追封时却称"皇伯"。欧阳修对此有着自己的看法：

> 呜呼，余书"封子重贵为郑王"，又书"追封皇伯敬儒为宋王"者，岂无意哉！《礼》："兄弟之子犹子也"。重贵书"子"可矣，敬儒，出帝父也，书曰"皇伯"者，何哉？出帝立不以正，而绝其所生也。盖出帝于高祖得为子而不得为后者，高祖自有子也。方高祖疾病，抱其子重睿置于冯道怀中而讬之，出帝岂得立邪？晋之大臣，既违礼废命而立之，以谓出帝为高祖子则得立，为敬儒子则不得立，于是深讳其所生而绝之，以欺天下为真高祖子也。"②

---

① 《旧五代史》卷137《契丹传》，第1834页。
② 《新五代史》卷9《晋高祖纪》，第97—98页。

这里要说明的是所谓的"书曰'皇伯'",并非欧阳修的自创,《旧五代史》中即是如此称呼的。[①] 这就排除了欧阳修因自己好恶改动史料的可能。欧阳修认为"出帝为高祖子则得立,为敬儒子则不得立"的判断,正是晋少帝心理的如实反映,可与称"孙"不称"臣"的态度相互呼应。晋少帝正是用这种方式,来强调自己与石敬瑭的父子关系,以确保帝位不会旁落,其内在逻辑与石敬瑭父事契丹是完全一致的。

总之,石敬瑭只有通过和辽太宗建立父子关系,才能得到"尔惟近戚,实系本枝"的评价,才能确立自己继承明宗政治遗产的合法性。与此同时,册文中还在否认唐末帝李从珂的皇族身份,称其"独夫从珂,本非公族"。这是因为李从珂本姓王,少时和母亲一起为唐明宗所劫,他母亲成为明宗的侍妾,李从珂也成为明宗的养子。就血统而言,李从珂并非唐明宗的后代。然而这种提法说服力不强,因为唐明宗其实也是李克用的养子,血统上也不相同。以"本非公族"的说法否认李从珂的继承权,其实也动摇了明宗统治的合法性。

在这种情况下,石敬瑭需要为其罗织更多的罪名,其中一条便是"诛剪骨肉"。这乍看之下极易误认为是指唐末帝杀害了闵帝李从厚,其实不然。因为在抓捕杀害唐闵帝这件事中,石敬瑭本人就扮演了极不光彩的角色。《通鉴》卷二七九清泰元年四月条云:

> 夏,四月,庚午朔,未明,闵帝至卫州东数里,遇石敬瑭;帝大喜,问以社稷大计。……乃往见弘贽问之,弘贽曰:"前代天子播迁多矣,然皆有将相、侍卫、府库、法物,使群下有所瞻仰;今皆无之,独以五十骑自随,虽有忠义之心,将若之何?"……敬瑭牙内指挥使刘知远引兵入,尽杀帝左右及从骑,独置帝而去。(胡注:考异曰:……苏逢吉《汉高祖实录》:"是夜侦知少帝伏甲欲与从臣谋害晋高祖。……共护晋祖,杀建谋者,以少主授王弘贽。"南唐《烈祖实录》:"弘贽曰:'今京国阽危,百官无主,必相率携神器西向。公何不因少帝西迎潞王,此万全之计。'敬瑭然其语。"按为晋、汉

---

① 《旧五代史》卷81《晋少帝纪一》云:"(天福八年五月丁亥)皇伯赠太傅敬儒赠太师,追封宋王。"第1077页。

《实录》者必为二祖饰非。今从闵帝实录。）敬瑭遂趣洛阳。①

唐闵帝兵败逃离洛阳，路遇石敬瑭，还能与之商讨"社稷大事"，可见当时石敬瑭表现出来的态度当是亲善的。但王弘贽以将相、侍卫、府库、法物不足为辞，认为复国已不可能。从而两方人马发生冲突，闵帝随从全部被杀，自己也被押回洛阳。其实石敬瑭等人询问府库、法物已是心存不轨，晋、汉《实录》中所谓闵帝欲害石敬瑭之语更是无稽之谈。试想闵帝左右不过五十人，已不是石敬瑭一行之敌。而且他正要倚靠河东为之复国，杀害石敬瑭有何意义？莫非还能依靠左右五十人逃脱唐末帝追兵，直达河东卷土重来？故《考异》所谓"必为二祖饰非"实为确论，甚至南唐《烈祖实录》所谓王弘贽劝说石敬瑭"囚少帝西迎潞王"或许才是历史事实。

这段记载说明了石敬瑭亲自诛杀了唐闵帝的随从，并将之押解回京，是唐末帝弑君的主要帮凶。所谓"诛剪骨肉"，若指唐闵帝，则岂非自己也在罪名之中？其实唐末帝的弑君之罪已在"窃据宝图，弃义忘恩"一句中轻笔带过。因为石敬瑭毕竟曾经也奉其为正统，不便与此纠缠。所谓"弃义忘恩"，与其说是指唐末帝弑君，倒不如说是忘掉石敬瑭擒获唐闵帝，使之顺利建国的"大恩"。而"诛剪骨肉"与下句"离间忠良"，指的都是同一个人，也即石敬瑭本人。这里再一次强调了石敬瑭是明宗"骨肉"的身份，天然具有合法继承权。

以上着重分析了辽太宗立石敬瑭为帝的册文，指出其中反复强调二人的父子关系，其实旨在说明石敬瑭是唐明宗的合法继承人，具有统治中原地区的权力。那么石敬瑭在立国之后，又推行何种政策？这些政策与唐明宗有何联系？这是下一节要着重解决的问题。

第三节　石敬瑭对唐明宗政策的继承

石敬瑭以唐明宗的后继者自居，只靠父事契丹获取一个名分是远远不够的。他必须在实际政治上有所行动。故其在天福元年（936）十一月登

---

① 《资治通鉴》卷279，后唐潞王清泰元年四月条，第9114—9115页。

基时颁布即位大赦制书，制文称：

> 宜改长兴七年为天福元年，大赦天下。……应明宗朝所行敕命法制，仰所在遵行，不得改易。①

大赦制书中所涉事宜颇多，此处引用此二条，实因其最能体现石敬瑭对唐明宗的态度。首先是改"长兴七年"为"天福元年"，我们知道，唐明宗薨于长兴四年（933），其后唐闵帝、唐末帝相继而立，年号分别是应顺与清泰。石敬瑭在二人治下均曾称臣，自然也都行用过应顺、清泰年号。然而到了此时，却突然称清泰三年为长兴七年，仿佛过去三年间天下从未改元。这其实是在抹去明宗二子的存在，以表示自己直接接续了明宗正统。以此思路，还能对一条令人费解的史料做出合理的解释。《五代史阙文》"晋高祖"条云：

> 梁开平初，潞州行营使李思安奏：函关县壤乡民伐树，树仆，自分为二，中有六字如左书，云："天十四载石进"，梁帝藏于武库，时莫详其义。至晋帝即位，识者曰："'天'字取'四'字两画加之于傍，即'丙'字也。'四'字去中之两画加'十'，即'申'字也。帝即位之年，乃'丙申'也。进者，晋也。石者，姓也。"（注：以上《晋史》旧云。）
>
> 臣谨按天祐二十年，岁在癸未，其年庄宗建号，改同光元年。至清泰三年岁在丙申，其年晋祖即位，改元天福元年，自未至申，凡十四载矣。故谶书云"天十四载石进"者，言自天祐灭后十四载，石氏兴于晋也，岂不明乎！而拆字解谶，以就丙申，非也。②

此段史料有两个问题需略作说明。第一，所谓"识者"，据《北梦琐言》所记，其实是湖南节度使马希范。③第二，所谓"《晋史》"，指的是

---

① 《册府元龟》卷93《帝王部·赦宥一一》，第1114—1115页。
② 《五代史阙文·晋高祖》，第2456页。
③ （五代）孙光宪著，贾二强点校：《北梦琐言》卷16"木中异文"条云："中间石氏自并门受国，称晋朝，湖南马希范解释此字表闻焉。"中华书局2002年标点本，第307页。

《晋高祖实录》，而非《旧五代史·晋书》。①

马希范这位"识者"用了一套很复杂的拆字法，将"天十四"化作"丙申"，也即天福元年，表明石敬瑭当于此时建晋称帝。王禹偁对此非常不能理解，他认为"天十四"很明显就是指"天祐灭后十四载"，"岂不明乎！"我们初读此史料时，亦会觉得马希范所言太过曲折。但我们若将"长兴七年"与之联系在一起，则会发现如采用王说，则会承认过去十四年的诸帝，在他们之后才有"石氏兴于晋"。但马说则直击"丙申"这一时间节点，仿佛之前诸帝，尤其是闵帝、末帝兄弟都已不复存在，如此更利于石氏统治。而此说被记入《晋高祖实录》之中，当也表示统治者对其表示认可。其实对丙申年的强调，非仅此一例。《册府元龟》卷21《帝王部·征应》在记载上件事后，又称：

> 即位之前一年，年在乙未。邺西有栅曰"李固"，清、淇合流在其侧。栅有桥，桥下大鼠与蛇斗，斗及日之中（申），蛇不胜而死。行人观者数百，识者志之。后唐末帝果灭于申。②

材料中"征"与"应"的对应关系，除"申"这一时间节点相同之外，更为关键之处在于李、石二人属相。唐末帝生于光启元年（885），岁在乙巳，属蛇；石敬瑭生于景福元年（892），岁在壬子，属鼠。③蛇与鼠在此处即成为二人之象征。其实蛇与鼠斗，不胜而死，本属平常。但石敬瑭却要利用这样一件小事来昭示唐末帝的失败早已是命中注定，自己才是天命所归。

当然改元和木中异文、蛇鼠相斗之事尚属于务虚的层面。在实际政务中，石敬瑭更需高举明宗旗帜，制定出"应明宗朝所行敕命法制，仰所在遵行，不得改易"的原则。在攻破洛阳之后，又颁下诏书再次强调此点，称：

---

① 参第二章对《五代史阙文》史源的考订。
② 《册府元龟》卷21《帝王部·征应》，第231页。
③ 《五代会要》卷1《帝号》，第4—5页。

诏国朝文物制度、起居入阁,宜依唐明宗朝事例施行。①

这两条诏令中所谓的敕命、法制、事例,其实是指明宗朝所删定的格令。虽然传统史家认为"五代乱世,本无刑章"②、"无法可循"③,但这是颇为偏颇的说法。唐明宗、唐末帝、石敬瑭都对编撰法书极为重视,《五代会要》卷9《定格令》对此有详细的记载。先看明宗朝的状况:

> 天成元年九月二十八日,御史大夫李琪奏:"奉八月二十八日敕,以大理寺所奏见管四部法书内有《开元格》一卷、《开成格》一十一卷,故大理卿杨邍所奏行伪梁格并目录一十一卷,与《开成格》微有差误,未审祇依杨邍先奏施行,为复别颁圣旨,令臣等重加商校刊定奏闻者。今未若废伪梁之新格,行本朝之旧章,遵而行之,违者抵罪。"
>
> 至其年十月二十一日,御史台、刑部、大理寺奏:"奉九月二十八日敕:'宜依李琪所奏,废伪梁格,施行本朝格式者。'伏详敕命,未该律令。伏以开元朝与开成隔越七帝,年代既深,法制多异,且有重轻。律无二等,若将两朝格文并行,伏虑重叠舛误。况法者天下之大理,非一人之法,乃天下之法也,故为一代不变之制。又准敕:'立后格合破前格。'若将《开元格》与《开成格》并行,实难检举。又有《大和格》五十二卷、《刑法要录》一十卷、《格式律令事类》四十卷、《大中刑法格后敕》六十卷,共一百六十二卷,久不检举,伏请定其予夺。奉敕:'宜令御史台、刑部、大理寺同详定一件格施行者。'今集众商量,《开元格》多是条流公事,《开成格》关于刑狱,今且请使《开成格》。"从之。
>
> 长兴四年六月,敕御史中丞龙敏、给事中张鹏、中书舍人卢遵、刑部侍郎任赞、大理卿李延范等详定《大中统类》。④

---

① 《旧五代史》卷76《晋高祖纪二》,第994页。
② (清)赵翼撰,王树民校证:《廿二史札记校证(订补本)》卷22《五代滥刑》,中华书局1984年版,第478页。
③ 陶懋炳:《五代史略》,人民出版社1985年版,第325页。
④ 《五代会要》卷9《定格令》,第147页。

以上材料中，第一段是说天成元年（926）九月李琪建议废除后梁所修格令，恢复唐朝旧制。第二段则是司法部门指出《开元格》与《开成格》"年代既深，法制多异"，难以并从，需要有所择从。根据"立后格合破前格"的原则以及两格内容，最后选择了以文宗朝《开成格》作为后唐一朝的基本格令。这当与《开成格》晚出，更贴近明宗时代有关。第三段则称长兴四年（933），龙敏、卢遵等人又详定了宣宗朝的《大中统类》，似有取代《开成格》之意。

"废伪梁之信格，行本朝之旧章"，当然是后唐一以贯之宣扬自身正统的政策。但即使以宣宗朝的《大中统类》来看，与后唐也已有七十余年的差距。这也可算是"年代既深，法制多异"了。故唐末帝根据时势变化又确立了新编制敕。《五代会要》卷九《定格令》云：

> 清泰二年四月，御史中丞卢损等进清泰元年（934）以前十一年内制敕，可久远施行者凡三百九十四道，编为三十卷；其不中选者，各令本司封闭，不得行用。敕付御史台颁行。①

这里所收制敕的年限是清泰元年以前的十一年，也即从庄宗同光元年开始（923），至明宗长兴四年（933），使得法令紧贴时代，再也没有数十年的隔阂。杜文玉先生云："将前朝法术进行删削与筛选，去除繁冗，注重条文的经久适用，……是五代时期立法的特点。"② 唐末帝亦是如此，他并非将庄、明二朝所有的制敕都囊括其中，而是有所选择。只有那些他认为"可久远施行者"才被保留下来，不认可的制敕则"各令本司封闭，不得行用"。取舍之间，自然体现了唐末帝的意志。

石敬瑭将末帝定为伪朝，自然不能再沿袭清泰时所编制敕。他原本希望编辑一部全新法典——《大晋政统》。在其构想中，此书不仅是对后唐制敕的修补，更是囊括大唐一朝，将诸多律令格式汇集一体，形成后晋自身的典章制度。《旧五代史》卷七八《晋高祖纪四》云：

> （天福四年正月）左谏议大夫曹国珍上言："请于内外臣僚之中，

---

① 《五代会要》卷9《定格令》，第148页。
② 杜文玉：《五代十国制度研究》，人民出版社2006年版，第513页。

选才略之士，聚《唐六典》、前后《会要》、《礼阁新仪》、《大中统类》、律令格式等，精详纂集，俾无漏落，别为书一部，目为《大晋政统》。"从之。其详议官，宜差太子少师梁文矩、左散骑常侍张允、大理卿张澄、国子祭酒唐汭、大理少卿高鸿渐、国子司业田敏、礼部郎中吕咸休、司勋员外郎刘涛、刑部员外郎李知损、监察御史郭延升等一十九人充。①

但这一构想很快遭到群臣的反对。梁文矩径称：

改前代礼乐刑宪为《大晋政统》，则《尧典》、《舜典》当以《晋典》革名。……至于近代，率由旧章。比及前朝，日滋条目。多因行事之失，改为立制之初，或臣奏条章，君行可否，皆表其年月，纪以姓名，聚类分门，成文作则。……所宜直笔，具载鸿猷，若备录前代之编年，目作圣朝之政统，此则是名不正也。夫名不正则言不顺，而媚时掠美，非其实矣。若翦截其辞，此则是文不备也。夫文不备则启争端，而礼乐刑政，于斯乱矣。若改旧条而为新制，则未审何门可以刊削，何事可以编联，既当革故从新，又须废彼行此，则未知国朝能守而不失乎？臣等同共参详，未见其可。②

梁文矩此疏大意是，各朝设立制度都"臣奏条章，君行可否，皆表其年月，纪以姓名，聚类分门，成文作则"，皆会标明出处典故，以示有章可依。但《大晋政统》却要将诸书融为一体，将"前代礼乐刑宪"都编为本朝制度，实际上是抹去了前人贡献，其实是"媚时掠美"的做法，并不可取。而且在编撰操作上也难以实行，所谓"若改旧条而为新制，则未审何门可以刊削，何事可以编联"是也。在行政层面上，由于诸条文之间本有冲突，也不可能"守而不失"。因以上种种原因，编撰《大晋政统》是无意义且不可能完成的任务，最终也未能成书。由此来看，石敬瑭还不具备推出一部融合历代诸制政书的力量，也只能退而求其次，选

---

① 《旧五代史》卷78《晋高祖纪四》，第1025—1026 页。
② 《旧五代史》卷78《晋高祖纪四》，第1026 页。"日滋条目"，中华书局 2015 年修订本作"是兹其目"，第1194 页。

择对明宗制敕进行重新编辑。《五代会要》卷九《定格令》云：

> 晋天福三年六月，中书门下奏："伏睹天福元年十月勅节文，唐明宗朝敕命法制，仰所在遵行，不得改易。今诸司每有公事，现执清泰元年十月十四日编敕施行，称明宗朝敕，除编集外，并已封锁不行。臣等商量，望差官将编集及封锁前后敕文，并再详定。其经久可行条件，别录奏闻。"从之。遂差左谏议大夫薛融、秘书监丞吕琦、尚书驾部员外郎知杂事刘皞、尚书刑部郎中司徒诩、大理正张仁璟同参详。至四年七月，薛融等上所详定编敕三百六十八道，分为三十一卷，令有司写录，与格式参用。①

由此可以看到重编庄、明二帝制敕与《大晋政统》一事是互相穿插的。唐末帝所编制敕是无论如何也不能原样施行的，所以在天福三年（938）六月已经被废。而四年正月开始讨论编撰《大晋政统》事宜，很快也因群臣反对而取消。七月，庄、明制敕重新编订完成，虽然与唐末帝一样，都是对二帝制敕进行删选，但其筛选原则贯彻的却是石敬瑭的意志，这也足以聊以自慰了。

以上材料旨在说明石敬瑭在立法原则上试图抹除唐末帝影响。下面试举一例，说明在具体制度上石敬瑭有着同样的行为。《旧五代史·高祖纪二》云：

> （天福二年三月）己未，御史台奏："唐朝定令式，南衙常参文武百僚，每日朝退，于廊下赐食，谓之常食。自唐末乱离，常食渐废，仍于入閤起居日赐食，每入閤礼毕，閤门宣放仗，群官俱拜，谓之谢食。至伪主清泰年中，入閤礼毕，更差中使至正衙门口宣赐食，百官立班重谢，此则交失唐朝赐食之意，于礼实为太烦。臣恐因循，渐失根本，起今后入閤赐食，望不差中使口宣，准唐明宗朝事例处分。"从之。②

---

① 《五代会要》卷9《定格令》，第148页。
② 《旧五代史》卷76《晋高祖纪二》，第998页。

赐食活动是君主与臣僚之间通过赏赐构成君臣关系的政治活动，带有强烈的仪式性。① 而宦官此时虽已基本丧失了政治权力，但是其操弄权柄的政治形象却还深刻在每个人的心中。让其参与这种仪式当中，必然会削弱皇权威仪的展示。而明宗朝一大政治举动就是翦除宦官，② 石敬瑭将中使排除在赐食活动之外，亦是对明宗政策的回归。

这类事例还有很多。譬如修史，"请循近例，依唐明宗朝，凡有内庭公事及言动之间，委端明殿学士或枢密院学士侍立冕旒，系日编录，逐季送当馆。其百司公事，亦望逐季送当馆，旋要编修日历。"③ 又如荐官制度，"中外臣僚，或因差使出入，并不得荐属人于藩镇，希求事任。如有犯者，并准唐长兴二年敕条处分。"④ 又如阙官补选制度，"尚书省司门应管诸关令丞等，宜准唐天成四年四月四日敕，本司不得差补，祗委关镇使钤辖，见差补者，并画时勒停讫奏闻。"⑤ 就连朝臣觐省父母时赐茶药份例也是比照明宗天成之时的。⑥

由此可见，在方方面面，石敬瑭都尽可能地恢复明宗旧制。甚至其临终之时，还要大呼："此天下，明宗之天下。寡人窃而取之久矣。寡人既谢，当归许王，寡人之愿也。"⑦ 虽然邵晋涵认为"此说难信"，但并无确凿证据。而他难信之处，恐怕也是怀疑石敬瑭不会还政于许王（李从益）。而石敬瑭将天下视作从明宗手中继承而来，恐怕并无疑义。

---

① 《五代会要》卷6《廊下餐》条云："（天成）二年四月，御史台奏：'今月三日廊下餐，百官坐定，两省方来，自五品以下辍起。'敕：'每赴廊餐，如对御宴。若行私礼，是失朝仪。宜各罚半月俸。'"第94页。参拜根兴《唐代的廊下食与公厨》，《浙江学刊》1996年第2期。

② 《旧五代史》卷36《唐明宗纪二》："（天成元年四月）制改同光四年为天成元年，大赦天下。后宫内职留一百人，内官三十人，教坊一百人，鹰坊二十人，御厨五十人，其余任从所适。诸司使务有名无实者并停。分遣诸军就食近畿，以减馈送之劳。"第495页。

③ 《旧五代史》卷76《晋高祖纪二》，第1006页。

④ 《旧五代史》卷76《晋高祖纪二》，第997页。

⑤ 《旧五代史》卷77《晋高祖纪三》，第1016页。按"应管诸关令丞"、"关镇使"的"关"，原皆作"阙"，据修订本改，第1182页。

⑥ 《旧五代史》卷79《晋高祖纪五》，第1038页。

⑦ （清）邵晋涵撰，曾贻芬校点：《旧五代史考异》卷3云："《通鉴考异》云：《汉高祖实录》：晋高祖大渐，召近臣属之曰：'此天下，明宗之天下。寡人窃而取之久矣。寡人既谢，当归许王，寡人之愿也。'此说难信。"《五代史书汇编》第1册，杭州出版社2004年版，第299页。

以上分析了石敬瑭对唐明宗政策的承袭,这是因为唐明宗是五代中享国最长的皇帝,政治权威最为尊崇。只有高举明宗旗帜,石晋政权才能得以延续。当其有欲望突破明宗法度,创立《大晋政统》时,立刻被视为"名不正言不顺"。由此再一次证明了其通过父事契丹来换取明宗继承者资格的政治意义,恐怕远超我们原有的认识。然而我们以往可能更加忽略了一个问题,也即石敬瑭父事契丹,对于辽太宗又有何政治意义?这是下节要重点讨论的内容。

第四节 石敬瑭父事契丹对辽太宗的意义

后晋建国之后,与契丹的交流较之其他四朝更为频繁,但相应的外交级别也作了调整。欧阳修《新五代史》将所有的外国来使均称为"来",并解释称:"夷狄来,不言朝,不责其礼;不言贡,不贵其物。故书曰'来'。五代乱世,著其屡来,以见夷狄之来不来,不因治乱。而乱世屡来,不足贵也。"① 这代表了欧阳修自身华夷观念和对五代的偏见,从保存历史原貌的角度来看所言不足为法。《旧五代史》在此书法上就严谨得多,梁、唐、汉、周四书提及契丹来使时多称"契丹遣使来贡",或"契丹遣使来献"。唯有《晋书》中称"契丹遣使来聘",表示两国地位相等。同样,《辽史》中,对其他四朝多称"遣使来聘",而对晋则称"遣使来贡",则晋沦为了属国地位。后晋的称臣称儿,正在这些外交用语上体现出来。欧阳修的改动则遮蔽了这种历史变化。

晋、契关系中最为重要的一环,自然是完成之前的约定。《辽史》卷三《太宗纪上》云:

> (天显十二年,即天福二年)六月甲申,晋遣户部尚书聂延祚等请上尊号,及归雁门以北与幽、蓟之地,仍岁贡帛三十万匹。诏不许。……八月癸未,晋遣使复请上尊号,不许。②

---

① 《新五代史》卷2《梁本纪二》,第13页。
② 《辽史》卷3《太宗纪上》,第41页。

称臣、割地、输岁币，是晋、契双方早已谈妥的事宜，为何石敬瑭守约奉上土地、钱帛，辽太宗反而不接受呢？需知去年十二月，"唐大同、彰国、振武三节度使迎见，（辽太宗）留之不遣。"十二年正月"唐大同军节度判官吴峦闭城拒命，遣崔廷勋围其城。庚申，上亲征，至城下谕之，峦降。"① 这说明辽太宗对云、朔等州十分重视，而且已将其纳入掌控，绝无放弃之意。那么辽太宗两次拒绝后晋上尊号、献土地，当另有原因。

答案就在次年外交活动当中。《辽史》卷四《太宗纪下》云：

> 会同元年（即天福三年）春正月戊申朔，晋及诸国遣使来贺。晋使且言已命和凝撰《圣德神功碑》。戊辰，遣人使晋。……
>
> 五月甲寅，晋复遣使请上尊号，从之。……
>
> 秋七月癸亥，遣使赐晋马。丁卯，遣鹘离底使晋，梅里了古使南唐。戊辰，遣中台省右相耶律述兰、迭烈哥使晋，临海军节度使赵思温副之，册晋帝为英武明义皇帝。……
>
> 九月庚戌，黑车子室韦贡名马。边臣奏晋遣守司空冯道、左散骑常侍韦勋来上皇太后尊号，左仆射刘昫、右谏议大夫卢重上皇帝尊号，遂遣监军寅你已充接伴。……
>
> 冬十月甲戌朔，遣郎君迪里姑等抚问晋使。壬寅，晋遣使来谢册礼。……
>
> 十一月甲辰朔，命南北宰相及夷离堇就馆赐晋使冯道以下宴。丙午，上御开皇殿，召见晋使。壬子，皇太后御开皇殿，冯道、韦勋册上尊号曰广德至仁昭烈崇简应天皇太后。甲子，行再生柴册礼。丙寅，皇帝御宣政殿，刘昫、卢重册上尊号曰睿文神武法天启运明德章信至道广敬昭孝嗣圣皇帝。大赦，改元会同。是月，晋复遣赵莹奉表来贺，以幽、蓟、瀛、莫、涿、檀、顺、妫、儒、新、武、云、应、朔、寰、蔚十六州并图籍来献。……
>
> 十二月戊戌，遣同括、阿钵等使晋，制加晋冯道守太傅，刘煦守太保，余官各有差。

---

① 《辽史》卷3《太宗纪上》，第40页。

> 二年春正月乙巳，以受晋册，遣使报南唐、高丽。①

由以上材料可以看到，会同元年（938）晋、契关系急剧发展，使者往来不绝。石敬瑭突然令和凝撰写《圣德神功碑》，以宣扬辽太宗之功绩，暗示该年活动颇不寻常。五月，后晋再次提议上尊号。与此前不同，辽太宗这次欣然接受了这一提议，甚至投桃报李，在七月先册石敬瑭为英武明义皇帝。在九月、十月两国又进一步交往之后，终于在十一月迎来了政治高潮。冯道、刘昫等人终于正式为皇太后、辽太宗上尊号，赵莹则献燕云十六州图籍。石敬瑭与辽太宗的政治交易才算正式完成。

那么回到开始所提问题，何以辽太宗去年不接受上尊号献土地，而此时却如此隆重操办此事呢？其关键在于十一月所举行的"再生柴册礼"。这里中华书局本标点不甚准确，"再生"与"柴册"是两种仪式，应当点断。所谓再生礼，《辽史·国语解》云："国俗，每十二年一次，行始生之礼，名曰再生。惟帝与太后、太子及夷离堇得行之。又名覆诞。"②《礼仪志》所载更为详细：

> 再生仪：凡十有二岁，皇帝本命前一年季冬之月，择吉日。前期，禁门北除地置再生室、母后室、先帝神主舆。在再生室东南，倒植三岐木。其日，以童子及产医妪置室中。一妇人执酒，一叟持矢箙，立于室外。有司请神主降舆，致奠。奠讫，皇帝出寝殿，诣再生室。群臣奉迎，再拜。皇帝入室，释服、跣。以童子从，三过岐木之下。每过，产医妪致词，拂拭帝躬。童子过岐木七，皇帝卧木侧，叟击箙曰："生男矣。"太巫幪皇帝首，兴，群臣称贺，再拜。产医妪受酒于执酒妇以进，太巫奉襁褓、綵结等物赞祝之。预选七叟，各立御名系于綵，皆跪进。皇帝选嘉名受之，赐物。再拜，退。群臣皆进襁褓、綵结等物。皇帝拜先帝诸御容，遂宴群臣。③

由此可知所谓再生礼是每十二年举行一次的仪式，其内容是模拟皇帝

---

① 《辽史》卷4《太宗纪下》，第43—45页。
② 《辽史》卷116《国语解》，第1537页。
③ 《辽史》卷53《礼仪志六》，第879—880页。

诞生之时的场景，以示庆祝，举行时间是"皇帝本命前一年季冬之月"。辽太宗生于天复二年（902），会同元年正好是其本命年，按照礼制规定，他应该在去年举办再生礼，而非今年。但许多相关研究均已指出，契丹举行再生仪的时间并非严格遵行礼制规定，而是根据政治需要做出灵活安排。① 但需注意的是，辽太宗此次不仅举行了再生礼，还举行了柴册礼。《辽史·礼仪志一》云：

> 柴册仪：择吉日。前期，置柴册殿及坛。坛之制，厚积薪，以木为三级坛，置其上。席百尺毡，龙文方茵。又置再生母后搜索之室。皇帝入再生室，行再生仪毕，八部之叟前导后扈，左右扶翼皇帝册殿之东北隅。②

柴册礼比再生礼的地位要高得多，"是原始氏族制时代推选部落联盟酋长的遗迹，阿保机建立以契丹族为主体的帝国后，每个皇帝即位，仍然要举行柴册礼，以履行传统的推选制度，完备了手续，方能取得正式的合法地位，而为族人所共同承认。"③ 从仪式来看，举行柴册礼，则要"入再生室，行再生仪"，可见其已经包含了再生礼。辽太宗于天显元年（926）继位，举行柴册礼，也即相当于举行过再生礼。如今辽太宗已经登基十二年，虽然此时并非"本命前一年"④，但也符合距离上次再生礼十二的礼制规定。⑤ 辽太宗选择在此年举行盛大仪式以展示自身权威，亦属合理。既然柴册礼、再生礼已经定好日期，那么石晋上尊号、献土地自然也与之配合，不能将此隆重献礼浪费在一个平淡的时机上。

关于此次柴册礼与石晋的关系，朱子方先生有所论及。他认为："（石晋上尊号、献土地）从当时的意识形态来说这就意味着'上天'赋

---

① 朱子方：《辽代复诞礼管窥》，《辽金史论集》第 1 辑，上海古籍出版社 1987 年版，第 111—128 页。武玉环：《契丹族的〈再生仪〉刍议》，《史学集刊》1993 年第 2 期。李月新：《辽代再生礼小考》，《北方文物》2014 年第 1 期。
② 《辽史》卷 49《礼仪志一》，第 836 页。
③ 朱子方：《论辽代册礼》，《社会科学辑刊》1985 年第 1 期。另可参宋军《契丹柴册制度考》，《北京教育学院学报》2007 年第 2 期。
④ 其实再生礼在"本命前一年"举行，让人颇觉不解。"本命前一年季冬之月，择吉日"一句，或当理解成为在前一年选吉日，而正式仪式则在本命年举行。
⑤ 辽太宗天显四年时还举行过一次再生礼，但影响显然无法与即位时的柴册礼相提并论。

予他更大的权威和更高的地位,使他以塞北皇帝而兼任了中原皇帝。"①这也是辽太宗为何得以举行两次柴册礼的原因。其说有一定道理,但与其说石敬瑭代表的是"上天",倒不如说他在扮演部落大人的角色。宋代王易《燕北录》云:

> 清宁四年戊戌岁十二月二十三日,戎主一行起离靴甸,往西北约二百七十余里地名永兴甸,行柴册之礼。……当日,宋国大王(戎主亲弟)于第八帐内捉认得戎主。番仪须得言道:"我不是的皇帝。"其宋国大王却言道:"你的是皇帝。"如此往来番语三遍,戎主方始言道:"是便是。"出帐来,著箱内番仪衣服,毕。次第行礼。②

上述记载虽发生在辽道宗清宁四年(1058),但亦可窥见当时柴册礼之制。宋国大王需三番对辽主言"你的是皇帝",辽主却言"我不是的皇帝"。从"番仪须得言"一语来看,这番对话不是即兴所为,而是一种传统仪式,有着固定的套路。这就说明在辽太宗时代,柴册礼中很可能也有这番问答。而反复声称"你的是皇帝"的仪式,正与中国禅让时三推三让之制暗合,亦含氏族时代推选部落联盟酋长的遗风。后晋向契丹称臣,但又自有其独立性,正恰似联盟中大部落与盟主的关系。而石敬瑭在天显十一年两次上尊号不成,第三次在会同元年成功,则是扮演了宋国大王的角色。石晋可算作契丹治下最强大的"部落",由他来为辽太宗上尊号,最能代表诸部推举之意。

辽太宗正借助这次柴册礼所带来的巨大声势,开始推行政治改革。③

---

① 朱子方:《论辽代册礼》,《社会科学辑刊》1985年第1期。
② (宋)王易:《燕北录》,《说郛》卷38,中国书店1986年影印涵芳楼1927年排印本,第16页下栏。
③ 《辽史》卷4《太宗纪下》云:"(会同元年十一月)于是诏以皇都为上京,府曰临潢,升幽州为南京,南京为东京。改新州为奉圣州,武州为归化州。升北、南二院及乙室夷离堇为王,以主簿为令,令为刺史,刺史为节度使,二部梯里已为司徒,达剌干为副使,麻都不为县令,县达剌干为马步。置宣徽、阁门使、控鹤、客省、御史大夫、中丞、侍御、判官、文班牙署、诸宫院世烛、马群、遥辇世烛、南北府、国舅帐郎君官为敞史,诸部宰相、节度使帐为司空,二室韦闼林为仆射,鹰坊、监冶等局官长为详稳。"第45页。关于此次改革,可参见田村实造《辽代的移民政策和州县制的建立》,收入刘俊文主编《日本学者研究中国史论著选译》第5卷《五代宋元卷》,中华书局1993年版,第491—522页。

而这又与后晋支持息息相关。首先，没有石敬瑭所献幽州，辽太宗显然无法设立南京，之后辽国五京之制自然也无从谈起。其次，后晋作为一个中原王朝，在文化上处于优势地位。这样一个国家对其称臣，有助于汉制的推行。最后，虽然后晋在力量上逊于契丹，但由于其占据中原，一向是周边诸国的宗主国，受到这样一个国家的认同，有助于提升契丹在外交上的地位。故辽太宗在石敬瑭上尊号之后，便"以受晋册，遣使报南唐、高丽"，以示炫耀。

综上所述，石敬瑭称臣献土岁输，不仅使得契丹在经济上获取丰厚回报，在军事上取得南进的重要据点。更重要的是在政治上为辽太宗树立了威望，促成其举办再生、柴册礼，无异于第二次登基，并借此推行政治改革，将大量的汉家制度吸纳到行政体系之中，完成了部落国家到王朝帝国的跨越。从这个角度而言，对石敬瑭父事契丹的意义应当进行重新认识。

本章小结

石敬瑭在五代依靠篡位夺权的皇帝中，是开局最为被动的一位。从不肯受诏易镇到被禁军围城，不过两月。正是在这种极为窘迫的情况下，他选择了援引契丹军队南下。而幽州赵德钧的介入，使得石敬瑭不得不加重收买契丹的砝码，遂有称儿称臣、输岁币、割让燕云十六州之耻。

但石敬瑭也并非仅为求取援兵，还有更深层次的政治考量。表面上奉辽太宗为父，实际上，是为了获取"实系（唐明宗）本枝"的身份。其背后逻辑是：李克用曾和辽太祖结为兄弟，唐明宗与辽太祖"保奉明契"，承认其叔父的身份。那么唐明宗与辽太宗成为兄弟，实为一体，石敬瑭既然是辽太宗之子，自然也是唐明宗之子，有权力继承明宗基业。这种逻辑虽有颠顸之处，但亦有不少历史先例，故为石敬瑭所用。甚至其养子晋少帝，在与契丹决裂之后，依旧不肯放弃自己是辽太宗之孙的身份。同样是利用这种逻辑，来强调自己是石敬瑭之子，拥有后晋继承权。

石敬瑭在努力为自己寻求合法性时，也不遗余力地对唐末帝进行诋毁，称其"本非公族"，"剪除骨肉"。将历史上存在了三年的清泰年号改为长兴，意味着明宗之后由石敬瑭直接接任，中间再无其他帝王。而对"天十四载石进"这一谶语的曲折解释，更是对唐末帝等人的直接抹杀。

这种对正统的争夺扩展到石晋建国后的制度建设之上。石敬瑭即位大赦文中直接宣告"应明宗朝所行敕命法制,仰所在遵行,不得改易",为后晋一朝政治奠定了基调。这有利于国初的政治稳定,但也禁锢了后晋法制建设。当石敬瑭希望编撰一部《大晋政统》时,却遭到群臣的反对,认为名不正言不顺,是"媚时掠美"。故石敬瑭只得退而求其次,废除了唐末帝时所编撰唐庄宗、明宗二朝制敕,再经过群臣的又一次详定,编撰出新的二帝制敕。虽然此举未能树立自己权威,却也抹杀了唐末帝的建设成果。此后,石敬瑭又在诸多方面都重申了遵循明宗制度的规定,在临终之前甚至称"此天下,明宗之天下",这都说明高举明宗旗帜对于后晋一朝的政治意义。

另一方面,对于契丹而言,除在经济上获取丰厚回报,在军事上取得南进的重要据点之外,在政治上,辽太宗也借助石敬瑭称臣献土一事树立了威望,促成再生、柴册礼的举办,这无异于第二次登基。更重要的是他藉此推行政治改革,将大量的汉家制度吸纳到行政体系之中,完成了部落国家到王朝帝国的跨越。从这个角度而言,我们对石敬瑭父事契丹的意义又有了进一步的认识。

第七章 威望的力量：后周建国史探微

以往史家皆视五代为征战连绵的乱世，却较少认识到其争夺帝位的战斗烈度其实在逐渐缓和。梁晋争霸时，双方将士浴血奋战二十余年，伤亡数十万。到唐晋之交，石敬瑭向契丹借兵，在太原大破唐军数万主力，一举成就帝业。刘知远则乘虚而起，迅速收复了契丹放弃的中原之地，一路对手不过是同样乘虚而起的乱军贼寇，并无激烈大战。周太祖郭威起兵源于后汉中枢政变，以河北诸军之众南下，汉隐帝则以中央禁军应战。本该发生的一场大战，过程却甚为草草。一场决定国家归属的大战，仅以汉隐帝一方百余人的伤亡而告终。那么产生这种变化的原因何在？郭威是如何在短时间内完成由军士到皇帝的飞跃？他在登基后又面临何种困境？又是如何应对？这一系列问题都引发了我们的思考。

要对这些历史现象加以合理解释，针对郭威建国经历展开讨论是必不可少的。然而学界以往更多地关注郭威的政治改革，而对其建国局势多仅进行简要介绍，不少细节未能得以充分发掘。① 对此问题展开深入讨论的则是唐启淮《郭威建周刍议》一文，他认为郭威之所以能顺利夺取帝位乃至进行后续改革，主要是由于契丹破坏严重，人心思定；后晋、后汉统治者残暴腐败、内斗不断；郭威信重文士，恩结将吏，讲究策略，减少阻力。② 这种说法当然有其合理性，但仍嫌失之笼统。尤其在郭威建国前后

---

① 参见［日］日野开三郎《五代史の基调》，《日野开三郎东洋史研究论集》第2卷，三一书房1980年。唐启淮《郭威改革简论》，《湘潭大学学报》（社会科学版）1988年第3期。刘永平《郭威改革述论》，《江苏师范大学学报》（哲学社会科学版）1992年第1期。王永平《后周政治改革述论》，《扬州师院学报》（社会科学版）1994年第1期。曾育荣《后周太祖郭威内政改革琐论》，《湖北大学学报》（哲学社会科学版）2003年第3期。
② 唐启淮：《郭威建周刍议》，《湘潭大学学报》（社会科学版）1987年第2期。

的政治环境，以及他是如何树立自身权威等事上还着墨不多，仍有进一步讨论的余地。故本章拟围绕郭威父祖仕宦、起家经历、郭威与后汉中枢政局、后周建国的初期环境以及郭威改革措施等五方面进行研究，勾勒出该时段的政治图景，旨在分析郭威这样一个毫无军功，一直从事文书工作的"武人"，在骤登高位之后，是如何一步步树立自己权威，从而在后汉的冲突漩涡中脱颖而出，建立后周，并将政权较为稳定地传递下去。

第一节 英雄祖先？
——郭威家世考

有关后周太祖的家世问题，学界措意不多，大多只是称其为"邢州尧山人"，或据《新五代史》记其父"事晋为顺州刺史"[1]，描述都较为简略。但新旧《五代史》中关于郭威家世的记载其实存在着相当的差异。对此进行考订，不仅可以解决一个具体的历史细节，更为关键的是，郭威家世还对其日后入仕产生了较大影响，故而有必要将此问题考察清楚。

《旧五代史》卷一一〇《周太祖纪一》云：

> 太祖圣神恭肃文武孝皇帝，姓郭氏，讳威，字文仲，邢州尧山人也。或云本常氏之子，幼随母适郭氏，故冒其姓焉。……皇考讳简，汉赠太师，追尊为章肃皇帝，庙号庆祖，陵曰钦陵。……后以唐天祐元年甲子岁七月二十八日，生帝于尧山之旧宅。载诞之夕，赤光照室，有声如炉炭之裂，星火四迸。帝生三岁，家徙太原。居无何，皇考为燕军所陷，殁于王事。帝未及龆龀，章德太后蚤世，姨母楚国夫人韩氏提携鞠养。[2]

《新五代史》卷一一《周本纪》云：

---

[1] 安淑珍：《后周郭威皇帝的一生》称"（郭威）父名简，为后晋顺州刺史"（《史学月刊》1989年第5期），其中"后晋"当为误读，《新五代史》中"晋"指河东李克用之"晋"，而非后晋石敬瑭之"晋"。

[2] 《旧五代史》卷110《周太祖纪一》，中华书局1976年标点本，第1447—1448页。

> 太祖圣神恭肃文武皇帝,姓郭氏,邢州尧山人也。父简,事晋为顺州刺史。刘仁恭攻破顺州,简见杀,子威少孤,依潞州人常氏。①

将此两条材料相互比较,可发现两个明显差异之处:一是《旧纪》中只称郭威之父郭简"为燕军所陷,殁于王事",而《新纪》则补充郭简"事晋为顺州刺史"。二是有关郭威身世问题。《旧纪》提供一种说法,称其本常氏之子,后来随母改嫁入郭家,才改姓郭姓。父母死后,由姨母韩氏抚养成人。《新纪》则认为他是在郭简死后,才依附的常氏。

而除上述新旧《五代史》两条材料外,在《册府元龟》卷一《帝王部·帝系》对郭威家世还有着更为详尽的记述,其词云:

> 周太祖姓郭氏,邢州尧山人。或云本常氏子,幼随母适郭氏,故冒其姓。高祖璟,广顺初追尊为睿和皇帝,庙号信祖。曾祖谌,赠太保,追尊为明宪皇帝,庙号僖祖。祖蕴,赠太傅,追尊为翼顺皇帝,庙号义祖。考简,赠太师,追尊为章肃皇帝,庙号庆祖。初,唐咸通中,代北、徐方用兵伐叛,信祖、僖祖从戎师接战,以勇敢知名。义祖事后唐武皇,为帐中亲信。乾宁中,从征泽潞邢雒,累授河内马步军都虞候。武皇平安敬思,再定邢雒,移授邢之军职,因卜居尧山县。武皇经启霸图,观兵大卤,刘仁恭陆梁燕蓟,窥伺中原,梁氏蚕食两河,寻戈不息。庆祖为武皇内牙爱将,专掌亲军,指麾所行,无不景从,攻城野战,勇爵崇高。天复中,武皇兵出居庸山北,克捷,以庆祖为顺州刺史。太祖即庆祖之子,母曰王氏,追谥章德皇后。②

这段材料前半部分③与《旧纪》基本相同,说明与之在史源上大有关联,而之后关于郭威高祖至父亲的事迹则为此处所仅见。这部分内容是不是清人辑补《旧五代史》时遗漏了呢?答案是否定的。据陈智超先生研究,今辑本《旧五代史》中《周太祖本纪》为"标准本",④ 也即是薛史

---

① 《新五代史》卷11《周本纪》,中华书局1974年标点本,第109页。
② 《册府元龟》卷1《帝王部·帝系》,中华书局1960年影印本,第17页。
③ "初,唐咸通中"之前。
④ 陈智超:《辑补〈旧五代史·梁太祖本纪〉导言》,《隋唐辽金元史论丛》第1辑,紫禁城出版社2011年,第218页。

的原貌。这说明《册府》此条另有史源。综合其体例、书法以及与《旧五代史》之关联，此条记载最有可能来自周世宗显德五年（958）由张昭等修成的《周太祖实录》。《旧五代史》在此基础上，删去了郭威父祖大部分事迹，但也增添了新的要素（如郭简为燕军所陷）；《新五代史》则选择相信郭简顺州刺史的记载。《册府》此条似乎能较为完美地统合新旧《五代史》之间的差异了，但其本身却存在着不少问题。

关于郭威祖父郭蕴事迹，《册府》中称"事后唐武皇为帐中亲信。乾宁中，从征泽潞邢雒，累授河内马步军都虞候。武皇平安敬思，再定邢雒，移授邢之军职，因卜居尧山县。"其中"邢雒"，当为"邢洺"之讹。① 除此之外，此条记载中出现"河内马步军都虞候"一职并不见于其他史籍。马步军都虞候为禁军、侍卫亲军或节度使牙兵的军职，未见"县名"+"马步军都虞候"的模式。此处记载与晚唐五代官制不合。而且当时河内县属怀州，为朱全忠所控制，李克用也不可能授予其"河内马步军都虞候"一职。

其次，有关史实的记载也颇为混乱。据《旧五代史·唐武皇本纪下》载："（景福元年）十月，邢州李存孝叛，纳款于梁，李存信构之也。……（景福二年）七月，武皇讨李存孝于邢州，遂攻平山，渡滹水，攻镇州。王熔惧，以帛五十万犒军，请修旧好，仍以镇、冀之师助击存孝，许之。武皇进围邢州。……（乾宁元年）三月，邢州李存孝出城首罪，絷归太原，轘于市。邢、洺、磁三州平。"② 在此之后，乾宁年间李克用军再无围绕邢洺一带的作战。其实《册府》中提及的"安敬思"就是据邢州叛变的李存孝，"从征泽潞、邢雒（洺）"与"再定邢雒（洺）"也本是一回事。郭蕴却因一事有了"累迁河内马步军都虞候"和"移授邢之军职"两种任官经历，着实令人费解。

虽然郭蕴官职、事迹有些混乱，但他"卜居尧山县"一事则应是事实。新旧《五代史·周太祖纪》中均称郭威为邢州尧山人，且《旧纪》中明确指出天祐元年（904）七月"生帝于尧山之旧宅"，这一点在《五

---

① 邢州与洛阳并不相连，不得并称，当是形近致误。类似的例子可见《旧五代史》卷141《五行志三》："周广顺三年十月，魏、邢、洺（邢、洺，原本作"邢洛"，今从《文献通考》改正。（影库本粘签））等州地震数日，凡十余度，魏州尤甚。"第1885页。
② 《旧五代史》卷26《唐武皇纪下》，第348页。

代会要》中也得到了印证。① 这说明邢州尧山并非郭氏攀附之郡望，而是实际居住之地，直到天祐三年（906），才"家徙太原"。但这背后存在一个问题：郭氏为何要从邢州尧山迁至太原，迁徙又是那么简单的事情吗？

邢州地处梁晋相交边境，李克用虽在乾宁元年（894）从李存孝手中夺回邢州，但在光化元年（898）便又被朱全忠麾下大将葛从周攻陷，之后一直为梁军所控制，直到贞明二年（天祐十三年，916）后梁邢州节度使阎宝向李存勖大军投降，才归晋军所有。也即是说，光化元年之后，郭氏一家一直生活在梁军领土之上，这很可能暗示着他们在战败后，投降了梁军。如此才能解释郭威为何能出生在"尧山之旧宅"。

那么，郭氏一族又何以在天祐三年重新"家徙太原"呢？而且想要举家穿越梁晋边境防线，恐怕也并不容易。此次迁徙，很可能与当年正月邢州发生的大战有关，史称：

> 天祐三年正月，魏博既杀牙军，魏将史仁遇据高唐以叛，遣人乞师于武皇，武皇遣李嗣昭率三千骑攻邢州以应之，遇汴将牛存节、张筠于青山口，嗣昭不利而还。②
>
> 是时（天祐三年正月）晋人围邢州，刺史牛存节坚壁固守，帝遣符道昭帅师救之，晋人乃遁去。③
>
> 先是，仁遇求救于河东及沧州，李克用遣其将李嗣昭将三千骑攻邢州以救之。时邢州兵才二百，团练使牛存节守之，嗣昭攻七日不克。全忠遣右长直都将张筠将数千骑助存节守城，筠伏兵于马岭，击嗣昭，败之，嗣昭遁去。④

综合以上三条材料，我们可以大致勾勒出此战经过。李克用为接应魏博史仁遇，声东击西，令李嗣昭率三千骑兵攻击邢州，当时邢州刺史牛存节只有州兵二百，只能固守城池，等待朱全忠派来的张筠援军，最终击退李嗣昭等人。虽然晋军作战失利，但在行军战斗同时掠夺当地人口，则是

---

① （宋）王溥：《五代会要》卷1《帝号》云："周太祖圣神恭肃文武孝皇帝姓郭氏讳威，唐天祐元年七月二十八日生于邢州尧山之旧宅"，上海古籍出版社2006年版，第7页。
② 《旧五代史》卷26《唐武皇纪下》，第360页。
③ 《旧五代史》卷2《梁太祖纪二》，第39页。
④ 《资治通鉴》卷265，唐昭宣帝天祐三年四月条，中华书局1956年标点本，第8658页。

第七章 威望的力量:后周建国史探微 197

其常见的模式。① 牛存节"坚壁固守"的策略,也为这种行为提供了可能。我们有理由推测,郭威一家正是在此次战斗中或主动或被动地被李嗣昭的大军带回了太原。也即是说,郭氏可能分别在光化元年、天祐三年的梁晋之争中两次改变自身立场,归附胜利的一方。这样摇摆不定的抉择,也使得郭氏在五代初期身份极为尴尬,也使得郭威的出仕颇受艰难。

当然,以上推论与《册府》中"天复中,武皇兵出居庸山北克捷,以庆祖为顺州刺史"的记载有所冲突。但《册府》所记恐怕并非事实。天复年间,正是李克用最为艰难的一段时光。天复元年(901),汴将张存敬攻陷晋、绛二州,河中节度使王珂被迫倒向朱全忠,李克用断开了与长安天子的联系,"霸业由是中否"②。之后梁军大举进攻,一度兵临晋阳城下。李克用集团内部甚至有了退走云州的想法,幸赖李嗣昭等人奋战,才击退梁军。到了天复三年(903),"云州都将王敬晖杀刺史刘再立,以城归于刘仁恭"③,李克用派李嗣昭救援,却交战不利,刘仁恭接应王敬晖退走,战斗才告一段落。由此可见,在天复年间,李克用一直处于防守姿态,并无能力如《册府》所言"兵出居庸山北克捷",主动去攻击刘仁恭。即使双方有所交战,也是以晋军的失败而告终,李克用甚至还因此"笞嗣昭及李存审而削其官"④即是明证。在此背景下,又怎么会授郭威父亲郭简"顺州刺史"呢?

同样,《新五代史》所谓"父简,事晋为顺州刺史。刘仁恭攻破顺州,简见杀"的记载,其实也不能成立。因为顺州即今北京顺义区,位于幽州的核心地带。唯一能谈上"刘仁恭攻破顺州"的史实是:乾宁二年(895)刘仁恭在李克用的支持下入主幽州。但在此情况下怎么会有友军"顺州刺史"郭简见杀的情况呢?而在此之后,顺州一直为刘仁恭所掌控,不存在"攻破顺州",李克用也不可能封郭简为"顺州刺史"。

《旧五代史·周太祖纪》中则称郭简"居无何,为燕军所陷,殁于王事",并未提及郭简出任"顺州刺史"一职,也将郭简死期放至徙家太原也即天祐三年(906)之后,相较于《册府》《新纪》较为合理,但也略

---

① 《旧五代史》卷46《唐末帝纪上》云:"景福中,明宗为武皇骑将,略地至平山,遇魏氏,掳之,帝时年十余岁,明宗养为己子。"第625页。
② 《旧五代史》卷26《唐武皇纪下》,第357页。
③ 《旧五代史》卷26《唐武皇纪下》,第359页。
④ 《旧五代史》卷26《唐武皇纪下》,第359页。

有问题。虽然李克用临终前还以未能平定幽州为念,但在天祐三年九月,双方关系已经有所好转。李克用还曾征召幽州兵马救援潞州,郭简不可能在此时"为燕军所陷"。直到天祐八年(911)时,刘守光称帝,与晋军关系彻底破裂,李存勖才发兵讨伐,郭简有可能就是死于此役。这距离郭氏搬迁,已有五年,似乎谈不上"居无何"了。而所谓的"顺州刺史",或许就是郭简的赠官而已。

最后,《册府》中还称郭简"为武皇内牙爱将,专掌亲军指麾,所行无不景从,攻城野战,勇爵崇高",似乎在晋军中颇具地位,甚至担任了亲军高层将领,这与其在史籍中默默无闻的状况大相径庭。而所谓"所行无不景从",也与光化元年至天祐三年间流落梁境的境遇相矛盾。

综合以上对郭威家世的考证,我们得出如下结论:《册府元龟》中关于郭威父祖仕宦的记载颇多虚构成分,与当时的官制、形势、史实都存在着诸多不合。郭威之父郭蕴很有可能先隶属晋军,后在光化元年的战斗中为梁军所俘,天祐元年在邢州尧山老宅诞下郭威,又于天祐三年再次归附晋军,举家迁至太原,之后在天祐八年与幽州刘守光的战斗中战死。

虽然《册府》(或即《周太祖实录》)中存在种种夸饰不实之处,但这并不代表着其全无价值。恰好相反,这种对父祖事迹的构建,正好反映了后周政局的一个基本特征,这是一个延续了沙陀三王朝脉络的政权,所谓的"代北集团"在朝堂上还拥有着不可小觑的力量。虽然郭威出身较为低贱,父祖在李克用时期也有所反复,但也正因如此,才需要把他们描绘成李国昌、李克用父子的元从勋旧。唯有如此,才能证明郭氏一族与"代北集团"休戚与共,融为一体,君臣之间存在着共同的历史记忆与荣耀。

此外,郭威与常氏的关系亦值得我们关注,主要说法有四:

A:《旧五代史·周太祖纪一》与《册府元龟·帝王部·帝系》所谓:"或云本常氏之子,幼随母适郭氏,故冒其姓焉。"①

B:《新五代史·周本纪》云:"子威少孤,依潞州人常氏。"②

C:《旧五代史·周太祖纪一》又云:"(李嗣昭)子继韬自称留后,

---

① 《旧五代史》卷110《周太祖纪一》,第1447页。《册府元龟》卷1《帝王部·帝系》,第17页。

② 《新五代史》卷11《周本纪》,第109页。

南结梁朝，据城阻命，乃散金以募豪杰。帝时年十八，避吏壶关，依故人常氏，遂往应募。"①

D：《新编五代史评话·周史评话》卷上："且说周太祖姓郭名威，乃山东路邢州唐山县地名尧山人氏。其父郭和以农耕为业，其母常氏乃河东路潞州黎城县常武安的妹妹。"②

A条中称郭威随母适郭氏，然上节已经论述郭威于天祐元年七月"生帝于尧山之旧宅"，且与多处记载相吻合，当非虚构。既然出生于郭氏老宅，冒姓之说自然不能成立。

B条中称郭威因年少丧父，投奔常氏，则与《旧纪》所云"帝未及韶龀，章德太后弃世，姨母楚国夫人韩氏提携鞠养"③相矛盾。而韩氏抚养郭威一事，又有《册府元龟》卷三八《帝王部·尊亲》为佐证，其词云：

> 周太祖广顺二年九月癸未，制："……故南阳郡韩氏，婉淑居贞，贤明垂范，奉嫔率礼，兴家道于仁孝之基；诸母推恩，抚朕躬于幼冲之岁。……可追封楚国太夫人。"太祖孩幼而孤，楚国抚视教道有恩，故有是命。④

此为周太祖诏书，其中明确指出"抚朕躬于幼冲之岁"，则《旧纪》所言当为实录。如此，抚养郭威的则是韩氏而非常氏。

C条与B条有些类似，只是所言为郭威成人之后的情况，但其中仍有颠顿之处。"依故人常氏"与"遂往应募"二者之间，其实存在一定程度上的抵牾。

D条出自评话，多认为作于宋代。虽是小说家言，仍有可资参考之处。如此条中虽然记郭威父母姓名皆与史不合，然所谓其母为常氏之妹一说，其实未必无因。

通过以上简要分析，我们发现有关郭威与常氏之间的四种说法几乎是

---

① 《旧五代史》卷110《周太祖纪一》，第1448页。
② （宋）佚名撰：《新编五代史平话·周史平话》卷上，古典文献出版社1954年版，第181页。
③ 《旧五代史》卷110《周太祖纪一》，第1448页。
④ 《册府元龟》卷38《帝王部·尊亲》，第430页。

似是而非，都有一定真实的成分，又有各自难以贯通的地方。其实，所谓的"常氏"基本可以确定是常思。《旧五代史·常思传》云：

> 初，太祖微时，以季父待思，及即位，遣其妻入觐，太祖拜之如家人之礼，仍呼为叔母，其恩顾如是。①

《册府元龟》卷一七二《帝王部·求旧门二》对此有进一步的补充：

> （广顺元年）七月，昭义节度使常思上言曰："臣妻王氏入贡，蒙陛下致敬，臣惶恐无容自处。"诏曰："朕以君臣之道，则外有朝廷之仪；骨肉之亲，则内有少长之敬。且朕与卿当凤昔之共事，实敦叙于周亲，安可此时使渝囊分。卿执恭为行，沥恳上章，虽谦谦之道可嘉，而亲亲之义难替。家人之礼，朕当必行。"帝微时，常思在上党，思夫妇奉帝甚谨，帝德之。及贵，遇恩益厚，虽居至尊之位，犹行家人之礼。②

所谓"思夫妇奉帝甚谨"云云，自然是史家虚语，实际情况是郭威"以季父待思"，B、C中所谓的"依故人常氏"云云，非属无因。而且郭威在登基之后，依然肯对常氏"行家人之礼"，又屡屡强调"骨肉之亲""实敦叙于周亲""亲亲之意"，则可见两家关系并非一般的"故人"，而确实有着某种亲属关系。

又《隆平集》卷一八《张永德传》云：

> 后二年，汉命（张）永德押赐昭义军节度使常遇生辰礼物。遇，周祖之外兄弟也。③

此条又被《东都事略·张永德传》、《宋史·张永德传》所采信。传中

---

① 《旧五代史》卷129《常思传》，第1697—1698页。
② 《册府元龟》卷172《帝王部·求旧二》，第2086页。
③ （宋）曾巩撰，王瑞来校证：《隆平集校证》卷18《张永德传》，中华书局2012年版，第526页。

所言的"后二年",指的是乾祐三年(950)郭威起兵篡位的前夕。而据《旧五代史·常思传》"汉有天下,迁检校太尉、昭义军节度使。……思在上党凡五年,无令誉可称……广顺二年秋,思来朝,加兼侍中,移镇宋州"①所载,可知当时的昭义军节度使是常思而非常遇。又因《隆平集》中明确指出常遇为郭威外兄弟,比"以季父待思"的常思要低一辈,可知"思"、"遇"之别并非传抄中形近致误。常遇极有可能是常思之子侄,身份也并非昭义节度使,而是节度副使、留后一类的职位。这也符合唐末五代以来的藩镇传统。

常思夫人为王氏,与郭威母亲同姓,两者若为姐妹,常思常遇又为父子,则常遇正为郭威之表兄弟,与《隆平集》所载相合。正因两家有此亲缘关系,郭威才会投靠常思,并"以季父待思",而常思夫妇也"奉帝甚谨",乃至郭威称帝后"犹行家人之礼"。甚至正如郭威与柴荣的关系一样,常思有过收养郭威的想法或行动,因而才有郭威本"常氏之子"的传言。

当然,以上分析只是一种推测,一些地方并没有切实的证据。但这是目前能够将所有材料串联起来而基本贯通成立的解释,甚至就连《五代史平话》中郭威之母是常氏妹妹的说法也得到了一定程度上的印证。而更为重要的是,常氏不仅在早年间为少年郭威提供了生活上的帮助,在郭威发迹之后,同样为之提供了政治上的支持,最为关键的便是常思支持郭威平定河中三叛与常遇支持郭威起兵篡汉,这也是郭威能攫取最高权力的重要节点。下文便针对此展开详细分析。

第二节 释郭威"事功未著"

郭威之所以能顺利起兵夺权,过去主要认为是由于其在乾祐三年(950)出任邺都留守,权力极大,以致"兵甲钱谷,但见郭威文书,立皆禀应"②。日野开三郎先生在论述后周兴亡时即强调此点。③ 张其凡先生

---

① 《旧五代史》卷129《常思传》,第1697—1698页。
② 《资治通鉴》卷289,后汉隐帝乾祐三年四月条,第9422页。
③ 《五代史の基调》,第38页。

虽主张郭威之立关键在于禁军之向背，但也提及了其在河北"步骑且众，戎政鞅掌，百倍常时"的一面。① 然而郭威的生涯并非始终如此显赫，类似夸耀性的记载使得我们忽略了就在两年前，郭威还处在一种"事功未著"的尴尬状态之中。

上节我们对郭威家世进行了考订，知其父祖并未如《周太祖实录》中所记那么功绩显赫，甚至还有游离于梁晋两方势力的嫌疑。这种尴尬的出身，加之父母的早夭，使得郭威早年的仕途并不顺利。虽然依据《旧五代史·周太祖纪》中的记载，郭威在天祐年间已然从军，累经大战，资历似乎并不算浅薄。但其实这些记载与《周太祖实录》一样，中间颇多讹误夸饰之语，有必要进行进一步的考订。弄清郭威早年行迹，有助于我们更好地理解其建立后周的背景与意义。

《旧五代史·周太祖纪》载郭威参军背景云：

> 天祐末，潞州节度使李嗣昭常山战殁，子继韬自称留后，南结梁朝，据城阻命，乃散金以募豪杰。帝时年十八，避吏壶关，依故人常氏，遂往应募。帝负气用刚，好斗多力，继韬奇之，或逾法犯禁，亦多假借焉。……其年，庄宗平梁，继韬伏诛，麾下牙兵配从马直，帝在籍中，时年二十一。②

由此可见，是李继韬起兵叛乱在先，郭威应募行伍在后，可谓是主动站到唐庄宗的对立面。郭威这个选择说明他并未将唐庄宗视作天然的效忠对象，而是更为看好李继韬及其背后的后梁政权。同光元年（天祐二十年，923）四月庄宗称帝，十月灭梁，李继韬十一月入朝服罪，十二月被杀，潞州兵籍也当随之为庄宗所掌控，郭威也自此配属庄宗从马直。且不提郭威本身从逆的身份，新加入的从马直一军虽为庄宗亲军，却和藩镇牙兵一样，同样也是不稳定因素。同光四年三月，李嗣源起兵叛乱，就有受到从马直军士哗变胁迫的原因。四月，庄宗亦为从马直指挥使郭从谦所弑。郭威是否参与此次政变，尚不可知，但能从《旧五代史·周太祖纪》

---

① 张其凡：《五代政权递嬗之考察——兼评周世宗的整军》，《华南师范大学学报》（社会科学版）1985 年第 1 期。
② 《旧五代史》卷 110《周太祖纪一》，第 1448 页。

之后记载中找到一些线索：

> 天成初，明宗幸浚郊。时朱守殷婴城拒命，帝从晋高祖一军率先登城。晋祖领副侍卫，以帝长于书计，召置麾下，令掌军籍，前后将臣，无不倚爱。①

朱守殷之叛在天成二年（927），当时晋高祖石敬瑭为六军诸卫副使，随明宗幸汴州时临时充任御营使，② 一直负责统帅禁军。郭威既然"从晋高祖"，则可确认其仍为禁军。

此外，有关唐明宗平定朱守殷一事，诸书记载多有不同。《新五代史·朱守殷传》称："明宗行至京水，闻守殷反，遣范延光驰兵傅其城，汴人开门纳延光，守殷自杀其族，乃引颈命左右斩之。"③ 破城将领为范延光，且为汴人主动开城投降，并无石敬瑭、郭威先登事。宋人田况所撰《儒林公议》称朱守殷本已打算投降，但"（安）重诲已麾军登陴，势不可遏，城陷"④，破城者是安重诲。《通鉴》卷二七六、《册府元龟》卷八均归功于石敬瑭，⑤《册府》卷三六〇、卷三九六则分别称刘在明、郭延鲁因讨朱守殷先登而升为汴州马步军都指挥使。⑥ 值得一提的是，《册府元龟》卷八《帝王部·创业四》中详载郭威事迹，所据可能为《周太祖实录》，但其中并无郭威讨伐朱守殷先登破城之事。⑦

现在要弄清究竟是谁率先破城，已不可考。但有一点可以肯定，郭威的仕途并未因此役有多少改变。郭威自然不可能如石敬瑭、安重诲、范延光等人一样事后获封节度使、宰相、枢密使，也未能如刘在明、郭延鲁一样晋升为一州马步军都指挥使。《旧纪》中所谓石敬瑭因郭威"长于书记"而"令掌军籍"的事迹，其实也是郭威倾尽妻财，贿赂而来的。《隆

---

① 《旧五代史》卷110《周太祖纪一》，第1448页。
② 《旧五代史》卷75《晋高祖纪一》，第980页。
③ 《新五代史》卷51《朱守殷传》，第574页。
④ （宋）田况撰，张其凡点校：《儒林公议》，中华书局2017年版，第122页。
⑤ 《资治通鉴》卷276，后唐明宗天成二年十月条，第9099页。《册府元龟》卷8《帝王部·创业四》，第89页。
⑥ 《册府元龟》卷360《将帅部·立功一三》，第4277页，《册府元龟》卷396《将帅部·勇敢三》，第4708页。
⑦ 《册府元龟》卷8《帝王部·创业四》，第92页。

平集》卷一八《张永德传》云：

> 明宗起邺，柴翁以女备掖庭。至洛，失宠出宫。过鸿沟遇雨，夫人叹曰："业缘在此矣！"乃出箧中物，计直千万，以半奉其父母，令归邺。因请曰："沟傍传舍长郭君，贵人也，愿归之。"父母大傀，终不能夺。既归周祖，而谓之曰："妾箧中物五百余万，以资君，时不可失也。"周祖持赂军司，得主书计，遂至通显。①

这段柴氏慧眼识英雄的故事流传甚广，《东都事略》、《宋史·张孝德传》都有所采信，② 但称柴氏本庄宗嫔妃，这与明宗天成元年放宫人的事迹更为相合。③ 郭威正是依靠了柴氏的资助，才获得了"主书记"的职位。然从《旧纪》的记载来看，郭威并未长期隶属石敬瑭麾下。《旧五代史·周太祖纪》云：

> 清泰末，晋祖起于河东，时河阳节度使张彦琪为侍卫步军都指挥使，奉命北伐，帝从之。④

这里所谓的"北伐"即指石敬瑭起兵叛乱，唐末帝李从珂派兵平叛。统帅张彦琪既为侍卫步军都指挥使，那么郭威仍隶属后唐禁军，与后晋高祖站在了对立面，而非其部将。因此，在后晋立国后，郭威仕途依旧无甚起色。这一点从他的第二段婚姻也能看出。

《宋史·杨廷璋传》载："杨廷璋字温玉，真定人。家世素微贱，有姊寡居京师，周祖微时，欲聘之，姊不从，令媒氏传言恐逼，姊以告廷璋。廷璋往见周祖，归谓姊曰：'此人姿貌异常，不可拒。'姊乃从之。"⑤ 又据《新五代史·周家人传》知道当时"太祖方事汉高祖于太原"⑥，而

---

① 《隆平集校证》卷18《张永德传》，第526页。
② 《宋史》卷255《张永德传》，中华书局1977年标点本，第8914页。
③ 《旧五代史》卷36《唐明宗纪二》："（天成元年四月）制改同光四年为天成元年，大赦天下。后宫内职量留一百人，内官三十人，教坊一百人，鹰坊二十人，御厨五十人，其余任从所适。"第495页。
④ 《旧五代史》卷110《周太祖纪一》，第1449页。
⑤ 《宋史》卷255《杨廷璋传》，第8903页。
⑥ 《新五代史》卷19《周家人传·淑妃杨氏传》，第198页。

刘知远镇太原，则在后晋天福六年（941）。① 也即是说，两段婚姻的十余年间郭威的身份并未发生大的改变，仍处于"微时"的状态，所以也只能选择与同样"家世素微贱"的杨氏联姻。

郭威的仕途也正在此时迎来了转机。《旧纪》称：

> 汉高祖为侍卫马步都虞候，召置左右。……范延光叛于魏，命杨光远讨之，帝当行，意不愿从。或谓帝曰："杨公当朝重勋，子不欲从，何也？"帝曰："杨公素无英雄气，得我何用？能用我其刘公乎！"汉祖累镇藩闻，皆从之。及镇并门，尤深待遇，出入帷幄，受腹心之寄，帝亦悉心竭力，知无不为。及吐浑白可久叛入契丹，帝劝汉祖诛白承福等五族，得良马数千匹、财货百万计以资军。②

刘知远为侍卫马步军都虞候，事在天福元年（936）六月，郭威当作为降卒接受了刘知远的整编。范延光之叛则在次年十一月，郭威身为禁军，居然可以抗命不从杨光远出征。这一方面说明他的确看好刘知远，愿意舍身效忠；另一方面也说明他得到了刘知远的庇护，才能免于军法。自此，郭威由专属朝廷的禁军，成为依附于刘知远个人的僚佐，一直跟随刘知远出守各地节镇。这也成为他真正发迹的起点。这一点可以从史籍中关于郭威官职的记载中得到证明。

新旧《五代史》的《周太祖本纪（周纪）》中都未记载郭威在后汉之前的官职。《通鉴》天福二年（937）六月条云"军士郭威旧隶刘知远"③，既称"军士"，可见其当时仍无职级可言，多半还是普通士卒。直到天福六年（941）郭威劝刘知远招诱白承福时，才升级成地位模糊的"亲将"。④

---

① 《旧五代史》卷99《汉高祖纪一》："（天福）六年七月，授（刘知远）北京留守、河东节度使。"第1323页。
② 《旧五代史》卷110《周太祖纪一》，第1449页。
③ 《资治通鉴》卷281，后晋高祖天福二年六月条，第9175页。
④ 《资治通鉴》卷282，后晋高祖天福六年九月条云："刘知远遣亲将郭威以诏指说吐谷浑酋长白承福。"第9228页。其实此处郭威头衔变为"亲将"，也反衬出天福二年时称"军士"并非虚语指代，而是确实反映其地位的提升。

传世史籍中，郭威所获首个明确的官职，① 是天福十二年（947）的蕃汉孔目官。② 当然我们不能以此判断郭威此时才获得正式官职，但也足以说明郭威的资历并无本纪中夸耀的那般显赫。

而刘知远之所以如此信重郭威，则可能与之渐受晋高祖疏远有关。在天福三年（938）时，③ 刘知远就因和杜重威一起加同平章事衔，而"愤然不乐，恳让不受，杜门不出者数日"，晋高祖也十分生气，甚至于"召宰相赵莹等议落帝兵权，任归私第"，最终在赵莹的劝说下才打消此念，刘知远也最终接受了此项任命。④《通鉴》将刘知远不满的理由解释为"知远自以有佐命功，重威起于外戚，无大功，耻与之同制"⑤。但这多少有些牵强，且不说节度使受同平章事衔成为使相，在五代时已是再平常不过之事，并非无上之荣耀。而杜重威早在明宗朝时已经是"护圣军校领防州刺史"⑥，后晋建立后也率军平定了张从宾、范延光两次叛乱，也绝非"起于外戚，无大功"之流。刘知远之所以愤愤不平，更多的应该是自身出任各地节度，远离了决策层之故。晋高祖虽未就此剥落刘知远兵权，但终后晋一朝，再未将其调入中枢，决掌朝廷大政。在晋少帝时代，刘知远与中央进一步离心离德，见死不救，坐视后晋灭亡。

在此背景下，刘知远招揽了不少心腹，以充实自身实力。史弘肇、苏逢吉、杨邠、王章、郭威等都是在此时投入麾下。这一批人大都身份低微，而且不少还有从叛从伪的经历。郭威事迹已详见上考。其他人也与之类似，如史弘肇是"梁末，每七户出一兵，弘肇在籍中，后隶本州开道都，选入禁军"⑦，曾是后梁将领。苏逢吉之父苏悦，"初仕蜀，官升朝列"⑧，亦是伪官。杨邠是后唐孔谦的侄女婿，并在孔谦的帮助下，历孟、

---

① 在记述郭威与柴氏结合一事时，亦曾提及郭威身份。《隆平集》《宋史·张永德传》中称其为"传舍长""邮舍队长"，《东都事略》称其为"马步军使"。按"马步军使"为中层武官，与当时郭威落魄姿态不符，且《东都事略》史源较晚，当以《隆平集》为是。
② 《资治通鉴》卷286，后晋高祖天福十二年正月条云："蕃汉孔目官郭威言于知远曰（后略）。"第9336页。
③ 《资治通鉴》将此事系于天福四年。
④ 《旧五代史》卷99《汉高祖纪上》，第1323页。
⑤ 《资治通鉴》卷282，后晋高祖天福四年三月条，第9199—9200页。
⑥ 《旧五代史》卷109《杜重威传》，第1433页。
⑦ 《旧五代史》卷107《史弘肇传》，第1403页。
⑧ 《旧五代史》卷108《苏逢吉传》，第1422页。

华、郓三州粮料使，① 但孔谦为庄宗亲信，"明宗立，下诏暴谦罪，斩于洛市，籍没其家"②，杨邠在后唐一朝就此默默无闻。王章更是曾在后唐清泰年间追随捧圣军都虞候张令昭叛乱，依靠岳父白文珂的关系才得免于罪。③ 总之，这一群人或本非出自沙陀河东代北集团一系，或因政治动荡遭受打击，在后晋初年皆不受重用，才能得不到施展。刘知远身为藩镇，又隐隐与晋高祖不协，很难获得其他河东元老宿将的支持，只得与郭威、史弘肇等人纠合在一起，共同形成了后汉建国后的核心决策层。这样一批未能融入当时主流统治阶层的文士军将，团结在刘知远周围，为后汉的建立奠定了基础。

后汉建立之后，马上面临着后晋旧臣的挑战。汉高祖刘知远建国后便很快去世，年轻的汉隐帝刘承祐即位。河中节度李守贞联合凤翔王景崇、永兴赵思绾起兵反抗中央，郭威受命统领诸将平定叛乱。当时汉军兵力上占据上风，但军合力不齐，不能全力讨贼。史称：

> 自河中、永兴、凤翔三镇拒命以来，朝廷继遣诸将讨之。昭义节度使常思屯潼关，白文珂屯同州，赵晖屯咸阳。（胡注：常思、白文珂不敢逼河中，赵晖不敢逼凤翔。）惟郭从义、王峻置栅近长安，而二人相恶如水火，自春徂秋，皆相仗莫肯攻战。帝患之，欲遣重臣临督，壬午，以郭威为西面军前招慰安抚使，诸军皆受威节度。④

郭威正是在这种情况下以"重臣"的身份来主持大局的。可以说，平定叛乱的要点不是击溃外敌的军事问题，而是消弭内部分歧的政治问题。这就对领导者的威望有着较高的要求，但郭威在军中恰恰并无多少资历可言。《通鉴》卷二八八乾祐元年八月条云：

> 诸将欲急攻城，威曰："守贞前朝宿将，健斗好施，屡立战功。况城临大河，楼堞完固，未易轻也。……思绾、景崇，但分兵縻之，

---

① 《旧五代史》卷107《杨邠传》，第1408页。
② 《新五代史》卷26《孔谦传》，第281页。
③ 《旧五代史》卷107《王章传》，第1409页。
④ 《资治通鉴》卷288，后汉高祖乾祐元年八月条，第9396页。

不足虑也。"乃发诸州民夫二万余人,使白文珂等帅之,刳长壕,筑连城,列队伍而围之。威又谓诸将曰:"(李)守贞虖畏高祖,不敢鸱张;以我辈崛起太原,事功未著,有轻我心,故敢反耳。正宜静以制之。"①

郭威以上言论,即是在诸将急于攻城的背景下发出的。这里的诸将,主要指白文珂和刘词。《册府元龟》卷四五《帝王部·谋略》云:

> 初征发诸州夫二万余,分地起长连城。诸将启曰:"守贞穷寇,安能持久? 不劳堑地筑以守之。"帝曰:"军法备不虞,兵势有盈竭,蜂虿有毒,而况贼乎?"退谓白文珂、刘词曰:"二公老于军中,不言可知。守贞自惭反覆,常谋背叛,畏惧先帝,不敢鸱张。谓我辈勃兴太原,事功未著,而有轻我之志。"②

《通鉴》和《册府》所载,详略各有不同,然强调郭威"事功未著"是一致的。《旧五代史》也有类似的记载,《周太祖纪》的赞语中即称其"昔在初潜,未闻多誉"。正是在平定此次叛乱的过程中,才"有统御之劳,显英伟之量"③。可见郭威在此役之前并无太大功勋是一个事实。其实,郭威话语中流露出对李守贞、白文珂、刘词的忌惮和尊敬,是值得玩味的。他们的一个共同特征,就是"宿将""屡立战功""老于军中"。《旧五代史·李守贞传》称:"李守贞,河阳人也。少杰黠落魄,事本郡为牙将。晋高祖镇河阳,用为典客,后移数镇,皆从之。"④"晋高祖镇河阳"的时间在唐明宗长兴二年(931),李守贞为本郡牙将则更在此前。晋少帝初即位,他就当上了"滑州节度兼侍卫马军都指挥使"⑤,其后更屡次与契丹作战,亦曾大破契丹,称其"屡立战功",并非虚语。

---

① 《资治通鉴》卷288,后汉高祖乾祐元年八月条,第9397—9398页。
② 《册府元龟》卷45《帝王部·谋略》,第514页。
③ 《旧五代史》卷113《周太祖纪四》,第1505页。虽然赞中称转变节点为"洎西平蒲阪,北镇邺台",但郭威在邺都除起兵夺权外,并无特殊事迹。本节开头所言郭威在河北权威颇大,其实也只是中央赋予他的权力而已,并非他自身的事功。威望的提升实际上是在平定三方叛乱时期。
④ 《旧五代史》卷109《李守贞传》,第1437页。
⑤ 《旧五代史》卷109《李守贞传》,第1437页。

第七章　威望的力量：后周建国史探微　209

白文珂、刘词的资历更在李守贞之上。白文珂"初事后唐武皇，补河东牙将，改辽州副使"①，显然是李克用时代的人物。刘词则"梁贞明中，事故邺帅杨师厚，以勇悍闻。唐庄宗入魏，亦列于麾下，两河之战，无不预焉。"② 这两位从五代之初即从军征战的老将，当然会被郭威所礼遇。

郭威对这些老将（包括李守贞）谦逊言辞的背后，折射出的是他缺乏切实的战功和在军中的威望。石敬瑭将其招致麾下，是基于其"长于书记"；刘知远对其重用，是因为其能出谋划策。其所出任的潘汉孔目官，胡三省解释为："孔目官，衙前吏职也，唐世始有此名；言凡使司之事，一孔一目，皆须经由其手也。"③ 具体职能十分庞杂。近代学者研究认为其"融勾检监察于一体"④，"唐孔目官之掌凡税钱、财计、料粮收支、书状文案、州（使）府议政乃至鼓铸、场务等几无不关涉。"⑤ 总之，郭威近二十年的工作主要是处理文书，而非疆场厮杀。

而且他本人对读书也颇有兴趣，这又与一般专事征伐的武将迥然不同。《宋史·李琼传》云：

> 李琼字子玉，幽州人。祖传正，涿州刺史。父英，涿州从事。琼幼好学，涉猎史传。杖策诣太原依唐庄宗，属募勇士，即应募，与周祖等十人约为兄弟。一日会饮，琼熟视周祖，知非常人。因举酒祝曰："凡我十人，龙蛇混合，异日富贵无相忘，苟渝此言，神降之罚。"皆刺臂出血为誓。周祖与琼情好尤密，尝过琼，见其危坐读书，因问所读何书，琼曰："此《闾外春秋》，所谓以正守国，以奇用兵，较存亡治乱，记贤愚成败，皆在此也。"周祖令读之，谓琼曰："兄当教我。"自是周祖出入常袖以自随，遇暇辄读，每问难琼，谓琼为师。⑥

---

① 《旧五代史》卷124《白文珂传》，第1633页。
② 《旧五代史》卷124《刘词传》，第1628页。
③ 《资治通鉴》卷216，唐玄宗天宝十载二月条，第6905页。
④ 黄正建：《中晚唐社会与政治研究》，中国社会科学出版社2006年版，第62页。
⑤ 冻国栋：《旅顺博物馆藏〈唐建中五年（784）孔目司贴〉管见》，《魏晋南北朝隋唐史资料》第14辑，武汉大学出版社1996年。后收入氏著《中国中古经济与社会史论稿》，湖北教育出版社2005年版，第303—304页。
⑥ 《宋史》卷261《李琼传》，第9031页。

李琼虽和郭威一样应募勇士，约为兄弟，但其人却"幼好学，涉猎史传"。所读《阃外春秋》为唐李筌所撰。《新唐书·艺文志二》将其划为史部杂史类；① 《宋史》卷二〇三《艺文志二》将其划入史部别史类；② 同书卷二〇七《艺文志六》却又将其划入兵书类。③ 陈振孙《直斋书录解题》卷一二《兵书类》称："《阃外春秋》十卷。唐少室山布衣李筌撰。起周武王胜殷，止唐太宗擒窦建德，明君良将战争攻取之事。天宝二年上之。"④ 可见其内容大概是汇编西周至唐太宗间的经典战例而成。按照李琼的说法，更有"以正守国"的内容，可见此书除战例之外，可能还有一些记载治国方略的故事。将其划为兵书固然不错，但视作别史也未尝不可。郭威之所以对其用功颇深，可能还是被那些"较存亡治乱，记贤愚成败"的故事所吸引。开始令李琼读书，后又每每向其问难请教的记载，很容易让我们联想起石勒，《周太祖本纪》中称郭威"深通义理"⑤，大概也和石勒当年"每以其意论古帝王善恶，朝贤儒士听者莫不归美焉"⑥一样，属于后世史家的刻画与夸张，否则他也不需要以李琼为师了。但结合前文称其"喜笔劄""长于书记"的记载，我们可以判定郭威身上"文"的色彩要比一般武将浓厚得多。

然而郭威毕竟还是一个军士，仍需展现武勇以博取军中威望。五代史籍中常刻画帝王施展勇力的情景。如李嗣源"李横冲"之名已为人熟知；石敬瑭亦曾"领十余骑，横槊深入，东西驰突，无敢当者，卒全部伍而旋"⑦；刘知远则有从容断后之功，史称"时晋高祖为梁人所袭，马甲连革断，帝辍骑以授之，取断革者自跨之，徐殿其后，晋高祖感而壮之"⑧，可谓沉着勇毅。有鉴于此，《周太祖纪》自然也不能免俗，需要对郭威之"勇武"进行描绘：

---

① 《新唐书》卷58《艺文志二》，第1466页。
② 《宋史》卷203《艺文志二》，第5096页。
③ 《宋史》卷207《艺文志六》，第5282页。
④ （宋）陈振孙撰，徐小蛮、顾美华点校：《直斋书录解题》，上海古籍出版社1987年版，第361页。
⑤ 《旧五代史》卷110《周太祖纪一》，第1448页。
⑥ 《晋书》卷105《石勒载纪下》，中华书局1974年标点本，第2741页。
⑦ 《旧五代史》卷75《晋高祖纪一》，第798页。
⑧ 《旧五代史》卷99《汉高祖纪上》，第1322页。

第七章 威望的力量:后周建国史探微　211

> 帝负气用刚,好斗多力,继韬奇之,或逾法犯禁,亦多假借焉。尝游上党市,有市屠壮健,众所畏惮,帝以气凌之,因醉命屠割肉,小不如意,叱之。屠者怒,坦腹谓帝曰:"尔敢刺我否?"帝即剚其腹,市人执之属吏,继韬惜而逸之。①

此处书写,明显有模仿《史记》中韩信受胯下之辱的痕迹。② 只不过韩信忍辱,千古传为美谈;郭威刺屠,只能成为杨志卖刀的先声。其间高下之别,不问可知。这样依靠和屠夫无赖争勇斗狠得来的勇名,自然不可能压服军中宿将。郭威对此十分清楚,融入军中攫取威望还需要作进一步的努力。史称:

> 帝在军,居常接宾客,与大将讌语,即褒衣博带,或遇巡城垒,对阵敌,幅巾短后,与众无殊。临矢石,冒锋刃,必以身先,与士伍分甘共苦。稍立功效者,厚其赐与,微有伤痍者,亲为循抚,士无贤不肖,有所陈启,温颜以接,俾尽其情,人之过忤,未尝介意,故君子小人皆思效用。③

首先值得关注的是郭威服饰的两面性。对"宾客""大将",他作"褒衣博带",与其一直以来从事文书工作的形象相符;而当面巡察城垒、对阵敌军之时,他又"幅巾短后",与普通军士并无区别,旨在融入团体之中。所谓"临矢石,冒锋刃,必以身先",更是这种心态的进一步体现。就管理角度而言,一军主帅的职责主要是规划作战方略和管理诸将,以亲冒兵锋的方式激发士气并非最佳策略。而且通常来说,在底层时以勇力博取军功,在高层时则以智慧统辖军队,才是一个将领的正常成长轨迹。郭威却反其道而行之,少年卑微之时在后方处理文书;中年有了主帅身份却要冲锋在前,并非他不知道这样有违常理,只是其在军中浅薄的资历迫使他不得不以非常手段来聚拢人心。"人有过忤"之"忤",即说明

---

① 《旧五代史》卷110《周太祖纪一》,第1448页。
② 《史记》卷92《淮阴侯列传》云:"淮阴屠中少年有侮信者,曰:'若虽长大,好带刀剑,中情怯耳。'众辱之曰:'信能死,刺我。不能死,出我袴下。'于是信孰视之,俛出袴下,蒲伏。一市人皆笑信,以为怯。"中华书局1959年标点本,第2610页。
③ 《旧五代史》卷110《周太祖纪一》,第1450—1451页。

仍有人不服他的管理。但也只能忍气吞声,"未尝介意"了。

当然,只靠冲锋陷阵还不足以赢取军心,故而郭威听从冯道的建议,①对"稍立功效者,厚其赐与",依靠财物来巩固统治,打击敌人,无疑起到了良好的效果。史称:"士卒新受赐于郭威,皆忘守贞旧恩,己亥,至城下,扬旗伐鼓,踊跃诟噪;守贞视之失色。"②

在以身作则、施恩惠下的同时,郭威也在通过惩处的方式展现自己的权威。但值得注意的是,他选取的对象都是他能掌控影响的人物。如"军中禁酒,帝有爱将李审犯令,斩之以徇"③,这是对自己的亲将进行处理。其后更以"无将领才"这种含混的理由,将昭义节度使常思遣送归镇。④肆意决定一方节度的去留,这看似颇为跋扈,但我们上节已对郭威与常思的关系进行考证,两者之间很可能存在着亲缘关系。这种关系使得遣常思归镇的命令有着别样的意味,而并非只是"思无将领才"这么简单。

需知郭威之所以能成为平定三叛的主帅,正是由于白文珂、常思等人相互推诿逡巡不进,朝廷才让他督临诸军,起到协调统帅的作用。史称:

> 自河中、永兴、凤翔三镇拒命以来,朝廷继遣诸将讨之。昭义节度使常思屯潼关,白文珂屯同州,赵晖屯咸阳。(胡注:常思、白文珂不敢逼河中,赵晖不敢逼凤翔。)惟郭从义、王峻置栅近长安,而二人相恶如水火,自春徂秋,皆相仗莫肯攻战。帝患之,欲遣重臣临督,壬午,以郭威为西面军前招慰安抚使,诸军皆受威节度。⑤

在后汉权威本就未能得到充分确立的背景下,各路节帅虚张声势,不肯为中央全力平叛,实属寻常。胡三省所云"常思、白文珂不敢逼河中",甚合当时情境。郭威出任主帅,目的是要促使诸将出征,他却以

---

① 《资治通鉴》卷288,后汉隐帝乾祐元年八月条云:"威将行,问策于太师冯道。道曰:'守贞自谓旧将,为士卒所附,愿公勿爱官物,以赐士卒,则夺其所恃矣。'威从之。由是众心始附于威。"第9396页。
② 《资治通鉴》卷288,后汉隐帝乾祐元年八月条,第9397页。
③ 《旧五代史》卷110《周太祖纪一》,第1451页。
④ 《资治通鉴》卷288,后汉隐帝乾祐元年八月条云:"威以常思无将领才,先遣归镇。"第9397页。
⑤ 《资治通鉴》卷288,后汉隐帝乾祐元年八月条,第9396页。

"无将领才"这一牵强借口，将本不愿出征的常思遣回昭义，反而正中其下怀。若说此次事件是郭、常二人配合演的双簧，或许有着臆测的成分。但从实际效果看，郭威成功树立了威望，常思保全了实力，亦可称之为双赢。故多年后郭威还要在诏书里回忆"夙昔之共事"的场景，不见丝毫尴尬。

凭借着礼敬宿将、身先士卒、厚结军将、申明法令等种种手段，郭威较为顺利地控制住了诸军，并取得了对李守贞等叛军的胜利。这场胜利使郭威完善了自己的履历，攫取了军功资本，完成了从中枢谋臣到一方统帅的华丽转身，确立其在军中的威望和地位。这时，一个新的问题迎面而来，郭威和后汉朝廷会如何处理彼此之间的关系？是对得胜还朝的元勋进行打压，还是郭威权力的又一次膨胀？下节即对此进行分析。

第三节 郭威与后汉中枢政局

郭威还朝之时，一改之前谦逊作风，而显得颇为跋扈，甚至轻易将西京留守王守恩贬官抄家。《旧五代史·王守恩传》云：

> 乾祐初，迁永兴军节度使。时赵思绾已据长安，乃改授西京留守。守恩性贪鄙，委任群小，以掊敛为务，虽病废残癃者，亦不免其税率，人甚苦之。洛都尝有豪士，为二姓之会，守恩乃与伶人数辈夜造，自为贺客，因获白金数笏而退。太祖回自河中，驻军于洛阳，诏以白文珂代之，守恩甚惧。而洛人有曾为守恩非理割剥者，皆就其第，征其旧物，守恩一一偿之。及赴阙，止奉朝请而已。①

此处所谓"诏以白文珂代之"，略有疑议。主语是"太祖"即郭威，但当时郭威并非皇帝，是不可能下"诏"的。《册府元龟》卷四五五《将帅部贪黩门》中此条前后文与本传全同，唯此句作"太祖以白文珂代之"，无"回自河中"至"诏"等十字。② 较之本传似更文顺理通。但我

---

① 《旧五代史》卷125《王守恩传》，第1641页。
② 《册府元龟》卷455《将帅部·贪黩》，第5397—5398页。

们不禁产生疑惑，郭威是否有权力对西京留守一职进行随意任免？又《洛阳缙绅旧闻记》卷5"白中令知人"条云：

> 中令在北京日，素与周祖亲洽，周太祖屡召中令，谘询戎事。三叛平，周祖德之。师旋，与同来。时西京留守王相守恩，为左右所惑，大纳贿赂，众口喧哗。周祖即日移牒中令，权守宫钥，替王相。归第密奏之，汉少主遂下制，除西京留守、大尹事，兼中书令。①

此处的"中令"即中书令，指代白文珂；所谓"西京留守王相"就是王守恩。较之《王守恩传》，这里对罢免流程描绘得更为详细：先由郭威移牒白文珂使其代替王守恩，同时白文珂上奏汉隐帝告知此事，最后由汉隐帝下制书形成正式决定。这也就解释了《王守恩传》中"诏"的疑问，较《册府元龟》所载也更为合理。但罢免理由仍是"大纳贿赂"，然而我们知道这种"贪鄙"之风在五代是极为常见的，或可作为打击政敌的借口，但绝非人事任免的真实理由。仓促处置王守恩的背后，蕴含着更深的隐情。《五代史补》卷四"枢密使擅替留守"条云：

> （高祖）回戈路由洛阳，时王守恩为留守，以使相自专，乘檐子迎高祖于郊外。高祖遥见大怒，且疾驱入于公馆。久之，始令人传旨，托以方浴。守恩不知其怒，但安坐俟久。时白文珂在高祖麾下，召而谓曰："王守恩乘檐子俟吾，诚无礼也，安可久为留守，汝宜亟去代之。"文珂不敢违，于是即时礼上。顷之，吏驰去，报守恩曰："白侍中受枢密命，为留守讫。"守恩大惊，奔马而归，但见家属数百口，皆被逐于通衢中，百姓莫不聚观，其亦有乘便号叫，索取货钱物者。高祖使吏籍其数，立命偿之，家财为之一空。朝廷悚然，不甚为理。②

---

① （宋）张齐贤撰，俞钢点校：《洛阳缙绅旧闻记》卷5"白中令知人"条，傅宗璇主编：《五代史书汇编》第4册，杭州出版社2004年版，第2430页。
② （宋）陶岳撰，顾薇薇点校：《五代史补》卷4"枢密使擅替留守"条，《五代史书汇编》第5册，杭州出版社2004年版，第2512页。

此处将西京留守的罢免，完全归因于王守恩轻慢郭威，被郭威寻机报复所致。就连本传中"洛人有曾为守恩非理割剥者"，也变成了"乘便号叫，索取货钱物者"。加之条目中的"擅"字以及文末的"朝廷悚然，不甚为理"的评价，可以清楚地看到作者的立场与本传及《洛阳缙绅旧闻记》中截然不同，字里行间充斥着对郭威的贬损。然而文字上的偏颇，未必就代表着其内容就一定不可信。《新五代史·王守恩传》《通鉴》便通融两说，将王守恩"性贪鄙"与慢待郭威，都视作其被贬官的理由。

欧阳修更在《王守恩传》末称："若文珂、守恩皆位兼将相，汉大臣也，而周太祖以一枢密使头子易置之，如更戍卒。是时，太祖与汉未有间隙之端，其无君叛上之志，宜未萌于心，而其所为如此者，何哉？盖其习为常事，故特发于喜怒颐指之间，而文珂不敢违，守恩不得拒。太祖既处之不疑，而汉廷君臣亦置而不问，其上下安然而不怪者，岂非朝廷法制纲纪坏乱相乘，其来也远，既极而至于此欤？"① 也即将原因都归结于五代积习所致，这种说法未免有些简单。且不论此前有无这种未经中央便处置西京留守的先例，郭威此次处置也绝非"发于喜怒颐指"的情绪爆发，而是带有强烈的目的性。

郭威如此严厉处理王守恩，还在于其还朝之时，需要进一步树立威望，巩固自己诸军统帅、顾命大臣、枢密使等地位。值此敏感时刻，王守恩的挑衅必会受到严厉报复。但郭威并没有丧失理智，选择用白文珂替代王守恩，也是其深思后的结果。首先，白文珂是功臣宿将，有足够的资历出任西京留守；其次，这解决了平叛之后如何封赏白文珂的问题。最后则是出于白文珂与王守恩的关系考虑。王守恩之父是王建立，而白文珂则是王建立的故将。② 正因两人有这样一份渊源，交替之际不太会引起王守恩亲朋故旧反弹，政治压力较小。通过这样一番看似偶然而简单的人事运作，郭威轻松地达到其政治目的。

郭威擅罢王守恩的动机已如上所述，但其何以能够成功则是另一问题。《通鉴》在肯定《五代史补》的基础上，添加了一处细节有助于我们理解此节，其文云："即以头子命保义节度使、同平章事白文珂代守恩为

---

① 《新五代史》卷46《王守恩传》，第514页。
② 《旧五代史》卷124《白文珂传》云："天成中，镇州节度使王建立表（白文珂）为本州马步军都指挥使。"第1634页。

留守。"① 这里的"头子",即《洛阳缙绅旧闻记》中提到的"牒"。胡三省注引沈括语对此有详细解释,云"后唐庄宗复枢密使,郭崇韬、安重海相继为之,始分领政事。不关由中书直行下者谓之宣,如中书之敕;小事则发头子,拟堂帖也。"② 任免西京留守这样的职位,无论如何也不能算是小事。沈括的解释,未免有受宋代实际公文运作影响的嫌疑。③ 但其称"头子,拟堂帖也"的说法则是准确的。堂帖是中书门下的宰相们直接裁决政务的公文,具有"处分百司"④ 的功能,这与对西京留守的处理是相称的。值得注意的是,这种文书产生的背景是枢密使"分领政事",连"如中书之敕"的"宣"都无需经由中书行下,那么次等小事的"头子"恐怕就更不会经由中书了。《五代史补》此处条目是"枢密使擅替留守"。枢密使是郭威的身份,也是其权力来源,"擅"则表现在使用了头子这种不经由中书的公文。只有这两者相结合,才能轻易替掉留守。

其实郭威不经中书擅罢王守恩,不过是枢密使与中书门下之争的一个缩影。两个机构间的斗争贯穿后汉一朝,亦是中枢政争核心所在。矛盾发展到最后,导致了后汉崩溃,而这其实在刘知远建国之时已经埋下伏笔。

后晋开运四年(947)正月,契丹攻入开封灭晋。刘知远乘势而起,于太原称帝,改元称天福十二年,六月入洛阳。其后进行了大范围的人事安排,其最为要害者,即苏逢吉、苏禹珪、李涛拜中书侍郎、同平章事;窦贞固为门下侍郎、同平章事;杨邠为枢密使、郭威为副枢密使;王章为三司使;刘信为侍卫亲军马军都指挥使、史弘肇为侍卫亲军步军都指挥使。这九人即构成了后汉政权初期最为核心的统治圈。其中除窦贞固、李涛一直供职中央外,其余七人都由刘知远太原幕府中提拔而来,是其元从心腹。

---

① 《资治通鉴》卷288,后汉隐帝乾祐二年七月条,第9412页。
② 《资治通鉴》卷288,后汉隐帝乾祐二年八月条,第9412页。
③ 就在此处引文之后,沈括还提到北宋时"头子唯给驿马之类用之",这类"小事"当然与任免西京留守的性质有着天壤之别。见(宋)沈括撰,胡道静校证:《新校证梦溪笔谈》卷1,上海人民出版社2011年版,第18—19页。
④ (唐)李肇:《唐国史补》卷下,上海古籍出版社1983年版,第49页。有关"堂帖"的进一步研究,可参见刘后滨《唐代中书门下体制研究——公文形态·政务运行与制度变迁》,齐鲁书社2004年版,第301页。

第七章 威望的力量：后周建国史探微 217

窦贞固、李涛之所以被提拔，更多是对旧有势力的一种安抚。①真正掌握权力的，其实还是苏逢吉。所谓"车驾至汴，朝廷百司庶务，逢吉以为己任，参决处置，并出胸臆，虽有当有否，而事无留滞。"其外甥李涛更建议刘知远进一步加强苏逢吉地位，称"霸府二相，官秩未崇"，于是"逢吉旋加吏部尚书"。②虽然此时吏部尚书已是虚衔，但苏逢吉还是掌握了人事权，史载："先是，高祖践祚之后，逢吉与苏禹珪俱在中书，有所除拜，多违旧制，用舍升降，率意任情，至有自白丁而升宦路、由流外而除令录者，不可胜数，物论纷然。高祖方倚信二相，莫敢言者。逢吉尤贪财货，无所顾避，求进之士，稍有物力者，即遣人微露风旨，许以美秩。"又投桃报李推荐李涛，所谓"涛之入相，逢吉甚有力焉"③。

刘知远称帝不足一年便身染重疾，临终之前为其子汉隐帝刘承祐设立了顾命大臣。《通鉴》载顾命大臣四人，即苏逢吉、史弘肇、杨邠、郭威。④然据《旧五代史》，王章⑤、苏禹珪⑥亦同受顾命。国初秉政九人之中，窦贞固、李涛这样充作点缀的前朝旧臣，在易代之后政治价值锐减，自然无缘辅政。刘信身为宗室，处于嫌疑之地，亦未能得到刘知远的信任，最终被遣返之镇。⑦六位顾命大臣就此把持朝政，斗争也随之展开。

乾祐元年（948）三月，李涛便奉苏逢吉之意对杨邠、郭威发难。⑧

---

① 《宋史》卷262《窦贞固传》云："汉祖入汴，贞固与礼部尚书王松率百官见于荥阳西，汉祖驻驾，劳问久之。……时苏逢吉、苏禹珪自霸府俱佐骤居相位，思得旧臣冠首，以贞固持重寡言，有时望，乃拜司空、门下侍郎、平章事、弘文馆大学士。"第9058—9059页。同卷《李涛传》云："汉祖起义至洛，涛自汴奉百官表入对，汉祖问京师财赋，从契丹去后所存几何，涛具对称旨，汉祖嘉之。至汴，以为翰林学士。……以涛堪任宰辅，即拜中书侍郎兼户部尚书、平章事。"第9061页。二人均曾代表百官奉迎汉高祖，汉高祖也需要"旧臣冠首"，故以二人为相。
② 《旧五代史》卷108《苏逢吉传》，第1423页。
③ 《旧五代史》卷108《苏逢吉传》，第1423页。
④ 《资治通鉴》卷288，后汉隐帝乾祐元年正月条云："帝召苏逢吉、杨邠、史弘肇、郭威入受顾命，曰：'余气息微，不能多言。承祐幼弱，后事托在卿辈。'"第9384页。
⑤ 《旧五代史》卷103《汉隐帝纪下》载李太后诰云："枢密使郭威杨邠、侍卫使史弘肇、三司使王章亲承顾命，辅立少君，协力同心，安邦定国。"第1373页。
⑥ 《旧五代史》卷127《苏禹珪传》云："汉祖大渐，与苏逢吉、杨邠等受顾命，立少主。"第1674页。
⑦ 《旧五代史》卷105《蔡王信传》云："高祖寝疾大渐，杨邠受密旨遣信赴镇，信即时戒路，不得奉辞，雨泣而去。"第1386页。
⑧ 《旧五代史》卷108《苏逢吉传》云："会涛上章，请出两枢密为方镇，帝怒，罢涛相，勒归私第，时论疑涛承逢吉之风旨。"第1423页。

《通鉴》卷二八八云：

> 苏逢吉等为相，多迁补官吏；杨邠以为虚费国用，所奏多抑之，逢吉等不悦。中书侍郎兼户部尚书、同平章事李涛上疏言："今关西纷扰，外御为急。二枢密皆佐命功臣，官虽贵而家未富，宜授以要害大镇。枢机之务在陛下目前，易以裁决，逢吉、禹珪自先帝时任事，皆可委也。"①

《通鉴》中详载李涛上疏，以郭威、杨邠"官虽贵而家未富"为借口，提议要"授以要害大镇"，提升其物质待遇，其实质则是将其逐出中央核心决策圈。苏逢吉之所以指使李涛上疏，一方面是因其与郭威有私怨，曾"数乘醉抵辱周太祖"②，意欲挟私报复。另一方面则源于枢密院和中书省两个机构在人事运作上的对立。如上文提到郭威能不经由中书直接对下发布宣文、头子，即是枢密使"权势甚盛"的体现，对中书门下体制是极大的干扰。故李涛提议由宰相苏逢吉和苏禹珪来兼任枢密使，以便彻底掌握人事权力。

然而此举因李太后的反对并未获得成功，李涛甚至因此罢相，杨邠、郭威一党的权力则得到了进一步的提升。《通鉴》又云：

> 帝与左右谋，以太后怒李涛离间，欲更进用二枢密，以明非帝意。左右亦疾二苏之专，欲夺其权，共劝之。壬午，制以枢密使杨邠为中书侍郎兼吏部尚书、同平章事，枢密使如故；以副枢密使郭威为枢密使；又加三司使王章同平章事。凡中书除官，诸司奏事，帝皆委邠斟酌。自是三相拱手，政事尽决于邠。事有未更邠所可否者，莫敢施行，遂成凝滞。三相每进拟用人，苟不出邠意，虽簿、尉亦不之与。③

苏逢吉所求宰相兼枢密使的愿望未能达成，而杨邠却以枢密使的身份

---

① 《资治通鉴》卷288，后汉高祖乾祐元年三月条，第9390页。
② 《旧五代史》卷108《苏逢吉传》，第1423页。
③ 《资治通鉴》卷288，后汉高祖乾祐元年四月条，第9392页。

出任宰相。但无论怎样，都是一人身兼二职，其权力的集中与扩大可想而知。李全德在《唐宋变革期枢密院研究》一书中，对此分析道："杨邠在做了宰相并兼任枢密使后，其职权自然也扩大至军政之外，中书重事尽决于杨邠，与高祖时期的权力格局形成鲜明对比。杨邠权力如此之专的基础在于他的以宰相兼枢密使，正是在做了宰相之后，他才做到了自己仅为枢密使所做不到的事。"① 放任杨邠权力如此膨胀，或许是汉隐帝对其危害尚未有充分的认识，又或是此时权力还操纵在几位顾命大臣手中，汉隐帝无法自主。

这种斗争在郭威平叛回朝时仍在延续。在其所受诸多封赏中，最为重要的一项即是加方镇。《资治通鉴》卷二八八乾祐二年八月条云：

> 又议加方镇，（郭威）辞曰："杨邠位在臣上，未有茅土；（胡注：时杨邠为枢密使，位在郭威上，未尝领节镇。）且帷幄之臣，不可以弘肇为比。"（胡注：郭威自言职居近密，乃帷幄之臣，史弘肇掌侍卫兵，所以领节，不可以为比。）②

这看似加恩，其实蕴含了相当大的风险。所谓"议加方镇"并非虚衔，而是与李涛所言"授以要害大镇"类似，是实指。郭威提到史弘肇领节即是其例。《旧五代史·史弘肇传》云："弘肇所领睢阳，其属府公利，委亲吏杨乙就府检校，贪戾凶横，负势生事，吏民畏之。副戎已下，望风展敬，聚敛刻剥，无所不至，月率万缗，以输弘肇，一境之内，嫉之如仇。"③ 可见方镇虽是遥领，却还能控制其人事公利。但我们同样不当忽略汉高祖时代身为禁军统帅的侍卫马军都指挥使刘信，也曾兼领许州节度使，其在汉高祖弥留之际，即被逐出中枢遣返之镇，从此远离核心决策圈，"三年不能适意"④。郭威对加方镇坚辞不受，恐怕就是以刘信为鉴了。

同时郭威还要顾及杨邠、史弘肇等人的感受，正如其所言，自己位望

---

① 李全德：《唐宋变革期枢密院研究》，国家图书馆出版社2009年版，第175页。
② 《资治通鉴》卷288，后汉隐帝乾祐二年八月条，第9414页。
③ 《旧五代史》卷107《史弘肇传》，第1405页。
④ 《旧五代史》卷105《蔡王信传》，第1386页。

在杨、史之下，陡受殊荣可能会引起二人不快。故郭威不仅没有接受加方镇的提议，就连一般性赏赐也不敢独享，一再声称是朝中大臣居中镇守统筹之功。隐帝乃"遍赐宰相、枢密、宣徽、三司、侍卫使九人，与威如一"。然如此又引发了新的问题，"诸大臣议，以朝廷执政溥加恩，恐藩镇觖望"，于是诸藩镇节帅又普为加恩，甚至连外藩如吴越王钱弘俶、楚王马希广、荆南高保融亦在其列。故有议者以为"郭威不专有其功，推以分人，信为美矣；而国家爵位，以一人立功而覃及天下，不亦滥乎！"①

然到了乾祐三年（950）四月，朝堂上又对郭威的官职有了争论。原来契丹入侵，中央决定由郭威镇守邺城，出任天雄军节度使，统筹河北各藩镇抵御契丹。苏逢吉以"以内制外，顺也；今反以外制内，其可乎"为由，表示郭威不宜继续保有枢密使的身份，史弘肇则坚决反对，称"领枢密使则可以便宜从事，诸军畏服，号令行矣。"② 最终汉隐帝还是听取了史弘肇的意见，保留郭威枢密使之职。李全德分析此事称：

> 郭威以枢密使而能掌兵于外主征伐，是枢密使制度调整过程中的一个新显现，促使郭威达到这一点的是史弘肇。郭威出镇魏州，史弘肇欲其兼领枢机，宰相杨邠、苏逢吉皆不同意却不能阻止。杨邠在高祖时为枢密使，可以立遣侍卫马军都指挥使刘信，现在兼领二府，权力陡增，却阻止不了史弘肇，可见亲军势力之上升。③

李氏研究自有其道理，但有不少细节却仍值得进一步推敲。首先，郭威在乾祐元年平定三叛时便带枢密使衔。二年十月，同样是契丹入侵，"陷贝州高老镇，南至邺都北境，又西北至南宫、堂阳，杀掠吏民"，于是"遣枢密使郭威率师巡边"，④ 同样带枢密使衔。此时提出罢免郭威枢密使的职务，并将其外放邺都，难免引发郭威、史弘肇一系的疑虑。而且契丹入寇劫掠，一向来去如风，难有定数。后汉又无与契丹彻底决裂之

---

① 《资治通鉴》卷288，后汉隐帝乾祐二年八月至十月条，第9414—9415页。
② 《资治通鉴》卷289，后汉隐帝乾祐三年四月条，第9422页。
③ 李全德：《唐宋变革期枢密院研究》，第175页。
④ 《旧五代史》卷102《汉隐帝纪中》，第1362页。

意,① 郭威若不带枢密使衔出镇邺都,一旦契丹兵退,其"督诸将以备契丹"之权则无从谈起,② 与普通节帅无异,形若贬谪。史弘肇激烈反对,是为了保障郭威原有之地位,而非促使其"以枢密使而能掌兵于外主征伐"。两者有被动与主动之别。

其次,杨邠"可以立遣侍卫马军都指挥使刘信",并非由于汉初侍卫亲军地位不如此时。而是因当时他"受密旨遣信赴镇"③,将刘信逐出中枢是汉高祖的主张,与杨邠关系不大,更不代表杨邠能随时处置侍卫马军都指挥使的去留。

最后,认定杨邠不同意郭威带枢密使的证据也并不充足。若杨邠本无阻扰之意,所谓"阻止不了史弘肇,可见亲军势力之上升"之说自然也无从谈起。李氏所据为《旧五代史·史弘肇传》,④ 其辞云:

> 周太祖有镇邺之命,弘肇欲其兼领机枢之任,苏逢吉异其议,弘肇怨之。翌日,因窦贞固饮会,贵臣悉集,弘肇厉色举爵属周太祖曰:"昨晨廷论,一何同异。今日与弟饮此。"杨邠、苏逢吉亦举大爵曰:"此国家之事也,何足介意。"俱饮釂。弘肇又厉声言曰:"安朝廷,定祸乱,直须长枪大剑,至如毛锥子,焉足用哉!"三司使王章曰:"虽有长枪大剑,若无毛锥子,赡军财赋,自何而集?"弘肇默然,少顷而罢。⑤

此处明言是"苏逢吉异其议",并未言及杨邠态度。次日"贵臣悉集"于窦贞固家宴饮,大概即是为了缓和此次政争所带来的紧张气氛。史弘肇犹自愤懑不已,才有杨邠、苏逢吉所谓"此国家之事也,何足介意"之说,意在劝慰史弘肇公私两分,不必在私人宴会上因公事发作。

---

① 《资治通鉴》卷289,后汉隐帝乾祐三年正月条云:"郭威请勒兵北临契丹之境,诏止之。"第9418页。
② 《资治通鉴》卷289,后汉隐帝乾祐三年四月条,第9422页。
③ 《旧五代史》卷105《蔡王信传》,第1386页。
④ 按:其实最能支持李氏观点的是明本《册府元龟》卷918《总录部·忿争》所云:"时周太祖出镇魏州,弘肇议带枢密以行。苏逢吉、杨邠以为不可。"第10857页。然宋本《册府元龟》此条则无此句(中华书局1988年影印宋本,第3639页。),新旧《五代史》、《通鉴》均未明言杨邠反对,故此处不取明本《册府》说法。
⑤ 《旧五代史》卷107《史弘肇传》,第1405—1406页。

此处只能看出杨邠意在调和矛盾，并不能证明他就要罢郭威枢密使之职。

此条史料蕴含信息丰富，除了体现史弘肇、郭威对枢密使的争夺之外，以往研究更注重其所反映的五代时文武对立的现实。史弘肇所谓"安朝廷，定祸乱，直须长枪大剑，至如毛锥子，焉足用哉！"更是成为武人鄙薄文士的铁证。日野开三郎先生更直接认为文臣以郭威权力过大为由反对，武将侧则固执己见，一定要郭威兼任枢密使，更认为此问题发展成为文武优劣的一般性争论。①

但我们若深挖细节，则可能有进一步的认识。首先史弘肇所谓的"毛锥子"，针对的显然是苏逢吉代表的文士，但与会诸人中对此反应最为激烈的并非苏逢吉，亦非最擅文章的弘文馆大学士窦贞固，而是三司使王章。王章和郭威一样，在刘知远镇守河东时都做过孔目官，"专委钱谷"，并非擅长文章的文士。甚至他才是真正对文士最为鄙薄之人，常言文臣："此等若与一把算子，未知颠倒，何益于事。"② 这样一个人率先作出回应，很可能与杨邠有关。

王章是大名南乐人，杨邠是魏州冠氏人，均属大名府，故史称王章"与杨邠同郡，尤相亲爱，其奖用进拔者，莫非乡旧。"③ 可见二人交接乃至培植党羽的基础是乡里之谊。出身郑州荥阳的史弘肇则与之有着地域上的隔阂。之前诸人（包括郭威）虽大致站在同一战线，更多是为了共同抗击苏逢吉，有着共同的政治利益。但在感情上，王章自然与杨邠更为亲近。

杨邠虽未明确表示反对郭威带枢密使，但同样也未提供支持。在无更多史料支撑下，我们只能认为他的态度是暧昧中立的。但即便如此也可能引发史弘肇的不满，在杨邠出言调停后，史弘肇依旧喋喋不休，所言"毛锥子"固然主要针对苏逢吉，但同时也是在影射兼任宰相拜中书侍郎的杨邠。杨邠在初任中书时，也表达对文人的轻视，尝云："为国家者，但得帑藏丰盈，甲兵强盛，至于文章礼乐，并是虚事，何足介意也。"④ 和史弘肇、王章抱有同样的态度。但在此时，其态度则发生了变化。《新

---

① [日]日野开三郎：《五代史の基调》，第38页。
② 《旧五代史》卷107《王章传》，第1410页。
③ 《旧五代史》卷107《王章传》，第1410页。
④ 《旧五代史》卷107《杨邠传》，第1408页。

五代史·杨邠传》云："晚节稍通缙绅，延客门下。知史传有用，乃课吏传写。"① 郭威枢密使之争在乾祐三年（950）四月，距十一月杨邠被杀不过半年多，当已可算作"晚节"。杨邠的态度由当初"文章礼乐，并是虚事"向"知史传有用"发生了转变。这很可能是受到大环境崇文风气的熏陶，亦有在中书处理行政文书、起草诏令的影响有关。值得注意的是，杨邠曾上书请解枢密，吴虔裕赞成之，称："枢密重地，难以久处，俾后来者迭居，相公辞让是也。"② 可见其在枢密与"相公"之间，已经做出了选择。

而史弘肇本人对文士厌恶的态度则是一以贯之，史称："弘肇不喜宾客，尝言：'文人难耐，轻我辈，谓我辈为卒，可恨，可恨！'"③ 但其根源是文人轻视军将，而非传统上认为武人轻视文士。其实五代末，对"文"的崇尚已经形成社会风潮。就连史弘肇的儿子德珫也"粗读书，亲儒者，常不悦父之所为"④，可见当时社会环境其实是对他颇为排挤的。在史弘肇的设想中，国家是只需要"长枪大剑"的，但现实环境告诉他，"若无毛锥子，赡军财赋，自何而集？"再强悍的武力也无所施展。面对于此，他也只得默然不语了。

杨邠折节经史，儿子亲近儒生，一向位望在其之下的王章也敢顶撞自己。这种变化对史弘肇形成了无形的压力，使之变得极为敏感，终于在一次私人宴会上爆发了出来。《旧五代史·史弘肇传》云：

> 三司使王章于其第张酒乐，时弘肇与宰相、枢密使及内客省使阎晋卿等俱会。酒酣，为手势令，弘肇不熟其事，而阎晋卿坐次弘肇，屡教之。苏逢吉戏弘肇曰："近坐有姓阎人，何忧罚爵。"弘肇妻阎氏，本酒妓也，弘肇谓逢吉讥之，大怒，以丑语诟逢吉。逢吉不校，弘肇欲殴逢吉，逢吉策马而去。弘肇遽起索剑，意欲追逢吉。杨邠曰："苏公是宰相，公若害之，致天子何地，公细思之。"邠泣下。弘肇索马急驰而去，邠虑有非常，连镳而进，送至第而还。自是将相

---

① 《新五代史》卷30《杨邠传》，第334页。
② 《旧五代史》卷103《汉隐帝纪下》，第1367页。
③ 《旧五代史》卷107《史弘肇传》，1405页。
④ 《旧五代史》卷107《史弘肇附子德珫传》，第1407页。

不协如水火矣。隐帝遣王峻将酒乐于公子亭以和之，竟不能解。①

事件起因在于席间饮酒行手势令。所谓"手势令"，胡三省注称："会饮而行酒令以佐欢，唐末之俗也。《类说》曰：'亚其虎膺'，谓手掌。'曲其松根'，谓指节。'以蹲鸱间虎膺之下'，蹲鸱，大指也。'以钩戟差玉柱之旁'，钩戟，头指；玉柱，中指也。'潜虬阔玉柱三分'，潜虬，无名指也。'奇兵阔潜虬一寸'，奇兵，小指也。'死其三洛'，谓弹其腕也。'生其五峰'，五峰，通呼五指也。谓之招手令。盖亦手势令之类也乎哉！"② 大抵是口中呼令，手上作出相应手势，未能完成者当罚酒。从胡注所引诸语来看，手势多用典故隐语指代，非史弘肇这种不通文墨者所能熟知。阎晋卿屡教而不会，可能史弘肇已对此颇为不耐。又闻苏逢吉"近座有姓阎人"之语，以为讥讽自己侍妾出身娼家，故而大怒。其实众人在王章府第宴饮，史弘肇的阎姓侍妾又怎会在"近座"？苏逢吉最多只是暗讽阎晋卿巴结史弘肇，与其侍妾根本无涉。史弘肇的大怒充分暴露了其内心的敏感，认为众人在处处刁难歧视自己。

之后杨邠又称"苏公是宰相"，故而不可轻易杀之。苏逢吉"欲希外任，以纾弘肇之怒，既而中辍。人问其故，逢吉曰：'苟领一方镇，祇消得史公一处分，则为齑粉矣。'"③ 身为宰相不可杀，出任方镇则为齑粉，可见不可杀的不是苏逢吉本人，而是其宰相身份。杨邠普通的劝慰之语中，无形透露出其对宰相职位的认同。而这份认同是与其折节经史互为因果，互相渗透的。其背后都是社会崇文风气的流行。

"将相不协如水火"毕竟不可能是政治的常态，矛盾发展到一定程度必然要爆发出来。我们知道，后汉政局最后以史弘肇、杨邠、王章被杀而告终，其中固然有汉隐帝不满史、杨跋扈，企图收权的原因，苏逢吉这样的文士在后挑拨激化亦不可忽视。故当郭威兵临城下之时，身为武将的侯益、吴虔裕、张彦超、袁羲、刘重进、焦继勋等人纷纷倒戈，苏逢吉、苏禹珪、窦贞固等文士却坚持到了最后。这其中亦体现出了文武大臣对后汉的不同态度。郭威建立后周，首先即需解决这种矛盾与隔阂，从而建立一

---

① 《旧五代史》卷107《史弘肇传》，第1406页。
② 《资治通鉴》卷289，后汉隐帝乾祐三年五月条，第9424页。
③ 《旧五代史》卷108《苏逢吉传》，第1425页。

个稳固的政权。那么他在建国道路上到底遇到了哪些挫折与障碍？又采取了何种措施来化解？即是我们下面要讨论的问题。

第四节 后周建国前夜的时局

在上文中我们已经谈到郭威在后汉建立之前，并无多大作为，而且由于长期处理文书工作，在军中威望严重不足，直到平定三叛后才确立了自己的地位。带枢密使出镇邺都，"兵甲钱谷，但见郭威文书，立皆禀应"，更将其推上了一个新的高峰。然而我们也注意到，郭威外镇在乾祐三年（950）四月，十一月即起兵，真正控制河北时间不过半年多，尚未能彻底掌握军心。《后周索万进墓志》为此提供了不少细节：

> 降及周室，起自澶泉。公部领兵师，方敌狡犹。此际人情未一，国步多艰。帝乃密赐勾抽，公即急来应副。公自贝州领手下五指挥人马，一程至滑州诣行在。寻时草见，亲奉圣谟，委以传宣，果然定叠共致。一人警跸，万姓悦遂。①

郭威"密赐勾抽"，征调索万进率五指挥赴滑州。按五代兵制，一指挥辖500人，则索万进所掌握兵马在2500人左右。② 而郭威所依靠的绝非只有他这2500人，像索万进这样的人当还有不少。由于索万进进军神速，较早与郭威汇合，被赋予了一项重要使命，即所谓"亲奉圣谟，委以传宣"。其具体内容是什么呢？《东都事略》卷一八《魏仁浦传》云：

> 汉隐帝遣使害太祖，仁浦曰："公有大功于朝廷，握强兵，临重镇，以逸见疑，岂可坐而待死？"教以易其语，云"诛将士"，以激

---

① 墓志录文见贺玉萍《后周索万进墓志考释》，《洛阳师范学院学报》2007年第6期。标点略有修改。
② （宋）曾公亮等：《武经总要·前集》卷2《军制》云："宋沿唐末五代之制，……大凡百人为都，五都为营，……每营立指挥使。"《中国兵书集成》，辽沈书社1988年影印本，第42页。则一指挥即一营500人，五指挥2500人。

怒心。太祖纳其言，遂长驱渡河。①

又《通鉴》卷289乾祐三年十一月条云：

> 郭威取滑州库物以劳将士，且谕之曰："闻侯令公已督诸军自南来，今遇之，交战则非入朝之义，不战则为其所屠。吾欲全汝曹功名，不若奉行前诏，吾死不恨！"（胡注：郭威以此观众心向背耳。）皆曰："国家负公，公不负国，所以万人争奋，如报私仇，侯益辈何能为乎！"王峻徇于众曰："我得公处分，俟克京城，听旬日剽掠。"众皆踊跃。②

则索万进传宣之"圣谟"若非"诛将士"之虚语，即是"听剽掠"之实惠。但我们从中可以看出以当时郭威权柄之重，仍需靠"诛将士"的谣言煽动军心，以"听剽掠"团结将士，否则便是"坐而待死"。甚至到了滑州之后，首要事宜即是"取滑州库物以劳将士"，其次则劝将士杀己以全功名。胡三省所谓"郭威以此观众心之相背耳"是也。然其如此惺惺作态，则正说明他对军心还无绝对的把握，还需试探观察，这与《索万进墓志》中所言"人情未一，国步多艰"可互相印证。

但是郭威在如此情况下依旧能取得对汉隐帝作战的胜利，其原因在于对方人心上更加动荡。汉隐帝所诛杀的不仅是史弘肇、杨邠、王章等首脑，更波及许多禁军将领。③ 而任命慕容彦超为主帅更是军事失败的直接诱因。慕容彦超是汉高祖的同母弟，"起家事唐明宗为小竖，明宗即位，补供奉官。幼习骑射，既居近职，监临奉使，熟于军旅，稍迁军职，渐至列校"④，资历可谓不浅。然其人志大才疏，残忍轻躁，汉高祖时杜重威踞邺都反，慕容彦超与高行周率军平叛。"彦超欲速攻城，行周以为未

---

① （宋）王称撰，刘晓东点校：《东都事略》卷18《魏仁浦传》，第143—144页。
② 《资治通鉴》卷289，后汉隐帝乾祐三年十一月条，第9435页。
③ 《旧五代史》卷103《汉隐帝纪下》云："又诛弘肇弟小底军都虞候弘朗、如京使甄彦奇、内常侍辛从审、杨邠子比部员外郎廷侃、右卫将军廷伟、左赞善大夫廷倚、王章侄右领卫将军旻、子婿户部员外郎张贻肃、枢密院副承宣郭颙、控鹤都虞候高进、侍卫都承局荆南金、三司都勾官柴训等。分兵收捕邠等家属及部曲僚从，尽戮之。"第1369页。
④ 《册府元龟》卷846《总录部·善射》，第10049页。

可。……彦超数因事陵迫行周,行周不胜其憾"。其后"彦超独排群议,累请攻城",结果"损伤者万余人,死者千余人。众议无不归罪于彦超,自是不复敢言攻城矣。"① 可见慕容彦超在军中威望极其低下。

在面对郭威大军之时,"(侯)益献计曰:'王者无敌于天下,兵不宜轻出,况大名戍卒家属尽在京城,不如闭关以挫其锐,遣其母妻发降以招之,可不战而定。'慕容彦超以为益衰老,作懦夫计,沮之。"② 应当说,侯益的建议很有道理,郭威麾下禁军人情不一,利于速战,难于攻坚。若时日迁延,加之禁军家属动摇军心则极易生乱,所谓"不战而定"是也。但慕容彦超却又犯了冒进的错误,认为侯益是"懦夫计",决定主动出击。除了其一贯轻躁的性格之外,恐怕也有打击侯益,急于借机夺权之意。

率领这样一支人心惶惶的军队战斗,其结果显而易见。慕容彦超麾下仅"死者百余人"便已崩溃,侯益、吴虔裕等人交战之时作壁上观,战斗结束后便潜通北军。汉隐帝所率诸军就此风流云散,自己也兵败被杀。郭威取得了胜利,顺利进入大梁。然而汉隐帝的失败不代表郭威能轻易篡夺帝位,他还面临着后汉宗室的威胁。《通鉴考异》乾祐三年十二月条云:

> 按周祖举兵既克京城,所以不即为帝者,盖以汉之宗室崇在河东,信在许州,赟在徐州,若遽代汉,虑三镇举兵以兴复为辞,则中外必有响应者,故阳称辅立宗子。信素庸愚,不足畏忌;赟乃崇子,故迎赟而立之,使两镇息谋,俟其离徐已远,去京稍近,然后并信除之,则三镇去其二矣,然后自立,则所与为敌者唯崇而已。此其谋也,岂冯道受拜之所能沮乎!③

这段材料向我们交待了郭威入汴之后的天下形势,"汉之宗室崇在河东,信在许州,赟在徐州",其中刘赟更是刘崇之子。三位节度对大梁形

---

① (宋)李昉等编:《太平御览》卷318《兵部·围攻下》引《五代周史》,中华书局1960年影印本,第1466页。
② 《宋史》卷254《侯益传》,第8882页。
③ 《资治通鉴》卷289,后汉隐帝乾祐三年十一月《考异》,第9440页。

成包夹之势，郭威需要分而治之。故先推戴刘赟为帝，则刘崇会暂时被稳住，所谓"两镇息谋"。等到刘赟离开徐州之后，则"并信除之"，最后就只剩下刘崇一人，较为容易对付。这种说法很有道理，后来事态发展也正如引文所言。然而也正因如此，看起来更像是事后的解释而非事前的安排。尤其是所谓刘赟"离徐已远，去京稍近"，则更是一件不可把握之事。《通鉴》载郭威语称："比皇帝到阙，动涉浃旬，请太后临朝听政。"胡三省注云："十日为浃旬。徐州至大梁七百里，郭威计程言之也。"① 可见刘赟由徐州至汴梁单纯赶路只需十日左右。我们不妨看看郭威在这段时间有何作为。《旧五代史·周太祖本纪》对此有较为详细的记载：

> （乾祐三年十一月）二十二日旦，郭允明弑汉隐帝于北郊。……帝与王峻诣太后宫起居，请立嗣君，乃以高祖侄徐州节度使赟入继大统，语在《汉纪》。二十七日，帝以嗣君未至，请太后临朝，会镇、定州驰奏，契丹入寇，河北诸州告急，太后命帝北征。
>
> 十二月一日，帝发离京师。四日，至滑州，驻马数日。会湘阴公遣使慰劳诸将，受宣之际，相顾不拜，皆窃言曰："我辈陷京师，各各负罪，若刘氏复立，则无种矣。"或有以其言告帝者，帝愕然，即时进途。十六日，至澶州。是日旭旦，日边有紫气来，当帝之马首。十九日，下令诸军进发。二十日，诸军将士大噪趋驿，如墙而进，帝闭门拒之。军士登墙越屋而入，请帝为天子。……时湘阴公已驻宋州，枢密使王峻在京，闻澶州之变，遣侍僺马军指挥使郭崇率七百骑赴宋州，以卫湘阴公。二十五日，帝至七里店，群臣谒见，遂营于皋门村。②

简单梳理以上材料可知，十一月二十三日朝中已议立刘赟，当天即应派出使者前往徐州。二十七日，太后临朝，郭威再次出镇河北，十二月一日正式出发，四日到达滑州，又停留数日。这时"湘阴公（刘赟）遣使

---

① 《资治通鉴》卷289，后汉隐帝乾祐三年十一月，第9441页。
② 《旧五代史》卷110《周太祖本纪一》，第1454—1456页。

慰劳",则使者已经到了滑州。按滑州距汴梁200里,①行程需四天时间,这正好与郭威驻扎数日可以抵消,也即从徐州返回的使者应当在十二月四日左右到达汴梁,来回花了12天左右。换言之,如刘赟轻车简从,此时已经抵达汴梁入继大统。但刘赟可能心怀疑虑,未能尽快入京。十二月二十日发生"澶州之变",郭威黄袍加身。身处汴梁的王峻接到消息,则必又在数日之后。②又宋州距汴梁亦有285里,③王峻令郭崇率七百骑奔赴宋州,即使昼夜兼程,也需二三日。如此则到十二月二十五日左右,刘赟仍在宋州,刚走完行程的三分之二。再结合使者往返时日,可以判定十二月一日左右,刘赟即已接到迎他称帝的消息。花了25天左右,走了不到500里,平均每天20里,这种速度确实是太过缓慢了。

但我们反过来想,若郭威一开始就设计在刘赟"离徐已远,去京稍近"时控制住他,使其既离开经营已久的徐州,又不能入京掌握中枢,那么必然要对时间有一严格的把握。怎么可能把希望寄托在对手行进缓慢之上?若是刘赟顺利进京,则此计划岂非宣告破产?再者若要对三王分而治之,那么矛头当指向实力最强的太原刘崇。刘崇在汉隐帝时已经"招募亡命,缮完兵甲,为自全之计,朝廷命令,多不禀行,征敛一方,略无虚日"④,实力在三王中最为强大,又占有河东地利,是最难攻克的对象。而许州刘信、徐州刘赟无论是才干还是实力,都很一般,较易控制。若真有引蛇出洞调虎离山的计划,也应先将刘崇引出太原,而非选择刘赟。

《汉隐帝实录》在记载迎立刘赟时云:"初议立徐帅,太后遣中使驰谕刘崇,请崇入缵大位。崇知立其子,上章谦逊。"司马光却将其轻易否定了,认为"恐无此事。今不取"⑤,但未给出任何理由。其实当时刘崇已经"谋举兵"⑥,在这种背景之下太后或者某些"汉大臣",希望刘崇入缵大位是一件十分正常之事。对郭威而言,可以击败人心惶惶的汉隐帝

---

① 《资治通鉴》卷281,后晋高祖天福二年七月条胡注云:"《九域志》:滑州南至大梁二百里。"第9178页。
② 《资治通鉴》卷289 乾祐三年十一月条胡注引《考异》云:"按大梁至澶州二百七十里。"第9435页。
③ 《资治通鉴》卷289 乾祐三年十二月条胡注云:"汴京至宋州二百八十五里耳。"第9448页。
④ 《旧五代史》135《刘崇传》,第1811页。
⑤ 《资治通鉴》卷289,后汉隐帝乾祐三年十一月胡注引《考异》,第9441页。
⑥ 《新五代史》卷70《刘旻世家》,第863页。

禁军，对经营已久的刘崇则难言必胜。故郭威选择迎立刘赟当是出自真心，需要借此来稳定局势，为自己篡权争取时间。

而郭威之所以要如此谨慎，除刘崇的外部压力之外，内部还处于一种"汉大臣不即推尊之"① 的状态。所谓"汉大臣"，指的便是冯道。《五代史阙文》"周太祖冯道"条云：

> 周祖入京师，百官谒，周祖见道犹设拜，意道便行推戴。道受拜如平时，徐曰："侍中此行不易。"周祖气沮，故禅代之谋稍缓。及请道诣徐州册湘阴公为汉嗣，道曰："侍中由衷乎？"周祖设誓，道曰："莫教老夫为谬语人。"及行，谓人曰："平生不谬语，今为谬语人矣。"②

冯道在后汉时已经是"奉朝请外，平居自适"③，游离于核心决策圈外，并不过问政事。乾祐三年（950）他著《长乐老自叙》，"其实是一篇自撰墓志"，表达对自我身份的一种认同。④ 其中备数自己一生所任阶、职、官、正官、爵、勋、功臣号，这背后昭示着冯道认为自己的政治生涯已经到达一个终点，需要进行一番盖棺论定。换言之，他在政治上已经没有太大的追求，到了"安于当代""老而自乐"的时候。⑤ 但此时冯道却能站出来接受郭威设拜，不异常时，致使"周祖气沮"，"禅代之谋稍缓"，这似乎不符其平时作为。故史家对其有所怀疑，称：

> 王禹偁曰："周世宗朝，诏史臣修《周祖实录》，故道之事迹，

---

① 《新五代史》卷70《刘旻世家》，第864页。
② （宋）王禹偁撰，顾薇薇点校：《五代史阙文·周太祖冯道》，收入傅璇琮编：《五代史书汇编》第4册，杭州出版社2004年版，第2458页。"高祖设誓"以下原作"道曰：'莫教老夫为谬语，令为谬语人'"。按郭威当时为枢密使兼侍中，未可称"令"，且此句语义重复。《资治通鉴》卷289，后汉隐帝乾祐三年十一月胡注引《考异》引《五代史阙文》如上（第9441页），语义更为通畅，今据改补。可参见张明华《论冯道"不知廉耻"历史形象的塑造与传播》，《史学月刊》2012年第5期。
③ 《旧五代史》卷126《冯道传》，第1661页。
④ 陆扬：《论冯道的生涯——兼谈中古政治晚期的边缘与核心》，《唐研究》第19卷，北京大学出版社2013年版，第318页。后收入氏著《清流文化与唐帝国》，北京大学出版社2016年版，第165页。
⑤ 《旧五代史》卷126《冯道传》，第1664页。

所宜讳矣。"按道廉智自将，阳愚远祸，恐不肯触周祖未发之机，其后欲归美而云耳。①

然此前司马光又在《考异》中称：

道之所以受拜如平时者，正欲示器宇凝重耳。②

王禹偁所谓《周祖实录》为周太祖讳言，未能记录冯道事迹，可见其认为冯道所为确系事实。司马光则将这段记载一分为二，认为冯道受拜是实，"正欲示器宇凝重"；而令郭威设誓，"不作谬语人"之事为假，是"后欲归美而云"。但所给的理由却很苍白，称其"恐不肯触周祖未发之机"。其实冯道"廉智自将，阳愚远祸"的形象，来自于欧阳修的《新五代史》，其中更称："道前事九君，未尝谏诤。"③ 但据《册府元龟》卷三一四《宰辅部·谋猷四》、卷三二八《宰辅部·谏诤四》，仅在后唐明宗朝，冯道就有十余次谏言，④ 可见欧阳修所言不实，带有强烈的丑化意识。司马光正是带着这样的偏见否认了冯道令郭威设誓的记载，并无太多根据。

其实冯道对于周世宗柴荣的谏言更为著名和激烈，《旧五代史》卷一二六《冯道传》云：

会河东刘崇入寇，世宗召大臣议欲亲征，道谏止之，世宗因言："唐初，天下草寇蜂起，并是太宗亲平之。"道奏曰："陛下得如太宗否？"世宗怒曰："冯道何相少也。"乃罢。⑤

此时郭威新丧，柴荣便欲亲征刘崇，遭到冯道的反对。主要因为冯道看破柴荣在军中威望不足，未能如唐太宗一样对将领掌握得如臂使指。其

---

① 《资治通鉴》卷289，后汉隐帝乾祐三年十一月《考异》，第9441页。
② 《资治通鉴》卷289，后汉隐帝乾祐三年十一月《考异》，第9440页。
③ 《新五代史》卷54《冯道传》，第615页。
④ 房锐：狼虎丛中也立身——从〈北梦琐言〉所载史事论冯道，《晋阳学刊》2004年第2期。
⑤ 《旧五代史》卷126《冯道传》，第1665页。

后果然在高平之战中,樊爱能等人临阵脱逃,险些酿成大败。而此时也是一样,冯道看破郭威虚实,知道其对军队掌握程度有限,故同样有桀骜表现,能"示器宇凝重"。而郭威要请刘赟入朝,则又必须依靠这位"三十年旧相"的威望,对其愈是尊敬,则愈能赢得刘赟的信任。

然而事件的发展,并未按照郭威的预想进行。行军至澶州之时,发生了兵变。这里我们再次引用《旧五代史·周太祖本纪》对兵变前后的记载:

> 十二月一日,帝发离京师。四日,至滑州,驻马数日。会湘阴公遣使慰劳诸将,受宣之际,相顾不拜,皆窃言曰:"我辈陷京师,各各负罪,若刘氏复立,则无种矣。"或有以其言告帝者,帝愕然,即时进途。十六日,至澶州。……十九日,下令诸军进发。二十日,诸军将士大噪趋驿,如墙而进,帝闭门拒之。军士登墙越屋而入,请帝为天子。乱军山积,登阶匝陛,扶抱拥迫,或有裂黄旗以被帝体,以代赭袍,山呼震地。帝在万众之中,声气沮丧,闷绝数四,左右亲卫,星散窜匿。帝即登城楼,稍得安息,诸军遂拥帝南行。时河冰初解,浮梁未构。是夜北风凛烈,比旦冰坚可渡,诸军遂济,众谓之"凌桥",济竟冰泮,时人异之。①

此次军变并非出于郭威阴谋策划。首先刘赟派遣使者到滑州"慰劳诸将",但诸将却称"若刘氏复立,则无种矣",明显抱有敌对态度。若郭威有心主动策划诸将黄袍加身,则此时正是军心可用,即可称帝。然郭威采取的行动却是"即时进途",十六日至澶州,十九日又"下令诸军进发",《册府元龟》记为:"十九日,六军履冰渡河,次澶州驿舍。"② 二十日即发生所谓"澶州军乱",诸军拥立郭威为天子。何以矛盾未在刘赟使者到来时爆发,反而在隔了数日之后才有此举。这可能与渡河有关。郭威所率诸军其实是中央屯驻河北的禁军,正如侯益所言"大名戍卒家属尽在京城"③,根本不愿远驻河北。渡过黄河天险,容易触动背井离乡之

---

① 《旧五代史》卷110《周太祖纪一》,第1455—1456页。
② 《册府元龟》卷8《帝王部·创业四》,第95页。
③ 《宋史》卷254《侯益传》,第8882页。

第七章　威望的力量：后周建国史探微

情，是心理底线所在，故诸军大躁，乃至"登阶匦陛，扶抱拥迫"，"拥帝南行"。郭威原本树立刘赟傀儡的计划就此破产，只得被诸军裹挟南下。

回京之后，十二月二十七日李太后便下诏令郭威监国，二十八日郭威接受任命，并下监国教，备叙自己为诸军胁迫之情。于是"文武百官、内外将帅、藩臣郡守等，相继上表劝进。"然而三十日"御营西北隅步军将校因醉扬言：'昨澶州马军扶策，步军今欲扶策。'"① 此时郭威登基已成定局，却仍有部分步军将校横生枝节，欲立扶策之功。这虽亦是郭威受到军士推戴之一证，但更多暴露了其对部下掌控不足，军士也对其能否顺利登基抱有疑虑，否则又何必在此时采取军变手段扶策？

上文已经反复分析，郭威于后汉一朝迅速崛起，从汉高祖起兵到汉隐帝覆灭也不过四年有余，虽然其间郭威南征北讨，出将入相，但资历根基终较浅薄。于是登基之初，还多有妥协之举。如即位大赦制首先便为杨邠、史弘肇、王章等人平反追赠，这当然是在强调汉隐帝为宵小所误，擅杀朝臣，自己是迫不得已起兵，为自己弑君之举寻找理由。但杨邠所制定的政策却未能保留下来，制文称：

> 天下诸侯，皆有亲校，自可慎择委任，必当克效参裨。朝廷选差，理或未当，宜矫前失，庶叶通规。其先于在京诸司差军将充诸州郡元从都押衙、孔目官、内知客等，并可停废，仍勒却还旧处职役。②

这里所谓"理或未当""前失"，指的正是杨邠。《宋史·李洪信传》云："杨邠以元从功臣为方镇者不谙政务，令三司择军将分补诸镇都押牙、孔目官，或恃以朝选，藩帅难制。"③ 军中中低层官员将校由三司指派，正是中央收拢地方权力的重要之举。此举若能持续推行，则藩镇之患势必逐渐消弭，应当说此政策大大有利于中央集权，提升皇帝的权威。但

---

① 《旧五代史》卷110《周太祖纪一》，第1457页。
② 《旧五代史》卷110《周太祖纪一》，第1460页。按"皆有亲校"原作"皆有亲戚"，据修订本改，第1698页。
③ 《宋史》卷252《李洪信传》，第8853页。

郭威废除这项政策，又将地方幕僚的任免权还归地方，这显然是安抚各地藩镇的无奈之举。①

更为关键的是，此时郭威还未能彻底掌握人事权。史称："太祖登极之初，务存谦抑，潜龙将佐，未甚进用"。② 又当刘崇得知郭威登基之后，引契丹兵马大举南下，郭威欲御驾亲征，王峻则对他说："陛下新即位，不宜轻举。今朝中受圣知者，惟李谷、范质而已。陛下若车驾出汜水，则慕容彦超以贼军入汴，大事去矣。"③ 可见当时郭威地位尚不稳固，心腹中可堪大用者也仅李谷、范质而已，而这两人又都是文臣，未能掌握军队，只要慕容彦超趁机攻汴，禁军未必肯奋力作战，故而"不宜轻举"。最后，还是由王峻领兵抵御刘崇。

总之，郭威虽在与汉隐帝的争斗中经过奋力一搏登上了帝位，但并不代表就万事大吉。在内，冯道、苏禹珪、窦贞固三人重回中枢，表明后汉的影响还未消退；在外，刘崇、慕容彦超都虎视眈眈，随时可能起兵作乱。那么郭威又会采取何种举措来改变这种险恶的局面，以加强中央集权，巩固自身统治呢？则是我们下一节要讨论的问题。

第五节　所谓郭威改革

关于郭威政治改革的措施和意义，前人已有较多研究，观点大致相同，大概包括减轻赋役、澄清吏治、安辑流亡、整顿司法、消弭藩镇、重用文臣等几项措施。④ 前几项措施固然有一定效果，但也不能估计过高。如广顺元年（951）正月郭威在即位大赦诏书中便称："天下仓场、库务，宜令节度使专切铃辖，掌纳官吏一依省条指挥，不得别纳斗余、秤耗，旧

---

① 曾育荣先生竟将此举视为"周太祖克意削夺地方权力，逐步加强中央集权。"恐对史料有所误读。参见曾育荣《后周太祖郭威内政改革琐论》，《湖北大学学报》（哲学社会科学版）2003年第3期。
② 《旧五代史》卷130《王峻传》，第1713页。
③ 《五代史阙文》"王峻条"，第2459页。
④ 参见唐启淮《郭威改革简论》，《湘潭大学学报》（社会科学版）1988年第3期。刘永平《郭威改革述论》，《江苏师范大学学报》（哲学社会科学版）1992年第1期。王永平《后周政治改革述论》，《扬州师院学报》（社会科学版）1994年第1期。曾育荣《后周太祖郭威内政改革琐论》，《湖北大学学报》（哲学社会科学版）2003年第3期。

来所进羡余物色，今后一切停罢。"① 这当然是减轻百姓负担的仁政。但《宋史·符彦卿传》云："镇大名余十年，政委牙校刘思遇。思遇贪黠，怙势敛货财，公府之利多入其家，彦卿不之觉。时藩镇率遣亲吏受民租，概量增溢，公取其余羡，而魏郡尤甚。（宋）太祖闻之，遣常参官主其事，由是斛量始平。诏以羡余粟赐彦卿，以愧其心。"② 这不仅说明魏郡余羡从未得到减免，更说明吏治之败坏。所谓"彦卿不之觉"不过是为符皇后家避讳而已。若符彦卿果不多取公府之利，宋太祖又何必以"羡余粟赐彦卿，以愧其心"？类似的例子不胜枚举。而轻徭薄赋、整顿吏治等政策口号更是无时或已，后周之前之后都不少见，将其视为改革举措固然未尝不可，但也不宜将其效果估计过高。

但之前研究提到的重用文臣、消弭藩镇的两项政策，相较于前几项，对郭威江山是否能稳固维持下去，无疑显得更为重要一些。下面即对此着重进行分析。

首先讨论重用文臣。王夫之在《读通鉴论》中称："故郭氏之兴，王峻、侯益之流，不敢复萌跋扈之心；而李谷、范质、魏仁浦乃得以文臣衔天宪制阃帅之荣辱生死。"③ 又云："盖郭氏惩武人幕客之樵苏其民而任其荒薉，标掊克之成格以虐用之于无涯，于是范质、李谷、王溥诸人进，而王峻以翼戴之元功，不能安于相位，故有革故取新之机焉。"④ 显然他是将王峻、侯益视为武人代表，而将范质、李谷、魏仁浦、王溥诸人视为文臣，并借此说明郭威进文臣、惩武人的政策。但其中不无问题，需要加以申明。他先称王峻"不敢复萌跋扈之心"，后又云其"不能安于相位"，这明显存在矛盾。其实王峻在任枢密使其间，多有跋扈举止，备见于本传，无需多言。

但这是否就能说明郭威重文轻武呢？要解决这一问题，就有必要对文臣的性质进行界定。邓小南先生曾言："唐末五代时期，与'武将'相对应的'文臣'，就其组合成分而言，实际上是一个相当庞杂的群体。"⑤ 李

---

① 《旧五代史》卷110《周太祖本纪一》，第1459页。
② 《宋史》卷251《符彦卿传》，第8840页。
③ （清）王夫之：《读通鉴论》卷30《五代下》，中华书局1975年版，第927页。
④ 《读通鉴论》卷30《五代下》，第931页。
⑤ 邓小南：《走向再造：试谈十世纪前中期的文臣群体》，《漆侠先生纪念文集》，河北大学出版社2002年版，第80页。

全德进一步指出："他们当中即有'儒生'、'文士',亦有所谓'文吏',三者之间且有交叉,并没有严格的界限。"① 以此标准去看待王峻、侯益等辈,又会有何结果呢?侯益以骁勇著称,在唐庄宗时代其便屡立战功,当然是不折不扣的武将。王峻却与之不同,而是与杨邠较为类似,后唐清泰以前,一直都以歌喉事人,辗转诸家,亦不过倡优仆从之流。后汉高祖时方为内客省使,后又兵马都监、宣徽使。汉隐帝时,作为监军随郭威出镇邺城。所任诸职或代表皇帝出使诸藩,或代表皇帝监督诸军。其性质更类似于皇帝的近侍,而非武职。若一定要勉强以文武划线,其更倾向于文吏性质的广义文臣,而非武将。王夫之之所以将其视为武人,可能更多的是因其执掌军事的枢密使身份。

王峻在后周之前并无太多功绩,只因从龙之功,便被郭威倚为谋主。官位亦随之扶摇直上,汉隐帝被弑之后,即出任枢密使;后周建国,则加同平章事,已经和当年杨邠一模一样了。刘崇的入侵加大了王峻的权力,所谓"(郭威)诏诸军并取峻节度,许峻以便宜从事,军行资用,仰给于官,随行将吏,得自选择。"② 这又有了郭威讨平三叛的声势。虽然王峻此行未能消灭刘崇,但总算击退了敌人,回朝之后还是厚加赏赐。广顺三年,"邀求兼领青州,太祖不得已而授之。"但王峻野心仍未满足,又干涉起了宰相人选,"又奏请以颜衎、陈观代范质、李谷为相。"郭威终于对其忍无可忍,召诸臣称:"峻凌朕颇甚,无礼太过,拟欲尽去左右臣僚,翦朕羽翼。朕儿在外,专意阻隔,暂令到阙,即怀怨望。岂有既总枢机,又兼宰相,坚求重镇,寻亦授之,任其襟怀,尚未厌足,如此无君,谁能甘忍。"③

确实,当年后汉权臣中,杨邠、郭威为枢密使兼宰相,史弘肇典宿卫兼节镇,已为汉隐帝所不容。似王峻如此将宰相、枢密使、节度使三职加与一身,郭威自然也所不能忍受,于是随后就将其贬为商州司马,王峻也在不久后病逝。他之所以如此轻易被贬,主要还是因为其最大的功劳是从龙策划之功,而这是依附于郭威自身的。一旦郭威不再顾念旧情,王峻根

---

① 李德全:《唐宋变革期枢密院研究》,第182页。
② 《旧五代史》卷130《王峻传》,第1712页。
③ 《旧五代史》卷130《王峻传》,第1714—1715页。按"颜衎"原作"颜愆",据修订本改,第1995页。

本没有反击之力。资历太浅，未能在诸军、节帅中树立其自己的威望是其软肋。王峻曾上书请解枢密，"盖侦太祖之意也。未陈请之前，多发外诸侯书以求保证，旬浃之内，诸道驰骑进纳峻书，闻者惊骇其事。"① 他本来是希望外藩节帅上章挽留自己，但此私信却被他们交给了郭威，事情就此暴露。这说明诸镇节帅根本不顾及他的面子，轻易便将其出卖。虽然郭威当时还是不接受王峻的请辞，但内心当已对其不满，同时也看清了他在诸侯眼中的地位。

当然，王峻在地方上也并非全无影响，王殷即可能与之有所牵连。故郭威在贬谪王峻之后，便"遣其（王殷）子飞龙使承海往邺，令口谕峻之过恶，以慰其心。"② 让王承海出使，一方面当然是慰谕王殷与王峻之事无关，另一方面则可能是将有人质性质的王承海交还给王殷，进一步起到安抚效果。《通鉴》在王殷被杀后，交代其子下场时称："命镇宁节度使郑仁海诣邺都安抚；仁海利殷家财，擅杀殷子，迁其家属于登州。"③ 若王承海仍在汴京，则郑仁海"擅杀殷子"起不到强夺家产的目的，故此时王承海当仍在邺都。

那么王殷又是因何被杀呢？这要从王殷履历谈起。他与王峻（甚至包括郭威、杨邠）不同，是凭借丰厚的战绩提拔上来的。早在后唐清泰帝时，已是一方刺史。晋少帝时已典禁军，汉隐帝时任侍卫步军都指挥使，屯驻澶州。后从郭威起兵，授侍卫亲军都指挥使，是禁军的最高统帅。后周建国之后，又授天雄军节度使，典军如故。"殷赴镇，以侍卫司局从，凡河北征镇有戍兵处，咸禀殷节制。"④ 这又和郭威起兵时的形势相差仿佛。而且王殷自天福七年（942）至广顺三年（953）十余年内一直都在禁军系统里任职，人脉、威望、功勋更在当年郭威之上。故郭威要诛除王殷，更多的是出于莫须有的忌惮，而非王殷真的做出何等跋扈之事。《旧五代史·王殷传》记其被诛经过云：

> 三年秋，以永寿节上表请觐，太祖虽允其请，且虑殷之不诚，寻

---

① 《旧五代史》卷130《王峻传》，第1713页。
② 《旧五代史》卷124《王殷传》，第1626页。
③ 《资治通鉴》卷291，后周太祖广顺三年十一月条，第9498页。
④ 《旧五代史》卷124《王殷传》，第1626页。

遣使止之。何福进在镇州，素恶殷之太横，福进入朝，摭其阴事以奏之，太祖遂疑之。是年冬，以郊禋有日，殷自镇入觐，太祖令依旧内外巡警。殷出入部从不下数百人，又以仪形魁伟，观者无不耸然。一日，遽入奏曰："郊礼在近，兵民大集，臣城外防警，请量给甲仗，以备非常。"太祖难之。时中外以太祖婴疾，步履稍难，多不视朝，俯逼郊禋，殷有震主之势，颇忧之。太祖乃力疾坐于滋德殿，殷入起居，即命执之，寻降制流窜，及出都城，遽杀之，众情乃安。①

王殷在王峻被杀之后，请求觐见，其实也是为了打消郭威疑虑。但郭威却"虑殷之不诚"，不许其入朝。但数月之后，朝廷举行郊禋大典，王殷依旧入朝，并未另找借口，可见其确实没有据城反叛意图。郭威"令其依旧内外巡警"，王殷安排壮汉执甲仗防警，却又引起郭威猜忌。其根本原因还是当时郭威身体状况已经恶化，首要考虑的是柴荣能否顺利接班的问题。上文已经引过冯道与柴荣的对话，就连冯道这样早已远离权力中心的老臣都能轻视柴荣，王殷能否听命于新君，实未可知。故而只有勉强自己"力疾坐于滋德殿"，强行诛杀王殷，才能达到"众情乃安"的效果。

我们再看郭威临终前对禁军将领的安排，即可证明此点。显德元年（954）正月柴荣即位时禁军将领有：殿前都指挥使张永德、殿前都虞候韩令坤、侍卫亲军马步军都指挥使李重进、侍卫马军都指挥使是樊爱能、侍卫步军都指挥使何徽。其中张永德是郭威女婿，李重进是郭威外甥，都属皇亲，可以勿论。韩令坤"少隶周祖帐下"②，完全是在郭威时代成长起来的，可以信任。樊爱能、何徽新旧《五代史》皆无传，其他史籍中也少见其事迹。③ 其威望资历自难与王殷这种宿将相提并论，更容易受到柴荣的控制。柴荣在高平之战失意后，能轻易处死樊爱能、何徽来树立自己权威，即是二人易制之明证。

王峻跋扈而仅是贬官，王殷无罪而被处死，其中分别是由二者威望和

---

① 《旧五代史》卷124《王殷传》，第1626—1627页。
② 《宋史》卷251《韩令坤传》，第8832页。
③ 唯《资治通鉴》卷290，后周太祖广顺元年十月条云："巡检使王万敢权知晋州，与龙捷都指挥使史彦超、虎捷指挥使何徽共拒之。"第9466页。

第七章　威望的力量：后周建国史探微　239

权力对皇权的威胁程度不同而造成的。但郭威加强统治的手段也不会仅限于处理二王上，他还有不少政策上的措施。

例如以往研究都提到了郭威广顺二年（952）十月下诏禁止制造器甲，而将此项权力收归中央。《旧五代史》卷一一二《周太祖纪三》云：

> （广顺二年十月）庚寅，诏："诸州罢任或朝觐，并不得以器械进贡。"先是，诸道州府，各有作院，每月课造军器，逐季搬送京师进纳。其逐州每年占留系省钱帛不少，谓之"甲料"，仍更于部内广配土产物，征敛数倍，民甚苦之。除上供军器外，节度使、刺史又私造器甲，以进贡为名，功费又倍，悉取之于民。帝以诸州器甲，造作不精，兼占留属省物用过当，乃令罢之。仍选择诸道作工，赴京作坊，以备役使。①

依材料中所言，诸州本有作院，负责制造军器，上交中央，其经费亦属中央划拨，但诸州又以此为由，向部内百姓征敛，相当于获取了双份钱物。更有甚者，在付出大量成本之后，所进器甲，却"造作不精"。这不由得令人怀疑，大量钱款用在何处。若仅是虚耗物力，趁机贪墨尚算可谅，但若仍是用于生产军械，只不过是将残次品送交中央，将良品留于州郡，则对国家是极大威胁。郭威以地方制造军械甲器虚耗钱物、造作不精为名，将诸道作工都征调至京，并罢免了诸道制造军器的权力。这进一步拉大了中央与地方在军事力量上的差距，加强了中央集权。但需要补充的是，这只是禁止了地方新造军器，并未对原有库存乃至市面上流通的军械甲器进行收缴。《续资治通鉴长编》卷二建隆二年十二月条云：

> 周广顺初，镇州诸县，十户取才勇者一人为弓箭手，余九户资以器甲刍粮。是岁，诏释之，凡一千四百人。②

此处明言镇州十户中一人为弓箭手，其余九户要为其提供器甲粮食。

---

① 《旧五代史》卷112《周太祖纪三》，第1485页。
② （宋）李焘撰：《续资治通鉴长编》卷二，宋太祖建隆二年十二月条，中华书局第1983年标点本，第57页。

很难想象每个小村落都有制造弓箭、皮甲的作坊，他们也应该是到州县城中购买。可见当时市面上还有这类装备在流通。建隆二年（961），宋太祖才免除此项徭役，则此现象贯通后周一朝。但像镇州这种情况毕竟还是少数，大部分的军械器甲还是被收归到了中央手中。

又如郭威还在调整镇与县的关系进行过努力。他在广顺三年（953）七月下诏称：

> 京兆、凤翔府、同、华、邠、延、鄜、耀等州所管州县军镇，顷因唐末藩镇殊风，久历岁时，未能厘革，政途不一，何以教民。其婚田争讼、赋税丁徭，合是令佐之职。其擒奸捕盗、庇护部民，合是军镇警察之职。今后各守职分，专切提撕，如所职疏遣，各行按责，其州府不得差监征军将下县。①

这项政策的出台，意在将军镇对县行政职能的侵夺恢复到本来面目。关于唐末五代"镇"的发展，日野开三郎先生有详细的研究，他称："唐代驻扎在地方上的镇将一职，在唐末的战乱时期被授予了土豪的自卫团长，从而镇将的数量大为增加。同时受到时势的影响，权限也扩大了，兵权以外还掌握捕盗、狱讼、征科以至婚田等管内的统治全权。虽然他们的身份和实力有高低大小的差异，但在都是掌握其管内全权的武人这一点上，是和节度使同一类型，因此产生了把节度使贱称为镇将的习惯。"② 可见当时镇已经成为一个既拥有军权，又和县具有同样功能的行政单位，对传统的州—县行政模式造成了巨大的冲击，最后在县这一级行政区上形成了县镇并存的格局。

郭威此诏将管理婚田争讼、赋税丁徭的权力，又重新划归给了县中令佐，这无疑是对镇将的限制。但与上条提到的收归地方制造器甲一样，改革进行得并不彻底。诏中明言"擒奸捕盗、庇护部民，合是军镇警察之职"，而这在唐前期，属于州郡法曹或司法参军之职。《唐六典·州县官吏》云："法曹、司法参军掌律、令、格、式，鞫狱定刑，督捕盗贼，纠

---

① 《旧五代史》卷113《周太祖纪四》，第1497—1498页。
② ［日］日野开三郎：《五代镇将考》，收入刘俊文主编《日本学者研究中国史论著选译》第5卷《五代宋元卷》，中华书局1993年版，第88页。

逊奸非之事，以究其情伪，而制其文法。赦从重而罚从轻，使人知所避而迁善远罪。"① 在县一级则主要由县尉承担这些工作。② 显然郭威此时还未能将此权力交还给州县，显示了他对军镇掌握武力这一传统的妥协。直到宋太祖建隆三年（962）年时，下诏称：

> （十二月）癸巳，诏中书门下："每县复置县尉一员，在主簿之下，俸禄与主簿同。凡盗贼、斗讼，先委镇将者，诏县令及尉复领其事。自万户至千户，各置弓手有差。"五代以来，节度使补署亲随为镇将，与县令抗礼，凡公事专达于州，县吏失职。自是还统于县，镇将所主，不及乡村，但郭内而已。从枢密使赵普之言也。③

除捕盗之权由镇将回归到县尉手中之外，我们还注意到"节度使补署亲随为镇将"这一记载。这昭示了镇将的重要来源——节度使亲随，这比日野氏强调的地方土豪更为棘手。如仅是掌握方圆数十里的地方豪强掌握地方权力，或许还是可以容忍的，因为他们虽总数众多，但单个的实力却较有限，对中央产生不了太大的威胁。但若节度州之下的镇将均来自于节度使亲随，则代表该节帅对地方的控制深入基层，实力不容小觑。故郭威虽不能彻底收回镇将权力，也要将赋税徭役收回，以切断镇将的经济来源。

但加强中央集权的根本还是要针对节度使。郭威将兖州降为防御州便是上揭讨论郭威政治改革所称道的重要举措。慕容彦超因是汉隐帝抵抗郭威南下的禁军统帅，故回到兖州后一直心存不安，最后终于据州反叛，旋即为郭威亲自率军击败。郭威顺势将兖州由节度州降为了防御州，这当然也是削弱藩镇势力的一环。但我们应该注意到，几乎同时，曹州、陈州从防御州升为了节度州。若按之前研究的逻辑，这岂非又在说明郭威不是加

---

① （唐）李林甫撰；陈仲夫点校：《唐六典》卷30《州县官吏》，中华书局1992年版，第749页。另参严耕望《唐代府州僚佐考》，《严耕望史学论文集》，上海古籍出版社2009年版，第375—376页。
② ［日］砺波护：《唐代的县尉》，收入刘俊文主编《日本学者研究中国史论著选译》第4卷《六朝隋唐卷》，第573页。
③ 《续资治通鉴长编》卷3，宋太祖建隆三年十二月条，第76页。

强而是削弱中央集权么？其实，州的等级是一回事，而刺史、防御使、节度使的人选则是另一回事，并且更为重要。

兖州在被降为防御州之后，迎来的首位长官是端明殿学士颜衎，但并未成为相应的防御使，而是"权知兖州军州事"，也即知州。有研究将其视为"开文臣掌州郡的先例"①，这并不准确，日本学者清木场东对五代宋初的知州有过专门研究，他在《五代の知州に就いて》一文中列举后晋知州四人，②即王松、边光范、王钦祚、可从诲。而这四人都是文官，可见至少后晋之时已有文官掌州郡了。但毕竟当时地方长官还是以武人为主，郭威任命颜衎出任兖州知州，也是意在恢复当地的稳定。

而曹州、陈州的节度使，则分别是侍卫亲军步军都指挥使曹英和侍卫亲军马军都指挥使郭崇，但"并典军如故"③，实际上并未之镇。④ 二州虽由防御州升为节度州，但由于没有长官，也不会对中央产生太大威胁。而且曹英、郭崇与郭威的关系也非一般。二人在乾祐三年（950）之时便受汉隐帝密旨诛杀郭威，但却选择了跟随郭威起兵，可谓从龙元勋。王峻得知澶州军变，派去控制刘赟的便是郭崇，可见郭威、王峻都对其极为信任。而曹英"性沉厚，谦恭有礼"⑤，亦非野心勃勃之辈。以此二人执掌禁军，确实是极为合适的。

当然仅依靠一二心腹是不可能掌控全国藩镇的。郭威还采取了"移易节帅"的方式削弱藩镇。唐启淮研究统计："在其统治时期，境内32个军镇，广顺元年移易21个，二年移易11个，三年移易24个。从军镇讲，三年中，三易其帅的有九镇，其他至少移易一次节帅。从节帅讲，三易其镇有七人，王彦超移镇四次。移易节帅避免了镇将勾结地方势力形成尾大不掉的局面。"⑥ 唐氏所言颇有道理。但还有一点是其所忽视的，即郭威在频繁的移易节帅过程中，提拔了不少新生力量，用以取代那些威望

---

① 王永平：《后周政治改革述论》，《扬州师院学报》（社会科学版）1994年第1期。
② [日] 清木场东：《五代の知州に就いて》，《东方学》第45辑，1973年。
③ 《旧五代史》卷112《周太祖纪三》，第1483页。
④ 《宋史》卷255《郭崇传》云："未几，复升陈州为节镇，以颍州隶焉，命崇为节度。周祖亲郊，加同平章事，出镇澶州。周祖不豫，促还镇所。"第8902页。既称"促还镇所"，可见之前一直在汴梁执掌禁军，并未之镇。
⑤ 《旧五代史》卷129《曹英传》，第1700页。
⑥ 唐启淮：《郭威改革简论》，《湘潭大学学报》（社会科学版）1988年第3期。

隆重的功臣宿将。笔者根据朱玉龙先生的《五代十国方镇年表》列出35个方镇长官在广顺元年正月和显德元年正月（郭威病逝前）的名单,① 以比较郭威一朝节帅人选的变化情况。

表7-1　　　　　　　　　　周太祖方镇移易表

	广顺元年	显德元年正月
开封尹	侯益	柴荣
洺州（西京）	白文珂	武行德
雍州（永兴军）	郭从义	王仁镐*
兖州（泰宁军）	慕容彦超	降为防御州
青州（平卢军）	符彦卿	常思
徐州（武宁军）	王彦超	王晏
郓州（天平军）	高行周	吴延祚*
曹州（威信军）	为防御州	索万进*
宋州（宣武军）	李洪义	赵晖
陈州（镇安军）	为防御州	王令温
许州（忠武军）	何福进	郭从义
滑州（宣义军）	李筠	向拱*
襄州（山南东道）	安审琦	安审琦
邓州（宣化军）	折从阮	侯章
安州（宣威军）	王令温	李洪义
蒲州（护国军）	扈从珂	王彦超
孟州（河阳三城）	李晖	刘词
晋州（定昌军）	王晏	药元福*
陕州（保义军）	李洪信	韩通*
华州（感化军）	王饶	孙方谏
同州（匡国军）	薛怀义	张铎*
邠州（静难军）	侯章	折从阮
鄜州（保大军）	杨信	杨信
延州（保塞军）	高允权	袁鼗*
灵州（朔方军）	冯晖	冯继业*

① 朱玉龙：《五代十国方镇年表》，中华书局1997年版。

续表

	广顺元年	显德元年正月
岐州（凤翔）	赵晖	王景
陇州（保胜军）	史匡懿	杨延璋*
魏州（天雄军）	王殷	符彦卿
贝州（永清军）	王继弘	王饶
澶州（镇宁军）	柴荣	郭崇*
相州（昭德军）	张彦成	王进*
邢州（保义军）	刘词	田景威
镇州（成德军）	武行德	曹英*
定州（义武军）	孙方谏	孙行友*
沧州（义昌军）	王景	李晖
潞州（昭义军）	常思	李筠

上表第一栏是后周统实际控制的节度州，南方诸国、北方为契丹所占的燕云十六州、刘崇所占河东、李仁福、李彝超、李彝殷所世袭的夏州、申师厚所领凉州、曹元忠所领沙洲等地都不在其控制之下，故不予计入。第二栏是广顺元年正月（951）时天下节帅（节度使、开封尹，不包括曹州、陈州防御使）名单，共34人，由于此时郭威刚刚登基，这些人的地位自然还是来自于后汉（甚至更早）。第三栏则是显德元年（954）正月郭威病逝前节帅名单（曹州、陈州升镇，兖州降为防御州），共35人。其中14人（表中带"＊"者）是未见于之前33人者。这说明有三分之一强的人是在后周太祖一朝才获取了节度使的身份，地位获得了较大的提高。考虑到郭威执政仅三年，这样大规模的新陈代谢确实较为惊人。频繁的更易节帅和提拔新人，为周世宗柴荣能顺利继位提供了保障。故周世宗一朝，地方上并未出现拥兵作乱的情况。

以上分析了郭威进行的诸方面的改革，应当说这些改革都对加强中央集权、巩固郭威统治、削弱地方势力起到了一定的作用。但五代痼疾并非能够轻易根除，几乎每项改革都保有留、妥协之处，未尽全功。要完成上述目标，还需留待周世宗、宋太祖、宋太宗等人不断深化改革才得以实现。郭威只能随着时代由乱转治的大潮，做出力所能及的贡献罢了。

本章小结

五代后期，郭威取代后汉建立后周，相较于此前改朝换代，军事冲突较为和缓，但政治斗争却极为激烈。故本章选取乾祐元年（948）至广顺三年（953）这一时段，围绕郭威父祖仕宦、起家经历、郭威与后汉中枢政局、后周建国的初期环境以及郭威改革措施等五方面进行研究，勾勒出该时段的政治图景，旨在分析郭威这样一个毫无军功，一直从事文书工作的"武人"，在骤登高位之后，是如何一步步树立自己权威，从而在后汉的冲突漩涡中脱颖而出建立后周，并将政权较为稳定地传递给周世宗柴荣。重新厘清后周建国的史实，对于理解该时段文武势力消长、枢密使地位的升降，乃至中央与地方关系等诸多政治问题皆颇具意义。

首先，需要指出的便是郭威父祖并未如《周太祖实录》中所记那么功绩显赫，甚至还有游离于梁晋两方势力的嫌疑。这种尴尬的出身，加之父母的早夭，使得郭威早年的仕途并不顺利。郭威从军伊始，就带有叛军的烙印。之后虽长时间地充为禁军，但总因政治动荡，使得他屡次站在了新君的对立面，并未受到重视。直至后晋时，跟随刘知远，仕途才渐渐有了起色。

其次，郭威并非传统印象中的赳赳武夫。他虽参军甚早，但所从事的多是行政文书工作，离真正的战场厮杀还颇有距离，这也是他与五代其他开国帝王之间的一大差异。虽然号称在汉高祖刘知远起兵之时有定策之功，但在军中威望仍属浅薄，处于"事功未著"的尴尬状态。直到乾祐元年（948）河中节度李守贞联合凤翔王景崇、永兴赵思绾起兵反叛，汉隐帝以郭威为统帅平叛，此时才迎来了建功立业的机会。郭威在此听取冯道意见，以财物厚结诸将，并以主帅身份亲冒锋矢，最终取得了战役的胜利。这是郭威真正在军中树立权威的起点，甚至能与其在邺都起兵反抗汉隐帝的"功业"相提并论。故在其临终之前，他在安排自己后事的诏书中称："兼仰于河府、魏府各葬一副剑甲，澶州葬通天冠、绛纱袍，东京葬一副平天冠、衮龙服。千万千万，莫忘朕言。"① 可见平定三叛对其具

---

① 《旧五代史》卷113《周太祖纪四》，第1504页。

有何等重大的意义。

携平叛之功的郭威在权力上有了飞跃，他在还朝途中甚至以"头子"这种无需经由中书门下颁下的文书罢免了西京留守王守恩。这是枢密使与中书门下之间的权力角逐，其背后的政治背景是苏逢吉、苏禹珪、窦贞固一系与史弘肇、杨邠、郭威、王章一系的博弈。双方围绕着是否当由苏逢吉出任枢密使、郭威是否当加方镇、郭威出镇河北是否当兼枢密使等问题展开了激烈斗争。这看似是不同集团之间的利益分歧，但背后却反映了文官与武将的隔阂。虽然其结果是如史弘肇所愿的，郭威带枢密使出镇河北，但杨邠的折节经史以及在此事上的冷漠，王章对史弘肇一时失言的激烈反应，甚至郭威本人冷漠的态度，这些都说明了崇文风气在此时的盛行。史弘肇这样纯粹的武人，虽然能凭借以往权威维持地位，但也已经受到严重的挑战。

后汉中枢的将相失和，最终酝酿出更大的苦果。随着时间的推移，汉隐帝无法容忍杨邠与史弘肇的跋扈，最终决定铲除他们和出镇邺都的郭威。汴梁的政变进行得十分顺利，但郭威在得知消息后，通过矫诏的方式宣称汉隐帝要诛除屯驻邺都的禁军，从而煽动了军队的情绪，在其拥戴之下起兵南下。郭威的军队轻易击败了毫无斗志的汉隐帝的禁军，汉隐帝也因此身亡。面对这一局面，郭威计划迎立河东节度使刘崇之子徐州节度使刘赟，这样就能稳住两个强大的方镇，为自己夺权争得时间。但由于对禁军掌握得并不牢靠，军士强行拥立郭威为帝，打乱了原本的布局。郭威只得在未能妥善处理河东刘崇的情况下仓促登基，使得河东地区就此脱离中央控制，成为对中原的威胁。

为化解建国后的种种矛盾，郭威选择了多项人事调整和改革政策。其中最为重要的就是除掉王峻和王殷。王峻是后周的枢密使兼宰相，后又领方镇，身兼三职在五代颇为少见。王峻因此日益跋扈，甚至还干涉宰相的人选，这引发了郭威的强烈不满，最终惨遭罢免。郭威选择将其罢免而非处死，说明他对朝政的掌控游刃有余。这一方面固然是郭威登基后权威又有大幅增长，另一方面也说明同样出身文吏的王峻资历还是太浅，未能真正形成自己的势力。而在面对屡立战功的军中宿将王殷时，郭威便忌惮得多。王殷统率禁军出镇大名，与郭威当年情势极为相似。广顺三年（953），王殷入朝，当时郭威已身染重疾，但仍强支病体，下令将王峻诛杀。这显然是为了保证自己去世之后，政权能顺利交接到周世宗手中。

除此之外，郭威还采取了许多方法来削弱藩镇、加强中央集权。如下令剥夺地方制造军械器甲的权力，统一收归中央制造。又如调整县与镇的职能，将原本受到侵夺县政归还原处，在一定程度上削弱了地方武人的势力。更重要的其对节度州的处理，在平定兖州慕容彦超的叛乱后，兖州便被降为防御州。之后更对各节帅进行了频繁地移易，在此过程中逐渐安插新生人员，以消除原有的功臣宿将的影响。但需要指出的是，这些政策都各有妥协之处，进行得并不彻底，还需留待周世宗、宋太祖、宋太宗等人不断深化。

通过以上对郭威父祖仕宦至建国艰辛历程的分析，我们发现在这样一个各种矛盾交织的时代，政治权威起到了重大的作用。郭威前期为李守贞轻视的窘迫，称帝时因无法彻底掌握禁军而导致拥立傀儡计划的破产，都是其权威不足的表现，而后期之所以能轻易诛杀王峻、王殷，进行各项政治改革，也是长期统治所带来的权威所致。纵观郭威一生发展历程，往往是在低位受到轻视，通过种种手段树立威望，迈向更高层次，发现自身威望依旧不足，继续努力奋进，到达下一高层。如此循环反复，才使得其完成了由士卒到皇帝的跨越。这期间似乎未见正统性对郭威的影响，但他所不断追求的威望其实就是令众人共同认可、信服、尊崇的价值体系。而这恰与正统性在本质上是殊途同归的。

余论　乱世的秩序——
　　　五代正统性的意义

　　以上七章内容，一方面以正统性为主线，来分析五代诸问题，从而提供一个新的视角，加深我们对当时的政治、军事、社会诸问题的理解；另一方面通过挖掘五代诸多事件、政策背后所蕴含对正统性的争夺，进而揭示出正统性在五代政治演进历程中的重要意义。最终形成了以正统为主轴，以五代国号、《司空图传》的形成过程、张全义家族兴衰、后唐同姓集团、晋契关系、后周建国历程为侧面的立体结构，对五代政治史进行了较为深入的研究。以下将综合上文相关研究，再对五代正统性问题展开进一步阐释，以作本书余论。

　　司马光在《通鉴》记刘备称帝后，有如下一段议论：

> 　　臣愚诚不足以识前代之正闰，窃以为苟不能使九州合为一统，皆有天子之名而无其实者也。……若以自上相授受者为正邪，则陈氏何所受？拓跋氏何所受？若以居中夏者为正邪，则刘、石、慕容、苻、姚、赫连所得之土，皆五帝、三王之旧都也。若以有道德者为正邪，则蕞尔之国，必有令主，三代之季，岂无僻王！是以正闰之论，自古及今，未有能通其义，确然使人不可移夺者也。……
> 　　然天下离析之际，不可无岁、时、月、日以识事之先后。据汉传于魏而晋受之，晋传于宋以至于陈而隋取之，唐传于梁以至于周而大宋承之，故不得不取魏、宋、齐、梁、陈、后梁、后唐、后晋、后汉、后周年号，以纪诸国之事，非尊此而卑彼，有正闰之辨也。①

---

① 《资治通鉴》卷69，魏文帝黄初二年三月条，中华书局1956年标点本，第2187—2188页。

此段文字虽是因刘备称帝后当以蜀汉还是曹魏为正统所起，但所表达的却是司马光对整个历史正统性的认识。虽然他屡次强调"愚诚不足以识前代之正闰"，但其实已经鲜明表达了自己的观点。区别正闰的原则至少有三种，即"以自上相授受者为正邪""若以居中夏者为正邪""若以有道德者为正邪"，也即分别强调历史性、地域性、道德性。司马光对此三说都不赞同，而提出了自己判断正闰的原则："苟不能使九州合为一统，皆有天子之名而无其实者也。"也即只有一统天下，其天子才算有名有实，是为正统。但正所谓"天下大势，分久必合，合久必分"，中国长期处于统一—分裂—统一的循环之中。司马光只以大一统之周、秦、汉、晋、隋、唐为正统，则带来一个问题，分裂时如何纪年？故称"天下离析之际，不可无岁、时、月、日以识事之先后"，"故不得不取魏、宋、齐、梁、陈、后梁、后唐、后晋、后汉、后周年号，以纪诸国之事，非尊此而卑彼，有正闰之辨也"。① 这再次明确了曹魏、南朝、五代在他心目中皆属闰位，不得正统，其实"皆以列国之制处之"，不过因计时需要，才勉强以之纪年而已。

欧阳修亦有类似观点，他曾撰写多篇《正统论》，饶宗颐先生撮其精义，称其"要旨不外下列二语"②：

> 《传》曰"君子大居正"，又曰"王者大一统"。正者，所以正天下之不正也；统者，所以合天下之不一也。由不正与不一，然后正统之论作。③

这一总结甚为恰当，欧阳修判断是否为正统的标准即为"正"与"统"，也即道德与统一。而五代两个条件都不符合，自然不能算作正统。虽然欧阳修表面上的立论基础是对儒家经典的阐发，但其实却是为其生活的大宋代言。北宋承平多年，自然可谓"大居正"，混一南北，则可谓"大一统"。处于这样的环境之下，回头看待五代的历史，不免居高临下。

---

① 《资治通鉴》卷69，魏文帝黄初二年三月条胡注云："'魏'下当有'晋'字。"第2188页。此说有误，司马光前言大一统者为正统，则晋灭吴后已有天下，不得为闰位。
② 饶宗颐：《中国史学上之正统论》，上海远东出版社1996年版，第40页。
③ （宋）欧阳修，李逸安点校：《欧阳修全集》卷16《正统论上》，中华书局2001年版，第267页。

既然已定下"五代礼乐文章,吾无取焉"①的基调,"五代之得国者,皆贼乱之君也"的评价便在情理之中。②关于五代正统的最终结论也变得十分明确:"夫梁固不得为正统,而唐、晋、汉、周何以得之?今皆黜之。"③

不过,司马光、欧阳修毕竟都未曾经历过分裂动荡的时代,站在历史下游对过往历史发出书生式感慨,既未能真切体会到当时政局的复杂艰难,也无心肯定五代帝王将相为争夺正统性所做出的努力。今天,如果我们站在更客观的立场和角度去重新审视这一段历史就会发现,在纷乱动荡时局之下,五代诸帝从未放弃对秩序的追求。用尽手段塑造自身政权的合法性,便是他们追求乃至重建统治秩序的重要表现。

首先面临挑战的就是后梁太祖朱全忠。自天复三年(903)朱全忠从岐帅李茂贞手中夺回唐昭宗后,其不臣之心已是昭然若揭。然面对三百年、十九叶天子的大唐权威时,还是需做出妥协。《五代史阙文·梁太祖》云:

> 世传梁太祖迎昭宗于凤翔,素服待罪,昭宗佯为鞿系脱,呼梁祖曰:"全忠为吾系鞿。"梁祖不得已,跪而结之,流汗浃背。时天子扈跸尚有卫兵,昭宗意谓左右擒梁祖以杀之,其如无敢动者。自是梁祖被召,多不至,尽去昭宗禁卫,皆用汴人矣。④

此事真伪已不可考,但世间有此传言存在,已说明还有人希望唐昭宗在与朱全忠的博弈中占取优势,以展现大唐权威。朱全忠虽未必流汗浃背地跪而系鞿,然亦应感受到了来自皇帝权威的压力,故而立刻诛杀唐昭宗身边侍卫宦官,代之以汴梁兵将。但即便大唐朝堂已被武力控制之时,仍有人敢于直面与朱全忠对抗。如《通鉴》云:"上(指唐昭宗)之在陕也,司天监奏:'星气有变,期在今秋,不利东行。'"⑤逼迫唐昭宗迁都,

---

① 《新五代史》卷58《司天考一》,中华书局1974年标点本,第669页。
② 《欧阳修全集》卷16《正统论下》,第273页。
③ 《欧阳修全集》卷16《正统论下》,第273页。
④ (宋)王禹偁撰,顾薇薇点校:《五代史阙文·梁太祖》,收入傅璇琮编《五代史书汇编》第4册,杭州出版社2004年版,第2449页。
⑤ 《资治通鉴》卷264,唐昭宗天祐元年三月条,第8630页。

是朱全忠的既定方针，司天监却敢提出异议。虽然这股力量十分微弱，转瞬即遭诛杀，但仍代表朝中有忠于大唐的势力存在。朱全忠能诛杀朝臣，甚至还能弑君，却也不能彻底压服这股力量。

最为典型的事例即是朱全忠在弑杀唐昭宗之后，将年仅十三岁的哀帝李柷扶上帝位。尽管所有人都已知道唐祚已尽，大梁将兴，但当哀帝即位之时，却照例出现了祥瑞。甚至，献祥瑞的正是朱全忠本人。《册府元龟》卷二五《帝王部·符瑞四》载：

> 哀帝天祐元年九月，朱全忠进白兔一只，中书门下表贺曰："今日东头承旨常郁至奉圣旨者，质素光而应候，容洁朗以协时，既昭耀于明庭，实昭彰于圣德。臣等览《晋中兴书·徵祥说》曰：'白兔者，月精也。'《抱朴子》云：'兔寿千岁，满五百岁则色白。'顾野王云：'王者恩加寿考，则白兔见。'协太阴之瑞，实表坤慈；应千岁之祥，雅符乾德。伏以皇帝陛下，膺图纂嗣，压纽腾休，绍祖宗之丕基，示孝慈于众汇。敦礼耆老，委任勋贤，所以致八孔之效灵，应三秋而发皓。来从月窟，叠霜毳以蒙茸，献自梁庭，粲冰毫而皎洁。"①

中书门下诸官并非不知哀帝不过是傀儡皇帝，却仍要引经据典，对朱全忠所献白兔大加赞赏，更称其"协太阴之瑞"、"应千岁之祥"，仿佛大唐王朝依旧千秋万载，与日月同辉。而"膺图纂嗣"、"绍祖宗之丕基"，则更将昭宗之死置之度外，只是一味强调哀帝继承帝王具有天然的合法性。新皇登基进献祥瑞是古代政治中的惯例，奏疏中所用语句其实也不过是常用习语，似乎并不值得如此深究。但正因其在朱全忠以梁代唐的前夜，这出旧戏却照常上演，下个剧目的主角不得不屈服于历史惯性的力量，在这里扮演一个陪衬的角色。这不正好说明乱世之中依旧有潜藏的秩序存在吗？朱全忠要从哀帝手中继承大唐的法统，就必须以树立哀帝本身的权威，甚至不惜以牺牲自己的权威为代价。从中我们不难看出朱全忠追求正统的良苦用心。

河东李克用亦用特殊的方式表明自己的立场。在朱全忠扶立唐哀帝，

---

① 《册府元龟》卷25《帝王部·符瑞四》，中华书局1960年影印本，第271页。

改元天祐之时,"克用以谓劫天子以迁都者梁也,天祐非唐号,不可称,乃仍称天复。"① 这代表李克用并不承认哀帝的皇帝地位。而当朱全忠正式以梁代唐之后,改元开平后,"克用复称天祐四年"②。这说明李克用在不得已的情况下,又承认了哀帝的合法地位。这种年号上的摇摆,其实是因为河东李氏以大唐忠臣自居,以中兴唐室为旗号,从而获取与朱全忠争夺天下的借口。

唐庄宗则较乃父更进一步,建国之后依旧称唐国号,并正式确立了七庙,将沙陀朱邪氏彻底融入大唐宗室之中,甚至连张全义这样的降将也将姓名由梁时的张宗奭恢复成了唐昭宗所赐的张全义。由此可以看出唐庄宗继承唐室正统,摒弃伪梁政权的决心。而唐明宗以义儿身份夺取皇位,本来可以新建国号。但其为了强调自己与武皇、庄宗本是一体,可以继承政权,则依旧选择继承大唐国号,利用正统性来稳定了时局。但同时我们可以看到,对待唐庄宗赐为李姓的诸将领,唐明宗选择了将其姓名回改,剥夺了他们宗室的身份,从而避免其对帝位的觊觎。

需要指出的是,唐明宗主要是强调自己与李克用、唐庄宗的关系,他与大唐的关系是植根于此之上的。换言之,若当时唐庄宗另建一个国号,唐明宗的国号也不会是大唐。大唐与后唐的差别,其实已在当时墓志中有所体现。基于此点,当晋高祖石敬瑭登基之后,虽对唐明宗本人百般推崇,一再强调"明宗法度不得改易",但对唐庄宗当年建立的联系不予重视。天福二年(937)八月诏书中称:"应自梁朝、后唐以来,前后奉使及北京沿边管界掳掠往向北人口,宜令官给钱物,差使赍持,往彼收赎,放归本家。"③ 这是笔者所见最早出现"后唐"一词的官方正式文件。这象征着官方已经承认大唐和后唐之间还是存在差别,并非一体,晋高祖继承的是唐明宗后唐的基业,而非大唐的基业。在编撰《(旧)唐书》时,虽然曾打算以"远自高祖,下暨明宗"为断限,④ 但实际上还是只记载到了唐哀帝而已。这亦是晋高祖对政权合法性来源认识的又一表现。

---

① 《新五代史》卷4《唐庄宗纪上》,第38页。
② 《新五代史》卷4《唐庄宗纪上》,第38页。
③ 《旧五代史》卷76《晋高祖纪二》,中华书局1976年标点本,第1006—1007页。
④ (宋)王溥撰:《五代会要》卷18《前代史》,上海古籍出版社2006年版,第294页。另外需指出,所谓"下暨明宗",当包括应顺、清泰两个时段,因为晋高祖将这段时间视为唐明宗长兴年间,详见第六章。

这种分离在后周时达到了高潮。周太祖郭威在去世前不久竟下诏称："今后不得以梁朝及清泰朝为伪朝伪主。"① 须知后唐、晋、汉、周都由唐末河东集团脱胎而来，和后梁处于敌对状态，彼此在各领域都对正统展开激烈竞争。而自从石敬瑭建国之后，亦极力消除唐末帝的政治影响，将清泰视作伪朝。作为竞争的直接参与者，这种做法完全可以理解。就如同南北朝时，南朝称北朝为索虏、北朝称南为岛夷、北周称北齐为伪齐、北齐称萧梁为伪梁一样。对竞争对手的贬低，实质上是对自己身价的提高。

但当隋唐统一天下之后，这场有关正统的竞争在思想上或许还在延续，但在现实中已失去了存在的意义。唐初大量编修南北朝历代正史，其实带有历史总结的意味。《北齐书》《梁书》《陈书》的出现，不代表唐王朝就要继承它们的法统。大唐承认这些王朝的存在，其实是站在胜利者的角度进行的评判。与之类似，周太祖能承认后梁、唐末帝的历史地位，除因年代推移，臣僚不再对此问题敏感之外，更重要的是他希望能跳出河东集团的束缚，使后周成为超越前四代的新王朝，能站在更超脱的角度来对待前朝。这其实也影响到了宋人史观，欧阳修将五代都不视为正统，其实也和将前四代视为正统的周太祖一样，本质都是渲染本朝比五（四）代更为伟大。

关于此点，在周世宗时代表现得尤为明显。如显德二年（955），王朴在修成《钦天历》后，上表称："臣闻圣人之作也，在乎识天人之变者也。……是以圣人受命，必治历数。故得五纪有常度，庶征有常应，正朔行之于天下也。自唐而下，凡历数朝，乱日失天，垂将百载，天之历数，泪陈而已矣。今陛下顺考古道，寅畏上天，咨询庶官，振举坠典。……昔在唐尧，钦若昊天。陛下亲降圣谟，考历象日月星辰，唐尧之道也，其历谨以'显德钦天'为名。"② 历数与正朔密切相关，但"自唐以下，凡历数朝"，也即后梁、唐、晋、汉，都是"乱日失天"，历法混乱，其潜台词就是这四朝都非正朔，只有后周"顺考古道"、"考历象日月星辰"，才是"唐尧之道"，是能媲美先王的大功德。这其中虽不乏谀辞，却也可窥见时人之正统观念。

显德六年，王朴又定雅乐十二律，周世宗下诏褒奖称："礼乐之重，

---

① 《旧五代史》卷113《周太祖纪四》，第1501页。
② 《旧五代史》卷140《历志》，第1863—1867页。

国家所先，近朝以来，雅音废坠，虽时运之多故，亦官守之因循。遂使击拊之音，空留梗概；旋相之法，莫究指归。枢密使王朴，博识古今，悬通律吕，讨寻旧典，撰集新声，定六代之正音，成一朝之盛事。"① 这里再一次地拿"近朝以来"与后周相对比，突出本朝在礼乐制度上"定六代之正音"的贡献，表示了对往代的超越。

综上所述，五代对正统性的诉求不仅是意识形态上的争论，更是政治上斗争、妥协、平衡的结果。争论的主体虽仍局限在"以自上相授受者为正邪"之上，但所追述祖先却逐渐由前代帝王转向先王圣哲，并以之为榜样，进行礼乐制度建设。其实这正是在乱世中寻求新秩序的有益尝试，宋人正是在此基础上才完成了"大居正"、"大一统"的伟业，才使得司马光、欧阳修等辈能站在更高角度俯视五代历史。

以上是笔者对五代正统性问题的一点不成熟思考，力图对这一时代的政治演进有一宏观的把握和理解。当然，有关五代正统性问题，关涉方方面面，颇为复杂，本文的研究，仅是若干尝试而已，仍有不少问题值得做深入的探讨，限于本人学识与精力，只得留待日后进一步研究了。

---

① 《旧五代史》卷145《乐志下》，第1941—1942页。

附录　草妖或祥瑞："枯树再生"与前蜀建国

中古时代，各种异象层出不穷，往往为政治家所利用。同时，这些异象也成为我们研究中古政治史、思想文化史的重要材料。以前不受重视的天文星占、五行灾异、符瑞谣谶，纷纷进入学界研究视野之中，与传统政治史相结合，做出了精彩的研究。① 近年来更呈现出摆脱了将其与单一政治事件相联系的做法，而是采用长时段的思维方式，讨论异象在史籍中模式化书写与演变，以及其背后的思想动因。② 对于前蜀政权而言，吴羽先生在《晚唐前蜀王建的吉凶时间与道教介入——以杜光庭〈广成集〉为中心》一文中，着重从时间吉凶观念角度分析了王建如何利用诸多星占祥瑞。③ 然对于"枯树再生"这一异象而言，讨论则相对较少。这一异象的内涵寓意为何？在中古时代有无变化？这种变化的动因又在何处？如何为统治者所利用？诸如此类问题都还有许多探讨空间。杜光庭《广成集》中对前蜀邛州"枯树再生"事件有着详细记载，这为我们讨论此问题提

---

① 如研究天文星占的有赵贞《唐宋天文星占与帝王政治》，北京师范大学出版社 2016 年版。研究五行灾异的有陈侃理《儒学、数术与政治：灾异的政治文化史》，北京大学出版社 2015 年版。研究谣谶的有姜望来《谣谶与北朝政治研究》，天津古籍出版社 2011 年版。又如较为综合讨论的有孙英刚《神文时代：谶纬、术数与中古政治研究》，上海古籍出版社 2015 年版。

② 如孙正军《中古良吏书写的两种模式》讨论了"猛虎渡河"、"飞蝗出境"等异象在中古良吏传中的书写问题（《历史研究》2014 年第 3 期）。拙作《存而不究：中古〈天文志〉变化浅析》则分析了《天文志》中"征"、"占"、"应"书写模式的演变（《史学集刊》2015 年第 3 期）。陈爽《"纵囚归狱"：汉魏良吏书写与初唐德政制造》一文虽讨论的是"纵囚"一事在中古时期的书写模式，但在本质上仍然是一种异象，与星象灾异祥瑞性质相类似，亦对本文有较强的借鉴意义。（《历史研究》2018 年第 2 期）

③ 吴羽：《晚唐前蜀王建的吉凶时间与道教介入——以杜光庭〈广成集〉为中心》，《社会科学战线》2018 年第 2 期。

供了材料。本章即以此为切入点，以"枯树再生"为线索对相关问题展开讨论。

第一节　前蜀邛州"枯树再生"考

天祐四年（907）四月，唐哀帝禅帝位于朱全忠，唐王朝正式灭亡。朱全忠的篡位之举，为其他诸侯扫清了独立建国的道德障碍。如割据两川、山南、三峡诸州的王建即开始谋划称帝活动。在此背景之下，蜀地中迅速地涌现出一批异象，成为前蜀成立的预兆。《新五代史·王建世家》云："是岁正月，巨人见青城山。六月，凤凰见万岁县，黄龙见嘉阳江，而诸州皆言甘露、白鹿、白雀、龟、龙之瑞。"① 这预示着王建是天命所归，于是他在该年九月即皇帝位，正式建国。

十月，王建下诏改堂宇厅舍为宫殿，并在诏书中提到"况我肇启丕图，类有嘉瑞，允协上玄之贶，式光万世之基"②，可见他是将"嘉瑞"视作其建国的重要依据。在此之后，各地异象依旧络绎不绝，南宋周密《齐东野语》载："武成元年，驺虞见武定，嘉禾生广昌，麟见壁州，龙五十见于洵阳水中。"③ 可见前蜀对祥瑞的追求持续到建国之后。

其实，除以上正史和笔记之外，文人文集中也保有丰富的相关信息，如杜光庭《广成集》中有三篇文章都与一种"枯树再生"的祥瑞相关，④记录了祥瑞上报、传递、处理的过程，尤其是反映的思想文化变迁，更值得我们做进一步的讨论。

叙"枯树再生"一事最详的当属《贺鹤鸣化枯树再生表》（下文简称《贺表》），其辞云：

---

① 《新五代史》卷63《王建世家》，中华书局1974年标点本，第787页。
② （宋）张唐英撰，冉旭校点《蜀梼杌》卷上，傅璇琮主编《五代史书汇编》第10册，杭州出版社2004年版，第6073页。
③ （宋）周密撰，张茂鹏点校：《齐东野语》卷6"祥瑞"条，中华书局1983年版，第108—109页。
④ 三篇文章中对此异象有多种记载，如"枯树再生"、"枯柏再生"等，其他史籍中"再生"、"复生"、"再荣"、"生华（花）"的还有杨树、柳树、樟树、桧树、柿树等，这一异象的重点在于"再生"而非树种。下文为方便起见，统一称为"枯树再生"。

臣某伏睹邛州团练使张敬周奏，大邑县鹤鸣化玄一大师郭昭美申当化有古柏树，内有七株枯多年，今再生枝叶，郁茂异常，州司差人覆验有实者。仙山表贶，嘉树呈祥，符睿德之感通，彰神功之茂育。臣某诚欢诚抃，顿首顿首。①

据此可勾勒出事情经过：首先是大邑县鹤鸣化的道士郭昭美发现有七株早已枯死多年的柏树重新长出枝叶，立刻申报到了邛州之中。邛州团练使张敬周得知情况后，"差人覆验有实"，确认无误后，再上奏给了前蜀高祖王建。杜光庭在得知这一消息之后，又上此表称贺。

关于祥瑞的申报下发，唐代有着明确的规定，《仪制令》云：

仪制令：诸祥瑞若麟、凤、龟、龙之类，依图书大瑞者，即随表奏。其表惟言瑞物色目及出处，不得苟陈虚饰。告庙颁下后，百官表贺，其诸瑞并申所司，元日以闻。其鸟兽之类，有生获者，放之山野，余送太常。若不可获，及木连理之类，有生即具图书上进。诈为瑞应者，徒二年。若灾祥之类，史官不实对者，黜官三等。②

对此材料，孟宪实先生《略论唐朝祥瑞制度》一文有着深入分析，并引用敦煌文献《沙州都督府图经》中记载的武则天时期沙州刺史李无亏申报祥瑞的表奏做了个案考察。文章指出"表奏的规定是地方政府向皇帝奏报的规定，而祥瑞的具体发现过程应该在此前发生"，也即还有一个民间向地方政府上报的过程，而这一环节在《仪制令》中并无体现。③ 现在我们通过杜光庭的《贺表》可以看到张敬周也如实记载了祥瑞的第一发现人"玄一大师郭昭美"，并且在接到郭昭美的申报之后，还派人进行调查，"覆验有实"后才向前蜀中央上报。

此后，州郡再依据祥瑞的种类进行处理，鸟兽一类的需要"放之原

---

① （五代）杜光庭撰，董恩林点校：《广成集》卷2《贺鹤鸣化枯树再生表》，中华书局2011年版，第30页。
② （宋）王溥：《唐会要》卷28《祥瑞上》，上海古籍出版社2006年版，第618页。
③ 孟宪实：《略论唐朝祥瑞制度》，原载《高田时雄教授退休纪念东方学研究论集》（中文分册），临川书店，2014年，后收入氏著《出土文献与中古史研究》，中华书局2017年版，第29—31页。

野",而"木连理"则须"具图画上"。邛州的"枯树复生"当属于后者一类。而在申报过程中,则依据祥瑞的等级,处理方式有所不同。若属大瑞,州郡需要"随即表奏",中央文武百官随即"诣阙奉贺"。① 如是大瑞以下,只需在每年年终之时,礼部员外郎统计一年整体情况,在元会告庙之日,百官才"诣阙奉贺"。而地方州郡官员,在唐前期是通过诏书的传达得知这一喜讯,② 而在唐后期则需通过进奏院获知此消息,然后上表称贺。③ 虽然我们尚未找到前蜀其他官员对"枯树再生"一事的回应,但杜光庭所撰《邛州刺史张太傅敬周为鹤鸣化枯柏再生修金箓斋》(下文简称《斋词》④)则为我们透露出此事件的后续发展情况。《斋词》称:

> 伏惟大蜀皇帝,乘枢御运,握斗披元……今则神仙幽赞,灵化垂休。渥泽润洽于朽根,枝干再荣于枯栢……有以见天枝帝叶之繁昌,圣寿宝图之永远。……臣荣逢昌运,叨领郡符,属邑之中睹兹上瑞。藻绘朝陈于龙阙,丝纶夕降于凤幰。旋锡御词,严申醮祝。褒称显焕,荣耀优隆。量恩而溟海未深,荷圣而乾坤难报。敢因皇帝本命之日,修金箓道场,翘馨丹襟,仰祈玄贶。⑤

这份斋词开头再次简要交代了事情经过,即王建的仁德受到了神灵的肯定,故而天降祥瑞,使得枯柏再生枝叶,这也预示着"天枝帝叶之繁昌,圣寿宝图之永远",王建及其子孙都能永远繁荣昌盛。

此外,《斋词》还补充了一些申报流程的信息。张敬周在"睹兹上瑞"之后,立刻上报给了朝廷,也即《贺表》中所谓"伏睹邛州团练使

---

① (唐)李林甫撰;陈仲夫点校:《唐六典》卷4"礼部郎中员外郎"条,中华书局1992年版,第115页。
② 如崔融《为泾州李使君贺庆山表》,(清)董诰编《全唐文》卷218,中华书局1983年版,第2206页。另参孟宪实《略论唐朝祥瑞制度》,《出土文献与中古史研究》,第33—37页。
③ 最具代表性的为敦煌文书 p.4903 号文书《甘棠集》,其为官员撰写表状笺启的书仪,是公文中的范本。其中《贺瑞莲》中称:"臣某言:臣得进奏官某状报",则可证明当时此类祥瑞是通过进奏官通知地方的。参赵和平辑校:《敦煌表状笺启书仪辑校》,江苏古籍出版社1997年版,第1页。
④ 按《广成集》所收斋词通常题为"某人为某事修某斋词",疑此文标题末漏一"词"字,此处为行文方便起见,故仍称其为"斋词"。
⑤ 《广成集》卷5《邛州刺史张太傅敬周为鹤鸣化枯柏再生修金箓斋》,第78—79页。

张敬周奏"之奏疏。随后杜光庭上了贺表，与此同时，王建迅速对此进行了批复，也即所谓"藻绘朝陈于龙阙，丝纶夕降于凤牋。旋锡御词，严申醮祝"，并对张敬周大加褒扬。敬周由此受到鼓舞，更加大肆宣扬此事，主动举行金箓斋祈福，并请杜光庭来主持仪式。《斋词》后半段即载有其词，祈福对象遍及皇帝王建、皇后、皇太子、公主妃嫔、诸王，可见规模盛大。

最后《广成集》卷17还收有《宣醮鹤鸣枯柏再生醮词》（以下简称《醮词》），①《醮词》本身多是套语，蕴含的历史信息不多，但标题中的"宣"字已经透露其性质。唐代有所谓"王言之制"，指诏令需要经过中书省"宣署申覆而施行焉"。② 通常而言，是由中书令"宣"，中书侍郎"奉"，中书舍人"行"。"宣"正是颁布皇帝诏令的一环。③

杜光庭在《宣醮丈人观新殿安土地回龙恩表》一文的开头即云"臣某伏奉宣旨，以青城山丈人观新殿功毕修醮安谢者"④，清楚地表明了"宣醮"是"奉宣旨修醮"之意。同样，《醮词》中的"宣醮"，也是指奉王建之宣旨，为鹤鸣化枯柏再生一事修醮。那么也就意味着《醮词》与《斋词》的所载是两次斋醮行为，前者的斋主是王建，后者则是张敬周。再联系到《斋词》中所称"旋锡御词，严申醮祝"，这里的"醮祝"即指王建下诏为此事修醮，所谓御词，恐怕即是杜光庭执笔的《醮词》。

如此一来，整个事件和三篇文章的时间线也就能够随之厘清。首先是邛州大邑县鹤鸣化的道士郭昭美发现枯树再生这一异象，刺史张敬周得知情况后，"差人覆验有实"，确认无误后，再上奏给了王建，杜光庭随之上表称贺，即为《贺表》。王建甚为高兴，下诏为此事修醮，杜光庭便做出《醮词》。之后消息传回邛州，张敬周为表示祥瑞盛大，以及自己忠心，请杜光庭主持了更为隆重的金箓大斋，《斋词》便也随之而出。

张敬周举行的"金箓斋"，《唐六典·祠部郎中》有所解释：

---

① 《广成集》卷17《宣醮鹤鸣枯柏再生醮词》，第226页。
② 《唐六典》卷9《中书令》，第273—274页。
③ 参刘后滨《唐代中书门下体制研究》，齐鲁书社2004年版，第126—129页。
④ 《广成集》卷2《宣醮丈人观新殿安土地回龙恩表》，第28页。

而斋有七名：其一曰金录大斋，（调和阴阳，消灾伏害，为帝王国土延祚降福。）其二曰黄录斋，（并为一切拔度先祖。）其三曰明真斋，（学者自斋齐先缘。）其四曰三元斋，（正月十五日天官，为上元；七月十五日地官，为中元；十月十五日水官，为下元，皆法身自忏悠罪焉。）其五曰八节斋，（修生求仙之法。）其六曰涂炭斋，（通济一切急难。）其七曰自然斋。（普为一切祈福。）①

唐代道士朱法满所撰《要修科仪戒律钞》对灵宝斋法亦有类似记载。② 由此可见，金箓斋是灵宝派斋法之首，专为国家帝王祈福，其规格最高，规模最大。然而令我们感到意外的是，此次金箓斋的缘由"枯树再生"这一异象，却并不能与斋法相称。

上文我们提到过，唐代对祥瑞的处理是依据大、上、中、下四个等级来决定的。如果不依令处理，则有非礼之嫌。如在代宗时，"陇州将赵贵家猫鼠同乳，不相为害"，但这一异象作为祥瑞上报中央之后，却受到崔祐甫的抨击，他上表称："又按礼部式具列三瑞，无猫不食鼠之目，以兹称庆，臣所未详"，强调这种异象要严格按照《礼部式》开列的三瑞（四瑞）处理，"猫不食鼠"不在其中，自然不能庆贺。最后结果是"代宗深嘉之"③，也就没有对此庆祝。这说明《礼部式》的规定在此时还是发挥着功用。

然而我们把目光转回前蜀"枯树再生"事件，杜光庭不在告庙之后随百官一起称贺，而是即时单独上表，说明他是将"枯树复生"作为大瑞看待的。然而，《唐六典》详载祥瑞等级，大瑞六十四种，上瑞三十八种，中瑞三十二种，下瑞十四种，这上百种异象中却并不包括"枯树再生"。换言之，"枯树再生"和"猫不食鼠"一样，并未被纳入唐代规定的祥瑞之中。这与杜光庭的上表称贺，王建修醮，张敬周举办金箓斋等等行为相矛盾。那么前蜀君臣为何要对此异象如此重视？又与当时政治形势有何关联？这便是接下来我们要讨论的问题。

---

① 《唐六典》卷4《祠部郎中》，第125页。
② （唐）朱法满：《要修科仪戒律钞》卷8，张继禹编：《中华道藏》第42册，华夏出版社2004年版，第194—195页。
③ 《旧唐书》卷119《崔祐甫传》，中华书局1975年标点本，第3438页。

第二节　前蜀建国与符瑞谣谶

杜光庭如此强调"枯树再生"之神异,最直接的原因当然是服务于现实政治。刚刚建立的前蜀,正需要大量的祥瑞来构建自身政权的合法性,如文章开头提到的种种异象即是其证。

而王建本人又非常擅长利用各种符瑞谣谶为自身造势。其早年出身甚为低微,《新五代史·王建世家》即称其"少无赖,以屠牛、盗驴、贩私盐为事,里人谓之'贼王八'"①。然《蜀梼杌》载其改过自新之事,云:

> 武当僧处洪谓曰:"子骨相异常,贵不可言,何自陷为盗?"建感其言,因隶军于忠武,而节度使杜审权拔为列校。②

这里强调了王建"骨相异常,贵不可言",从此与其之前盗贼的过往身份割裂了开来。无独有偶,吴越钱镠也有过类似事件。他早年和王建一样,都以贩卖私盐为生,当地县录事钟起禁止子弟与其来往。然亦有相者称他"骨法非常",劝其"自爱"。钱镠因此投身军旅,遂成霸业。③ 钱、王二人的此段经历以具有高度的相似性,说明他们采用了相同的办法来化解自己出身低贱的尴尬。

如果说处洪点化王建的传说可能是当时流行的模板,那么下面这则传说则显然是为王建量身定制。《鉴诫录》卷四云:

> 王蜀太祖与晋太师(晖)共为恶友,悉生许下。长而贫乏,姓名无闻。潜攻许昌县民家,事发,太祖与晋俱遁武阳(县名)古墓中。是时,颖川设无遮斋会。至夜,有数人呼墓曰:"颖川大会,得无同行。"俄闻墓中应之曰:"蜀王在此,不得相随。"太祖与晋只闻其声,不见有人,则莫知蜀王谁是。晋谓太祖曰:"八哥识远谋大,

---

① 《新五代史》卷63《王建世家》,第783页。
② 《蜀梼杌》卷上,第6071页。
③ 《新五代史》卷67《吴越世家》,第835页。

小子所不能及。"太祖忻然称让，但怀内喜。……太祖自利阆举兵收蜀，勋业既大，遂封蜀王，晋亦终于太师。是知武阳墓鬼通灵，先知公王者也。①

鬼神通灵先知，事属无稽，自不待言。然其背后反映的历史事实则颇有意味。墓中鬼神能明确指出当年还是盗墓者的王建、晋晖等日后将为蜀王，说明此条谣言必制造于王建入蜀之后。而王、晋二人还能讨论谁为蜀王，则说明当时二人势力相埒。无论是在杨复光、鹿晏弘手下的忠武八都，还是中和四年护卫僖宗的随驾五都，乃至到光启二年护送僖宗再次逃至山南兴元府时，②两人身份都是平起平坐，无分高下。此条材料中晋晖自认"八哥识远谋大，小子所不能及"，可知至少是在王建强占阆州，与晋晖拉开实力差距之后。王建在此时炮制这份谣言，也是为了在深知自己底细的许州旧将中树立自己独一无二的地位。

而也正在此时，王建的谋士周庠公然宣称"唐祚将终，藩镇互相吞噬，皆无雄才远略，不能戡济多难。公勇而有谋，得士卒心，立大功者非公而谁！"③ 路振《九国志》则将此语归于周博雅名下。④ 现已无法也无需考证此语究竟为谁所说，反倒可以认为不同的记载反映了王建麾下谋士的一种普遍认识。

其后，局势果如周庠等人所言"藩镇互相吞噬"，王建先后兼并了西、东二川，又夺取了岐王李茂贞的山南西道。天复三年（903）八月，进爵蜀王，同年十月，又攻陷江陵成汭的夔、施、忠、万等州。至此，王建总控两川、山南、三峡诸州，版图达到极盛，且占据了入蜀的水陆要冲，为建立前蜀奠定了基础。

在此背景之下，王建对唐室的离心离德表现得愈发明显。公元904年4月，朱全忠胁迫昭宗至洛，改元天祐。然而王建却并没有接受这一命

---

① （五代）何光远撰，刘石校点：《鉴诫录》卷4"许墓灵"条，傅璇琮主编《五代史书汇编》第10册，杭州出版社2004年版，第5895—5896页。
② 《晋晖墓志》云："及大驾巡狩山南，与先皇同为先锋使"，周阿根编：《五代墓志汇考》，黄山书社2012年版，第119页。
③ 《资治通鉴》卷256，唐僖宗光启三年三月条，中华书局1956年版，第8346页。
④ （宋）路振撰，吴再庆、吴嘉骐点校：《九国志》卷6《周博雅传》，傅璇琮主编《五代史书汇编》第6册，杭州出版社2004年版，第3292页。文字上与《通鉴》所载略有异同。

令，史称："建与唐隔绝而不知，故仍称天复。"① 然而《十国春秋》载："（天复四年）秋八月，朱全忠弑唐帝于椒殿，太子子祝即位。王率将吏百姓举哀制服。"② 王建既然能为唐昭宗"举哀制服"，可知他能够及时获得朝中消息，并非"与唐隔绝而不知"。不改元天祐，非不能，实不愿也。

我们以后见之明来看，自然明白朱全忠以梁代唐的意图已经昭然若揭，王建不改元似乎是在抵制伪诏乱命。但回到当时的历史情境中，天子被权臣裹挟迁移，却并非首次，并不能据此就判断唐室覆灭，那么皇帝的改元诏令自然依旧代表着唐室权威，具有强制效令。王建公然抗旨，表面上是与朱全忠势不两立，其实质则将自己独立割据的野心表露无遗。

907年朱温篡唐，为王建扫清了道德障碍，王建亦充分利用各种祥瑞来为自己建国造势。这也是张敬周面对"枯树再生"这一异象时大肆宣扬的原因。除异象本身带有的特殊意涵之外（后详），其修金箓斋所在的"本命之日"这一时间点也是精心挑选。

所谓"本命之日"，是指生年干支之日。李叔还所编《道教大辞典》释"本命"云：

> 凡人出生所属六十甲子干支之年，其干支即为本命。如甲子年生，即甲子为本命，乙丑年生以乙丑为本命也。《道藏·正一部》，有《六十甲子本命元辰历》。如人每逢六十甲子之干支日，亦即为其人之本命日也。③

张帆先生在《元朝皇帝的本命日——兼论中国古代本命日禁忌的源流》一文中有着更为详尽的讨论，④ 也基本认同了李叔还的观点。王建生于847年，是丁卯年，其本命日也即每年的丁卯日。按照道教理论，在这一天往往需要斋戒、诵经、悔过，可获取比平日更多的功德，还可延年益

---

① 《新五代史》卷63《王建世家》，第787页。
② （清）吴任臣：《十国春秋》卷35《前蜀高祖本纪上》，中华书局2010年版，第498页。按："太子子祝"当为"太子祝"。
③ 李叔还编：《道教大辞典》，巨流图书公司1979年版，第366页。
④ 张帆：《元朝皇帝的本命日——兼论中国古代本命日禁忌的源流》，《元史论丛》第12辑，内蒙古教育出版社2010年版，第21—46页。

寿、祛祸禳灾。如《太上洞玄灵宝元始无量度人上品妙经》即云：

> 本命之日，诵咏是经，魂神澄正，万炁长存，不经苦恼，身有光明，三界侍卫，五帝司迎，万神朝礼，名书上天；功满德就，飞升上清。①

这段材料表明在本命之日诵咏《度人经》则功效非凡，神迹规模极为盛大，到达了"三界侍卫，五帝司迎，万神朝礼，名书上天"的地步，自身也能"飞升上清"。这充分说明了本命日在道教定期斋戒仪式中的重要地位。

因此，在条件允许的情况下，信奉者不满足于自身斋戒诵经，还时常举行大型的斋醮仪式。如杜光庭在王建仍是蜀王之时，即为其做过本命醮，张敬周所作金箓斋也与之类似。《贺表》、《斋词》两文均称"大蜀皇帝"，可知写于王建称帝之后。又《贺表》称"膺图启运，握纪承天"②、《斋词》中称"乘枢御运，握斗披元"③，这都表明此斋醮的用意是宣告前蜀的正式成立，并为之祈福。而"枯树再生"的异象，也正是"天枝帝叶之繁昌，圣寿宝图之永远"④ 的象征，代表着前蜀帝系绵长，国祚永久。

除本命日外，王建对本命年也颇为重视。在其907年建国之时，为丁卯年，正是他六十岁一甲子的本命年。这一巧合亦为其所充分利用。宋人秦再思撰《洛中记异录》云："蜀王建属兔，于天祐四年丁卯岁，僭即帝位，乃以'兔子上金床'之谶，遂以金饰所坐。复谓左右曰：'朕承唐以金德王，踞此床，天下孰敢不宾者乎？'闻者皆哂之。"⑤ 秦再思以后见之明，可以称"闻者皆哂之"，但对王建而言，这却是宣扬自身政权能继承大唐统绪，受命于天的重要机会。

直到王建晚年，本命观念仍旧发挥着影响。何光远《鉴诫录》记载

---

① 《太上洞玄灵宝元始无量度人上品妙经》卷1，《中华道藏》第3册，第326页。
② 《广成集》卷2《贺鹤鸣化枯树再生表》，第30页。
③ 《广成集》卷5《邛州刺史张太傅敬周为鹤鸣化枯柏再生修金箓斋》，第78页。
④ 《广成集》卷5《邛州刺史张太傅敬周为鹤鸣化枯柏再生修金箓斋》，第78—79页。
⑤ （宋）秦再思：《洛中记异录》，收入（明）陶宗仪撰《说郛》卷20，中国书店1986年影印涵芬楼1927年排印本，第22—23页。

王建晚年病重之时,"文州进白鹰,茂州贡白兔。群臣议曰:'圣上本命是兔,鹰兔至甚相刑。贡二禽非以为瑞。退鹰留兔,帝疾必瘳。'勅命不从,是岁晏驾。"① 可见王建本命之兔,成为其命运的象征,已是群臣的共识。

我们再将目光返回"枯树再生"之上,会发现此事并非王建、杜光庭等人首次遇到。早在唐僖宗广明年间,二人就经历过这一异象。杜光庭在《道教灵验记》中记载:

> 乾符己亥岁,县令崔正规、道士张素卿重兴观宇。驾幸西蜀,遂奏为宗玄观。准诏修斋,有神灯徧山,灵钟自响,金蛇见于坛上,枯松再生于山前。手敕褒美,编其事于国史及幸蜀碑内。②

杜光庭在此条中按时间顺序记载宗玄观在历代灵验事迹,那么既然"驾幸西蜀"在"乾符己亥岁(879)"之后,可知所指僖宗广明元年(880)因黄巢之乱避祸成都之事。当时杜光庭正在青城山隐居,王建则是入蜀勤王的随驾五都之一。两人虽不一定能目睹"枯松再生于山前",但僖宗将其事载入国史,铭文碑石,则当为二人所亲历。我们也可以想见,僖宗既然"手敕褒美",那么一定是将此异象作为大唐复兴的预兆来看待的,在当时应该对其极力渲染。王建由一横行乡里的无赖突然跻身皇帝近侧,参与到如此神圣隆重的仪式之中,对其造成的心理冲击是可想而知的。

邛州"枯树再生"一事既然已为僖宗所渲染宣传,对于王建这样擅长利用祥瑞谣谶为自身造势的人而言,在有了建国条件之后,抓住机会对其加以仿效、利用也就可以理解了。只是令人感到意外的是,在中古正史《五行志》之中,这一异象竟常被分入"木不曲直"、"草妖"一类的灾异之中。那么"枯树再生"的内涵到底如何?又有何变化?这便成了一个值得继续探讨的问题。

---

① 《鉴诫录》卷6"怪鸟应"条,第5913页。
② (五代)杜光庭:《道教灵验记》卷1"青城山宗玄观验"条,收入《杜光庭传记十种辑校》,中华书局2013年版,第161页。

第三节　中古时期"枯树再生"的两种解读

典籍中对"枯树再生"最早的记载可以追溯到《易经》。《易经·大过》云：

> 九二：枯杨生稊，老夫得其女妻，无不利。（注："稊"者，杨之秀也。以阳处阴，能过其本而救其弱者也。上无其应，心无特吝，处过以此，无衰不济也。故能令枯杨更生稊，老夫更得少妻，拯弱兴衰，莫盛斯爻，故"无不利"也。）①

所谓"枯杨生稊"指枯老的杨树重新长出了嫩芽。这一爻是大大的吉兆，而之所以能"无不利"，在于所处的位置。本来九二当属阴，但此爻是阳爻，也即所谓"以阳处阴"，加之又属低位，故而能"拯弱兴衰""无衰不济"。但到了第五爻时，情况发生了变化。《大过》又云：

> 九五：枯杨生华，老妇得其士夫，无咎无誉。（注：处得尊位，而以阳处阳，未能拯危。处得尊位，亦未有桡，故能生华，不能生稊；能得夫，不能得妻。处'栋桡'之世，而为'无咎无誉'，何可长哉！故生华不可久，士夫诚可丑也。）《象》曰："枯杨生华，何可久也？老妇士夫，亦可丑也。"②

此处"华"通"花"，杨树长出了花朵，但由于处于尊位（九五），"以阳处阳，未能拯危"，就算不上吉兆，只是平平的"无咎无誉"，但由于第三爻是"栋桡，凶"，第四爻是"栋隆，吉。有它咎"，③ 世道已经纷乱，简单的"无咎无誉"已经不能满足时事变化，故而最后结果是

---

① （魏）王弼注，（唐）孔颖达疏：《周易正义》卷3《大过》，（清）阮元校刻：《十三经注疏》，中华书局1980年影印本，第41页。
② 《周易正义》卷3《大过》，第42页。
③ 《周易正义》卷3《大过》，第42页。

"何可久也"、"亦可丑也",预示不能长久。

相似的征兆,依据所处地位的不同,预示着不同的结果,这是《易经》的辩证高明之处。在现实政治实践中,对"枯树再生"这一异象也存在两种解读。《汉书》卷二七中之下《五行志中之下》云:

> 昭帝时,上林苑中大柳树断仆地,一朝起立,生枝叶,有虫食其叶,成文字,曰"公孙病已立"。又昌邑王国社有枯树复生枝叶。眭孟以为木阴类,下民象,当有故废之家公孙氏从民间受命为天子者。昭帝富于春秋,霍光秉政,以孟妖言,诛之。后昭帝崩,无子,征昌邑王贺嗣位,狂乱失道,光废之,更立昭帝兄卫太子之孙,是为宣帝。帝本名病已。京房《易传》曰:"枯杨生稊,枯木复生,人君亡子。"①

这段材料讲得是汉昭帝、昌邑王、汉宣帝三人之间帝位传递的征兆。眭孟认为"枯木复生"象征着有"公孙氏从民间受命为天子者",也即汉宣帝最终将继承皇位。但霍光则认为其为"妖言",京房更是提出了"枯木复生,人君亡子"的理论。这两种矛盾的解释,本质是背后复杂政局波动的反映。这种局面在后世不断重演,《晋书·五行志》云:

> (永嘉六年)其七月,豫章郡有樟树久枯,是月忽更荣茂,与汉昌邑枯社复生同占。是怀愍沦陷之征,元帝中兴之应也。……
> 成帝咸和六年五月癸亥,曲阿有柳树枯倒六载,是日忽复起生,至九年五月甲戌,吴县吴雄家有死榆树,是日因风雨起生,与汉上林断柳起生同象。初,康帝为吴王,于时虽改封琅邪,而犹食吴郡为邑,是帝越正体飨国之象也。曲阿先亦吴地,象见吴邑雄之舍,又天意乎。
> 哀帝兴宁三年五月癸卯,庐陵西昌县修明家有僵栗树,是日忽复起生。时孝武年始四岁,俄而哀帝崩,海西即位,未几而废,简文越自藩王,入纂大业,登阼享国,又不逾二年,而孝武嗣统。帝讳昌

---

① 《汉书》卷 27 中之下《五行志中之下》,中华书局 1964 年标点本,第 1412 页。

明，识者窃谓西昌修明之祥，帝讳实应焉。是亦与汉宣帝同象也。①

这三条材料中的"枯木复生"都预示着旧王去世，新王受命之意。但值得强调的是，晋元帝本是晋室疏属，是宣帝司马懿曾孙，父、祖均为琅琊王，本不该由其继承帝位。他的即位代表着文帝司马昭、武帝司马炎、惠帝司马衷这一帝系发生了偏移。这一点与汉宣帝以皇曾孙的身份即位具有相似的地方。《宋书·五行志》直云："永嘉六年七月，豫章郡有樟树久枯，是月忽更荣茂。与昌邑枯社复生同占。怀帝不终其祚，元帝由支族兴之应也。"② 较之《晋书》，更强调了元帝"支族"的身份。

同样，第二条材料中成帝为明帝之子，元帝之孙，而新即位之康帝则为明帝之弟，元帝之子，也即是康帝以皇叔的身份继承了成帝之帝位，帝系又发生了偏移。故而《晋书》中称其"越正体飨国"。第三条材料中，简文帝同样"越自藩王"，哀帝、废帝皆是成帝之子，而简文帝却是元帝少子，两者相隔了四辈，帝系传承自然又发生了改动。

由上可知，"枯木复生"这一异象预示着汉宣帝、晋元帝、康帝、简文帝等受命为王，但也代表着汉昭帝、晋武帝、晋明帝、晋成帝等子孙再也无法继承皇位，这不正与京房《易传》中所称的"枯木复生，人君亡子"相应吗？其实正如《易经》中所揭示的，对"九二"低位之人而言，"枯木复生"代表着"无不利"，对"九五"高位之人而言，恐怕就是"不可久也"了。

值得一提的是，杜光庭在《贺表》中曾用过晋元帝之典。《贺表》云：

彼王虞之豫章，难偕繁盛；虽濑乡之仙桧，莫继祯祥。③

这里杜光庭是用历史上两次"枯木复生"之事与邛州鹤鸣化之异象相比附，认为当时的盛况吉祥还要超过古时。其中有关后半句，下文还会有详尽解释，这里只对前半句做一解说。

---

① 《晋书》卷28《五行志中》，中华书局1974年版，第859—860页。
② 《宋书》卷32《五行志三》，中华书局1974年版，第939页。
③ 《广成集》卷2《贺鹤鸣化枯树再生表》，第31页。

王廙是东晋元帝时人，王导从弟，曾在元帝即位时上《中兴赋》，其词称："又臣以壬申岁见用为鄱阳内史……又臣郡有枯樟更生……明天之历数在陛下矣。"① 王廙以"枯樟更生"为祥瑞，盛赞元帝中兴晋室，杜光庭《贺表》引此典故，其意图也在证明王建有受命之符，足以登上帝位。

又《艺文类聚》引臧荣绪《晋书》云：

> 王廙为鄱阳太守，有枯樟树更生，王敦表劝进。中宗曰："皓兽应瑞而来臻，樟树久枯而更荣。"②

清人汤球在辑佚《九家旧晋书》时，将此条编入"瑞志"之下。再将此条与今本《晋书·五行志》相比较，即可发现无论是文字还是倾向都存在着巨大的区别，这说明两者有着不同的史源。据《旧唐书》卷66《房玄龄传》载：

> （房玄龄）寻与中书侍郎褚遂良受诏重撰《晋书》，……以臧荣绪《晋书》为主，参考诸家，甚为详洽。然史官多是文咏之士，好采诡谬碎事，以广异闻；又所评论，竟为绮艳，不求笃实，由是颇为学者所讥。唯李淳风深明星历，善于著述，所修《天文》、《律历》、《五行》三志，最可观采。③

可知今本《晋书》虽以臧荣绪所作为本，但《五行志》却是由李淳风单独编撰的，且风格与其他《纪》《传》部分大不相同，并未"采诡谬碎事"、"不求笃实"。其实如再将臧本《五行志》与今本《晋书·五行志》《宋书·五行志》三者对校，即可发现李淳风多为承袭《宋书·五行志》，而不取臧本。这种取舍是否恰当姑且不论，但却是造成两种《晋书》中对"枯树复生"一事有着不同评价。臧本是将"枯树复生"完全

---

① 《晋书》卷76《王廙传》，第2003页。
② （唐）欧阳询：《艺文类聚》卷10《符命部·符命》，上海古籍出版社1965年影印本，第187页。
③ 《旧唐书》卷66《房玄龄传》，第2463页。

视作祥瑞吉兆的，但今本则将其视为"怀愍沦陷之征，元帝中兴之应也"，显得更为中立。

之所以产生这种差异，当与《宋书》体例有关。《五行志》本当灾祥备举，吉凶并列，但沈约却首创《符瑞志》，抢占了大量吉兆的信息，使得《五行志》中主要以灾异为主，而少有祥瑞。沈约如此编排，自然有其合理性，但李淳风径直承袭《五行志》，却并没有撰写《符瑞志》，便导致了另一种视角的消失。

刘知几曾批评班固修《五行志》"且每有叙一灾，推一怪，董、京之说，前后相反；向、歆之解，父子不同"①，从上述例子中可以看出，《汉书》、《宋书》、《晋书》都有类似的情况。这不仅仅是作者"曾靡铨择"的缘故，其实也是历史现实的结果。一种异象的产生，对一方是祥瑞的象征，对其敌方或竞争者就是灾祸的预兆。《五行志》中备陈诸说，反而是比较客观的表述。

当然正史中关于"枯树复生"一事的记载也并非全是中立的态度。很多时候都依据京房易学，视其为凶兆的，如《宋书》卷30《五行志一》称"狂花之发，不可久也。"②《南齐书》卷19《五行志》则引《京房易传》云："树枯冬生，不出二年，国丧，君子亡。"③《隋书》卷22《五行志上》称："京房《易传》曰：'妃后有颛，木仆反立，断枯复生。'独孤后专恣之应也"、"木再荣，国有大丧。"④ 从以上材料中我们可以看出，"枯木再生"这一异象的内涵在不断地衍化，从最初《易经》中的"不可久也"，到京房《易传》、《易飞候》中的"人君亡子"、"国有大丧"、"后宫专恣"，所预示的灾祸范围不断扩大。总的来看，其思想渊源都来自于京房对《易经》的解读，是汉代经学与纬学结合的产物。而这种解读方式直至唐初还颇为盛行。《新唐书》卷三四《五行志一》云：

> 武德四年，亳州老子祠枯树复生枝叶。老子，唐祖也。占曰：

---

① (唐)刘知几撰，(清)浦起龙通释，王煦华整理：《史通通释》卷3《内篇·书志》，上海古籍出版社2009年版，第61页。
② 《宋书》卷30《五行志一》，第882页。
③ 《南齐书》卷19《五行志》，中华书局1972年标点本，第369页。
④ 《隋书》卷22《五行志上》，中华书局1973年标点本，第618—619页。

"枯木复生，权臣执政。"眭孟以为有受命者。①

这条材料中并未言及所谓的"占"源自何书，但至少是武德四年（621）之前的占卜书籍，反映的是南北朝以来的思想，也与汉代纬书思想一脉相承。

但我们仍要注意到《易经》中对此异象本有两解，虽然西汉纬学家强调了其凶兆的一面，并为中古史籍《五行志》中所继承发扬。然而"枯树再生"这一异象，天然就带有更新复苏，重获生机的意味。这种自然现象是最为朴素也是最为直观的，很难因经学家附加的解读而完全从人头脑中抹去。故而中古史籍中亦有将其视为吉兆之例。如《梁书》卷四一《褚翔传》云：

（褚翔）出为义兴太守，翔在政洁己，省繁苛，去浮费，百姓安之。郡之西亭有古树，积年枯死，翔至郡，忽更生枝叶，百姓咸以为善政所感。②

又如《隋书》卷七二《孝义传·纽回附子士雄传》云：

（纽回）子士雄，少质直孝友，丧父，复庐于墓侧，负土成坟。其庭前有一槐树，先甚郁茂，及士雄居丧，树遂枯死。服阕还宅，死树复荣。高祖闻之，叹其父子至孝，下诏褒扬，号其所居为累德里。③

以上两则材料中，褚翔以善政，纽士雄以孝行，都使得"枯树再生"。尤其值得注意的是，相较于褚翔之事，只是民间百姓认为是"善政所感"，纽士雄一事则被隋文帝"下诏褒扬"，这一异象的正面意义某种程度由纽士雄个人孝行感动上天变为了国家文治教化的结果。

如果说以上两例，异象还仅仅是卓行的依附品，那么在唐睿宗时期，

---

① 《新唐书》卷34《五行志一》，中华书局1975年标点本，第874页。
② 《梁书》卷41《褚翔传》，中华书局1973年标点本，第586页。
③ 《隋书》卷72《孝义传·纽士雄传》，第1668页。

"枯树再生"有了自己独特的意义，正式进入大赦诏书之中。《旧唐书》卷七《睿宗纪》云："（景云二年）八月乙卯，诏以兴圣寺是高祖旧宅，有柿树，天授中枯死，至是重生，大赦天下。"① 这里强调了两点，一为地点，是"高祖旧宅"，二是时间，天授年间枯死的柿树，到了景云二年（711）又重获新生。这其中的政治寓意再明显不过，也即象征着大唐天命，生于高祖旧宅的柿树，在天授时因武后革命而枯萎；又因睿宗将韦后、安乐公主、武三思等象征着女主或武氏的残余势力彻底扫清，柿树又再次繁盛起来。换言之，柿树枯荣与天命得失几乎等同，"枯树再生"也意味着唐室中兴。

这种联系在唐代并非仅此一见，而在之后变得越来越普遍。如《新唐书·五行志》载："（开元）二十九年，亳州老子祠枯树复荣。"② 正在此年正月，玄宗曾下诏"两京、诸州各置玄元皇帝庙并崇玄学"③。所谓"玄元皇帝"即老子，玄宗下诏尊崇老子，老子祠中便生此异象，既代表着道家的复兴，也暗示玄宗此举得到了先祖及上天的认可。同时，开天之际唐朝国力达到了顶峰，唐玄宗次年改元天宝即有革故鼎新之意，"枯树复荣"也预示这大唐走向下一个辉煌。

又如唐德宗时期，"中书省有柳树，建中末枯死，兴元元年车驾还京后，其树再荣。人谓之瑞柳。"④ 中书省的柳树在建中末年枯死，象征着当时朱泚发动的泾师之变，逼迫德宗撤离长安避难奉天。而当德宗还京之后，柳树又焕发生机，象征着大唐再次中兴，故而人们直接将其视为"瑞柳"，与大唐国运联系了起来。

现在再去回顾《新唐书·五行志》中关于武德四年"枯树再生"的记载。其中在占语"枯木复生，权臣执政"之后，又加了一句"眭孟以为有受命者"⑤。这里一方面如前所言，是承接了汉代以来的纬学思想，将此异象视为灾异的象征，另一方面又将其视为受命之符。这似乎矛盾的记载正说明当时处于一个思想转型的阶段。

综上所述，"枯树再生"这一异象在中古时代存在着两种解读。一方

---

① 《旧唐书》卷7《睿宗纪》，第157页。
② 《新唐书》卷34《五行志一》，第874—875页。
③ 《旧唐书》卷9《玄宗纪下》，第213页。
④ 《旧唐书》卷137《吕渭传》，第3768页。
⑤ 《新唐书》卷34《五行志一》，第874页。

面历代《五行志》往往将归为"草妖"、"木不曲直"一类,象征着不可久长、人君亡子、国有大丧、后宫专恣、权臣执政等凶兆;另一方面,又在现实政治运作中将其看作善政、孝行乃至天命所归帝国中兴的象征。尤其是到了唐朝,"枯树复生"几乎与中兴划上了等号。那么我们该如何看待这种矛盾的现象呢?两种解读背后又都受到何种因素的影响?这便是我们下节要讨论的内容。

第四节 "枯树再生"内涵演变的原因

从上节的讨论中,我们可以看到一个较为清晰的脉络,对"枯树再生"的解读逐渐由汉代以来经学家认定的凶兆转变为实际政治运作中的吉兆。这种转变除了政治上宣扬天命所归的需求之外,也与背后所蕴含的思想文化上的浸染密不可分。

我们知道,两汉魏晋,知识传播主要依靠家法师承,口耳相授,代代不绝。经学家们拥有了解释世界的权力,即使京房将《易经》中的吉兆解为凶兆,往往也少有人提出质疑,在精英文化层中普遍流传,在正史《五行志》中得以体现。这也就是直至武德时,仍然会将"枯木复生"解释成为"权臣执政"的原因。

但在魏晋之际,玄学兴起,传统经学有所衰弱。永嘉南渡之后,南北更是呈现出不同的学风。唐长孺先生对此有精辟总结:"南方注重义理,上承魏晋玄学新风,北方继承汉代传统,经学重章句训诂,杂以谶纬,佛教重宗教行为,有佛道遗风。"而入隋以后,"南学已占绝对优势",唐代贞观年间编撰《五经正义》,亦"皆舍北从南"。① 故而从六朝到隋唐,文化上总的风气逐渐脱离传统的两汉纬学,而注入了玄、释、道等新鲜血液。上引《五行志》中相当部分来自于南朝史料,故而在思想上更能突破纬学的藩篱,将"枯树复生"向吉兆的方向进行诠释。而将此释为各种凶兆的京房学派,正如《隋书·经籍志》所言"孟氏、京氏,有书无师"②,逐渐消逝在历史长河之中。

---

① 唐长孺:《魏晋南北朝隋唐史三论》,中华书局2011年版,第227、445页。
② 《隋书》卷32《经籍志一》,第913页。

除上述原因之外，宗教对此异象的影响也颇为明显。在中古时期传入的佛教典籍中即有不少有关"枯树再生"的记载。如孙吴时支谦所译《佛说太子瑞应本起经》（以下简称《太子本起经》）卷上云：

> 到四月八日夜明星出时，化从右胁生堕地。……当此日夜，天降瑞应，有三十二种：……三者国界枯树皆生华叶。①

这段材料记述的是释迦牟尼降生时天地涌现三十二种瑞应，"枯树再生"即是其中之一。类似的记载在西晋时期竺法护所译的《普曜经》中也有记载，其词云：

> 佛语比丘，满十月已，菩萨临产之时，先现瑞应三十有二：……三者陆地枯树皆生华叶。②

两部经典所记主题基本相同，但所记的三十二种"瑞应"的具体内容，却存在着诸多区别。各瑞应之间的排列顺序已是迥然不同，相同瑞应的记载上也有差异，甚至互有彼此记载中所缺的瑞应。这些差异恐怕不能简单解释为支谦与竺法护两人翻译用语不同，而需理解成释迦牟尼降生故事本就流传着多种文本，二僧翻译时只是选取了其中的某一版本而已。而在这些文本之中，"枯树皆生枝叶"则是共有的内容。这说明其作为佛陀降生的吉兆已经得到了较为广泛的认可。

另外值得一提的是，在《普曜经》卷八中又记载了释迦牟尼成佛后归国的场景，其词云：

> 于时大圣告诸弟子，明日当发至迦维罗卫见于父王。……佛适进路先现瑞应：三千国土六反震动，百岁枯树皆生华实。诸枯竭溪涧自然泉出。王见此瑞知佛已来，即敕诸释种大臣百官，皆行诣佛散华烧

---

① （孙吴）支谦译：《佛说太子瑞应本起经》卷上，《大藏经》第3册，佛陀教育基金会出版社1990年版，第472页。
② （晋）竺法护译：《普曜经》卷2，《大藏经》第3册，第492—493页。

香。竖诸幢幡鼓众伎乐，悉出迎佛。①

这里我们看到，佛陀归国时便"百岁枯树皆生华实"，国王则"见此瑞知佛已来"，可见时人已经接受了"枯树再生"作为佛陀降临的象征。而转换到中国传统政治理念中，这也便与其他帝王降生时的异象画上了等号。②

此外这种天地异象也逐渐转变为佛法神通。东晋法显所译《佛说大般泥洹经》记载佛陀入灭前受到纯陀等人最后饭食供养，纯陀等人祈求佛陀庇护，佛陀遂传下偈语，并称"一切众生遭诸恐怖，此真谛说能令安隐（稳）；欲度一切险难旷野，此真谛说能令得度；此真谛说能令枯树更生华叶。"③ 枯树再生竟能与安稳一切众生恐怖、度一切险难旷野相提并论，成为佛陀庇护世人的神通。又如大约译于东晋的《佛说六字咒王经》中提到佛陀因阿难受到外道诱惑，便为其解说是经，并称"若有人读持此《六字大咒王经》，假使咒枯树可得还生枝叶，何况人身？使某甲得寿百岁得见百秋。"④ 可见令枯树再生是比保佑人身得寿百岁还要困难还要神异之事。

之后的经典中甚至还出现了令"枯树复生"这一神迹重现的具体操作法门。唐时北天竺高僧阿质达霰所译《秽迹金刚说神通大满陀罗尼法术灵要门》即载："若欲令枯树生枝叶者，取白胶香一大两，涂树心，杨枝咒树一百遍。日三时，至满三日，即生华果。"⑤ 以上种种记载，已经充分说明了佛教对"枯树再生"这一异象的重视，并将其视作佛陀降世的祥瑞以及佛法神通广大的象征。

佛教如此，道教亦复如是。成书于东晋的《元始五老赤书玉篇真文

---

① 《普曜经》卷8，《大藏经》第3册，第536页。
② 有关中古早期佛教与谶纬之学的互相影响，可参看安居香山《汉魏六朝时代における图谶と佛教——特に僧传を中心として》，塚本博士颂寿纪念《佛教史学论集》，1961年，中译本由梁辰雪译，余欣校，收入童岭主编《秦汉魏晋南北朝经籍考》，中西书局2017年版，第245—255页。又可参看吕宗力《谶纬与魏晋南北朝佛教》，《南京大学学报》（哲学·人文科学·社会科学版）2010年第4期，第109—122页。
③ （晋）法显译：《佛说大般泥洹经》卷6，《大藏经》第12册，第896页。
④ （失译人名附东晋录）《佛说六字咒王经》，《大藏经》第20册，第39页。
⑤ （唐）阿质达霰译：《秽迹金刚说神通大满陀罗尼法术灵要门》，《大藏经》第21册，第158页。

天书经》系古灵宝经之首。经中称道教的一切经典都发源于《元始五老赤书玉篇真文》,故其具有崇高的地位。在出世之时,天地感动,"是时天降十二玄瑞,地发二十四应,上庆九天之灵奥,下赞三天之宝文"。① 经文中对此感应征兆有详细记载,其辞云:

> 上启十二灵瑞:……九者春秋冬夏,不暑不冰,四气柔和,枯朽皆生。地发二十四应,上庆神真:……十二者冬不冰霜,枯木并荣。②

天地因《赤书玉篇真文》的出世而降下祥瑞,以彰显经文神圣。那么经文的神圣也可反过来证明祥瑞的盛大。如果道教中也如唐代官方那样将祥瑞分为大、上、中、下四个层级的话,那么能预示众经之祖《赤书玉篇真文》出世的异象也一定是最高等级的"大瑞"了,而"枯树再生"正在其中。

这种记载并非孤证。如同样成书于东晋的《太上洞玄灵宝灭度五炼生尸妙经》记载了元始天尊为太上大道君、诸天上帝等仙神讲经说法、普度一切恶鬼死魂时的盛况,天地同样产生了"枯树生华"等瑞应。③ 可见在道教经典中,也是一直将其视为极为神圣吉祥的征兆而记载的。

道教的这种认识必然对其信众产生影响。如臧荣绪《晋书》中提到的王廙、王敦等琅琊王氏即世奉天师道,④ 深受道教思想熏染,那么抛弃传统经学中将"枯树再生"视为凶兆的解释,吸取道教中将此异象视为吉兆神通的观念,从而因此对晋元帝上表劝进的做法,也就更能为人所接受了。

二王如此,杜光庭也是一样。甚至前蜀邛州的异象较之其他时期,具有更多的道教色彩。如第一节中所言,王建、张敬周等人都先后为此事设斋行醮,其受道教影响甚明,自不待言。就连此异象发生的地点,也与道教关系密切。

---

① 《元始五老赤书玉篇真文天书经》卷上,《中华道藏》第3册,第1页。
② 《元始五老赤书玉篇真文天书经》卷上,《中华道藏》第3册,第1—2页。
③ 《太上洞玄灵宝灭度五炼生尸妙经》卷上,《中华道藏》第3册,第754页。
④ 王廙为王导之从弟,亦为琅琊王氏。参陈寅恪《天师道与滨海地域之关系》,《金明馆丛稿初编》,生活·读书·新知三联书店2001年版,第21页。

异象发生在邛州大邑县鹤鸣化。鹤鸣化即鹤鸣治,是东汉张道陵在蜀地创立五斗米教的过程中,设立的二十四治中的上八治之一。① 又据葛洪《神仙传·张道陵传》称,张道陵在五十岁时已然学道有成,是听闻蜀中百姓可以教化,才和弟子在鹤鸣山隐居的。继而又向太上老君学习了炼丹之术与吐纳之法,可以战胜邪神魔鬼,将其盘踞的二十四治抢夺过来,"改为福庭,名之化宇"②。这似乎是在暗示张道陵所创立的五斗米教在巴蜀之地与当地的原始信仰争夺信众的过程,而其最开始与弟子隐居的鹤鸣山,则无疑是其传播道教思想的根据地。

也即是说,鹤鸣化(山)无论是传说中的老君传道之所,还是现实中五斗米教的祖庭所在,在道教之中都享有极高的地位。在此处发生了"枯树再生"这一异象,代表着道教仙神对王建建国的认可。而这一点,杜光庭在《贺表》中也着重强调了出来。他在用王廙之典后,又称:"虽濑乡之仙桧,莫继祯祥。"③ 此处则是用老子之典。

所谓濑乡,相传为老子出身之所,在今河南鹿邑县。所谓"仙桧",则见于杜光庭《历代崇道记》中记载,其辞云:"太上曰:'我是无上神仙,姓李氏,号老君,即我也。我即帝(唐高祖)之祖也。《史记》中有传,亳州谷阳县本庙有枯桧再生为验。'"④ 老子现身于晋州浮山县羊角山,明确唐高祖、太宗当得天下,唐高祖遂在此为老子立庙,之后玄宗又改为庆唐观。⑤ 开元十七年(729),玄宗还御书《大唐龙角山庆唐观纪圣之铭》,立碑纪念。铭文中还特别记载了立庙以来出现的诸多祥瑞,其中便有"门端根木,枯枝翳而还茂"一项。⑥ 安史之乱后,唐室也对此观中祥瑞甚为重视,穆宗长庆三年(823)李寰《纪瑞》载:"见瑞柏之奇状,审循葛之延蔓,龙凤交贯,垂于庙庭,次生新枝,有以表圣祚于百万年矣。上元之意,必将使茂耸贞固,树之无疆。当大历十四年之三月,曾生

---

① 参王纯五《天师道二十四治考》,四川大学出版社1996年版。
② (晋)葛洪撰,胡守为校释:《神仙传校释》卷5《张道陵传》,中华书局2010年版,第190页。
③ 《广成集》卷2《贺鹤鸣化枯树再生表》,第30页。
④ (五代)杜光庭:《历代崇道记》卷1"青城山宗玄观验"条,收入《杜光庭传记十种辑校》,第362页。
⑤ 有关庆唐观与唐代政治的研究,可参看雷闻《龙角仙都:一个唐代宗教圣地的塑造与转型》,《复旦学报》(人文社科版)2014年第6期。
⑥ 山西省考古研究所编:《山西碑碣》,山西人民出版社1997年版,第90页。

一枝，已备图牒。当今年三月，又生一枝。故知历数昌期，邈不可算，帝王符契，自合元经。"① 可见大历、长庆之时，都对"瑞柏"再生枝叶备录图牒，有着详细地记录。经过唐代历代帝王的不断宣传，老子与"枯树再生"以及帝国创立（中兴），三种元素已经紧密结合。宗教与皇权形成了统一，两者具有伴生关系。杜光庭之所以在王建建国之际，用老子仙桧之典，也正是受了唐代历代帝王和道士们不断宣传的结果。

综上所述，对于"枯树再生"这一异象，正史《五行志》往往依据纬学将其解为"不时"，成为不祥的预兆，但这种理念逐渐被更为朴素直接的"复生""复兴"等解读所替代。这种思想上的转变一方面是由于汉代纬学的衰弱，文化逐步下移。由少部分精英掌控的诠释世界的权力，逐渐贴近于世俗文化。另一方面则是深受宗教的影响。佛道典籍都不约而同将"枯树再生"作为念诵经文后的特效，成为渲染佛道神通的重要表征。更重要的是无论是佛教中的佛陀降生，还是道教中的天书出世，"枯树再生"都作为天地涌现的祥瑞而存在，这又与中国传统政治理念中的帝王诞生时的异象具有高度相似性，成为王朝建立的受命之符。杜光庭也正是利用了这一特性，将邛州"枯树再生"与历史上王廙、老子祠等事迹相比附，为王建建国披上了一层神圣的外衣。

本章小结

前蜀邛州大邑县鹤鸣化曾发生过一次"枯树再生"的异象，约发生于王建建国之时的907年。刺史张敬周将此事上报之后，迅速得到王建认可，令杜光庭为其行醮。而张敬周在此基础上，更进一步，举行了金箓斋为王建及皇后、太子、诸王、公主等祈福，规模极其盛大。

只是这一异象并未被唐代礼典纳入祥瑞之中，举行此仪式并不符合制度规定。而前蜀君臣不以此为嫌，仍要对其大肆渲染。除了王建本人就喜爱、擅长利用谣谶符瑞来为自身构建政权合法性之外，对僖宗幸蜀时的模仿亦是其如此决策的重要因素。

其实在中古时期，"枯树再生"这一异象存在着两种解读。一种是汉

---

① 李寰：《纪瑞》，《全唐文》卷716，第7362页。

代纬学思想，将其视为灾异的象征，预示着不可久长、人君亡子、国有大丧、后宫专恣、权臣执政等迹象。另一种则是在现实政治运作中，将其视为天命所归的预兆，不乏统治者对之加以利用。这两种矛盾的解读，其背后反映的是对解释世界权力的一种争夺。将其视为吉兆的一方逐渐成为历史的主流。这一方面是由于南朝学风受玄学影响，突破汉代纬学藩篱，能将"枯树再生"按字面解释为复兴、中兴之兆，用以满足现实政治的需要。另一方面也深受宗教思想的影响。佛道二教不约而同地将"枯树再生"渲染为佛陀降生、天书出世时产生的吉兆，并认为诵读经典，即可重现该异象，保佑家国平安。这无疑也容易与中国传统的"帝王出则有受命之符"的政治理念相结合，为政治家们所利用。杜光庭既是这种思想转型的产物，又利用了这种改变，为王建建国提供了宗教依据。

参考文献

一 基本古籍

(魏)王弼、(晋)韩康伯注,(唐)孔颖达疏:《周易正义》,(清)阮元校刻:《十三经注疏》,中华书局1980年版。

(东汉)班固撰,(清)陈立疏证,吴则虞点校:《白虎通疏证》,中华书局1994年版。

(西汉)司马迁:《史记》,中华书局1959年版。

(东汉)班固:《汉书》,中华书局1962年版。

(西晋)陈寿:《三国志》,中华书局1964年版。

(南朝宋)范晔:《后汉书》,中华书局1965年版。

(南朝梁)沈约:《宋书》,中华书局1974年版。

(南朝梁)萧子显:《南齐书》,中华书局1972年版。

(唐)魏徵:《晋书》,中华书局1974年版。

(唐)姚思廉:《梁书》,中华书局1973年版。

(唐)令狐德棻:《周书》,中华书局1971年版。

(唐)李百药:《北齐书》,中华书局1972年版。

(唐)魏徵:《隋书》,中华书局1973年版。

(后晋)刘昫:《旧唐书》,中华书局1975年版。

(宋)欧阳修、宋祁:《新唐书》,中华书局1975年版。

(宋)薛居正:《旧五代史》,中华书局1976年版。

(宋)欧阳修:《新五代史》,中华书局1974年版。

(元)脱脱:《辽史》,中华书局1974年版。

(元)脱脱:《宋史》,中华书局1977年版。

（唐）温大雅：《大唐创业起居注》，上海古籍出版社1983年版。
（宋）王溥，陈尚君辑校：《周世宗实录》，《五代史料汇编》第四册，杭州出版社2004年版。
（宋）司马光：《资治通鉴》，中华书局1956年版。
（宋）李焘：《续资治通鉴长编》，中华书局2004年版。
（宋）钱若水修，范学辉校注：《宋太宗皇帝实录校注》，中华书局2012年版。
（宋）叶隆礼，贾敬颜、林荣贵点校：《契丹国志》，中华书局2014年版。
（宋）路振撰，吴再庆、吴嘉骐点校：《九国志》，傅璇琮主编：《五代史书汇编》第10册，杭州出版社2004年版。
（宋）张唐英撰，冉旭校点《蜀梼杌》，傅璇琮主编：《五代史书汇编》第10册，杭州出版社2004年版。
（唐）长孙无忌等撰、刘俊文笺解：《唐律疏议笺解》，中华书局1996年版。
（唐）李林甫、陈仲夫点校：《唐六典》，中华书局1992年版。
（唐）瞿昙悉达撰，常秉义点校：《开元占经》，中央编译出版社2006年版。
（唐）杜佑：《通典》，中华书局1988年版。
（唐）李吉甫：《元和郡县图志》，中华书局1983年版。
（唐）李肇：《唐国史补》，上海古籍出版社1983年版。
（宋）王溥：《唐会要》，上海古籍出版社2006年版。
（宋）王溥：《五代会要》，上海古籍出版社2006年版。
（唐）欧阳询：《艺文类聚》，上海古籍出版社1965年版。
（唐）徐坚：《初学记》，中华书局1962年版。
（宋）王钦若等：《册府元龟》（宋本），中华书局1988年版。
（宋）王钦若等：《册府元龟》（明本），中华书局1960年版。
（宋）李昉：《太平御览》，中华书局1961年版。
（宋）李昉：《太平广记》，中华书局1960年版。
（宋）李昉编：《文苑英华》，中华书局1966年版。
（宋）乐史：《太平寰宇记》，中华书局2007年版。
（宋）曾公亮等：《武经总要》，《中国兵书集成》，辽沈书社1988年版。
（唐）刘知几撰，（清）浦起龙通释，王煦华整理：《史通通释》，上海古籍出版社2009年版。

（晋）葛洪撰，胡守为校释：《神仙传校释》，中华书局2010年版。

（五代）孙光宪、贾二强点校：《北梦琐言》，中华书局2002年版。

（五代）杜光庭撰，董恩林点校：《广成集》，中华书局2011年版。

（五代）杜光庭：《杜光庭传记十种辑校》，中华书局2013年版。

（宋）王禹偁，顾薇薇点校：《五代史阙文》，《五代史书汇编》第4册，杭州出版社2004年版。

（宋）张齐贤，余钢点校：《洛阳缙绅旧闻记》，《五代史书汇编》第4册，杭州出版社2004年版。

（宋）陶岳，顾薇薇点校：《五代史补》，《五代史书汇编》第5册，杭州出版社2004年版。

（宋）王称、刘晓东点校：《东都事略》，齐鲁书社2000年版。

（宋）沈括、胡道静校证：《新校证梦溪笔谈》，上海人民出版社2011年版。

（宋）曾巩撰，王瑞来校证：《隆平集校证》，中华书局2012年版。

（宋）田况撰，张其凡点校：《儒林公议》，中华书局2017年版。

（宋）周密撰，张茂鹏点校：《齐东野语》，中华书局1983年版。

（宋）叶梦得、宇文绍奕考异，侯忠义点校：《石林燕语》，中华书局1984年版。

（宋）欧阳修、李逸安点校：《欧阳修全集》，中华书局2001年版。

（宋）王易：《燕北录》，《说郛》，中国书店1986年影印、涵芳楼1927年排印本。

（宋）朱熹、朱杰人、严佐之、刘永翔主编：《朱子全书》第11册《资治通鉴纲目》，上海古籍出版社、安徽教育出版社2002年版。

（宋）陈振孙撰，徐小蛮、顾美华点校：《直斋书录解题》，上海古籍出版社1987年版。

（宋）杜大珪：《名臣碑传琬琰之集》，《景印文渊阁四库全书》第450册，台北：台湾商务印书馆1986年版。

（宋）佚名撰：《新编五代史平话·周史平话》卷上，古典文献出版社1954年版。

（元）辛文房、傅璇琮主编：《唐才子传校笺》，中华书局2002年版。

（清）王夫之：《读通鉴论》，中华书局1975年版。

（清）吴任臣：《十国春秋》，中华书局 2010 年版。

（清）纪昀总纂：《四库全书总目提要》，河北人民出版社 2000 年版。

（清）董诰：《全唐文》，中华书局 1983 年版。

（清）赵翼、王树民校证：《廿二史札记校证（订补本）》，中华书局 1984 年版。

（清）钱大昕、方诗铭、周殿杰点校：《廿二史考异》，上海古籍出版社 2004 年版。

（清）邵晋涵、曾贻芬校点：《旧五代史考异》，《五代史书汇编》第 1 册，杭州出版社 2004 年版。

陈尚君：《全唐文补编》，中华书局 2005 年版。

陈尚君：《旧五代史新辑会证》，复旦大学出版社 2005 年版。

陈智超等撰述：《辑补旧五代史》，巴蜀书社 2021 年版。

《大藏经》，台北：佛陀教育基金会出版社 1990 年版。

张继禹编：《中华道藏》，华夏出版社 2004 年版。

二 出土资料

《北京图书馆藏中国历代石刻拓本汇编》第 36 册，中州古籍出版社 1989 年版。

陈长安主编：《隋唐五代墓志汇编·洛阳卷》第 15 册，天津古籍出版社 1991 年版。

陈尚君：《全唐文补编》，中华书局 2005 年版。

（清）顾炎武：《金石文字记》，收入《石刻史料新编》第一辑第一二册，新文丰出版公司 1982 年版。

李献奇、郭引强编：《洛阳新获墓志》，文物出版社 1996 年版。

罗振玉：《芒洛冢墓遗文》，收入《历代碑志丛书》第 14 册，江苏古籍出版社 1998 年版。

《洛阳出土历代墓志辑绳》，中国社会科学出版社 1991 年版。

山西省考古研究所编：《山西碑碣》，山西人民出版社 1997 年版。

《隋唐五代石刻文献全编》，北京图书馆出版社 2003 年版。

吴钢主编：《全唐文补遗》第六辑，三秦出版社 1999 年版。

吴钢主编：《全唐文补遗》第七辑，三秦出版社 2000 年版。

吴钢主编：《全唐文补遗》第五辑，三秦出版社 1998 年版。

吴钢主编：《全唐文补遗·千唐志斋新藏专辑》，三秦出版社 2006 年版。
张希舜主编：《隋唐五代墓志汇编·山西卷》，天津古籍出版社 1991 年版。
赵和平辑校：《敦煌表状笺启书仪辑校》，江苏古籍出版社 1997 年版。
周阿根编：《五代墓志汇考》，黄山书社 2012 年版。
周绍良主编：《唐代墓志汇编》，上海古籍出版社 1992 年版。
周绍良主编：《唐代墓志汇编续集》，上海古籍出版社 2001 年版。

三　研究论著

（一）国内

陈寅恪：《陈寅恪读书札记》，上海古籍出版社 1989 年版。
陈寅恪：《隋唐制度渊源略论稿》，生活·读书·新知三联书店 2001 年版。
陈寅恪：《唐代政治史述论稿》，生活·读书·新知三联书店 2001 年版。
仇鹿鸣：《长安与河北之间：中晚唐的政治与文化》，北京师范大学出版社 2018 年版。
戴仁柱：《伶人·武士·猎手——后唐庄宗李存勖传》，中华书局 2009 年版。
邓小南：《祖宗之法——北宋前期的政治述略》，生活·读书·新知三联书店 2006 年版。
冻国栋：《中国中古经济与社会史论稿》，湖北教育出版社 2005 年版。
杜文玉：《五代十国制度研究》，人民出版社 2006 年版。
樊文礼：《唐末五代的代北集团》，中国文联出版社 2000 年版。
郭武雄：《五代史辑本证补》，台湾商务印书馆 1976 年版。
郭武雄：《五代史料探源》，台湾商务印书馆 1987 年版。
韩国磐：《柴荣》，上海人民出版社 1960 年版。
胡阿祥：《吾国与吾民：中国历代国号与古今名称研究》，江苏人民出版社 2018 年版。
黄正建：《中晚唐社会与政治研究》，中国社会科学出版社 2006 年版。
李全德：《唐宋变革期枢密院研究》，国家图书馆出版社 2009 年版。
李叔还编：《道教大辞典》，台北巨流图书公司 1979 年版。
李小树、黄崇岳：《周世宗柴荣》，上海人民出版社 1987 年版。

刘后滨：《唐代中书门下体制研究——公文形态·政务运行与制度变迁》，齐鲁书社 2004 年版。

吕兴昌：《司空图诗论研究》，台北：学生书局 1989 年版。

洛阳市第二文物工作队编：《河洛文明论文集》，中州古籍出版社 1993 年版。

孟宪实：《出土文献与中古史研究》，中华书局 2017 年版。

饶宗颐：《中国史学上之正统论》，上海远东出版社 1996 年版。

任爽：《五代典制考》，中华书局 2007 年版。

唐长孺：《魏晋南北朝隋唐史三论》，中华书局 2011 年版。

陶礼天：《司空图年表汇考》，华文出版社 2002 年版。

陶懋炳：《五代史略》，人民出版社 1985 年版。

王步高：《司空图评传》，南京大学出版社 2006 年版。

王润华：《司空图新论》，东大图书股份有限公司 1989 年版。

文晓璋：《乱世明君周世宗》，巴蜀书社 2006 年版。

徐俊：《中国古代王朝和政权名号探源》，华中师范大学出版社 2000 年版。

郁贤皓：《唐刺史考全编》，安徽大学出版社 2000 年版，第 683 页。

张其凡：《五代禁军初探》，暨南大学出版社 1993 年版。

章群：《唐代蕃将研究》，联经出版事业公司 1986 年版。

郑学檬：《五代十国史研究》，上海人民出版社 1991 年版。

朱玉龙：《五代十国方镇年表》，中华书局 1997 年版。

　　（二）国外

[日] 多田晋：《司空图》，东京：弘文堂，1948 年。

[日] 高田时雄：《敦煌·民族·语言》，中华书局 2005 年版。

[日] 堀敏一：《唐末五代变革期の政治と经济》，东京：汲古书院，2002 年。

[日] 山崎觉士：《中国五代国家论》，东京：思文阁，2010 年。

[新加坡] 王赓武：《五代时期北方中国的权力结构》，胡耀飞、尹承译，中西书局 2014 年版。

[日] 日野开三郎：《唐代藩镇の支配体制》，《日野开三郎东洋史学论集》第 1 卷，东京：三一书房，1980 年。

[日] 日野开三郎：《唐末混乱史考》，《日野开三郎东洋史学论集》第 19

卷，东京：三一书房，1996年。

［日］日野开三郎：《唐·五代の货币と金融》，《日野开三郎东洋史学论集》第5卷，东京：三一书房，1982年。

［日］日野开三郎：《五代史の基调》，《日野开三郎东洋史学论集》第2卷，东京：三一书房，1980年。

四　学术论文

(一)　国内

安淑珍：《后周郭威皇帝的一生》，《史学月刊》1989年第5期。

拜根兴：《唐代的廊下食与公厨》，《浙江学刊》1996年第2期。

陈得芝：《关于元朝的国号、年代以及疆域问题》，《北方民族大学学报》（哲学社会科学版）2009年第3期。

陈坤：《论〈汉书·刑法志〉所见之正统史观》，《宁夏社会科学》2014年第6期。

陈尚君：《清辑〈旧五代史〉评议》，《学术月刊》1999年第9期。

陈尚君：《〈旧五代史〉补传十六篇》，《文献》1995年第3期。

陈文龙：《五代德运新论》，收入邓小南、方诚峰主编《宋史研究诸层面》，北京大学出版社2020年版。

陈晓伟：《辽朝国号再考释》，《文史》2016年第4期。

陈垣：《〈旧五代史〉辑本发覆》，《陈垣史学论文集》第2集，中华书局1982年版。

陈垣：《旧五代史引书卷数多误例》，《陈垣史学论文集》第2集，中华书局1982年版。

陈垣：《以册府校薛史计划》，《陈垣史学论文集》第2集，中华书局1982年版。

陈智超：《辑补〈旧五代史梁太祖本纪〉导言》，《隋唐辽宋金元史论丛》第1辑，上海古籍出版社2011年版。

陈智超：《辑补〈旧五代史〉列传导言（上）》，《隋唐辽宋金元史论丛》第2辑，上海古籍出版社2012年版。

陈智超：《辑补〈旧五代史〉列传导言（下）》，《隋唐辽宋金元史论丛》第4辑，上海古籍出版社2014年版。

陈智超：《辑补〈旧五代史〉列传导言（中）》，《隋唐辽宋金元史论丛》

第 3 辑，上海古籍出版社 2013 年版。

仇鹿鸣：《五星会聚与安史起兵的政治宣传——新发现〈严复墓志〉考释》，《复旦学报》2011 年第 2 期。

戴显群：《唐五代假子制度的类型及其相关的问题》，《福建师范大学学报》（哲学社会科学版）2000 年第 3 期。

戴显群：《唐五代假子制度的历史渊源》，《人文杂志》1989 年第 6 期。

邓锐：《魏明帝诏书中的正统观念初探》，《历史文献研究》2008 年第 27 辑。

邓小南：《论五代宋初"胡/汉"语境的消解》，《文史哲》2005 年第 5 期。

邓小南：《走向再造：试谈十世纪前中期的文臣群体》，《漆侠先生纪念文集》，河北大学出版社 2002 年版。

冻国栋：《旅顺博物馆藏〈唐建中五年（784）孔目司贴〉管见》，《魏晋南北朝隋唐史资料》第 14 辑，武汉大学出版社 1996 年版。

冻国栋：《墓志所见唐安史乱间的"伪号"行用及吏民心态——附说"伪号"的模仿问题》，《魏晋南北朝隋唐史资料》第 20 辑，武汉大学人文社会科学学报编辑部，2003 年。

杜洪涛：《明代的国号出典与正统意涵》，《史林》2014 年第 2 期。

杜文玉、马维斌：《论五代十国收养假子风气的社会环境与历史根源》，《陕西师范大学学报》（哲学社会科学版）2010 年第 3 期。

范恩实：《石敬瑭割让燕云的历史背景》，收入王小甫主编《盛唐时代与东北亚政局》，上海辞书出版社 2003 年版。

范家伟：《受禅与中兴：魏蜀正统之争与天象事验》，《自然辩证法通讯》1996 年第 6 期。

房锐：《狼虎丛中也立身——从〈北梦琐言〉所载史事论冯道》，《晋阳学刊》2004 年第 2 期。

冯家昇：《〈辽史〉与〈金史〉、新旧〈五代史〉互证举例》，《冯家昇论著辑萃》，中华书局 1987 年版。

冯培红：《关于唐代孔目司文书的几个问题》，《辽宁师范大学学报》（社科版）1997 年第 1 期。

谷霁光：《泛论唐末五代的私兵和亲兵、义儿》，《历史研究》1984 年第 2 期。

顾宏义：《试析五代宋初中原角立中的契丹因素》，《辽金史论集》第 10 辑，书目文献出版社 2007 年版。

郭人民：《周世宗柴荣政绩的分析》，《新史学通讯》1953 年第 7 期。

何德章：《北魏国号与正统问题》，《历史研究》1992 年第 3 期。

何德章：《北魏末帝位异动及东西魏的政治走向》，《魏晋南北朝隋唐史资料》第 18 辑，武汉大学人文社会科学学报编辑部，2001 年。

贺玉萍：《后周索万进墓志考释》，《洛阳师范学院学报》2007 年第 6 期。

洪铭聪：《后晋的外交关系网络初探》，《中华人文社会学报》2009 年第 10 期。

胡阿祥：《中国历史上的汉国号》，《江苏行政学院学报》2005 年第 5 期。

胡安徽：《张全义农业思想初探》，《农业考古》2013 年第 1 期。

黄晓华：《周世宗柴荣改革琐议》，《苏州大学学报》1995 年第 3 期。

姜维公、姜维东：《"辽"国号新解》，《吉林大学社会科学学报》2014 年第 1 期。

蒋武雄：《辽太祖与五代前期政权转移的关系》，《东吴历史学报》1995 年第 1 期。

蒋武雄：《辽与后晋外交几个问题的探讨》，《人文学报》2000 年第 9 期。

蒋武雄：《辽与后晋兴亡关系始末》，《东吴历史学报》1998 年第 4 期。

靳润成：《五代十国国号与地域的关系》，《历史教学》1988 年第 5 期。

李丹婕：《继承还是革命——唐朝政权建立及其历史叙事》，《中华文史论丛》2013 年第 3 期。

李国锋：《士人与五代中枢政治》，《河南师范大学学报》2002 年第 1 期。

李世琦：《周世宗用人浅议》，《文史哲》1989 年第 6 期。

李翔：《李克用义子问题考述》，《西南大学学报》（社会科学版）2014 年第 3 期。

李月新：《辽代再生礼小考》，《北方文物》2014 年第 1 期。

李则芬：《周世宗论》，收入氏著《隋唐五代历史论文集》，台北：台湾商务印书馆 1989 年版。

刘复生：《宋朝"火运"论略——兼谈"五德转移"政治学说的终结》，《历史研究》1997 年第 3 期。

刘连香：《后晋张继升墓志考》，《河南科技大学学报》（社会科学版）2004 年第 2 期。

刘连香：《张全义与五代洛阳城》，《洛阳工学院学报》（社会科学版）2002年第2期。

刘浦江：《辽朝国号考释》，《历史研究》2001年第6期。

刘浦江：《南北朝的历史遗产与隋唐时代的正统论》，《文史》2013年第2期。

刘浦江：《"五德始终"说之终结——宋代以降传统政治文化之嬗变》，《中国社会科学》2006年第2期。

刘浦江：《正统论下的五代史观》，《唐研究》第11卷，北京大学出版社2005年版。

刘永平：《郭威改革述论》，《徐州师范学院学报》1992年第1期。

楼劲：《谶纬与北魏建国》，《历史研究》2016年第1期。

陆扬：《论冯道的生涯——兼谈中古晚期政治文化中的边缘与核心》，《唐研究》第19卷，北京大学出版社2013年版。

陆扬：《唐代清流文化——一个现象的概述》，收入《田余庆先生九十华诞颂寿论文集》，中华书局2014年版。

吕博：《唐代德运之争与正统问题——以"二王三恪"为线索》，《中国史研究》2012年第4期。

罗新：《十六国北朝的五德历运问题》，《中国史研究》2004年第3期。

马志祥：《西安西郊出土的后唐〈张居翰墓志〉》，《碑林辑刊》第3辑，陕西人民美术出版社1995年版。

毛汉光：《五代之政治延续与政权转移》，《中研院史语所集刊》第51本第2分，1980年。

毛阳光：《唐代藩镇养子述论》，《商丘师范学院学报》2001年第5期。

穆静：《论五代军阀的养子之风——从军政与时局角度谈起》，《华南理工大学学报》（社会科学版）2010年第4期。

宁欣：《唐后期禁军扩编述论》，《唐研究》第20卷，北京大学出版社2014年版。

任崇义：《略论辽朝与五代的关系》，《社会科学辑刊》1984年第4期。

沈淦：《张全义：三改其名的乱世名臣》，《文史天地》2013年第7期。

盛险峰：《科举与五代士大夫精神的缺失》，《史学集刊》2008年第3期。

盛险峰：《虚文政策与五代时弊的扭转》，《北方论丛》2005年第2期。

史苏苑：《略论周世宗北征》，《郑州大学学报》1982年第1期。

宋军:《契丹柴册制度考》,《北京教育学院学报》2007 年第 2 期。

孙英刚:《无年号与改正朔:安史之乱中肃宗重塑正统的努力——兼论历法与中古政治之关系》,《人文杂志》2013 年第 2 期。

唐长孺:《关于归义军节度的几种资料跋》,《山居存稿》,中华书局 2011 年版。

唐启淮:《郭威改革简论》,《湘潭大学学报》1988 年第 3 期。

唐启淮:《郭威建周刍议》,《湘潭大学社会科学学报》1987 年第 2 期。

唐兆梅:《简论周世宗》,《文史哲》1984 年第 3 期。

田延峰:《汉王朝的正统地位与炎帝传说》,《宝鸡社会科学》1998 年第 4 期。

田余庆:《说"张楚"——关于"亡秦必楚"问题的讨论》,《历史研究》1989 年第 2 期。

田玉英:《关于王建假子的情况及王建与假子的关系蠡测——兼论前蜀宦官干政的缘起》,《学术探索》2009 年第 5 期。

田玉英:《论王建的假子在前蜀建立中的军事作用》,《重庆工商大学学报》(社会科学版) 2009 年第 2 期。

田玉英:《再论王建假子在前蜀政权 (907—925) 中的作用》,《重庆工商大学学报》(社会科学版) 2009 年第 4 期。

王凤翔:《从士人命运看五代的重武轻文风气》,《陕西师范大学继续教育学院学报》2006 年第 2 期。

王凤翔:《论五代士风》,《中华文化论坛》2006 年第 1 期。

王凤翔:《晚唐五代李茂贞假子考论》,《唐史论丛》第 11 辑,三秦出版社 2009 年版。

王凤翔:《五代士人群体特征初探》,《江汉论坛》2008 年第 4 期。

王瑰:《"中原正统"与"刘氏正统"——蜀汉为正统进行的北伐和北伐对正统观的影响》,《史学月刊》2013 年第 10 期。

王吉林:《辽太宗之中原经略与石晋兴亡》,《中国历史学会史学集刊》1974 年第 6 辑。

王明荪:《契丹与中原本土之历史关系》,《辽金元史论文稿》,台北:槐下书肆 2005 年版。

王铭:《"正统"与"政统":拓跋魏"庙号"改易及其历史书写》,《中华文史论丛》2011 年第 2 期。

王文学：《"唐承汉统"说的理论意义和实践意义》，《西南民族大学学报》2004年第2期。

王永平：《后周政治改革述论》，《扬州师范学院学报》1994年第1期。

王永平：《略论后唐明宗李嗣源》，《历史教学问题》1993年第4期。

魏斌：《孙吴年号与符瑞问题》，《汉学研究》2009年第27卷第1期。

魏良弢：《义儿·儿皇帝》，《历史研究》1991年第1期。

吴丽娱：《从敦煌〈新集杂别纸〉看后唐明宗时代河北州镇的地缘关系与领地拓展——〈新集杂别纸〉研究之一》，《唐研究》第19卷，北京大学出版社2013年版。

吴丽娱：《试论晚唐五代的客将、客司与客省》，《中国史研究》2002年第4期。

吴羽：《晚唐前蜀王建的吉凶时间与道教介入——以杜光庭〈广成集〉为中心》，《社会科学战线》2018年第2期。

武玉环：《契丹族的〈再生仪〉刍议》，《史学集刊》1993年第2期。

夏晓臻：《唐代辍朝制度考述》，《陕西师范大学学报》（哲学社会科学版）1989年第3期。

邢义田：《契丹与五代政权更迭之关系》，《食货月刊》1971年第1卷。

徐鹏章：《成都北郊站东乡高晖墓清理简报》，《考古通讯》1955年第6期。

许学义：《浅析后晋割燕云十六州与契丹对双方的影响》，《昭乌达蒙族师专学报》1988年第1期。

严耕望：《唐代府州僚佐考》，《严耕望史学论文集》，上海古籍出版社2009年版。

杨冬升、杨岸青：《李嗣昭为李克用之"元子"辩》，《山西教育学院学报》2000年第1期。

曾国富：《后唐庄宗失政及其历史教训》，《湛江师范学院学报》2000年第2期。

曾国富：《前车之覆，后车之鉴：五代后唐庄宗、明宗政治得失之比较》，《黑龙江民族丛刊》2009年第2期。

曾育荣：《后周太祖郭威内政改革琐论》，《湖北大学学报》（哲学社会科学版）2003年第3期。

张帆：《元朝皇帝的本命日——兼论中国古代本命日禁忌的源流》，《元史论丛》第十二辑,内蒙古教育出版社 2010 年版。

张凡:《〈旧五代史〉辑补——辑自〈永乐大典〉》,《历史研究》1983 年第 4 期。

张国庆:《辽代契丹皇帝与五代北宋诸帝的结义》,《史学月刊》1992 年第 6 期。

张建宇:《石敬瑭刍议》,《北方文物》2010 年第 4 期。

张金铣:《后晋"岁输"浅议》,《史学月刊》2011 年第 1 期。

张明华:《论冯道"不知廉耻"历史形象的塑造与传播》,《史学月刊》2012 年第 5 期。

张其凡:《五代政权递嬗之考察——兼评周世宗的整军》,《华南师范大学学报》(社会科学版) 1985 年第 1 期。

张兴武:《五代政治文化的蜕变与转型》,《甘肃社会科学》2004 年第 2 期。

张雅晶:《"大清"国号词源研究》,《清史研究》2014 年第 3 期。

赵荣织:《五代义儿与社会政治》,《新疆师范大学学报》(哲学社会科学版) 2004 年第 2 期。

郑学檬:《关于石敬瑭评价的几个问题》,《厦门大学学报》(哲学社会科学版) 1983 年第 1 期。

朱振宏:《隋唐辍朝制度研究》,《文史》2010 年第 2 期。

朱子方:《辽代复诞礼管窥》,《辽金史论集》第 1 辑,上海古籍出版社 1987 年版。

朱子方:《论辽代册礼》,《社会科学辑刊》1985 年第 1 期。

诸葛计:《张全义略论》,《史学月刊》1983 年第 6 期。

(二) 国外

[日] 川本芳昭著,邓红、牟发松译:《关于五胡十六国北朝时代的"正统"王朝》,《北朝研究》第 2 辑,北京燕山出版社 2001 年版。

[日] 东英寿:《欧阳脩散文の特色——『五代史记』と『旧五代史』の文章表现の比较を通して》,《鹿大史学》第 48 号,2000 年。

[日] 东英寿:《欧阳脩〈五代史记〉の徐无党注について》,《文学研究》第 87 号,1990 年 3 月。

[日] 东英寿:《虚词の使用から见た欧阳脩『五代史记』の文体的特色》,《中国文学论集》第 36 号,2007 年 12 月。

［日］丰田穰：《〈新五代史〉の文章》，《史学杂志》第54编第9号，1943年9月。

［日］冈崎精郎：《后唐の明宗と旧习（上）》，《东洋史研究》第1卷第4号，1945年。

［日］冈崎精郎：《后唐の明宗と旧习（下）》，《东洋史研究》第10卷第2号，1948年。

高田时雄：《五姓说之敦煌资料》，收入《敦煌·民族·语言》，中华书局2005年版。

［日］谷川道雄：《北朝末～五代の义兄弟结合について》，《东洋史研究》第39卷第2号，1980年9月。

［日］后藤基史：《欧阳修史学再考：『新五代史』本纪を中心にして》，《纪尾井史学》第24辑，2004年12月。

［日］久保田量远：《后周世宗の废佛事件に就いて》，收入氏著《中国儒佛道三教史论》，东京：国书刊行会，1986年。

［日］菊池英夫：《五代后周に于ける禁军改革の背景——世宗军制改革前史》，《东方学》第16辑，1958年。

［日］栗原益男：《唐末五代の仮父子的结合における姓名と年龄》，《东洋学报》第38卷第4号，1956年。

［日］栗原益男：《唐五代の仮父子的结合の性格——主として藩帅的支配権力との関连において》，《史学雑志》第62卷第6号，1953年。

［日］栗原益男：《五代宋初藩镇年表》，东京：东京堂，1988年。

［日］砺波护：《唐代的县尉》，刘俊文主编：《日本学者研究中国史论著选译》第4卷《六朝隋唐卷》，中华书局1992年版。

［日］砺波护：《唐末五代の变革と官僚制》，《历史教育》第12卷第5号，1964年5月；收入氏著《唐代政治社会史研究》，东京：同朋舍，1986年。

［日］清木场东：《五代の知州に就いて》，《东方学》第45辑，1973年。

［日］牧田谛亮著、如真译：《后周世宗的佛教政策》，收入张曼涛编：《中国佛教史论集·隋唐五代篇》，台北：大乘文化出版社1977年版。

［日］内藤湖南著，夏应元等译：《中国史通论——内藤湖南博士中国史学著作选译》，社会科学文献出版社2004年版。

［日］森部丰、石见清裕：《唐末沙陀〈李克用墓志〉译注、考察》，《内

陸アジア言語の研究》第18期，2003年。

［日］山根直生：《唐朝军政统治的终局与五代十国割据的开端》，《浙江大学学报》（人文社会科学版）2004年第3期。

［日］山根植生：《五代洛阳の张全义について："沙陀系王朝"论への応答として》，中国文史哲研究会：《集刊东洋学》第114期，2016年。

［日］石田肇：《〈新五代史〉の体例について》，《东方学》第54辑，1977年7月。

［日］石田肇：《〈新五代史〉撰述の经纬》，《东洋文化》复刊第41·42号，1977年。

［日］田村实造：《辽代的移民政策和州县制的建立》，收入刘俊文主编：《日本学者研究中国史论著选译》第5卷《五代宋元卷》，中华书局1993年版。

［美］王赓武著，黄启江译：《〈旧五代史〉及五代时期的历史撰写》，氏著《王赓武自选集》，上海教育出版社2002年版。

［日］日野开三郎：《五代镇将考》，刘俊文主编：《日本学者研究中国史论著选译》第5卷《五代宋元卷》，中华书局1993年版。

宇野春夫：《後唐の同姓集团》，《藤女子大学文学部纪要》第3號，1964年。

五　学位论文

曹流：《契丹与五代十国政治关系诸问题》，博士学位论文，北京大学，2010年。

李培健：《西汉五德实行论考》，博士学位论文，南开大学，2013年。

闫建飞：《唐末五代宋初北方藩镇州郡化研究（874—997）》，博士学位论文，北京大学，2017年。

张荣波：《五代十国政权交际述论》，博士学位论文，山东大学，2014年。

后　　记

　　和很多朋友一样，我在每每拿到一本新书时，总是喜欢第一时间翻到最后，从后记中寻找一些八卦趣事。但往往有"干货"者少，大多只是一些感谢话语，以往还暗地笑作者不够坦率，只会官样文章。如今自己完成一本小书，需要撰写后记之时，才明白除了忐忑心情之外，唯一能剩下的也就是感谢。

　　这本小书是基于我的博士论文和博士后出站报告综合修改而成，所以最当感谢的也就是我的博士导师刘安志教授和博士后合作导师王承文教授。我自2010年在武汉大学历史学院中国三至九世纪研究所求学以来，刘师就给予我极大的关怀，博士论文也经过了他的反复批注修改才得以成形。他所强调的以小见大的问题意识以及扎实严谨的学风深刻地影响着我的学术路径。目前我发表的几篇论文，不敢说取得了什么成就，但也始终努力贴近这两点要求完成。除了在学术上之外，刘师在做人做事以及工作生活上也对我多加提点照顾。博士毕业后，正是得益于他的推荐，我才有机会进入中山大学历史学系进行工作学习，算是正式踏入了学术界。对此，我唯有衷心地表示感谢！

　　2016年，我进入中山大学历史系做博士后，合作导师正是王承文教授。王师所擅长的是道教史与岭南区域史，这两方面我在学生阶段都未能有所涉猎，是十足的门外汉。王师却不以为嫌，鼓励我坚持研究原有课题的基础上，再加以学习这些领域的知识。我进行尝试之后，获益良多，附录中《草妖或祥瑞："枯树再生"与前蜀建国》一文里许多佛道相关的知识，就得益于王师课上教授的内容。与此同时，在中山大学的数年，是我人生中由学生走向工作的阶段，可以算作真正的成年。王师对我在工作中的表现也时刻提点教诲，使我避免了许多弯路。这些帮助我将牢记于心，并真诚地表示感谢！

这本小书的形成历时颇久，是我近十年求学生涯的累积，其间得到过无数师友的批评鼓励。从武汉大学的陈国灿、冻国栋、何德章、魏斌、朱海、黄楼、姜望来、胡鸿等诸位老师，到中山大学的景蜀慧、曹家齐、黄国信、刘勇等老师，以及华南师范大学的吴羽老师、西北大学的李军老师、复旦大学的孙英刚老师等都为我的论文给予了无私的帮助，提出了许多建设性的意见。我的师兄吕博老师、师弟齐子通老师等也经常与我切磋琢磨，扩宽了我的视野与认知水平。中山大学的研究生豆兴法、张晓雷、李亮、姜欢、李硕、吴凌杰、刘佳等，也时常和我讨论，并仔细校对了书稿，修改了许多低级失误，提高了书稿质量。中国社会科学出版社宋燕鹏编审则在本书的申报阶段起就对我加以关注，提出了许多意见。同意出版后，他更是为之忙前忙后，付出了极大的心血。对于各位师友们的无私帮助，我的感激之情难以言表，唯有在日后的学术生涯中不断努力，以回应大家的期望。

最后我要感谢我的父母，并不富裕的他们支持了我读到了博士，并一直对我的生活多加照顾。我也将用我的行动来报答他们的养育之恩，为他们构筑更美好的晚年生活。